Alexander Grob • Uta Jaschinski

Erwachsen werden

Alexander Grob • Uta Jaschinski

Erwachsen werden

Entwicklungspsychologie des Jugendalters

Anschrift der Autoren:
Prof. Dr. Alexander Grob
Institut für Psychologie
Universität Bern
Muesmattstr. 45
CH-3000 Bern
E-Mail: alexander.grob@psy.unibe.ch

Dr. Uta Jaschinski
Institut für Psychologie
Universität Bern
Muesmattstr. 45
CH-3000 Bern
E-Mail: uta.jaschinski@psy.unibe.ch

Ps 306 G10

1. Auflage 2003

© Beltz Verlag, Weinheim, Basel, Berlin 2003
Programm PVU Psychologie Verlags Union
http://www.beltz.de

Lektorat: Sabine Obergfell und Karin Ohms
Herstellung: Uta Euler
Umschlaggestaltung: Federico Luci, Köln
Umschlagbild: Bildagentur Manntius GmbH, Frankfurt
Satz, Druck und Bindung: Druckhaus „Thomas Müntzer", Bad Langensalza
Printed in Germany
ISBN 3–621–27500–2

Inhalt

Vorwort

Das Leben ist durch Übergänge gekennzeichnet. Übergänge beinhalten, dass bekannte Strukturen aufgegeben werden, um sein Selbst in der neuen Situation zu erhalten.

▶ Kleinkinder lernen manchmal von einem Tag auf den anderen krabbeln und vollziehen so die ersten – zwar noch nicht bewussten – selbstgesteuerten Erkundungsschritte der (Wohnum-)Welt.

▶ Kinder gehen irgendwann ohne Begleitung zur Schule und müssen sich dann gegenüber ihren Freundinnen und Freunden, aber auch im Straßenverkehr eigenständig behaupten.

▶ Jugendliche widersetzen sich mitunter bewusst den Weisungen ihrer Eltern und lernen dadurch besser kennen, was sie wollen, wofür sie einstehen, aber auch welche Aufmerksamkeit und Wertschätzung sie von ihrer sozialen Umgebung für das „Anecken" erfahren.

▶ Junge Paare werden Eltern und realisieren manchmal erst mit der Fürsorge für das Baby, dass der ehemals geschätzte Freiraum für Partybesuche, Hobbies oder einfach Ausschlafen weg ist und an dessen Stelle nicht aufschiebbare Aufgaben treten.

Übergänge schaffen neue Realitäten, denen Menschen auf dem Hintergrund ihrer bisherigen Erfahrungen und ihres bisherigen Selbstverständnisses begegnen. Gleichsam verändert sich das Bild auf das eigene Selbst in den Übergängen. Fragen wie „Wer bin ich?", „Wofür stehe ich ein?" oder „Wohin möchte ich?" werden aufs Neue beantwortet, indem die neuen Gegebenheiten mit einbezogen werden. Das vorliegende Buch geht auf einen spezifischen Übergang im Leben des Menschen ein: den Übergang vom Kind zum Erwachsenen. Für die meisten Jugendlichen ist dieser Übergang mit Herausforderungen, mitunter auch mit Problemen behaftet. Die Unbeschwertheit der Kindheit weicht vielfältigen und

für das Erwachsenenalter nachhaltigen Entscheidungen. Diese betreffen

▶ körperliche Veränderungen („Bald werde ich auch so groß und kräftig sein wie die Jungen der A-Jugend!"),

▶ die eigene Persönlichkeit („Wieso bin ich eigentlich genau so, wie ich bin? Den anderen fällt alles viel leichter!"),

▶ die Beziehung zu den Eltern („Mir ist klar, dass es Papa gut meint, wenn er mich abholen will, aber ich bin einfach kein kleines Mädchen mehr. Ich komme Samstag nachts auch alleine sicher nach Hause!"),

▶ Freunde („Wie kann ich nur Kontakt zu Simone aufnehmen? Mag sie mich wohl?"),

▶ die Schule und das künftige Berufsleben („Um das Gymnasium zu schaffen, muss ich unbedingt besser in Mathe werden!"),

▶ die Freizeit („Soll ich wirklich an den freien Nachmittagen weiter Cello üben?"),

▶ politische Werthaltungen („Später möchte ich unbedingt auch einmal bei einer Aktion von Amnesty International mitmachen!").

In diesem Buch haben wir verschiedene Lebensbereiche im Übergang vom Kind zum Jugendlichen und vom Jugendlichen zum jungen Erwachsenen dargestellt und uns dabei weitestgehend an die Unterteilung der von Robert Havighurst formulierten Entwicklungsaufgaben gehalten. Das Buch entstand aus Vorlesungsunterlagen des Erstautors, die er an den Universitäten Basel, Bern, Bonn und Zürich zum Jugendalter für Hauptfachstudierende in Psychologie und Pädagogik sowie für Lehramtsstudierende hielt. Das Buch wäre niemals fertig geschrieben worden, wenn nicht die Zweitautorin an den bestehenden Manuskripten weitergearbeitet hätte, immer wieder neue Literatur eingearbeitet hätte und so ein einheitlicher Text entstanden wäre.

Das Buch ist so geschrieben, dass Studierende der Psychologie, der Pädagogik, der Sozialpädagogik und (zukünftige) Lehrerinnen und Lehrer es mit Gewinn lesen können. In den Kapiteln wird der gegenwärtige Stand des Wissens in einer verständlichen Sprache dargestellt. Zusätzlich wird beispielhaft ein Exkurs angeführt, der ein ausgewähltes Thema herausgreift und in größerer Detailliertheit bespricht. Schließlich sind am Ende jedes Kapitels Literaturangaben zu finden, die für die weitere Vertiefung herangezogen werden können.

Am Gelingen dieses Buches waren viele Personen beteiligt. Wir danken den studentischen und wissenschaftlichen Hilfskräften an den verschiedenen Universitäten, die bei der Dokumentation hilfreich waren (Anelis Kaiser, Basel; Lore Thaler und Daniel Wessel, Bonn; Sakari Lemola, Bern). Unser Dank gilt aber auch dem Verlag, ganz besonders Frau Dr. Heike Berger, die uns immer wieder wohlwollend ermuntert hat, auch dann am Abfassen des Manuskriptes weiterzuarbeiten, wenn der Berufsalltag diesem keinen Platz mehr ließ und es zum zeitlichen Verzug kam. Des Weiteren bedanken wir uns bei Frau Karin Ohms für die konstruktive Betreuung und das Lektorat. Ein ganz besonderer Dank gilt Frau Sabine Obergfell. Sie verstand es ausgezeichnet, das Manuskript zu einem gut verständlichen Gefüge und mit Freude zu lesendem Ganzen werden zu lassen. Schließlich möchte der Erstautor einen persönlichen Dank an seine Familie, Nancy, Julian und Luc, aussprechen. Das Buch entstand während einer Lebensphase, die durch mehrfache familiäre und berufliche Übergänge gekennzeichnet war und entsprechend bei allen Beteiligten immer wieder nach Neudefinitionen verlangte.

Bern, April 2003

Alexander Grob und Uta Jaschinski

1 Entwicklung und Menschenbild

Wenn Eltern an die Entwicklungsmöglichkeiten ihrer Kinder oder Jugendlichen denken, haben sie viele Fragen oder auch Sorgen und Ängste. Was wird wohl aus dem Kind einmal werden? Wird es Freunde finden? Ob es wohl mit 20 noch immer begeistert Klavier spielt? Wird es einen Beruf ergreifen, der ihm Freude macht, wo es seine Stärken einsetzen kann? Wie gestaltet sich der Ablöseprozess vom Elternhaus und den elterlichen Normen und Werten generell? Welche Faktoren beeinflussen diese Prozesse?

Solche Fragen versucht die Entwicklungspsychologie mit ihren Modellen zu beantworten.

Wir werden in diesem Kapitel die Aufgabenfelder und Gegenstände der Entwicklungspsychologie beschreiben. Die Geschichte der Entwicklungs-

Jugendliche und Senioren lernen voneinander und beeinflussen sich gegenseitig

psychologie, ihre Forschungstraditionen sowie ihre Menschenbilder geben weitere Einblicke, was in der Entwicklungspsychologie untersucht wird.

Entwicklungspsychologie. Fragen, die sich der Entwicklungspsychologie stellen:

▶ Zu welchen Lebenszeitpunkten findet Entwicklung statt?
▶ Wie lange dauert Entwicklung?
▶ Entwickeln sich alle Menschen gleich?
▶ Welche Bedingungen lösen Entwicklung aus?
▶ Wohin entwickelt sich der Mensch?
▶ Gibt es Grenzen der Entwicklung?
▶ Was ist eine gute Entwicklung, was eine schlechte?

DEFINITION

Entwicklungspsychologie befasst sich mit Veränderungen und Stabilitäten des Verhaltens und Erlebens über die gesamte Lebensspanne. Dabei geht sie einerseits davon aus, dass es zwischen Menschen vergleichbare und nicht umkehrbare Veränderungen gibt. Andererseits existieren aber auch differentielle Veränderungsreihen; es gibt also Unterschiede zwischen den Individuen.

Gegenstand der Entwicklungspsychologie. Untersucht werden zusammenhängende Veränderungen, die zu bestimmten Zeitpunkten im Lebenslauf stattfinden (Thomae, 1959). Vielfach sind dies längerfristig wirksame Veränderungen von Kompetenzen, die meistens zur besseren Anpassung an die Lebenswelt führen (Flammer, 1988).

Die Entwicklungspsychologie wird in verschiedene Inhaltsbereiche unterteilt, entsprechend den so genannten Funktionsbereichen des menschlichen Verhaltens und Erlebens:

Die Entwicklung
- der Psychomotorik,
- des Denkens (kognitive Entwicklung),
- der Sprache,
- des Beziehungsverhaltens (soziale Entwicklung),
- der Emotionen,
- der Moral,
- der Identität und anderer mehr.

Aufgabenbereiche der Entwicklungspsychologie. Anhand von vier Begriffen lassen sich die Aufgabenbereiche der Entwicklungspsychologie charakterisieren.

(1) **Beschreiben.** Die Entwicklungspsychologie beschreibt Veränderung menschlichen Verhaltens und Erlebens. Ziel systematischer Beschreibung ist es, generell gültige Verläufe, Bedingungen und Folgen von Entwicklung zu identifizieren.

(2) **Erklären.** Entwicklungsverläufe lassen sich erklären, wenn in verschiedenen Funktionsbereichen Beziehungen zwischen Bedingungen und Folgen von Entwicklung (Wenn-dann-Beziehungen) hergestellt werden können.

(3) **Vorhersagen.** Entwicklungsverläufe sind allgemein vorhersagbar. Dazu muss man allerdings davon ausgehen, dass Entwicklungsaussagen über Personen, soziale Milieus, Kulturen und historische Zeiträume hinweg verallgemeinert werden können.

(4) **Intervenieren.** Bei ungünstigen individuellen Entwicklungsbedingungen kann man mit dem Ziel intervenieren, den weiteren Entwicklungsverlauf eines Individuums positiv zu beeinflussen.

1.1 Die Anfänge der Entwicklungspsychologie

Die Entwicklungspsychologie geht auf Eltern zurück, welche die Veränderungen im Verhalten ihrer Kinder systematisch in Tagebucheintragungen festhielten. Dazu zählen die Tagebucheintragungen von Charles Darwin, von William Stern (1909) und Jean Piaget (1936, 1937). Erst diese

Beobachtungen und Interpretationen führten zu komplexen Theorien einer eigenständigen Entwicklungspsychologie der Kindheit und des Jugendalters. Auch maßgeblich beteiligt an der Etablierung als Wissenschaft waren Alfred Binet an der Sorbonne in Paris, William Stern in Hamburg, Karl und Charlotte Bühler in Wien, Eduard Claparède sowie Jean Piaget in Genf. Zeitgleich entwarf Sigmund Freud außerhalb der akademischen Psychologie eine entwicklungspsychologisch orientierte Persönlichkeitstheorie.

Andere Anstöße zur Beschäftigung mit der psychischen Entwicklung erfolgten aus der Praxis und der Politik. Die Child Guidance Clinics in den USA widmeten sich in Praxis und Forschung den Verhaltensproblemen von Kindern und Jugendlichen. Zu Beginn des 20. Jahrhunderts erteilte der französische Staat einen Auftrag an Alfred Binet zur Entwicklung von Fördermaßnahmen für benachteiligte Kinder. Mit Hilfe dieser Maßnahmen sollte die Chancenungleichheit benachteiligter Kinder möglichst in jungen Jahren aufgefangen werden.

1.2 Forschungstraditionen

Diese ersten Ansätze der Entwicklungspsychologie führten zu unterschiedlichen Forschungstraditionen:
- deskriptiv-normative Entwicklungspsychologie,
- diagnostisch orientierte Entwicklungspsychologie,
- Entwicklungspsychologie, die sich mit Kontinuität und Diskontinuität über die Lebensspanne beschäftigt,
- experimentelle Entwicklungspsychologie,
- Erziehungs- und Sozialisationsforschung,
- Entwicklungsauswirkungen von Interventionen und markanten Lebensereignissen sowie
- Psychologie von Entwicklungsstörungen.

Die jeweiligen Anliegen dieser Forschungstraditionen wollen wir anhand prototypischer Beispiele illustrieren.

1.2.1 Deskriptiv-normative Entwicklungspsychologie

Zu Beginn des 20. Jahrhunderts ging es vielfach um die Beschreibung von altersspezifischen Entwicklungsniveaus und -veränderungen. Es wurde angenommen, dass sich kognitive Leistungen, Emotionen, Motive etc. in mehreren Phasen verändern (Phasenmodelle). Der Wechsel von einer Phase zur nächsten wird dabei von den Kindern und Jugendlichen – aber auch von ihren Eltern – als krisenhafte Periode erlebt. Ein typischer Vertreter war Arnold Gesell mit dem Vorschlag, Altersnormen von der Geburt bis zum 16. Lebensjahr in den Funktionsbereichen Motorik, Sprache, begriffliches Denken oder Interessen zu erarbeiten (Gesell, 1940; Gesell & Ilg, 1946; Gesell et al., 1956).

Phasenmodelle. Sie gehören zu den biologischen Entwicklungstheorien, die annehmen, dass die Entwicklung des Menschen genetisch programmiert ist. Zwar könne die Entwicklung durch extrem ungünstige Umweltbedingungen beeinträchtigt werden, aber insgesamt spiele die Umwelt nur eine Nebenrolle. Entsprechend wurden Umwelteinflüsse weder untersucht noch in die Theorie aufgenommen. Unterschiede zwischen Individuen wurden ausgeblendet, weil man von einem universell gültigen Ablauf der Entwicklung ausging. Entwicklung galt in diesem Sinne als Differenzierung diffus-ungegliederter Ausgangszustände zu organisiert-flexiblen Endzuständen (Heinz Werner, Jean Piaget), als Umstrukturierung (Karl Koffka), als Überschichtung (Oswald Kroh) oder als Aufbau innerer Kontrollinstanzen (Sigmund Freud).

Prototypisches Beispiel

Denkentwicklung nach Piaget. Der Schweizer Entwicklungspsychologe Jean Piaget (1896–1980) forschte über den Prozess des Erkennens. Um etwas über diesen „unsichtbaren" Prozess zu erfahren, untersuchte er die Art, wie Kinder mit der Welt umgehen und wie sie ihr Verhalten rechtfertigen, also beobachtbare Tatsachen. Dabei ging er davon aus, dass sich das aus Sicht Erwachsener „falsche" Denken von Kindern über die Welt durch eine bestimmte Struktur auszeichnet, die ein anderes Denken zu diesem Zeitpunkt nicht zulässt. Dem Kind kann in dieser Phase nicht bewusst werden, dass sein Denken „falsch" ist, da ihm die Struktur zum Erkennen der „richtigen" Denkweise noch fehlt. Piaget unterteilte die Denkentwicklung in folgende Stadien:

▶ sensu-motorische Phase (Säuglings- und Kleinkindalter)
▶ voroperatorisch-anschauliches Denken (Kindergarten- und Vorschulalter)
▶ konkret-operatorisches Denken (Grundschulalter)
▶ formal-operatorisches Denken (ab 10. Lebensjahr).

Das voroperatorische Denken wird beispielsweise durch Zentrierung charakterisiert: Das Kind kann nur einen einzigen Gegenstand oder ein einzelnes Merkmal eines Gegenstandes zu einem Zeitpunkt berücksichtigen und ist damit von seiner eigenen Perspektive vereinnahmt. Die Zentrierung auf die eigene Perspektive wurde anhand eines dreidimensionalen Modells einer Hügellandschaft belegt. Man fragte die Kinder, was ein Teddybär, der auf der gegenüberliegenden Seite des Modells stand, sehen könne. Bis zum Alter von ungefähr sieben Jahren waren die Kinder nicht in der Lage, die Landschaft aus Sichtweise des Teddys zu beschreiben (Piaget & Inhelder, 1947). Erst auf der nächsten Entwicklungsstufe waren Kinder fähig, zwei und mehr physikalische Dimensionen unabhängig vom eigenen Standpunkt zu berücksichtigen. Nachfolgeuntersuchungen zeigten allerdings, dass bereits drei- bis vierjährige Kinder mit veränderter Methode zum Perspektivenwechsel fähig waren (Borke, 1975). Wann genau die Kinder die Fähigkeit zum Perspektivenwechsel erwerben, ist also unklar, jedoch wird die Abfolge von Egozentrierung zu Dezentrierung generell angenommen. Die These Jean Piagets, dass alle Menschen aller Kulturen und aller Zeiten die Entwicklung der Denkstruktur in gleicher Weise durchlaufen, kann aus heutiger Sicht nicht aufrecht erhalten werden.

1.2.2 Diagnostisch orientierte Entwicklungspsychologie

Die diagnostisch orientierte Entwicklungspsychologie arbeitet mit Entwicklungstests. Im Gegensatz zur deskriptiv-normativen Entwicklungspsychologie mit ihren Phasenmodellen, die verschiedene Entwicklungsstadien betrachten, messen Entwicklungstests individuelle Leistungsausprägungen. Es werden zusätzlich zu den Aussagen zum allgemeinen Entwicklungsverlauf auch Aussagen über Unterschiede zwischen Individuen zu bestimmten Lebenszeiten auf spezifischen Entwicklungsdimensionen gemacht. Entwicklungspsychologen erklären die beobachteten Unterschiede zwischen den Individuen, indem sie diese auf unterschiedliche Ausgangsbedingungen zurückführen wie genetische Anlagen, Erfahrungen, Entwicklungsvoraussetzungen oder unterschiedliche Umweltbedingungen auf individueller, familialer oder sozialer Ebene. Die Festlegung des individuellen Entwicklungsstandes zu einem spezifischen Lebenszeitpunkt ermöglicht darüber hinaus eine Entwicklungsprognose für den spezifischen Funktionsbereich. Man kann beispielsweise aufgrund eines unterdurchschnittlichen Ausgangszustandes festlegen, ob bei einem Kind im spezifischen Entwicklungsbereich mit einem erhöhten Entwicklungsrisiko zu rechnen ist. Entwicklungstests sind die wichtigsten Instrumente zur Festsetzung und Förderung des individuellen Entwicklungsverlaufes und stellen wichtige Hilfsmittel bei der Vorhersage und Intervention dar.

Zur Erfassung der interindividuellen Unterschiede wurden Tests in verschiedensten Funktionsbereichen (Intelligenz, Motorik, Sozialverhalten, Wahrnehmung etc.) erarbeitet.

Prototypisches Beispiel

Zu den wohl bekanntesten für Kinder und Jugendliche genormten Tests zählen die Intelligenztests von Binet und Simon (1907), von Josefine Kramer (1972) oder Wechsler (1974), die Kleinkindertests von Charlotte Bühler und Hildegard Hetzer (1932, 1961) und Nancy Bayley (1969). Eine Übersicht zu gängigen entwicklungsdiagnostischen Verfahren haben Brickenkamp (1997) oder Langfeld und Tent (1999) zusammengestellt.

Bayley Scales of Infant Development. Die Bayley Scales of Infant Development (Bayley, 1969) dienen der umfassenden Diagnose des Entwicklungsstandes von Kindern im Alter von 1 bis 42 Monaten. Dem Kind werden Reize für verschiedene geistige oder motorische (Bewegungs-) Aktivitäten vorgegeben, die von dem Diagnostiker beobachtet und beurteilt werden. Auf der Basis der Bayley Scales können frühzeitig Defizite in der Entwicklung festgestellt und durch anschließende Maßnahmen (Interventionen) behoben werden. Die Durchführung des Tests dauert durchschnittlich 45 Minuten. Die Skala der geistigen Fähigkeiten erfasst

▶ Aspekte der Wahrnehmung,
▶ Gedächtnisleistungen,
▶ Lernprozesse sowie
▶ Anfänge der Kommunikation.

Bei einer Aufgabe wird dem auf dem Rücken liegenden Kind ein roter Ring über den Kopf gehalten. Der Diagnostiker bewegt anschließend den Ring langsam in der Horizontalen. Er beobachtet dabei, ob das Kind den Bewegungen des Rings mit den Augen folgen kann. Diese Aufgabe testet, ob die visuelle Wahrnehmung vom Kind angemessen koordiniert und gesteuert werden kann. Spätestens im Alter von zwei Monaten sollten die Kinder in der Lage sein, diese Aufgabe zu bewältigen.

Zur Skala der motorischen Fähigkeiten werden folgende Fertigkeiten zusammengefasst:

▶ Körperkontrolle,
▶ Koordination und
▶ Feinmotorik.

Der rote Ring wird dem Kind in die Hand gegeben und dann vom Versuchsleiter losgelassen. Damit kann getestet werden, ob das Kind fähig ist, gezielt zu greifen. Im Alter von drei Monaten sollten Kinder in der Lage sein, den Ring zu ergreifen und festzuhalten.

Wenn ein Kind mehrere Aufgaben eines Bereichs erst verspätet lösen kann, wird für den entsprechenden Bereich eine Entwicklungsverzögerung diagnostiziert.

1.2.3 Kontinuität und Diskontinuität in der Entwicklung

Entwicklungstests waren Voraussetzung, um in großen Längsschnittuntersuchungen Informationen über die Kontinuität und Diskontinuität von Merkmalsausprägungen über größere Zeitspannen festzustellen. Diese Untersuchungen wurden in den USA ab den 1920er-Jahren mit dem Ziel begonnen, längerfristig gültige Entwicklungsprognosen vornehmen zu können. Es wurden nicht nur kognitive Funktionsbereiche untersucht, sondern auch Einflussgrößen wie Erziehungsstil, soziales Umfeld oder gesellschaftliche Bedingungen. Zu den bekanntesten dieser Studien zählen die Stanford Gifted Children Study (Terman, 1959), die Harvard Growth Study (Dearborn & Ronney, 1941), die Berkeley Growth Study (Bayley, 1949; Elder, 1974), die Oakland Growth Study (Jones, 1958) oder die Fels Study (Kagan & Moss, 1962).

Prototypisches Beispiel

Auswirkungen von Hochbegabung. In der Stanford Gifted Children Study befragten Psychologen nach dem Ersten Weltkrieg rund 1.500 Mädchen und Jungen mit überdurchschnittlich hohen Intelligenzwerten. Danach wurden diese Kinder über den gesamten Lebenslauf wiederholt befragt und getestet. Ihre Werte wurden mit denjenigen anderer Kinder, Jugendlicher und Erwachsener verglichen. Frage war, ob die überdurchschnittlich begabten Kinder die intellektuelle Überlegenheit über die Lebensspanne beibehielten. Des Weiteren sollten auch Entwicklungsbedingungen für Lebenszufriedenheit und der Umgang mit Problemen untersucht werden. Diese Studie zeigte beispielsweise, dass die Mehrzahl der Hochbegabten zur Lebensmitte weniger psychische, berufliche und familiäre Probleme aufwies als die Personen der Vergleichsgruppen. Die Hochbegabten kamen – entgegen dem Stereotyp, wonach überdurchschnittlich hohe Intelligenz die Anpassung an die Lebenswirklichkeit beeinträchtigt – im Allgemeinen besser mit dem Leben zurecht als Personen der Vergleichsstichprobe.

Exkurs: Stanford Gifted Children Study

Lewis Terman und Melita Oden (1959) untersuchten seit den 1920er-Jahren die Entwicklung von hochbegabten Schülern in der Stanford Gifted Children Study, die noch heute als Meilenstein gilt. Damals wurde allgemein angenommen, dass Hochbegabte mehr psychische Störungen, gesundheitliche und soziale Probleme hätten und allgemein im Leben weniger glücklich seien. Terman und seine Mitarbeiter versuchten durch Lehrereinschätzungen und Reihenuntersuchungen möglichst alle Schülerinnen und Schüler eines Jahrgangs zu finden, die einen IQ über 140 hatten und damit dem klassischen Kriterium für Hochbegabung entsprachen (gemessen mit dem Stanford-Binet Intelligenztest). Die Kinder (577 Jungen und 493 Mädchen) waren damals durchschnittlich elf Jahre alt.

Hochbegabte Kinder. Terman und seine Mitarbeiter konnten zeigen, dass die hochbegabten Kinder in medizinischen Untersuchungen einer durchschnittlich begabten Kontrollgruppe keinesfalls unterlegen, sondern in einigen Bereichen sogar überlegen waren. Ihr Gesundheitszustand war mindestens genau so gut, wie es in ihrem Alter zu erwarten war. Auch das Fähigkeitsprofil der hochbegabten Kinder zeigte keine größeren Schwankungen als das der normal begabten Kinder, sondern Hochbegabte fielen durch die besondere Ausgeglichenheit ihrer Fähigkeiten in unterschiedlichen Bereichen auf. Es war also nicht der Fall, dass ihre ausgezeichneten Fähigkeiten in einem Bereich zu großen Schwächen in anderen Bereichen führten. Sie zeigten ein größeres Interesse an Literatur, Diskussionen, Theater und Geschichte, während sie sich geringfügig weniger für Zeichnen, Basteln und Sport interessierten. Weiter erwiesen sich die Hochbegabten im Durchschnitt als emotional stabiler, konnten Versuchungen besser widerstehen und neigten weniger dazu, ihr Wissen und ihre Erfahrung zu übertreiben.

In Tabelle 1 ist der Anteil der Hochbegabten angegeben, die ihren Klassenkameraden aus Sicht der Lehrer in verschiedenen Eigenschaften überlegen waren. Während in 90 % der Fälle die hochbegabten Kinder im Vergleich mit ihren Klassenkameraden einen größeren Wissensdurst zeigten, galt dies im Hinblick auf die mechanische Begabung nur für 47 %.

Tabelle 1.1. Anteil der Hochbegabten, die den Gleichaltrigen überlegen sind (Terman & Oden, 1959)

Eigenschaft	Prozent
Wissensdurst	90
Beharrlichkeit	84
Selbstvertrauen	81
Sinn für Humor	74
Gewissenhaftigkeit	72
Ehrlichkeit	71
Führungsfähigkeit	70
Optimismus	64
Ausgeglichenheit	63
Körperliche Energie	62
Körperliche Gesundheit	60
Beliebtheit	56
Großzügigkeit	55
Mechanische Begabung	47

Hochbegabte junge Erwachsene. Im Alter von 29 Jahren (1940) hatten die Hochbegabten weniger persönliche Probleme wie Alkoholismus, Delinquenz und psychiatrische Erkrankungen. Sie waren im Beruf erfolgreicher und hatten bessere Schul- oder Hochschulabschlüsse abgelegt. Ihr familiäres Leben unterschied sich nicht von dem anderer Erwachsener in diesem Alter. Sie waren ähnlich häufig verheiratet und mit ihrer Ehe genauso zufrieden wie andere. Auch die Scheidungsrate unterschied sich nicht von derjenigen anderer.

Hochbegabte Erwachsene. Im Alter von 44 Jahren konnte gezeigt werden, dass die Hochbegabten eine deutlich tiefere Sterblichkeitsrate aufwiesen (6,9 %) als die gleichaltrige Durchschnittsbevölkerung (11,7 %). Die Hochbegabten unterschieden sich von der Gesamtbevölkerung insbesondere dadurch, dass sie seltener durch Unfälle starben. Die Selbstmordrate war unter den hochbegabten Männern geringer, bei den hochbegabten Frauen dagegen höher als im Bevölkerungsdurchschnitt. Diese Fakten stehen in einer engen Beziehung zum Karriereverlauf der Hochbegabten. Im Vergleich zu anderen Hochschulabsolventen hatten die hochbegabten Männer besonders einflussreiche Positionen erreicht. Hingegen waren die Hälfte der hochbegabten Frauen Hausfrauen ohne Beruf und von jenen, die einer Berufstätigkeit nachgingen, waren die meisten Lehrerinnen.

Fazit. Die Studie zeigt, dass Hochbegabung entgegen der damaligen Erwartungen in psychischer und gesundheitlicher Sicht keine negativen Effekte mit sich bringt, sondern im Gegenteil einen psychischen und gesundheitlichen Vorteil. Sie zeigt allerdings ebenso, dass eine bestimmte Konstellation der Faktoren Geschlecht und Karriereverlauf – zumindest in der damaligen Zeit – negative Effekte hat.

1.2.4 Experimentelle Entwicklungspsychologie

Unter experimenteller Entwicklungspsychologie versteht man den Vergleich von mindestens zwei Altersgruppen auf einer Verhaltens- und/oder Erlebensdimension. Dabei werden eine oder mehrere Bedingungen experimentell variiert (z.B. Lernbedingungen, Wissensvorsprung) und der Effekt der Variation wird beobachtet. Die vom Versuchsleiter variierte Bedingung wird „unabhängige Variable", der Effekt der Variation „abhängige Variable" genannt. Abhängige Variable deswegen, weil ihre Veränderung idealerweise von einer Variation der unabhängigen Variable abhängt. Die abhängige Variable kann z.B. ein bestimmter Wert auf einer Entwicklungsskala, die Lösung eines Problems, etc. sein.

Die gleichen experimentellen Anordnungen oder Aufgaben können bei Stichproben verschiedenen Alters unterschiedliche Effekte aufweisen. Eine mögliche Interpretation wäre dann, dass Entwicklung – abgelesen am Lebensalter – die Ursache der unterschiedlichen Ergebnisse ist. Bei experimenteller Variation der unabhängigen Variable können Veränderungen im Verhalten auftreten. Diese Entwicklungsunterschiede können als Resultat experimenteller Entwicklungsbedingungen interpretiert werden. So kann man versuchen, natürliche Lebensformen im Experiment nachzustellen, um Bedingungen für wirkungsvolle Interventionen oder für ein geeignetes Entwicklungsumfeld eines Individuums heraus zu finden.

Prototypisches Beispiel

Die Mehrzahl der in der Entwicklungspsychologie veröffentlichten Publikationen geht auf die experimentelle Entwicklungspsychologie zurück. Zumeist wurden in dieser Forschungstradition Lernen und Gedächtnis, Aufmerksamkeit und Wahrnehmung, Sprache sowie motivationale und sozio-emotionale Prozesse untersucht.

Soziale Belastungssituationen im Experiment. Soziales Verhalten und emotionale Prozesse in sozialen Situationen haben beispielsweise Under-

wood et al. (2001) experimentell untersucht. Sie haben Schulkinder im Alter von acht, zehn und zwölf Jahren eingeladen, gegen ein anderes Kind ein Computerspiel zu spielen. Dem Gewinner wurde ein Preis versprochen. Die Situation war allerdings nicht fair gestaltet: Das gegnerische Kind gehörte zum Forschungsteam und der Computer war so programmiert, dass dieses Kind drei Viertel aller Durchgänge gewann. Zudem hatte das „Forschungsteam-Kind" die Aufgabe, den jeweiligen „echten" Teilnehmer verbal zu provozieren, z.B. „Du kannst mich nie schlagen!" oder „Ich habe dich absichtlich gewinnen lassen, damit du dich nicht so schlecht fühlst!" Experimentell variiert wurde die Geschlechtszusammensetzungen in der Spielsituation. Es sollte untersucht werden, ob Kinder auf gleich- und gegengeschlechtliche Spielgefährten unterschiedlich reagieren. Die abhängigen Variablen in dieser Untersuchung waren die mimischen, verbalen und gestischen Reaktionen des getesteten Kindes. Diese wurden von den Forschern beobachtet und bewertet. Außerdem wurden die Kinder im Anschluss an die Spiele gefragt, ob sie mit diesem Kind gerne noch einmal spielen würden oder ob sie gerne mit ihm befreundet wären. In den Ergebnissen wird deutlich, dass Kinder auf einen gegengeschlechtlichen Partner negativer reagierten als auf gleichgeschlechtliche Kinder. Diese Unterschiede galten für Jungen und Mädchen gleichermaßen. Der Befund spricht dafür, dass Kinder in sozialen Belastungssituationen Kinder des anderen Geschlechts stärker ablehnen als Kinder ihres eigenen Geschlechts.

1.2.5 Erziehungs- und Sozialisationsforschung

Die Erziehungs- und Sozialisationsforschung zählt als Forschungsbereich zur Entwicklungspsychologie, denn Entwicklung ist letztlich Ziel jeder Erziehung und die Ergebnisse der Sozialisation bedeuten Entwicklungsveränderung. Methodisch betrachtet ist Sozialisationsforschung deskriptiv ausgerichtet, wobei sie sich mehrheitlich der

Methode der Feldforschung bedient, welche Daten mit Hilfe von Beobachtung und Befragung sammelt. Die größte Aufmerksamkeit wurde der familiären Sozialisation gewidmet mit Erziehungsstilen und -zielen, dem Familienklima und familiären Anregungsniveau. Neuerdings werden auch andere institutionelle Einflussgrößen mit in die Sozialisationsforschung eingeschlossen, so beispielsweise die Bedeutung des Kindergartens, der Schule, des Berufs, der Nachbarschaft, der Peergruppen oder der Medien, um den Verlauf der weiteren Entwicklung vorauszusagen. Zudem werden mitunter Fehlentwicklungen wie Delinquenz, Drogenmissbrauch oder psychopathologische Störungen auf Sozialisationserfahrung zurückgeführt (Überblick über die Sozialisationsforschung in Schneewind, 1994).

Dynamischer Interaktionismus. Lange Zeit nahm man Sozialisationseinflüsse als einseitig an. So wurde das Verhalten der Eltern als Bedingung für das Verhalten der Kinder betrachtet. Moderne Ansätze der Sozialisationsforschung gehen dagegen auch vom umgekehrten Fall aus, dass Kinder mitunter Eltern erziehen (Klewes, 1983; Lamb, 1978). Die gegenseitige Verschränkung von Entwicklungsbedingungen wird insbesondere von interaktionistisch ausgerichteten Entwicklungstheorien angenommen. Grundlegender Gedanke ist, dass der Mensch und seine Umwelt Elemente eines Gesamtsystems bilden, welche sich gegenseitig gestalten. Beispielsweise geht der dynamische Interaktionismus von Richard Lerner (1982, 1986) von einem reziproken interaktiven Individuum-Umwelt-System aus. Eine detaillierte Beschreibung dieses Konzeptes findet sich in Kapitel 3.2.

Prototypisches Beispiel

Elterliche Zuwendung und kindliches Lächeln.
Ein eindrücklicher Beleg für wechselseitige Beeinflussung von Eltern und Kindern finden wir im Kleinkindalter. Jones et al. (1991) ließen zehnmonatige Kleinkinder mit verschiedenen Spielzeugen spielen. Die Mütter dieser Kinder wurden zwei

Bedingungen zugeordnet. In der ersten Bedingung richteten sie die Aufmerksamkeit auf ihre Kinder. In der zweiten Bedingung lasen die Mütter unablenkbar in einer Zeitschrift. Es zeigte sich, dass aufgrund der Aufmerksamkeit, die das Kind erfuhr, vorausgesagt werden konnte, wie häufig das Kind lächelte. Wenn die Mutter dem Kleinkind zusah, wenn es aufblickte, lächelte das Kind. Wenn sich die Mutter unaufmerksam verhielt, wandte es sich in der Regel ohne Lächeln den Spielsachen zu. Die Autoren interpretieren das Resultat dahingehend, dass zehn Monate alte Kinder nicht nur lächeln, wenn sie glücklich sind; vielmehr steuern sie mit ihrem Gesichtsausdruck soziales Geschehen, denn über das Lächeln des Kindes ist die Mutter eher geneigt, dem Kind weitere Zuwendung zu schenken, was wiederum zu vermehrtem Lächeln des Kindes führt.

1.2.6 Entwicklungsauswirkungen von Interventionen und markanten Lebensereignissen

Interventionen (z.B. Wiederholen einer Klasse, Trainingsprogramm für kognitive Funktionen) sowie gravierende nicht vorhersehbare, so genannte kritische Lebensereignisse (z.B. schwere Erkrankung, Verlust der Eltern, Trennung von der Familie) können Entwicklung nachhaltig beeinflussen.

▶ Wie wirken sich derartige Ereignisse kurzfristig oder auch langfristig aus?
▶ Gelten die Auswirkungen für alle Personen in gleichem Maße?
▶ Wenn nicht, sind es Merkmale der Person, des Umfeldes oder einer spezifischen Person-Umwelt-Konstellation, welche die Auswirkungen intensivieren oder abschwächen?

Antworten auf diese Fragen versucht die Entwicklungspsychologie mit Hilfe von Längsschnittuntersuchungen zu geben, indem sie Personen wiederholt testet. Beispiele für diese Forschungsrichtung sind u.a. Studien zu den Spätfolgen früher Trennungserfahrungen, die Lebensläufe adoptierter Kinder oder die Auswirkungen von wirtschaftlichen Krisen auf den Lebenslauf.

Prototypische Beispiele

Resilienz. In der Kauaï-Längsschnittstudie von Emmy E. Werner und Ruth S. Smith (1998) wurde der Lebensweg von resilienten (widerstandsfähigen) Kindern aus einer Hochrisikogruppe 35 Jahre lang verfolgt. Resiliente Kinder zeichnen sich durch die Fähigkeit aus, trotz widriger sozialer und ökonomischer Umstände ein erfolgreiches, glückliches Leben zu führen. Was aber macht diese Kinder widerstandsfähig? Diese Studie zeigte, dass die Kinder früh in ihrem Leben außerhalb der Familie emotionale Unterstützung suchten (und auch erhielten). Sie waren häufig an außerschulischen Aktivitäten in institutionellem Rahmen beteiligt, die das Vertrauen der Kinder in den Sinn des Lebens stärkten und ihnen ein Gefühl gaben, das Schicksal mitbestimmen zu können. Diese Verhaltensweisen zeigten sich bereits im Krabbelalter: Das Bestreben nach Autonomie, nach neuen Erfahrungen und die soziale Orientierung war bei den resilienten Kindern größer als bei der Vergleichsgruppe.

Life-stage-principle. Andere Studien zeigten die Bedeutung und Auswirkung geschichtlicher Ereignisse für den Lebensverlauf. Ryder (1965) führte hierfür das so genannte life-stage-principle in die Literatur ein: Zwar wird jede Generation von gesamtgesellschaftlich relevanten Ereignissen getroffen, allerdings wirken sich diese je nach Lebenspunkt, zu dem das Ereignis auftritt, unterschiedlich aus. Denn jede Generation verfügt lebensalterbezogen über unterschiedliche Anpassungsmöglichkeiten an den Stressor.

Alters- und geschlechtsabhängige Verarbeitung von Krisen. Jungen litten dann besonders unter der Weltwirtschaftskrise der 1930er Jahre, wenn sie zum Höhepunkt der Krise im Kindesalter standen (Elder, 1974). Sie wiesen im Erwachsenenalter einen geringen Selbstwert und geringe soziale Kompetenzen auf, waren wenig zielorientiert und zeigten häufig Problemverhalten. Im Vergleich dazu verfügten Jungen, die zum Höhepunkt der Krise bereits im Jugendalter waren, im Erwachsenenalter über größere Flexibilität und Widerstandsfähigkeit. Bei den Mädchen war es umgekehrt. Dieses Ergebnis belegt auch, dass Jungen während der Kindheit gegenüber Krisen eine größere Verletzlichkeit zeigen als Mädchen, wohingegen Mädchen gerade im Jugendalter besonders empfindlich sind (Rutter, 1987, 1989).

1.2.7 Psychologie von Entwicklungsstörungen

In verschiedenen Forschungstraditionen hat man versucht, negative Erfahrungen in der Kindheit zu identifizieren und mit dem Lebensverlauf in Beziehung zu setzen. Die wohl bekannteste Theorie stammt von Sigmund Freud (1933) über die Grundlage von Neurosen durch traumatisierende Erfahrungen während der Kindheit. Ebenso bekannt geworden sind die Arbeiten von Bowlby (1969) über die pathogenen Effekte früher Trennung des Kindes von der Mutter. Heute werden eine Vielzahl von Leistungs- und Verhaltensstörungen auf genetische, neuro-biologische und soziale Bedingungen während der Kindheit untersucht. Die Entstehung von Entwicklungsstörungen ist eines der aufstrebendsten Forschungsfelder der heutigen Entwicklungspsychologie.

Prototypisches Beispiel

Aggressives und dissoziales Verhalten. Unter aggressivem Verhalten versteht man physische Aggressionen, heftige Trotzreaktionen oder rücksichtloses Verhalten; dissoziales Verhalten beispielsweise meint Schule schwänzen, Diebstahl oder Lügen. Aggression und dissoziales Verhalten ist über den Entwicklungsverlauf hinweg recht stabil und nur schwer beeinflussbar. Die Erscheinungsformen sind geschlechts-, alters- und entwicklungsabhängig. Entwicklungspsychologische Studien deuten darauf hin, dass die Einschätzung der Mutter, ihr Kleinkind habe ein schwieriges Temperament, für die Vorhersage von aggressivem Verhalten von Bedeutung ist. Weiter unterstellen aggressive Kinder in zweideutigen sozialen Situationen anderen Kindern und Erwachsenen eher negative Absichten, als es nicht aggressive Kinder tun (Dodge, 1993). Je stärker sich die Kinder bedroht fühlen, umso deutlicher tritt dieser Effekt auf. Dieses Defizit der sozialen Informationsverarbeitung hat zur Folge, dass sich bei aggressiven Kindern die verzerrte Selbst- und Fremdwahrnehmung geradezu stabilisiert. Zudem kennen aggressive Kinder in Konfliktsituationen im Vergleich mit unauffälligen Kindern weniger alternative Problemlösemöglichkeiten. Längsschnittstudien zeigten, dass straffälliges Verhalten im Erwachsenenalter durch folgende Faktoren im Kindesalter vorhergesagt werden konnte: ein vergleichsweise niedriger sozioökonomischer Status der Familie, familiäre Belastung, geringe Teilnahme am Alltag der Kinder durch die Eltern, Ausagieren von Frustrationen von Seiten des Kindes und schlechte Schulleistungen (Farrington, 1995; Loeber, 1990). Eine ausführliche Darstellung dieser Entwicklungsprobleme findet sich in Kapitel 13.

1.3 Neuere Entwicklungen

Spezialisierung. Das Wissen in der Entwicklungspsychologie ist explosionsartig angestiegen. In Zeitschriften werden jedes Jahr mehrere tausend Originalarbeiten publiziert. Die Spezialisierung schreitet ebenso weiter voran. Psychologen werden zunehmend zu Experten für Teilaspekte; beispielsweise für die Entwicklung der Feinmotorik im Vorschulalter oder die Intelligenzdiagnostik im Jugendalter. Inwiefern diese Spezialisierung eine Gefahr darstellt, dass die ganzheitliche Entwicklung des Individuums aus den Augen verloren wird, sei dahingestellt.

Differentielle Sichtweise. Die Entwicklungspsychologie hat sich im Verlauf des 20. Jahrhunderts von universell gültigen Phasenmodellen der Entwicklung zunehmend gelöst. An deren Stelle traten differentielle Sichtweisen in der Theorieentwicklung und empirischen Prüfung – eventuell weil sich entwicklungspsychologische Fragestellungen zunehmend an der Praxis orientierten. Psychologie bzw. das von der Psychologie angebotene Wissen wird heute zunehmend als Dienstleistung wahrgenommen, denn sowohl von Seiten der Wissenschaft, als auch aus Sicht der Öffentlichkeit steht Psychologie letztlich im Dienste der Verbesserung der Lebensqualität von Menschen. Darum beschäftigt sich die Psychologie zunehmend mit Themen wie Frühförderung und Frühdiagnose von Lern- und Leistungsproblemen, mit Verhaltensproblemen, mit vorbeugenden Maßnahmen, aber auch mit der Überprüfung pädagogisch-psychologischer oder therapeutisch-klinischer Interventionen.

Erweiterte Methoden. Das Methodenrepertoire der modernen Entwicklungspsychologie hat sich enorm erweitert und die Methoden wurden immer differenzierter:

▶ sprachfreie Erfassung kognitiver, emotionaler und motivationaler Prozesse,
▶ Abwendung von der Einzelbefragung oder -beobachtung hin zur wiederholten Befragung von Personen sowie
▶ Heranziehen mehrerer Informationsquellen (beispielsweise Eltern, Erzieher, Peergruppe) zur Klärung individueller Entwicklung.

Zahlreiche beeinflussende Kontexte. Zu Beginn der Entwicklungspsychologie standen einzelne Sozialisierungsinstanzen im Vordergrund wie Eltern oder Erzieher, welche die Entwicklung des Kindes veranlassen sollten. Heute geht die Entwicklungspsychologie davon aus, dass individuelle Entwicklung immer in Kontexte eingebunden ist. Dazu zählen das familiäre Umfeld oder die Familiengeschichte, der erweiterte Kontext mit Personen (Spielkameraden, Freunde, Nachbarn etc.) oder institutionellen Rahmenbedingungen (Tageshort, Kindergarten, Schule etc.) und soziohistorische Veränderungen und kulturelle Kontexte.

1.4 Interaktionistisches Menschenbild

Die Veränderungen des Wissens, der generellen und differentiellen Fragestellungen, der Methodenwahl und der Kontextualisierung von Entwicklung im Verlauf des 20. Jahrhunderts spiegeln sich auch in den vorherrschenden Menschenbildern wider. Das interaktionistisch ausgerichtete Menschenbild setzt sich immer mehr durch. Prototypisch für dieses Menschenbild ist das Paradigma von Jochen Brandtstädter (1985), das Entwicklungsprobleme immer als Passungsprobleme auffasst. Erfolgreiche Entwicklung ist die Passung zwischen

▶ Zielen,
▶ Potential,
▶ Anforderungen und
▶ Angebot.

Diese vier Komponenten können auf individueller, auf sozialer und auf gesellschaftlicher Ebene weiter differenziert werden. Entwicklungsprognosen können aufgrund von Umweltdimensionen und Persondimensionen erfolgen, wobei sich erst zum Ende des 20. Jahrhunderts ein Verständnis der gemeinsamen, wechselseitigen Beeinflussung von Umwelt und Person zur gleichberechtigten Klärung von Entwicklungsprozessen durchsetzte (Ko-Determination).

Selbstgestaltung. Dieser Entwicklungsbegriff beinhaltet die Möglichkeit zur Selbstgestaltung, was heißt, dass die Richtung von Entwicklungsverläufen prinzipiell offen ist. Dem Individuum steht die Wahl für die konkrete Ausgestaltung der eigenen Entwicklung frei. Dazu muss es sich spezifische Entwicklungsziele setzen. Eine derartige Entwicklungsauffassung bedeutet allerdings auch, dass das Individuum bei erfolgreicher und bei

nicht erfolgreicher Realisierung des Lebensweges selbständig mit den entsprechenden Konsequenzen umgehen muss (Grob et al., 2001). Obwohl diese Konsequenzen erst ab dem Jugend- und Erwachsenenalter für das Individuum spürbar werden, hat diese Entwicklungsauffassung weitreichende Bedeutung für die Kindheit. Es stellt sich nämlich die Frage, welche praktischen Kompetenzen für ein selbstgestaltetes Leben notwendig sind und wie diese bereits im Kindesalter aufgebaut und im Jugendalter gefestigt werden können. Eine neue Frage, mit der sich die Entwicklungspsychologie im 21. Jahrhundert wohl intensiv beschäftigen wird.

Zusammenfassung
▶ Entwicklungspsychologie befasst sich mit Veränderungen und Stabilitäten während des gesamten Lebens und über verschiedene Funktionsbereiche hinweg.
▶ Entwicklungsprozesse werden beschrieben, erklärt und vorhergesagt und bei Bedarf kann auch interveniert werden.
▶ Im Laufe der Geschichte – beeinflusst von der gesellschaftlichen Entwicklung – haben sich unterschiedliche Forschungstraditionen der Entwicklungspsychologie herausgebildet. Diese bestimmen auch das heute vorherrschende interaktionistische Menschenbild.

2 Themen der Jugendpsychologie

Denkt man als Erwachsener an die Jugendzeit zurück, so fallen einem zumeist intensive, mitunter auch dramatische Erlebnisse ein: Vergangene Situationen, in denen man besonders verletzlich oder verunsichert war; Situationen, in welchen man seinen Platz in der Welt der Erwachsenen suchte, sei dies in Auseinandersetzungen mit den Eltern, beim heimlichen Rauchen oder Trinken mit Freunden oder in der ersten Liebesbeziehung; Erlebnisse, wo man nicht mehr als Kind wahrgenommen wurde, sondern höflich mit „Was wünschen Sie?" angesprochen wurde.

In diesem Kapitel werden wir die Phase des Jugendalters genauer beschreiben. Wann beginnt, wann endet sie; ist es eine einheitliche Phase oder lässt sie sich weiter untergliedern? Wie ist sie im gesamten Lebensverlauf einzuordnen? Welche gesellschaftlichen Veränderungen haben die Phase „Jugend" im Lauf der Zeit beeinflusst und wie sehen die Auswirkungen für die heutige Jugend aus? Was sagen wissenschaftliche Studien zur Einschätzung des Jugendalters?

Jugend als Übergang

Die Begriffe Jugend und Adoleszenz (lat. adolescere: heranwachsen) werden synonym für den Lebensabschnitt zwischen dem Ende der Kindheit und dem Beginn des Erwachsenenstatus verwendet, also etwa für das Alter von 10–20 Jahren. Das Jugendalter wird vielfach als eine Übergangsphase (Transition) bezeichnet: als Übergang vom Kind zum Jugendlichen und vom Jugendlichen zum

Rituale kennzeichnen den Übergang zwischen Jugend und Erwachsenenalter

Erwachsenen. Daraus kann eine unangenehme Sandwichposition entstehen.

Sandwichposition. Einerseits müssen die Jugendlichen Verhaltensformen und Privilegien der Kindheit aufgeben, beispielsweise nicht mehr stundenlang mit Sand und Puppen spielen oder sich wegen Hänseleien in Mutters Armen ausweinen. Andererseits müssen Jugendliche Kompetenzen für die Erwachsenenrolle neu erwerben. Konflikte entstehen dadurch, dass Jugendliche mitunter bereits über große Kompetenzen in verschiedenen Tätigkeitsfeldern verfügen, diese jedoch aufgrund ihres Alters noch nicht umsetzen dürfen, beispielsweise wählen oder bezahlte Arbeit.

2.1 Verändertes Verständnis von Entwicklung und Jugend

Kindheit und Jugend als defizitäre Phasen. Häufig wird das Erwachsenenalter als Ziel der menschlichen Entwicklung aufgefasst. Der Kindheit und dem Jugendalter kommt dann zwangsläufig ein defizitärer Status zu. Entwicklung ist somit der Prozess zum Höheren und Besseren.

Wertschätzung jeder Phase. Nach anderem Verständnis von Entwicklung hat jede Lebensphase in sich ihren einzigartigen Wert. Allerdings unterscheiden sich Menschen verschiedener Lebensphasen hinsichtlich ihrer Erfahrungen, Kompetenzen und Zukunftsperspektiven. Die Bewertung von Kompetenzen und Interessen in einem spezifischen Lebensabschnitt ist nur aus Sicht einer vorangegangenen oder einer nachfolgenden Phase möglich. Sobald der Erwachsenenstatus nicht mehr als Ziel menschlicher Entwicklung aufgefasst wird, entfällt die unterschiedliche Gewichtung der einzelnen Phasen.

> **!** Was das Jugendalter ist und welche Entwicklungsschritte im Jugendalter beschrieben werden, unterliegt einem epochalen Wandel.

Das Entwicklungsverständnis – weg von der Zielorientierung menschlicher Entwicklung hin zur Wertschätzung jeder Phase – hat sich von der Antike bis in die heutige Zeit radikal verändert. Weder in der Antike noch im Mittelalter existierte der Entwicklungsbegriff, wie wir ihn heute kennen. Das Phänomen Entwicklung hatte bis ins Mittelalter kaum Bedeutung (Ariès, 1975). Die Idee der Kindheit und der Jugend als eigenständige Lebensphase gab es nicht: Kinder und Erwachsene trugen dieselben Kleider, sie spielten die gleichen Spiele und sie waren denselben Strafen ausgesetzt. Erst im 17. Jahrhundert forderte der Pädagoge Johann Amos Comenius einen kindgemäßen Unterricht und der Philosoph John Locke setzte sich für empirische Studien über Kinder und Jugendliche ein. In der Folge formulierten Pädagogen wie Jean-Jacques Rousseau, Heinrich Pestalozzi und Friedrich Fröbel die ersten pädagogischen Diskurse zur menschlichen Entwicklung.

> Die Bestimmung einer eigenständigen Lebensphase Jugend geschah durch folgende gesellschaftliche Entwicklungen:
> ▶ lebenslanges Lernen (vgl. 2.1.1),
> ▶ Selbstgestaltung des Lebens (vgl. 2.1.2),
> ▶ verlängerte Ausbildungszeit (vgl. 2.1.3) und
> ▶ veränderte Familienstrukturen (vgl. 2.1.4).

2.1.1 Modernisierung und Erwerbsstruktur: Hin zur lernenden Gesellschaft

Auswirkungen einer veränderten Produktions- und Sozialstruktur. Eine eigenständige Jugendphase entwickelte sich in Europa im späten 19. und im frühen 20. Jahrhundert durch tiefgreifende Veränderungen der Produktions- und Sozialstruktur. Die allgemeine Abfolge in der Erwerbsstruktur führte von der Agrar- über die Industrie- zur Dienstleistungsgesellschaft (Modernisierung). Diese Abfolge beinhaltete:
▶ zunehmende Arbeitsteilung in der Gesellschaft,
▶ zunehmende Spezialisierung der Tätigkeiten des Einzelnen,
▶ flexibilisierte Arbeitszeiten,

▶ zentralisierte Produktionsstätten und

▶ Entstehung industrieller Ballungszentren.

Die Veränderung in der Produktionsstruktur hatte ihrerseits Einfluss auf das (Familien-)Migrationsverhalten. Menschen zogen dorthin, wo es mit größerer Wahrscheinlichkeit Arbeit gab.

Der zeitliche Verlauf, mit welcher sich die Haupterwerbssektoren über die Nationen hinweg ablösten, variierte stark; wogegen die Abfolge – Landwirtschaft, Industrie, Dienstleistung – über die Nationen hinweg weitestgehend gleich blieb. In Europa beispielsweise war der Landwirtschaftssektor bis 1950 der wichtigste Erwerbszweig. Dieser wurde von der Industrie abgelöst und seit den 1970er-Jahren ist es der Dienstleistungssektor (Kaelble, 1997).

Eine andere ebenso wichtige Feststellung ist, innerhalb von welchem Zeitraum der Beschäftigungsquotient für einen spezifischen Erwerbssektor Veränderungen erfuhr. Beispielhaft sei der Landwirtschaftssektor im Jahr l950 und im Jahr 1990 in einigen Ländern herausgegriffen (vgl. Tab. 2.1). Innerhalb dieser 40 Jahre gab es in den USA und in Deutschland im Agrarsektor einen Arbeitsplatzverlust von rund 10%, in Frankreich und Italien von 30% und in Spanien und Russland von über 40%.

Lebenslanges Lernen. Diese Zahlen verdeutlichen, dass der Umbau der Gesellschaft mitunter in einem rasanten Tempo stattfindet. Auf individueller Ebene bedeutet dies, dass der Transfer von lebenspraktischem Wissen zwischen den Generationen nur noch bedingt möglich ist. Wenn die Generation unserer Großväter in ihrer Jugendzeit ein Handwerk erlernte, z.B. Schuhmacher, blieben sie Handwerker in ihrer Gemeinde bis in den Ruhestand. Den Enkeln widerfährt heute nicht das Gleiche. Seit der Nachkriegszeit verändern sich die meisten Berufsbilder derart schnell, dass in zahlreichen Tätigkeitsfeldern aufgrund neuer Entwicklung lebenslang umgelernt werden muss. Die Verflechtung von Familie und Beruf war ein Merkmal von Gesellschaften vom Mittelalter bis in die Moderne. Die Entflechtung von Beruf und Familie sowie die lebenslange Veränderung im Beruf ist ein Merkmal der Industriegesellschaften der Nachkriegszeit. Durch den rasanten Umbauprozess ist die Traditionsbildung erschwert.

Konsequenzen der gesellschaftlichen Veränderungen. Der Umbau der Gesellschaft verlängerte die Lernzeit für eine breite Bevölkerungsgruppe. Zudem wurde die seit der Französischen Revolution geforderte Gleichheit (égalité) aller Bürger angestrebt. Die Überzeugung, dass jede Person beruflich das werden kann, was sie will – der Inbegriff der Liberalisierung der Bildung – setzte sich zunehmend durch. Dennoch gab und gibt es diesbezüglich Einschränkungen für große Teile der Bevölkerung. So waren beispielsweise grundlegende Bürgerrechte bis Mitte des 20. Jahrhunderts in bedeutenden Bereichen für bestimmte Bevölkerungsgruppen nicht gewährleistet (z.B. erlangten Frauen in der Schweiz erst in den 1960er-Jahren Stimm- und Wahlrecht).

Tabelle 2.1. Anteil der Bevölkerung, die im Agrarsektor beschäftigt war (in Anlehnung an Kaelbe, 1997)

	Agrarsektor 1950	Agrarsektor 1990	Veränderung in 40 Jahren
USA	10%	<5%	5%
Großbritannien	10%	<5%	5%
Deutschland	20%	<5%	15%
Schweden	20%	<5%	15%
Schweiz	20%	<10%	10%
Frankreich	35%	<10%	25%
Italien	40%	<10%	30%
Tschechoslowakei	40%	10%	30%
Japan	50%	<5%	45%
Spanien	50%	10%	40%
Russland	60%	20%	40%
Polen	60%	30%	30%

> Für die heutige Generation der Jugendlichen bedeuten diese gesellschaftlichen Veränderungen:
> ▶ Die Berufswahl ist erschwert. Die meisten Berufe sind im Dienstleistungssektor und fordern ein hohes Maß an Ausbildung. Die Lernzeit verlängert sich und die Entscheidung für einen Beruf wird durch die stetig steigende Zahl verschiedener Berufsbilder erschwert.
> ▶ Die Berufsbilder verändern sich ständig. Ein Jugendlicher, der heute einen Beruf erlernt, wird sich sein Leben lang fort- und weiterbilden müssen. Durch die Veränderungen innerhalb eines Berufsbildes werden ständig neue Anforderungen gestellt.

2.1.2 Zwei Individualisierungsschübe: Hin zur Selbstgestaltung

Zwei gesellschaftlich-ökonomische Prozesse führten den Lebensabschnitt Jugend herbei:
(1) Die industrielle Produktion wurde ausgeweitet und
(2) die demokratisch legitimierten Institutionen (Staat, Schule, Betriebe) nahmen zu.

Diese Prozesse wirkten sich auf die Sozialstruktur aus. Das Individuum wurde aus ständischen und lokalen Bindungen freigesetzt (Kohli, 1985). Freisetzung aus ständischer Bindung meint, dass man aufgrund der Leistung und nicht aufgrund seines Standes (z.B. Adel, Bauer, Handwerker) einen Platz in der Gesellschaft erhält. Freisetzung aus lokalen Bindungen meint, dass Menschen aufgrund der wirtschaftlichen Angebote den Geburtsort verlassen. Dieser Freisetzungsprozess ist zugleich ein Individualisierungsprozess. Individuen sind immer weniger durch Klassen- und Gruppenzugehörigkeit bestimmt, sie entwickeln sich flexibler. Durch die Individualisierung wurden die Lebensformen vielfältiger (Pluralisierung).

Der erste langandauernde Individualisierungsschub

Normbiographien. Ab Mitte des 19. Jahrhunderts wurden Lebensläufe auf individueller Ebene standardisiert und institutionalisiert. Dies führte zur Ausbildung von sogenannten Normbiographien (Kohli, 1985, 1986). Damit ist gemeint, dass Biographien durch institutionelle und wirtschaftliche Bedingungen geformt wurden. Biographien wurden zunehmend an das chronologische Alter gebunden, insbesondere an die Institution Schule und an den Austritt aus dem aktiven Erwerbsleben (Kohli & Meyer, 1986). Die Lebensläufe ähneln sich stark in ihrer zeitlichen Struktur.

Der zweite kurzandauernde Individualisierungsschub

Selbständige Entwicklung. In den 1950er- und 1960er-Jahren erhöhte sich der Lebensstandard durch das schnelle und anhaltende Wirtschaftswachstum. Zudem bewirkte der technologische und ökonomische Wandel eine verstärkte Individualisierung (Kohli, 1985; Fend, 2000). Der zweite Individualisierungsschub ist durch einen noch stärkeren sozialen Wandel gekennzeichnet. Individuell wurden Biographien – insbesondere im Erwachsenenalter – immer weniger voraussagbar. Die Lebenswelten der einzelnen Menschen wurden offener und freier, gleichzeitig aber auch komplexer und widersprüchlicher. Eine neue Dialektik von Freiheit und Zwang entstand: Einerseits haben Menschen die Freiheit, ihr Leben selbständig zu bestimmen, entsprechende Entwicklungsschritte ins Auge zu fassen und diese umzusetzen; andererseits unterliegen Menschen dem Zwang, ein möglichst einzigartiges und sich von anderen Individuen unterscheidendes Leben zu gestalten (Grob et al., 2001). Weil sich traditionelle Bindungen und Lebensmilieus auflösten, muss das Individuum mehr Eigenleistung zur Gestaltung des eigenen Lebens erbringen (Beck-Gernsheim, 1990).

Für die heutige Generation der Jugendlichen bedeuten diese gesellschaftlichen Veränderungen:

▶ Die Selbstgestaltung des Lebens: Im Jugendalter wird die Gestaltung des eigenen Lebens vorbereitet, welche Freiräume sich öffnen, aber auch welche Einschränkungen absehbar sind.

▶ Die Kehrseite der Freiheit: Die neue Freiheit in der Lebensführung ist nicht nur positiv zu bewerten, sondern bringt auch Belastungen durch neue Anforderungen mit sich.

2.1.3 Institution Schule: Hin zur Differenzierung

Im Zuge des Umbaus der modernen Gesellschaften zu Dienstleistungsgesellschaften wurde das Jugendalter zur Zeitspanne, die von Erwerbsarbeit freisetzte und allen Gruppen den institutionellen Zugang zu Ausbildung und Vorbereitung der Lebensbewältigung ermöglichte (vgl. Kap. 9).

Verkürzte und gestreckte Pubertät. Damit trat eine Verlängerung der unproduktiven Lebensphase ein, in welcher das Leistungspotential des Individuums aktiviert wurde. Zum Einen kann man behaupten, dies sei ein Luxus, den sich die Gesellschaft leistet. Denn in der Tat werden physische Ressourcen nicht genutzt. Zum Anderen kann derselbe Sachverhalt als kluge Voraussicht aufgefasst werden. Denn so wird das Entwicklungspotential einer Gesellschaft maximiert. Man kann diesen Prozess aber auch als definitive Liberalisierung des individuellen Lebenslaufes auffassen. Denn sowohl der Staat (institutionelle Entwicklungsinstanz) als auch die Familie (persönliche Entwicklungsinstanz) bieten Orientierung für die weitere Entwicklung Jugendlicher an, überlassen ihnen jedoch die Bestimmung des konkreten Lebensplanes. Nicht alle Mitglieder der Gesellschaft profitieren in derselben Weise von den institutionellen Lernangeboten. Man spricht von der verkürzten und gestreckten Pubertät. Damit

sind gesellschaftliche Entwicklungsbedingungen gemeint, die mit geringeren bzw. größeren Bildungschancen durch früheren bzw. späteren Berufseintritt verbunden sind (vgl. Ewert, 1983).

Für die heutige Generation der Jugendlichen bedeuten diese gesellschaftlichen Veränderungen:

▶ Ein steigendes Bildungsniveau: Jugendlichen wird die Möglichkeit einer umfassenden und qualitativ guten Ausbildung geboten, die sie auf zukünftige Anforderungen und Aufgaben im Erwachsenenalter vorbereitet.

▶ Eine neue Form der Benachteiligung: Nicht alle Jugendlichen können gleichermaßen von den gestiegenen Bildungschancen profitieren. Diejenigen, die keine qualifizierte Schul- oder Berufsausbildung nachweisen können, sind als Erwachsene häufiger von Arbeitslosigkeit betroffen als gut ausgebildete Gleichaltrige.

2.1.4 Veränderung in der Beziehungsstruktur: Hin zu vielfältigen Sozialisationsinstanzen

Familienstruktur. Die Entwicklungs- und Sozialisationsbedingungen von Kindern, Jugendlichen und Erwachsenen haben sich ebenfalls verändert. Mit dem Prozess der Industrialisierung bauten die Erwachsenen ihre wesentlichen sozialen Beziehungen um den außerfamiliären Arbeitsplatz und das außerfamiliäre Freizeit- und Politikleben herum auf. An der Stelle sei beispielhaft auf die Veränderung der Familienstruktur in den USA hingewiesen. Die Veränderungen in den Erwerbssektoren führten auch zu neuen Familienkonstellationen.

Hernandez (1993) stellte die Veränderungen der Auftretenshäufigkeit verschiedener Familientypen zwischen 1790 und 1990 dar (vgl. Abb. 2.1). Die Zwei-Eltern-Bauernfamilien war der häufigste Familientyp über mehrere Dekaden, nahm

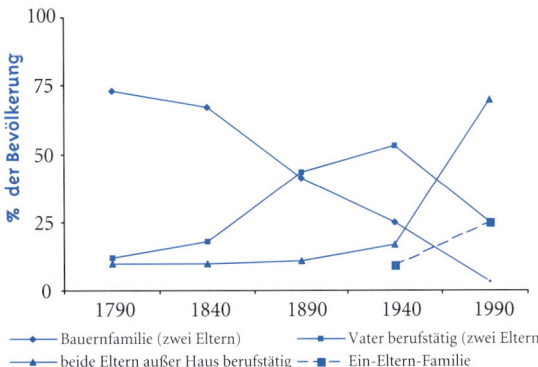

Abbildung 2.1. Veränderung der Familienstruktur in den USA von 1790 bis 1990 (Hernandez, 1993)

seit 1830 jedoch stetig ab. Die so genannte traditionelle Zwei-Eltern-Familie – ein außer Haus arbeitender Vater und eine im Haushalt tätige Mutter – war zwischen 1910 und 1970 der häufigste Familientyp. Der starke Anstieg der Zwei-Einkommenshaushalte war einerseits bedingt durch den wirtschaftlichen Aufschwung im Anschluss an den Zweiten Weltkrieg mit dem großen Bedarf an Angestellten im Dienstleistungssektor, andererseits aber auch durch das zunehmende Bewusstsein für die Gleichberechtigung von Mann und Frau. Die Ein-Eltern-Familie ist zum Ende des 20. Jahrhunderts ebenso häufig vertreten wie der traditionelle Zwei-Eltern-Familientyp (vgl. Kap. 6). Diese Zahlen beziehen sich auf die USA, gelten allerdings auch für die Veränderung der Familienstrukturen in Europa, wenngleich hier andere Zeitdimensionen gelten (Kohli, 1985).

Alltägliche Trennung. Hurrelmann (1997) verwies auf die zunehmende Ausdifferenzierung der Lebenswelten im Verlaufe der letzten 150 Jahre. Kinder und Erwachsene wurden durch diese Differenzierung in den täglichen Handlungsabläufen voneinander getrennt. Dies war der entscheidende Schritt zur Abgrenzung einer gesonderten Lebenssphäre für jede beteiligte Gruppe, d.h. für Kinder, Jugendliche, Erwachsene und Alte. Insbesondere die Ausbreitung des Schulwesens in der zweiten Hälfte des 19. Jahrhunderts hat die Ent-

mischung der Generationen gefördert. Heute ist es geradezu selbstverständlich, dass die Lebenswelten von Kindern und Jugendlichen von denen ihrer Eltern losgelöst sind. Jugendtypische Lebenswelten sind heute Schule, Freizeittätigkeiten und -orte, TV oder Internet (vgl. Kap. 10).

> Für die heutige Generation der Jugendlichen bedeuten diese gesellschaftlichen Veränderungen:
> ► Lösung vom Elternhaus: Die Lösung vom Elternhaus ist eine wichtige Aufgabe, die Jugendliche bewältigen müssen. Durch die stärkere Trennung der Lebenswelten von Jugendlichen und Erwachsenen wird diese Aufgabe erleichtert.
> ► Der Verlust von Modellen: Auf der anderen Seite bedeutet diese frühzeitige Abgrenzung von den Eltern aber auch, dass die Jugendlichen weniger von ihnen lernen können und zumindest teilweise auch weniger Unterstützung erfahren.

2.2 Wie werden Beginn und Ende der Lebensphase „Jugend" bestimmt?

Beginn. Der Beginn der Pubertät bestimmt den Anfang des Jugendalters. Die Pubertät ist bei Mädchen und Jungen gekennzeichnet durch die Geschlechtsreife (Mädchen: erste Menstruation = Menarche; Jungen: erster Samenerguss, Pollution) und tritt bei Mädchen ein bis zwei Jahre früher ein als bei Jungen. Vor der Geschlechtsreife verändern sich bei Mädchen und Jungen die sekundären Geschlechtsmerkmale (z.B. Einsetzen des Brustwachstums, der Schambehaarung, Peniswachstum; vgl. Kap. 4).

> **!** Der Beginn der Jugend ist in der Regel durch biophysiologische Veränderungen bestimmt. Danach setzt die psychische Bewältigung ein.

Psychische Auswirkungen. Die physiologischen Veränderungen haben psychische Auswirkungen:

▶ verändertes Körperempfinden,

▶ Selbstzweifel,

▶ Unabhängigkeitsgefühl (evtl. mit Gewalt, Aggression, Delinquenz),

▶ Schamgefühle,

▶ Abgrenzung von der Familie,

▶ Verletzlichkeit auf psychischer Ebene und

▶ Rückzug.

Die psychische Bewältigung wird von der veränderten Außenwahrnehmung beeinflusst, denn Eltern, Geschwister, Freunde, Lehrer und die ganze Erwachsenenwelt nehmen einen als Jugendlichen und nicht mehr als Kind wahr.

Statusübergänge. Jugendliche müssen in die verantwortlichen gesellschaftlichen Mitgliedsrollen hineinwachsen und so genannte Statusübergänge (Hurrelmann, 1997) bewältigen. Sie müssen ein bestimmtes Verhalten zeigen, damit ihnen dieser Status des Jugendlichen von der Umwelt auch zugeschrieben wird. Status beinhaltet beides: Rechte und Pflichten. Beide müssen Jugendliche durch Verinnerlichung von Regeln erarbeiten (vgl. Kap. 5). Beim Übergang von der Kindheit zum Jugendalter erweitern sich die Handlungsspielräume enorm und neue Rollen müssen übernommen werden:

▶ im Leistungsbereich,

▶ in der Familie,

▶ im Kontext der Gleichaltrigen,

▶ im Konsum- und Freizeitbereich sowie

▶ in der politischen Beteiligung.

Damit werden in verschiedenen Bereichen auch neue Erwartungen an die Jugendlichen herangetragen, die ihre gesellschaftlichen Mitgliedsrollen praktisch erproben müssen.

Vier Entwicklungsbereiche Jugendlicher

Hurrelmann (1997) unterscheidet vier verschiedene Entwicklungsbereiche:

(1) Die Entwicklung der eigenen **Geschlechtsrolle** und des **sozialen Bindungsverhaltens** zu Gleichaltrigen des eigenen und des anderen Geschlechts. Der Aufbau einer (heterosexuellen) Partnerbeziehung stellt langfristig die Basis für die Familiengründung dar.

(2) Die Entwicklung **intellektueller und sozialer Kompetenzen**, um selbstverantwortlich Schule und Beruf zu meistern. Ziel ist eine berufliche Erwerbsarbeit, um die selbständige, ökonomische und materielle Existenz zu sichern.

(3) Die Entwicklung eigener **Handlungsmuster**, um mit Konsumgütern, Freizeitangeboten und Medien gemäß der eigenen Bedürfnisse umzugehen. Das Ziel besteht darin, einen eigenen Lebensstil zu entwickeln.

(4) Die Entwicklung eines **Werte- und Normensystems** sowie eines **ethischen und politischen Bewusstseins**, so dass eigenes Verhalten mit gesellschaftlichen Ansprüchen übereinstimmt.

Ende der Jugendzeit. Aus soziologischer Sicht endet die Jugendzeit, wenn der Jugendliche in die neuen Rollen hineingewachsen ist. Dies betrifft insbesondere die Rolle

▶ im Beruf,

▶ in Partnerschaft und Familie,

▶ als Konsument und

▶ als politischer Bürger.

Aus psychologischer Perspektive ist das Ende der Jugendzeit erlangt, wenn die Entwicklungsaufgaben in den verschiedenen Lebensbereichen gelöst sind. Dies geht mit Selbstbestimmungsfähigkeit in den relevanten Lebensanliegen einher. Für Erik Erikson (1973) ist die Jugendphase dann abgeschlossen, wenn grundlegende Fragen der Identität beantwortet sind. Die Identitätsfindung jedoch versteht Erikson als lebenslangen Prozess (vgl. Kap. 5).

2.3 Phasen des Jugendalters und des gesamten Lebens

Für das Jugendalter wird landläufig folgende Untergliederung in Phasen vorgenommen (Oerter & Dreher, 1998; Silbereisen & Schmitt-Rodermund, 1998; Steinberg, 1996):

► frühe Adoleszenz (10–14 Jahre),
► mittlere Adoleszenz (15–18 Jahre) und
► späte Adoleszenz (19–21 Jahre).

Lebensphasen. Das Jugendalter wiederum ist Teil übergeordneter Phasen, die das gesamte Leben umfassen. So hat Martin Kohli (1986) die Chronologisierung des Lebens in drei Phasen aufgezeigt:

(1) Vorbereitung auf die Erwerbsarbeit,
(2) Erwerbsarbeit und
(3) Pensionierung.

Diese Abfolge der drei Phasen wurde erst seit dem 19. Jahrhundert möglich, seit das Leben der Menschen planbar wurde. Historiker führen die Planbarkeit in der Regel auf den Rückgang der Sterblichkeit zurück. So war der Tod bis Mitte des 19. Jahrhunderts in allen Lebensphasen wahrscheinlich, entweder durch Krieg, Armut, Hunger, Epidemien und Infektionskrankheiten oder durch schlechte Lebensbedingungen. Beispielsweise starben noch zu Beginn des 19. Jahrhunderts 50% der Kinder, bevor sie den Erwachsenenstatus erlangten (Imhof, 1986).

Zunehmende Differenzierung der Lebensphasen. Zu Beginn des 21. Jahrhunderts hingegen herrscht große Sicherheit darüber, wie das Leben verläuft. Es ist planbar und verläuft entlang chronologischer Bahnen. Dadurch wurde das Leben in Lebensphasen unterteilbar.

Hurrelmann (1997) hat folgende Phasen des Lebens zusammengestellt:

► Beginn des 20. Jahrhunderts: zwei Phasen, nämlich Kindheit (bis ca. 14 Jahre) und Erwachsenenalter
► Mitte des 20. Jahrhunderts: Kindheitsalter (bis ca. 10 Jahre), Jugendalter (bis ca.

20 Jahre), Erwachsenenalter (bis ca. 65 Jahre) und Ruhestand.
► Ende des 20. Jahrhunderts: Kindheitsalter (unterteilt in ein früheres und späteres), Jugendalter (bis ca. 18 Jahre), Nachjugendalter (bis ca. 28 Jahre), Erwachsenenalter (bis ca. 50 Jahre), mittleres Erwachsenenalter (bis ca. 65 Jahre) und höheres und hohes Erwachsenenalter.
► Beginn des 21. Jahrhunderts: eine noch feingliedrigere Aufteilung der Lebensabschnitte.

Auswirkungen der Differenzierung. Mit der Zunahme an Lebensphasen ergeben sich immer wieder Möglichkeiten der Neugestaltung und Neudefinition des Lebensentwurfes. Die Spielräume werden zunehmend größer. Gleichzeitig verschwinden aber seitens der Gesellschaft die symbolischen Vorgaben und sozialen Rituale, die ihren Mitgliedern eine Orientierung ermöglichen. Dies ist wohl der psychologische Preis, der für die „Freiheit" zu bezahlen ist. Auch wird die Grenzziehung zwischen den Phasen zunehmend unklar, und die Phasen selbst sind großen interindividuellen Differenzen unterworfen.

2.4 Das bevölkerungspolitisch veränderte Gewicht der jungen Generation

Die Zusammensetzung der Bevölkerung nach Altersgruppen hat sich in allen Industrieländern in den letzten Jahrzehnten zu Ungunsten der Kinder und Jugendlichen verändert. Die Veränderung verlief von einer Bevölkerungspyramide hin zu einem tannenartigen Gebilde. Für die Mitte des 21. Jahrhunderts geht man für die Industrienationen von einem rechteckigen Gebilde aus. Das bedeutet, dass alle Generationen (korrekterweise müsste man von Geburtskohorten sprechen) von Geburt bis ins hohe Alter gleich stark vertreten sein werden. Erst im sehr hohen Alter werden die

Kohorten innerhalb eines kurzen Zeitraums dezimiert.

Kinder als Altersvorsorge. Vor dem Ausbau der Sozialstaaten garantierten Kinder das Überleben der Erwachsenen im hohen Alter. Kinder übernahmen in der Regel auch den Betrieb (Bauernhof, Gewerbe). Damit brachten sie einen praktischen und finanziellen Vorteil. Es war – abgesehen von religiösen Vorschriften und praktischem Wissen zu Verhütungsmethoden – keine Frage, ob man Kinder hatte oder nicht, sondern Notwendigkeit. Nur wenige, zumeist privilegierte Personen, konnten sich den Luxus leisten, keine Kinder zu haben.

Kinder als Luxus. Heute ist die Tatsache, Kinder zu haben, eher ein Luxus. Denn finanzielle und lebenspraktische Absicherung sind staatlich geregelt, das Wissen zur Verhütung ist gegeben und religiöse Vorschriften haben einen vergleichsweise geringen Stellenwert. „Kinder haben" ist in postmodernen Gesellschaften vielfach Ausdruck eines emotionalen Lebenswunsches. Neu ist, dass heute ein Begründungszwang für den Kinderwunsch vorliegt (Grob et al., 2001), der je nach Schichtzugehörigkeit und Ethnizität (Migrationsfamilien) unterschiedlich ausfällt.

Als generelle Konsequenz der heutigen Bevölkerungszusammensetzung gilt für die Heranwachsenden, dass ihre Bedeutung geschmälert und diejenige der Älteren erweitert wurde. Daraus ergibt sich mitunter die berechtigte Frage, wie in Zukunft die finanziellen Mittel für das Wohl der Bevölkerung verteilt werden. Aufgrund des geringeren Gewichts der Jugendlichen an der Gesamtbevölkerung werden Jugendliche Mühe haben, sich für ihre Belange Gehör zu verschaffen, nämlich für Bildung, Zukunftsaussichten im Beruf und für eine intakte Umwelt. Dies gilt umso mehr, als dass Jugendliche nicht stimmberechtigt sind. Das neue Ungleichgewicht zwischen den Generationen birgt möglicherweise neues Konfliktpotential in Form von vermehrten Jugendunruhen.

2.5 Alltagssichtweisen und wissenschaftliche Studien zum Jugendalter

Sturm- und Drang-Periode. Die Jugend ist die Zeit der erstmalig bewusst wahrgenommenen Körperlichkeit, die Zeit erstmaliger Erfahrung von Sexualität und Erotik. Die Werbung – und die westliche Gesellschaft überhaupt – hat das Jugendalter zum Lebensideal erklärt. Jugend wird mit Schönheit, Erfolg und Gesundheit gleichgesetzt. Auch gilt Jugend als Zeit des „Sturm und Drang" und als Zeit der Wechselbäder von Gefühlen.

Eine der ältesten Debatten in der Jugendpsychologie besteht darin, zu erforschen, ob die Jugendzeit wirklich eine stressvolle und von Krisen durchzogene Zeit oder vielmehr ein Lebensabschnitt wie jeder andere ist. Wissenschaftliche Untersuchungen bestätigen die letzte Annahme (Grob, 1997; Oerter & Dreher, 1998; Steinberg, 1996): Bei der überwiegenden Mehrheit der Jugendlichen verläuft diese Zeit ohne dramatische Krisen.

> **Jugend: „Goldene" Zeit, Krise oder gewöhnliche Lebensphase?**
> Wie kann man sich die stereotypen Bilder der Jugendzeit erklären? Ursula Lehr (1971) hat Erwachsene danach gefragt, welches die schönste und glücklichste Lebenszeit sei. Mit Abstand am häufigsten wurde das „goldene" Jugendalter genannt. Die Erwachsenen begründeten ihre Aussage mit der Unbeschwertheit und Sorglosigkeit sowie der Welt, die noch offen steht. Wurden dieselben Personen im Anschluss gefragt, welches für sie selbst die schönste Zeit im Leben sei oder gewesen sei, bezeichneten nur 12 % der Befragten die Jugendzeit als schönste Lebensphase.
> Filipp (1996) (s. auch Filipp & Ferring, 1997) hat eine ähnliche Studie mit zum Zeitpunkt der Befragung 60- bis 90jährigen Personen

durchgeführt. Es zeigte sich, dass diese Personen das Leben während der Jugendzeit vergleichsweise als „unglücklich" bezeichneten, fand doch genau zur Jugendzeit für diese Generation der Zweite Weltkrieg statt. Filipp befragte andere erwachsene Personen (unterschiedlichen Alters) nach markanten Lebensereignissen und deren Auftreten in der eigenen Biographie. Die weitaus meisten positiven Lebensereignisse fielen in die Lebensphase Jugend. Allerdings traten auch die weitaus meisten negativen markanten Lebensereignisse in dieser Lebensphase auf.

Widerspruch. Die Resultate der Studien zur Einschätzung der Jugendzeit decken einen Widerspruch auf. Menschen beschreiben die Jugendzeit unterschiedlich, je nachdem ob sie ihre eigene Biographie mit einbeziehen oder generelle Aussagen zur Jugend machen:

▶ Die Jugendzeit wird als eine intensive, glückliche und schwierige Lebenszeit bezeichnet, wenn sie unabhängig vom eigenen Lebenslauf beschrieben wird.
▶ Beurteilen Menschen ihr eigenes Leben, dann ist die Jugendzeit mit vielen mitunter negativen Erfahrungen durchsetzt.
▶ Psychologisch ist dieses Faktum wohl damit zu erklären, dass in der Jugend folgenreiche positive wie negative Erfahrungen durchlebt werden, dass in der persönlichen Erinnerung die negativen mehr Gewicht erhalten und so das Jugendalter aus der Innensicht einen bitteren Beigeschmack aufweist.

Zusammenfassung

▶ Die Jugend beginnt mit Einsetzen der Pubertät (biologisch bestimmt), was eine psychische Bewältigung erfordert und endet, wenn der Jugendliche in seine gesellschaftlichen Rollen hineingewachsen ist (soziologisch bestimmt).
▶ Die Jugendphase gliedert sich auf in die frühe Adoleszenz (bis 14 Jahre), die mittlere Adoleszenz (bis 18 Jahre) und die späte Adoleszenz (bis 21 Jahre).
▶ Durch verschiedene gesellschaftliche Veränderungen (lebenslanges Lernen, Selbstgestaltung des Lebens, verlängerte Ausbildungszeit und veränderte Familienstrukturen) haben sich die Anforderungen an Jugendliche im Laufe der Zeit gewandelt.
▶ Das Jugendalter allgemein wird als glücklich oder krisenhaft eingeschätzt, die eigene Jugendzeit dagegen häufig negativ erinnert.

3 Entwicklungsaufgaben: Was die Gesellschaft von Jugendlichen verlangt

Menschen verändern sich während ihres gesamten Lebens. Sie werden älter, ändern ihre Ansichten und variieren ihre Interessen. Ebenso wandeln sich die Lebensumstände von Menschen stetig. Jugendliche beenden ihre Schulzeit und entscheiden sich für einen Beruf, junge Erwachsene gründen eine Familie oder politische Veränderungen wirken sich auf alle Bürger aus. Im Laufe des Lebens muss sich der Mensch ständig entwickeln, anpassen und neue Aufgaben bewältigen.

3.1 Das Konzept der Entwicklungsaufgaben

Robert Havighurst. Das Konzept der Entwicklungsaufgaben wurde von Robert Havighurst an der Universität Chicago während der späten 1940er-Jahre erarbeitet. Havighurst bildete Lehrer aus und vermittelte psychologisches Wissen, um pädagogisches Handeln zu fördern.

Lernaufgaben über die gesamte Lebensspanne. Entwicklungsaufgaben erstrecken sich über die gesamte Lebensspanne. Menschen lösen sie zu unterschiedlichen Lebenszeiten, um als vollwertige Mitglieder in eine Gesellschaft aufgenommen zu werden. Die Aufgaben reichen über alle Lebensabschnitte hinweg und nicht immer werden alle erfolgreich gelöst. In einem Lebensabschnitt können gelöste und nahezu gelöste Aufgaben neben solchen stehen, die einen beschäftigen und für die keine wirklich befriedigende Lösung gefunden werden kann. Wieder andere bringt man auch trotz eines großen Einsatzes von Zeit und Energie einfach nicht zu Ende. Es ist noch nicht einmal eine unbefriedigende Lösung möglich. Es gibt große Unterschiede

▶ in welchem Lebensalter,
▶ in welchem Zeitrahmen,
▶ in welcher Reihenfolge und
▶ mit welchem spezifischen Inhalt

Der Erwerb von Selbständigkeit und Autonomie ist eine wichtige Entwicklungsaufgabe des Jugendalters

Entwicklungsaufgaben gelöst werden. Diese Unterschiede entstehen durch

▶ interindividuelle (zwischen Menschen),
▶ interkulturelle und
▶ sozio-historische Besonderheiten.

DEFINITION

Eine **Entwicklungsaufgabe** ist

▶ „eine Aufgabe, die in oder zumindest ungefähr zu einem bestimmten Lebensabschnitt des Individuums entsteht,
▶ deren erfolgreiche Bewältigung zu dessen Glück und Erfolg bei der Lösung nachfolgender Aufgaben beiträgt,
▶ während ein Misslingen zu Unglücklichsein des Individuums, zu Missbilligung seitens der Gesellschaft und zu Schwierigkeiten mit späteren Aufgaben führt."

(Havighurst, 1952, S. 2; Übersetzung durch die Autoren).

Entwicklungsaufgaben fördern Fertigkeiten und Kompetenzen, die zur konstruktiven und zufriedenstellenden Bewältigung des Lebens in einer Gesellschaft notwendig sind. Sie sind gewissermaßen ein Bindeglied im Spannungsverhältnis zwischen individuellen Bedürfnissen und gesellschaftlichen Anforderungen.

Aktiver Lerner. Das Entwicklungsaufgabenkonzept nimmt einen aktiven Lerner an, der mit einer aktiven sozialen Umwelt im Austausch steht. Diese Sichtweise ist auf die gesamte Lebensspanne bezogen, wobei sich jedes Lebensalter durch spezifische Entwicklungsaufgaben auszeichnet.

Im folgenden Kasten sind die von Havighurst formulierten Entwicklungsaufgaben für das Säuglings- und Kleinkindalter, die frühe Kindheit, die mittlere Kindheit, für das Jugendalter, das frühe, das mittlere sowie das späte Erwachsenenalter zusammengestellt. Havighurst ging davon aus, dass sich die erfolgreiche Bewältigung früherer Aufgaben auf die (erfolgreiche) Bewältigung

Entwicklungsaufgaben nach Robert Havighurst

Havighurst hat die konkreten Inhalte der Entwicklungsaufgaben Ende der 1940er-Jahre erstmals veröffentlicht. Aus heutiger Perspektive mögen einige Entwicklungsaufgaben veraltet erscheinen und durch neue ersetzt werden. Allerdings liegt hier ein Konzept der Lebensspanne vor, welches zentrale Übergänge im Leben des Menschen vorgibt, die in dieser Form auch heute weitgehende Gültigkeit aufweisen. Nachfolgend sind die Entwicklungsaufgaben für jeden Lebensabschnitt gesondert aufgeführt (Havighurst, 1948).

Lebensabschnitt	Konkrete Entwicklungsaufgaben
Säuglingsalter und Frühe Kindheit (etwa bis 2 Jahre)	Gehen lernen Essen fester Nahrung Sprechen lernen Kontrolle der Ausscheidungsfunktionen Geschlechtsunterschiede kennenlernen Physiologische Stabilität erlangen Einfache Konzepte zur sozialen und physikalischen Realität formen Aufbau emotionaler Beziehungen zu Eltern, Geschwistern u.a. Lernen, zwischen richtig und falsch zu unterscheiden und ein eigenes Gewissen entwickeln
Mittlere Kindheit (etwa 2 bis 12 Jahre)	Körperliche Geschicklichkeit für einfache Spiele erwerben Eine gesunde Einstellung sich selbst gegenüber als heranwachsender Organismus entwickeln

	Mit Gleichaltrigen zurechtkommen Eine angemessene weibliche oder männliche soziale Rolle erlernen Grundlegende Fertigkeiten im Lesen, Schreiben, Rechnen entwickeln Denkschemata und Konzepte entwickeln, die für das Alltagsleben notwendig sind Gewissen, Moral und Wertmaßstäbe entwickeln Persönliche Unabhängigkeit erlernen Entwicklung von Einstellungen gegenüber sozialen Gruppen und Institutionen
Jugendalter (etwa 13 bis 22 Jahre)	Neue und reifere Beziehungen zu Gleichaltrigen beider Geschlechter Erlangen der Geschlechterrolle Akzeptieren des eigenen Körpers und seine effektive Nutzung Emotionale Unabhängigkeit von Eltern und anderen Erwachsenen Zuversicht, dass ökonomische Unabhängigkeit eintreten wird Vorbereitung beruflicher Arbeitsfähigkeit Vorbereitung auf Heirat und Familiengründung Entwicklung intellektueller Fertigkeiten und ziviler Kompetenz Wünschen und Erreichen von sozial verantwortlichem Verhalten Erwerb eines Werte- und Ethik-Systems als Verhaltensleitfaden
Frühes Erwachsenenalter (etwa 23 bis 30 Jahre)	Partnerwahl Leben mit dem Partner Gründen einer Familie Kindererziehung Führen eines (Familien-)Haushalts Berufseinstieg Gesellschaftliche Verantwortung übernehmen Finden einer ansprechenden sozialen Gruppe
Mittleres Erwachsenenalter (etwa 31 bis 50 Jahre)	Verantwortung in einem größeren sozialen Rahmen übernehmen Schaffen und Aufrechterhalten eines ökonomischen Lebensstandards Den heranwachsenden Kindern helfen, verantwortungsbewusste und glückliche Erwachsene zu werden Freizeitaktivitäten entwickeln Beziehung zum Partner festigen Sich mit körperlichen Veränderungen auseinandersetzen und sie akzeptieren Sich mit den Ansprüchen der eigenen hilfsbedürftigen Eltern auseinandersetzen
Spätes Erwachsenenalter (ab etwa 51 Jahren)	Sich mit eingeschränkter Kraft und Gesundheit auseinandersetzen Sich mit Pensionierung und verringertem Einkommen auseinandersetzen Sich mit dem Tod des Partners auseinandersetzen Sich der eigenen Altersgruppe angliedern Sozialen und gesellschaftlichen Pflichten nachkommen Körperlich befriedigende Lebenssituation herstellen

nachfolgender Aufgaben günstig auswirkt. Des Weiteren nahm er an, dass die Bewältigungsleistungen mit psychischem Wohlbefinden und gesellschaftlicher Akzeptanz einhergehen.

Modernes Entwicklungsverständnis. Das Konzept der Entwicklungsaufgabe steht für ein modernes Entwicklungsverständnis. Es geht unter anderem auf Kurt Lewin (1946) zurück, welcher das Verhalten und Erleben eines Menschen an dessen konkreten Lebensraum knüpfte. Der Lebensraum eines Menschen ist zum einen durch tatsächliche, reale Gegebenheiten gekennzeichnet, die das Verhalten der Menschen beeinflussen. Zum anderen wirkt sich die Wahrnehmung einer Situation auf das Verhalten des Menschen aus. Eine objektive Situation wird jedoch von verschiedenen Menschen unterschiedlich wahrgenommen. Wenn ein Individuum auf die Umgebung eingeht, dann immer nur so, wie das Individuum dessen Charakteristika wahrnimmt. Daher gibt es sowohl Untersuchungen zu realen Gegebenheiten als auch zur Wahrnehmung von Situationen und Kontexten. Beispielsweise hat Roger Barker (1968) die Sozialisationsbedingungen von Kindern und Jugendlichen in unterschiedlichen sozioökonomischen Kontexten im mittleren Westen der USA erforscht und Urie Bronfenbrenner (1979) die Sozialisationsbedingungen von Kindern und Jugendlichen in nationalen Kontexten.

3.2 Dynamischer Interaktionismus

Wechselseitiges Individuum-Umwelt-System. Einer der bekanntesten Vertreter kontextuell orientierter Ansätze ist Richard Lerner mit seinem Konzept des dynamischen Interaktionismus („developmental contextualism", 1982, 1986). Der dynamische Interaktionismus geht von einem wechselseitigen (reziproken) Individuum-Umwelt-System aus. Interaktion wird dabei als Prozess einer wechselseitigen Beeinflussung verstanden, so dass jedes Element innerhalb des Systems zugleich Produkt und Produzent des jeweils ande-

ren ist. Diese Annahme gilt für biologische, physikalische, psychologische, soziale und historische Prozesse. Die wechselseitige Dynamik besagt, dass der Jugendliche auf den sozialen und physikalischen Kontext, welcher ihn beeinflusst, wiederum selbst Einfluss nehmen kann (ko-konstruktiver Prozess). Damit sind Fremd- und Selbstgestaltung untrennbar aufeinander bezogen und beeinflussen sich gegenseitig (Fend, 2000; Silbereisen, 1986).

Mechanismen der wechselseitigen Beeinflussung

Lerner (1986) unterscheidet drei Mechanismen, über welche der ko-konstruktive Prozess abläuft, die den Jugendlichen zu Produzent und Produkt seines Kontextes machen:

(1) Der Jugendliche selbst ist Auslöser.
(2) Der Jugendliche ist der Prozessor.
(3) Der Jugendliche wählt neue Handlungsräume aus.

Der Jugendliche selbst ist der Stimulus (Auslöser). Aufgrund der körperlich-physiologischen Veränderungen und der veränderten Attraktivität, nimmt die Umgebung (andere Jugendliche oder Erwachsene) denselben Jugendlichen anders wahr und reagiert entsprechend auf dessen „neues Erscheinungsbild". Die veränderte, neue Reaktion der Umwelt auf den Jugendlichen ist ihrerseits wiederum Anlass für verändertes, neues Verhalten seitens des Jugendlichen, der sich auf diesem Weg als Stimulus erneut wandelt.

BEISPIEL

Die körperlichen Veränderungen während der Pubertät führen beispielsweise dazu, dass ein Jugendlicher von Erwachsenen nicht mehr als Kind gesehen wird. Er wird beispielsweise in Geschäften als Kunde ernst genommen und höflich mit „Kann ich Ihnen weiterhelfen?" angesprochen. Bei nachfolgenden Einkäufen wird er dadurch selbstsicherer auftreten und die Verkäufer eher um Rat fragen, als er es zuvor getan hat.

Der Jugendliche ist der Prozessor. Das Wissen über die Welt und wie der Jugendliche mit diesem Wissen umgeht, verändert sich im Vergleich zur Kindheit. Aufgrund der Veränderungen auf kognitiver und emotionaler Ebene, aber auch durch neue Interessen, erhalten Erfahrungen und Ereignisse für den Jugendlichen andere Bedeutungen. Jugendliche stellen also neue Sinnkonstruktionen her. Damit nehmen sie auch Einfluss auf die Wirkung der Außenwelt.

BEISPIEL

Wenn ein Jugendlicher durch verstärkte Abstraktionsfähigkeit und Umsicht übergeordnete situative Bedingungen erkennt, wird er Vorgänge in seiner Umwelt anders verarbeiten und erleben. Konkret könnte dies bedeuten, dass sich ein Kind, wenn es von seiner Mutter ausgeschimpft wird, gedemütigt und zornig fühlt. Als Jugendlicher besteht eher die Möglichkeit, den Grund für den Tadel zu verstehen. Es ist z.B. ärgerlich für die Mutter, wenn man mit dreckigen Schuhen über den neuen Teppich geht, oder die Mutter war ohnehin gereizt, so dass ein Großteil des Tadels nicht direkt mit dem eigenen Verhalten in Verbindung steht. Der Jugendliche wird sich aufgrund der beiden neuen Sichtweisen, in welchem Rahmen Tadel zustande kommt, weniger gedemütigt und zornig fühlen als das Kind.

Der Jugendliche wählt neue Handlungsräume aus. Die flexibelste Art, wie Jugendliche ihre Entwicklung beeinflussen, betrifft die Herstellung und Erweiterung von Handlungsräumen. Vielfach liegen die neuen Handlungsräume außerhalb der Familie, z.B. in der Schule oder im Sportverein, und sind damit von elterlicher Kontrolle weitestgehend losgelöst. Man kann sagen, Jugendliche begeben sich in Entwicklungsnischen. Die Kompetenz Jugendlicher zur Gestaltung oder Wahl ihrer Kontexte ist vor allem in der frühen Adoleszenz bedeutsam. Aufgrund der psychischen und physischen Veränderungen werden neue Verhaltensweisen

möglich, die für zukünftige Rollen bedeutsam sind. Um diese Verhaltensweisen anzuwenden und zu üben, bedarf es Situationen, die sie ermöglichen. Anpassung des sich verändernden Jugendlichen an eine sich verändernde Welt geschieht durch aktive Wahl von Kontexten, in welchen kompetente Verhaltensweisen entwickelt werden können.

3.3 Quellen von Entwicklungsaufgaben

Anforderungen und Fähigkeiten. Der Mensch wird immer wieder mit neuen Anforderungen konfrontiert. Er versucht, diese Anforderungen mit seinen physischen, psychischen und sozialen Ressourcen zu bewältigen. Dabei ist es immer wieder notwendig, neue Fähigkeiten zu erlernen.

BEISPIEL

Ein Kleinkind sieht, dass Erwachsene mit Besteck essen. Außerdem geben die Eltern ihm regelmäßig einen Löffel. Zunächst gelingt es dem Kind – aufgrund einer mangelnden Koordination von Hand und Auge – nicht, den Löffel zum Mund zu führen, ohne ihn auszuschütten. In unzähligen Schritten und unterschiedlichsten Situationen lernt das Kind, richtig mit dem Besteck umzugehen – beispielsweise wenn es beim Spielen eine Rosine in eine Flasche fallen lässt, in der Badewanne Wasser mit einer Muschel schöpft oder seine Puppe füttert. Die zunehmende Kontrolle ermöglicht es nach vielen Übungssituationen, das Besteck wie die Erwachsenen zu gebrauchen. Damit hat das Kind eine Entwicklungsaufgabe gelöst: seine Essgewohnheit den Gepflogenheiten seiner Kultur anzupassen.

Drei Quellen von Entwicklungsaufgaben. Entwicklungsaufgaben sind dreifach begründet:
(1) physische Reifung seitens des Organismus (im Beispiel die Möglichkeit, Wahrnehmungsgegenstand, Ziel und Ausführung zu koordinieren und willentlich zu steuern),

(2) gesellschaftliche Erwartungen (im Beispiel die Eltern, welche dem Kind Besteck bereit stellen und erwarten, dass das Kind damit umgehen kann),

(3) individuelle Zielsetzung (das Kind hat Freude daran, mit Gabel und Löffel zu essen und versucht in verschiedensten Situationen damit zu spielen).

Die Gewichtung der Quellen fällt je nach spezifischer Entwicklungsaufgabe für die anstehenden Anforderungen unterschiedlich aus.

Physische Reifungsprozesse. Die körperliche Reifung bildet die Basis für Entwicklungsaufgaben. Reifungsprozesse sind weitgehend universell gültig, d.h. sie weisen zwischen den Kulturen kaum Unterschiede auf. In den meisten Kulturen regt der Beginn der Pubertät die Aktivität an, neue Beziehungen zu Gleichaltrigen des anderen Geschlechts aufzunehmen.

Gesellschaftliche Erwartungen. Je nach Erwartungen der jeweiligen Gesellschaft und Kultur unterscheiden sich spezifische Entwicklungsaufgaben. Altersbezogene Normen beeinflussen die Erwartungen im Sinne eines Zeitrasters. So werden spezifische Anforderungen nicht zufällig im Lebenslauf an das Individuum herangetragen. Auch wird der Entwicklungsstand des Individuums danach bemessen, inwieweit es mit den Anforderungen umgehen kann. Auf der Basis der kulturellen Altersnormen wird von Früh-, Regel- oder Spätentwicklung gesprochen. Typische gesellschaftliche Entwicklungsaufgaben sind beispielsweise „Trocken werden", „Lesen lernen", „Sich für einen Beruf entscheiden". Darin liegen auch spezifische Erwartungen an den Zeitpunkt für den Übergang in neue Rollen als Privatperson (z.B. Selbständigkeit erlangen, Verantwortung übernehmen) und als öffentliche Person (z.B. Schulpflicht, Stimmrecht). Die gesellschaftlichen Erwartungen an die Zeitgrenzen zur Lösung von spezifischen Entwicklungsaufgaben unterliegen einem historischen Wandel. So verändern sich spezifische Aufgaben über Kohorten hinweg, beispielsweise hinsichtlich Ausbildungsdauer oder hinsichtlich Anforderungen selbstverantwortlicher Lebensführung.

Individuelle Zielsetzungen und Werthaltungen. Havighurst sieht in individuellen Zielen und Werten die dritte Quelle von Entwicklungsaufgaben. Ziele und Werte sind wesentliche Bestandteile des Selbst (vgl. Kap. 5). Das Selbst ist eine treibende Kraft für die aktive Gestaltung sowohl von Veränderungs- wie auch von Stabilisierungsprozessen über die Lebensspanne. Wie kann man sich dies vorstellen? Menschen begeben sich aufgrund ihrer eigenen Interessen in neue Kontexte, beispielsweise möchte ein Jugendlicher eine bestimmte Musikgruppe kennenlernen. Dazu kann er sich über das Internet oder Bibliotheken oder Musikveranstalter Informationen beschaffen, wird Geld verdienen, um die kommenden Konzerte der Gruppe in verschiedenen Städten zu besuchen und wird möglicherweise neue Freunde kennenlernen. Er wird sich Expertenwissen aufbauen und unterschiedliche Erfahrungen sammeln. Die neue Herausforderung nimmt er als Befriedigung und sinnvolle Zeitnutzung wahr.

Neben interindividuell vergleichbaren Zielen – beispielsweise einen Beruf erlernen oder Loslösung vom Elternhaus – gibt es auch wie im oben angeführten Beispiel personspezifische Ziele. Letztere zeigen sich in individuell gesetzten Entwicklungsaufgaben. Diese Tatsache birgt mitunter Konfliktpotential. Denn es können Diskrepanzen zwischen sozial geteilten und persönlichen Zielen entstehen. Im Beispiel zwischen dem Ziel, in der Schule gut abzuschneiden als Basis für die Berufswahl und dem persönlichen Ziel, möglichst viel Geld für Konzertkarten zu verdienen.

3.4 Geeignete Zeiträume für Entwicklung (sensitive Perioden)

Teachable moments. Die Zuordnung von Entwicklungsaufgaben zu spezifischen Lebensabschnitten basiert auf der Annahme, dass es Zeiträume gibt, die für bestimmte Lernprozesse besonders geeignet sind. Als Ausbilder von Lehrern hat sich Havighurst insbesondere auf die Institution Schule bezogen, die Individuen zum

„richtigen" Zeitpunkt unterstützen soll, wichtige Lernschritte anzugehen. Er spricht von „sensitiven Perioden", welche optimales Lernen ermöglichen. Die für pädagogisches Wirken optimalen Zeitpunkte bezeichnet er als „teachable moments". Dies ist der Zeitpunkt, wenn

(1) die körperlichen Voraussetzungen zum Erlernen eines Inhaltes gegeben sind,

(2) der Inhalt seitens der Gesellschaft gefordert ist und

(3) das Individuum auch gewillt ist, eine Aufgabe anzugehen.

Wenn diese drei Bedingungen nicht gegeben sind, sind die Effekte pädagogischer Maßnahmen vergleichsweise gering. Die Annahme sensitiver Perioden des Lernens bedeutet allerdings nicht, dass Aufgaben zu einem früheren oder späteren Zeitpunkt nicht in Angriff genommen werden könnten. Der Lernprozess bringt dann größeren Aufwand mit sich, braucht Hilfestellungen von anderer Seite und lässt einen geringeren Erfolg erwarten.

Zeitlich begrenzte und unbegrenzte Aufgaben. Die Anbindung von Entwicklungsaufgaben an spezifische Lebensphasen erweckt den Eindruck, dass jede Entwicklungsaufgabe eine in sich abgeschlossene Einheit darstellt. Im Grunde trifft dies nur für bestimmte Entwicklungsaufgaben zu, beispielsweise für das Gehenlernen und Sprechenlernen in der frühen Kindheit. Havighurst unterscheidet zwischen Aufgaben, die zeitlich begrenzt sind (z.B. Erwerb von grundlegenden Kulturtechniken) und solchen, die sich unter variierenden Anforderungen über mehrere Zeitabschnitte der Lebensspanne erstrecken. So spielen über die gesamte Lebensspanne die Gleichaltrigen eine wichtige Rolle für die eigene Entwicklung, aber je nach Lebenszeitpunkt sind die Inhalte der Gleichaltrigenkontakte und die Beziehung zu Gleichaltrigen unterschiedlich.

3.5 Spezifische Entwicklungsaufgaben der Adoleszenz

Bereiche von Entwicklungsaufgaben

Die Entwicklungsaufgaben der Adoleszenz (vgl. Kasten S. 24) lassen sich in drei Bereiche gliedern (Fend, 2000; Grob & Flammer, 1997):

(1) den intrapersonalen oder persönlichen Bereich,

(2) den interpersonalen oder zwischenmenschlichen Bereich und

(3) den kulturell-sachlichen oder gesellschaftlichen Bereich.

Persönliche Entwicklungsaufgaben. Die Entwicklungsaufgaben des persönlichen Bereichs ergeben sich zu einen aus den neuen psychischen Sachverhalten der Adoleszenz, z.B. aufgrund der Fähigkeit zur Abstraktion ein verändertes Wertesystem und ethische Prinzipien entwickeln. Zum anderen leiten sich Entwicklungsaufgaben aus den biologischen Veränderungen ab, z.B. das Akzeptieren des sich verändernden Körpers und das Erarbeiten der männlichen und weiblichen Geschlechtsrolle.

Zwischenmenschliche Entwicklungsaufgaben. Die Entwicklungsaufgaben im zwischenmenschlichen Bereich ergeben sich aus den neuen Beziehungsmustern, beispielsweise der Differenzierung der Freundschaftsbeziehungen zu Altersgleichen beiderlei Geschlechts oder der zunehmenden Symmetrie in der Beziehung zu den Eltern. Die neuen Beziehungen zu gegengeschlechtlichen Gleichaltrigen ermöglichen auch die Vorbereitung auf eine spätere Heirat.

Gesellschaftliche Entwicklungsaufgaben. Schließlich stammen die Entwicklungsaufgaben des gesellschaftlichen Bereichs vorwiegend aus den veränderten sozio-kulturellen Anforderungen, mit welchen die Jugendlichen jetzt konfrontiert werden, beispielsweise die Ausrichtung auf die berufliche Zukunft und damit die Vorbereitung auf eine finanzielle Selbständigkeit, aber auch die Erwartung sozial verantwortlich handeln zu können.

Identität. Diesen drei Bereichen übergeordnet ist eine Entwicklungsaufgabe, welche von Havighurst nicht als solche formuliert wurde, allerdings unserem Zeitgeist entspricht: die Erarbeitung der Identität (vgl. Kap. 5). Diese Aufgabe beinhaltet, ein bewusstes Verhältnis zu sich und der Umwelt zu gewinnen mit dem Resultat, sich in der vorgegeben Kultur zu verorten.

Relativität von Entwicklungsaufgaben

„Neue" Entwicklungsaufgaben. Eva und Michael Dreher (1985) haben die kulturelle und historische Relativität von Entwicklungsaufgaben bei einer Befragung von 15- bis 18-jährigen Jugendlichen gezeigt. Die Entwicklungsaufgabe „Erwerb eines sozial-verantwortlichen Verhaltens" wurde – im Gegensatz zur Formulierung von Havighurst – Mitte der 1980er-Jahre von den Jugendlichen im Raum München nicht mehr als solche genannt. Dafür nannten die Jugendlichen andere (neue) Entwicklungsaufgaben, die Havighurst nicht vorsah:
▶ Aufnahme und Aufbau intimer Beziehungen,
▶ Entwicklung der Identität sowie
▶ Erarbeiten einer Zukunftsperspektive.

In derselben Studie hatten die Jugendlichen die Wichtigkeit der Entwicklungsaufgaben zu beurteilen. Sowohl Mädchen wie Jungen betrachteten folgende Entwicklungsaufgaben als besonders wichtig:
▶ Berufsentscheidung,
▶ Identitätsentwicklung,
▶ Aufbau reifer Beziehungen zu Gleichaltrigen,
▶ Erlangen eines veränderten Wertesystems,

▶ Akzeptieren des veränderten Körpers und
▶ Zukunftsorientierung.

Die Zukunftsorientierung wurde im Vergleich zu der Auflistung von Havighurst neu eingeführt. Die Mädchen erachten sowohl den Aufbau eines neuen Wertesystems als auch das Akzeptieren des Körpers wichtiger als Jungen.

3.6 Entwicklungsaufgaben als soziale Normsetzung

Gesellschaftliche Entwicklungserwartungen sind neben der physischen Reifung und persönlichen Zielen eine Quelle von Entwicklungsaufgaben. Die gesellschaftlichen Erwartungen sind schwierig zu erfassen. Dazu muss man die Personen befragen, die Entwicklungsaufgaben stellen. Welche Erwartungen hat die Gesellschaft – vertreten durch erwachsene Personen – an Jugendliche über die Erfüllung verschiedener Entwicklungsaufgaben? Erwachsene sollten Jugendlichen unterschiedlich begegnen, je nachdem ob diese ihre Erwartungen erfüllen oder nicht. Wenn Jugendliche Entwicklungsaufgaben in einem erwarteten Zeitraum lösen, sollten sie eher Achtung und Wohlwollen erhalten, wenn sie diese hingegen verzögert lösen, eher Sanktionen erfahren. Bei der Lösung im erwarteten Zeitraum sollte die aktuelle und die künftige Lebensbewäh-

---

Exkurs: Gesellschaftliche Erwartungen bei der Bewältigung von Entwicklungsaufgaben

Entwicklungsaufgaben und deren Bewältigung werden häufig aus der Perspektive der Jugendlichen – also derjenigen, die diese Aufgaben zu bewältigen haben – untersucht. Einen anderen Ansatz wählten Grob und Mitarbeiter (1995). Sie befragten diejenigen, die diese Aufgaben stellen: Erwachsene. Sie untersuchten damit die sozialen und gesellschaftlichen Erwartungen, die mit Entwicklungsaufgaben verbunden sind.
Annahmen. Die Gesellschaft, vertreten durch erwachsene Personen, hat spezifische Erwar-

tungen, wie bestimmte Entwicklungsaufgaben durch Jugendliche erfüllt werden sollen. Diese Erwartungen spiegeln sich in zweierlei Einschätzungen wider.
(1) Bewertung von verschiedenen Aspekten der Aufgabenerfüllung (z.B. Alter, in dem die Aufgabe bewältigt wurde) und
(2) Beurteilung der aktuellen und künftigen „Lebensbewährung" der Jugendlichen.
Die Bewertungen sind eher gefühlsbetont im Vergleich zu den rein kognitiven Beurteilungen.

Beide Aspekte sind wichtig. In den Bewertungen kommen Reaktionen auf nicht erwartungsgerechte Lösungen von Entwicklungsaufgaben stärker zum Ausdruck als in den kognitiven Beurteilungen.

Einschätzung durch Erwachsene. Für die Studien wurden zwei Entwicklungsaufgaben des Jugendalters ausgewählt, die von außen an die Jugendlichen gestellt werden: Berufswahl und Autonomieentwicklung. Den Erwachsenen wurden kurze Beschreibungen von männlichen Jugendlichen vorgegeben, die diese Aufgaben verfrüht, normgerecht oder verspätet erfüllt haben. Für die verspätete Bewältigung der Entwicklungsaufgabe wurde noch angegeben, ob der Jugendliche diese Aufgabe nicht lösen konnte (z.B. aufgrund einer schweren Erkrankung) oder nicht lösen wollte (z.B. aufgrund von Faulheit und Bequemlichkeit). Die erwachsenen Probanden sollten dann anhand eines Fragebogens beschreiben, welche Gefühle sie diesen Jugendlichen gegenüber hatten, wie sie deren Situation beurteilten und inwieweit sie deren Verhalten sanktionieren würden.

Ergebnisse. In der Studie wurde bestätigt, dass es Normen gibt, in welchem Alter Entwicklungsaufgaben gelöst werden sollten. Autonomie im Sinne einer eigenen Wohnung, auswärtig orientierten Beziehungen und Selbstbestimmung bei der Kleidung wird für einen 15-Jährigen als verfrüht, für einen 21-Jährigen als normgerecht beurteilt. Wenn hingegen ein 31-jähriger Mann noch immer bei seinen Eltern wohnt und sich überwiegend an seiner Herkunftsfamilie orientiert, so gilt dies als verspätete Autonomieentwicklung. Wie starr diese Normen sind, ist je nach Aufgabe unterschiedlich. Die Altersgrenzen werden z.B. im beruf-

lichen Bereich enger gesetzt. Der Abschluss der Berufsausbildung wird bei 19-Jährigen als verfrüht, bei 20-Jährigen als erwartungsgemäß und bei 23-Jährigen als verspätet eingeschätzt.

Fazit. Eine verfrühte Lösung der Entwicklungsaufgaben löst bei Erwachsenen Überraschung aus, absichtliches Nicht-Lösen dagegen Ablehnung. Die Zukunftschancen der Jugendlichen, welche die Aufgaben erwartungsgemäß lösen, werden am besten eingeschätzt. Die schlechtesten Prognosen erhalten Jugendliche, die die Entwicklungsaufgaben nicht lösen wollen. Ihre Chancen werden insbesondere von konformistischen Erwachsenen schlecht eingeschätzt (vgl. Abb. 3.1). Diese gehen davon aus, dass die eigene Meinung mit derjenigen der Mehrheit der Bevölkerung übereinstimmt. Je stärker ein Erwachsener also die Anpassung an gesellschaftliche Normen betont, umso kritischer betrachtet er Jugendliche, die sich nicht normgerecht entwickeln.

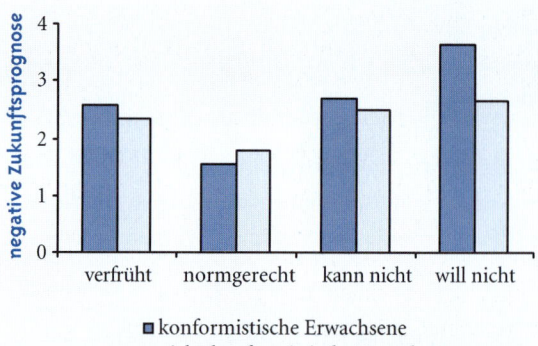

Abbildung 3.1. Zukunftsprognosen von konformistischen und nicht-konformistischen Erwachsenen bei Jugendlichen, die ihre Entwicklungsaufgaben verfrüht, normgerecht oder verspätet aufgrund von Nicht-Können oder Nicht-Wollen lösen (Grob et al., 1995)

rung der Jugendlichen als ungefährdet erachtet werden.

Zeitpunkt der Lösung. Insgesamt existiert ein gesellschaftlicher Konsens, wann Entwicklungsaufgaben gelöst werden sollten. Verpasst eine Per-

son diesen Zeitpunkt, gerät sie zunehmend unter Druck. Dabei hat verspätete Lösung negative Folgen. Allerdings unterscheiden sich Jugendliche und Erwachsene darin, wie sie den richtigen Zeitpunkt für die Lösung von Entwicklungsaufgaben einschätzen. Jugendliche setzen diesen Zeitpunkt früher an als ihre Eltern. Insbesondere erwachsene Frauen sind gegenüber den weiblichen Jugendlichen einschränkend eingestellt, v.a. wenn diese Entwicklungsaufgaben willentlich nicht lösen. Dabei werden die Zeitgrenzen zur Lösung von Entwicklungsaufgaben für Mädchen tiefer angesetzt als für Jungen. Die Mütter erwarten von ihren Töchtern zu einem früheren Zeitpunkt Autonomiebestrebungen und Reife als von den Söhnen. Väter erwarten für Töchter und Söhne keine unterschiedlichen Zeitpunkte für die Lösung von Entwicklungsaufgaben. (Berger et al., 1999; Dekovic et al., 1997; Grob et al., 1995)

3.7 Einschätzung des Einflusses auf wichtige Entwicklungsaufgaben

In den späten 1980er-Jahren haben Flammer und Mitarbeiter (Flammer et al., 1987; Grob & Flammer, 1997) eine Längsschnittuntersuchung mit über 4.000 Jugendlichen durchgeführt, die an das Entwicklungsaufgabenkonzept anschloss. Im Zentrum standen Fragen nach zentralen Entwicklungsbereichen für den Aufbau der Identität Jugendlicher. Jugendliche wollen erfahren, wer sie sind, was sie bewirken können, wieviel sie zählen und über welche Handlungsspielräume sie verfügen. Der Handlungsspielraum erweitert sich im Jugendalter enorm, allerdings vielfach nicht in dem Maße, wie es den Wirkmöglichkeiten Jugendlicher entspräche. Wie nehmen Jugendliche diese Diskrepanz wahr?

Kontrollmeinung
„Einfluss haben" und „Etwas bewirken können" wird in der Psychologie mit Begriffen wie Locus of Control, Selbstwirksamkeit, Kontroll- und

---

DEFINITION

Unter **Kontrollmeinung** versteht man, wie eine Person ihre Möglichkeiten einschätzt, innerhalb eines überblickbaren Lebensraumes bestimmte Ziele zu erreichen.

Kompetenzmeinung etc. beschrieben (ausführlich dazu Flammer, 1990).

Wie viel Kontrolle jemand tatsächlich hat, ist nicht feststellbar, wohl aber die diesbezügliche Meinung. Das zählt deshalb besonders stark, weil die Meinung der eigenen Wirksamkeit großen Einfluss auf die Handlung hat. Bei der Handlungsplanung ist die Erwartung entscheidend, mit welcher Wahrscheinlichkeit ein erwünschtes Ereignis herbeigeführt oder ein unliebsames verhindert werden kann. Diese Erwartungen sind zentral dafür, ob die Handlung überhaupt begonnen wird und wie sie tatsächlich ausfällt.

Instanzen. Die Kontrolleinschätzung ist nicht ausschließlich an ein Einzelindividuum gebunden, sondern entsteht in der Person-Umwelt-Beziehung. Menschen beziehen bei der Einschätzung persönlicher Kontrolle ganz unterschiedliche Instanzen mit ein:

▶ die eigene Person und ihre angestrebten Zielzustände,
▶ andere, mächtigere Personen (z.B. Eltern, Lehrmeister, Lehrer),
▶ als ebenbürtig wahrgenommene Personen (z.B. Mitschüler, Freunde),
▶ anonyme Instanzen,
▶ soziale Regeln und Normen,
▶ institutionelle Bedingungen,
▶ objektive Begebenheiten (z.B. physikalische Gesetze) und
▶ den Zufall.

Alle diese Instanzen haben am Zustandekommen eines Ereignisses ihre je spezifischen Anteile.

Entwicklungsbereiche. Zunächst wurde in der Studie die Wichtigkeit unterschiedlicher Bereiche erfragt. Neun Bereiche wurden den Jugendlichen vorgegeben:

(1) Persönlichkeitsentwicklung,
(2) physisches Aussehen,
(3) Verfügen über Geld für eine mittelgroße Anschaffung,
(4) Wahl des zukünftigen Arbeitsplatzes,
(5) Ausgang eines Konflikts mit den Eltern,
(6) Aufnahme einer engen gegengeschlechtlichen Freundschaft,

(7) schulischer Lernstoff,

(8) Errichten eines Jugendtreffpunkts in der Gemeinde und

(9) Umweltbelange.

Bis auf das Mitwirken an einem lokalen Jugendtreffpunkt waren alle vorgelegten Bereiche den Jugendlichen ziemlich bis außerordentlich wichtig. Den Mädchen ist die eigene Persönlichkeitsentwicklung am wichtigsten; den Jungen der zukünftige Arbeitsplatz. Insgesamt besagen diese Resultate, dass die Jugendlichen die vorgelegten Entwicklungsbereiche als bedeutsam in ihrem Leben wahrnehmen. Damit sind vorhandene ebenso wie fehlende Einflussmöglichkeiten in diesen Bereichen von unmittelbarer Bedeutung für die Jugendlichen. **Einflussmöglichkeiten.** Weitaus die meisten Jugendlichen glauben, in verschiedenen Lebensbereichen Einfluss zu haben. Dies kann vorerst als Beleg für einen (Kontroll-)Optimismus der Jugend herangezogen werden.

Tabelle 3.1. Anteil der Jugendlichen, die glauben, bestimmte Ereignisse beeinflussen zu können (Flammer et al., 1987)

Lebensbereich	Anteil Jugendlicher, die persönliche Einflussmöglichkeiten sehen
Aufnahme einer engen gegengeschlechtlichen Freundschaft	96%
physisches Aussehen	90%
Wahl des zukünftigen Arbeitsplatzes	90%
Ausgang eines Konflikts mit den Eltern	90%
Verfügen über Geld für eine mittelgroße Anschaffung	80%
Persönlichkeitsentwicklung	87%
Errichten eines Jugendtreffpunkts in der Gemeinde	70%
Umweltbelange	61%
schulischer Lernstoff	43%

Die Einschätzung des Einflusses verändert sich jedoch mit dem Alter der Jugendlichen. Je älter Jugendliche sind, desto mehr Geld haben sie zur Verfügung und desto mehr Mitsprache haben sie beispielsweise zu Hause. Zudem sind in der Regel die offensichtlichen negativen körperlichen Auswirkungen der Pubertät vorbei und die erwünschten Veränderungen verleihen mehr Zufriedenheit und mehr wirkliche oder vermeintliche Kontrolle. Ältere Jugendliche nehmen jedoch einen geringeren Einfluss auf die Wahl ihres zukünftigen Arbeitsplatzes und den Lernstoff war. Es scheint sich eine Schere zu öffnen zwischen Optimismus im privaten Bereich und Realismus auf der Gesellschaftsseite.

Insgesamt lässt sich ein positives Bild zeichnen: Die Jugendlichen sind von ihren Wirkmöglichkeiten in persönlich wichtigen Lebensfeldern – in den dominanten Entwicklungsaufgaben – überzeugt. Dieses Fazit gilt gleichermaßen für Jungen und Mädchen.

Zusammenfassung

► Entwicklungsaufgaben sind spezifische Aufgaben, die Menschen zu unterschiedlichen Zeiten lösen müssen. Verschiedene Einflüsse bestimmen die Bewältigung der Aufgaben.

► Das Konzept der Entwicklungsaufgaben entspricht einem modernen Entwicklungsverständnis, wonach Mensch und Umwelt sich wechselseitig beeinflussen. Diese Annahme liegt auch dem dynamischen Interaktionismus zugrunde.

► Entwicklungsaufgaben resultieren aus drei Quellen: physiologische Reifung, gesellschaftliche Erwartungen und persönliche Ziele.

Weiterführende Literatur

Havighurst, R. J. (1948). Developmental tasks and education. New York: Longman.
Der Klassiker zum Thema „Entwicklungsaufgaben" bietet einen umfassenden Überblick über das Konzept, die Quellen und Inhalte von Entwicklungsaufgaben.

4 Körperliche und psychosexuelle Entwicklung

Eine Entwicklungsaufgabe des Jugendalters besteht darin, die eigene, sich verändernde körperliche Erscheinung zu akzeptieren und den Körper effektiv zu nutzen (Havighurst, 1948). Damit ist der Bereich der umfassenden körperlichen Veränderungen im Übergang vom Kind zum Jugendlichen angesprochen. Die körperlichen Veränderungen haben enorme Auswirkungen auf die Gesamtentwicklung. Jugendliche haben sich dieser Veränderungen bewusst zu werden. Sie müssen lernen, ihren Körper in der Freizeit, im Sport, aber auch im Spiegel der Gleichaltrigen und Erwachsenen kennen zu lernen und zu akzeptieren. Die körperlichen Veränderungen bedingen die neu zu erlernende Geschlechtsrolle und den Aufbau gegengeschlechtlicher Beziehungen zu Gleichaltrigen.

4.1 Pubertät oder körperliche Reife

Der Begriff Pubertät kommt von dem lateinischen Wort „pubes" und bedeutet „erwachsen". Die Pubertät umfasst alle körperlichen Veränderungen von Mädchen und Jungen im Übergang vom Kind zum Jugendlichen.

Körperliche Veränderungen

Die fünf bedeutsamsten körperlichen Veränderungen während der Pubertät sind:

(1) Veränderung der Statur (insbesondere das Verhältnis von Körperfett und Muskelmasse),

(2) Wachstumsschub mit Zunahme von Größe und Gewicht,

(3) Veränderungen im Herz-Kreislauf- sowie Atmungssystem, die einen Anstieg von

Jugendliche müssen lernen, den eigenen Körper und seine Veränderungen zu akzeptieren

Kraft und physischer Ausdauer ermöglichen,

(4) Entwicklung der primären Geschlechtsorgane (Hoden, Ovarien) und

(5) Entwicklung der sekundären Geschlechtsmerkmale (Veränderungen der Genitalien, Brust, Schambehaarung, Gesichts- und Körperbehaarung, Geschlechtsorgane).

Die körperliche Reifung ergibt sich aus den veränderten Prozessen des hormonellen und des zentralen Nervensystems. Je nach Geschlecht werden in der Pubertät unterschiedliche Mengen von Androgenen und Östrogenen ausgeschüttet, während vorher beide Typen von Hormonen bei Jungen und Mädchen etwa in gleichem Ausmaß produziert wurden. Mit Beginn der Pubertät steigt der Anteil von Testosteron bei den Jungen um das 18fache, bei Mädchen der Anteil von Estradiol um das 8fache (Nottelmann et al., 1987). Viele der hormonellen Veränderungen beginnen bereits im siebten Lebensjahr, also lange bevor die äußerlich sichtbaren Veränderungen der Pubertät einsetzen.

4.2 Veränderungen in der Statur und den Körperproportionen

Wachstumsschub

Wachstumshormone beschleunigen das Längenwachstum und die Gewichtszunahme (Wachstumsschub). Besonders beeindruckend sind diese Veränderungen verglichen mit den Wachstumsraten der vorherigen Lebensjahre. Bis zum 11. Lebensjahr sind Jungen und Mädchen etwa gleich groß. Danach wachsen Mädchen im Durchschnitt bis zu 9 cm pro Jahr, Jungen sogar bis zu 10,5 cm. Diese Zunahme entspricht etwa dem Größenwachstum im zweiten Lebensjahr (National Center for Health Statistics, 2000). Der Wachstumsschub setzt bei Mädchen früher ein als bei Jungen. So sind Mädchen im Alter von 11 bis 13 Jahren größer als Jungen. Im Durchschnitt überho-

len die Jungen die Mädchen erst mit 14 Jahren. Die Erwachsenengröße von Jungen liegt durchschnittlich 12 cm über der von Mädchen. Neben der hohen Geschwindigkeit des Längenwachstums in der Pubertät, fällt der unterschiedliche (asynchrone) Wachstumsverlauf verschiedener Körperteile auf. Zunächst wachsen Kopf, Hände und Füße, danach Arme und Beine. Erst am Ende erhält der Rumpf seine endgültige Länge.

Gewichtszunahme

Der Wachstumsschub wird begleitet von einer deutlichen Gewichtszunahme. Die Verteilung von Körperfett und Muskeln verläuft jedoch bei Jungen und Mädchen unterschiedlich.

Muskeln. Bei Mädchen und Jungen bis zum 11. Lebensjahr verläuft die muskuläre Zunahme etwa parallel zu derjenigen des Skeletts. Vom 14. bis 17. Lebensjahr nimmt das Muskelgewebe bei Jungen weiterhin zu, während sich der Muskelzuwachs bei Mädchen verlangsamt.

Körperfett. Die Zunahme des Körperfettanteils ist für beide Geschlechter bis zum achten Lebensjahr relativ gering. Bei Mädchen steigt er bis zum 12. Lebensjahr langsam an und nimmt im Alter von 12 bis 18 Jahren deutlich zu. Bei Jungen ist der Fettanteil am Gesamtgewebe insgesamt geringer als bei Mädchen. Jungen haben am Ende des Jugendalters etwa dreimal soviel Muskelmasse wie Fettgewebe. Bei Mädchen dagegen ist die Verteilung mit 5 : 4 zugunsten des Körperfetts nahezu ausgeglichen.

Sportliche Leistungen. Diese unterschiedlichen Veränderungen der Muskel- und Fettanteile am Gesamtkörpergewicht führen zu unterschiedlicher Leistungsfähigkeit im Sport. Während bis zum 12. Lebensjahr die Leistungen von Jungen und Mädchen ähnlich sind, tritt zwischen dem 12. und 14. Lebensjahr aufgrund des früher einsetzenden Wachstumsschubs eine leichte Überlegenheit der Mädchen auf. Danach jedoch sind die Jungen den Mädchen deutlich an Kraft überlegen (Remschmidt, 1992). Neben der größeren Muskelkraft führt auch die Vergrößerung der Lungen sowie des Herzens zu größeren Ausdauerleistungen. Nicht nur hinsichtlich der Muskelkraft, sondern auch durch ein größeres Lungen- und Herzvolumen, einen geringeren Ruhepuls und eine größere Kapazität, Sauerstoff in die Blutbahn zu transportieren, sind Jungen den Mädchen überlegen.

Unzufriedenheit mit dem Gewicht. Der vergleichsweise rasche Fettzuwachs bei Mädchen ab dem 10. Lebensjahr führt dazu, dass sie ihre Körperentwicklung besorgt verfolgen. Viele Mädchen sind unzufrieden mit ihrem Gewicht, obwohl ihre Statur absolut im Durchschnitt liegt (Smolak et al., 1993). Jungen und Mädchen machen sich mit zunehmendem Gewicht mehr Sorgen wegen ihrer Figur. Allerdings sind diese bei Mädchen über das gesamte Jugendalter stärker ausgeprägt als bei Jungen (Hautmann, 2000). In dieser Phase besteht ein erhöhtes Risiko, dass Mädchen – insbesondere frühentwickelte Mädchen – Essprobleme (v.a. Anorexie und Bulimie; vgl. Kap. 15) entwickeln.

Wunschgröße und -gewicht

Zusätzlich zu der tatsächlichen Statur verändern sich auch die Wunschgröße und das Wunschgewicht der Jugendlichen. In einer großen Studie mit rund 3.500 Kindern und Jugendlichen aus der Schweiz und Norwegen wurden Alltagsbelastungen und Entwicklungsveränderungen erfasst (Übersicht in Grob, 1997). Unter anderem wurden auch Fragen nach der tatsächlichen und gewünschten Körpergröße sowie dem -gewicht gestellt. Die nachfolgenden Resultate wurden bislang noch nicht veröffentlicht. 11- und 12-jährige Mädchen wären gerne etwa 10 cm größer, als sie es tatsächlich sind. Bei 13- bis 16-jährigen Mädchen reduziert sich dieser Unterschied auf 5 cm. Bei den Jungen wird die Differenz erst später kleiner. Bis zum Alter von 14 Jahren möchten die meisten Jungen über 10 cm größer sein. Die 15- und 16-Jährigen wären immer noch gerne etwa 7 bis 8 cm größer. Beim Gewicht sind die Differenzen zwischen Real- und Wunschgewicht geschlechtsspezifisch unterschiedlich. Mädchen wären über die gesamt Spanne von 11 bis 16 Jahren gerne 2 bis 3 kg leichter. Bei Jungen in diesem Alter gibt es keine Unterschiede zwischen tatsächlichem und gewünschtem Gewicht.

4.3 Geschlechtsreifung

Während die körperlichen Veränderungen, die mit der Geschlechtsreifung einhergehen, bei Jungen relativ einheitlich verlaufen, kommt es bei Mädchen zu größeren interindividuellen Unterschieden.

Jungen. Bei Jungen beginnt die Geschlechtsreifung mit dem Wachstum von Hoden, Hodensack (10 bis 13; 6 Jahre) und ersten Schamhaaren (10 bis 15 Jahre). Danach beginnt das Peniswachstum (11 bis 14; 6 Jahre). Später tritt der erste Samenerguss auf; erst als letztes wachsen die Achselhaare (etwa zwei Jahre nach den ersten Schamhaaren). Zu demselben Zeitpunkt wird die Haut rauher und sondert vermehrt Talg ab.

Mädchen. Bei Mädchen wachsen zunächst die Brüste (8 bis 13 Jahre) und Schamhaare (8 bis 14 Jahre). Später beginnt die Veränderung der Genitalien (Vergrößerung von Uterus, Vagina, Schamlippen und Klitoris), während die Menarche eher spät auftritt (10 bis 16; 6 Jahre). Ein regelmäßiger Eisprung erfolgt erst etwa zwei Jahre nach der Menarche (Goldstein, 1976).

4.4 Psychologische Auswirkungen der Pubertät

Folgen der Pubertät auf psychologischer Ebene sind eine Reduzierung des Selbstwertes sowie der Körperzufriedenheit und stärkere Stimmungsschwankungen.

Körperzufriedenheit

Die Körperzufriedenheit lässt sich unterteilen in

(1) generelle Zufriedenheit mit dem Aussehen,
(2) Zufriedenheit mit dem Gewicht und
(3) Einschätzung, wie andere das Aussehen beurteilen.

Zufriedenheit mit dem Aussehen. Mädchen sind mit ihrem Aussehen generell unzufriedener als Jungen (Mendelson et al., 2001). Aber auch wenn Jungen sich weniger Sorgen wegen ihres Körpers machen als Mädchen, sind viele dennoch unzufrieden mit ihrer Figur. Während Mädchen meist schlanker sein möchten, wünschen Jungen sich typischerweise eine kräftigere Figur (Cohane & Pope, 2001; McCabe & Ricciardelli, 2001).

Zufriedenheit mit dem Gewicht. Auch die Entwicklung der Zufriedenheit mit dem eigenen Körper verläuft geschlechtsspezifisch unterschiedlich. Während Jungen zwischen dem 13. und 18. Lebensjahr kontinuierlich zufriedener mit ihrem Körper werden, sinkt bei Mädchen in dieser Altersgruppe die Zufriedenheit stetig (Rosenblum & Lewis, 1999). Jungen nehmen die Zunahme von Körpergröße und Kraft positiv wahr. Diese Veränderungen können mitunter zum Ausprobieren risikoreicher Aktivitäten führen (Arnett, 1992; s. auch Kap. 13 u. 14). Mädchen dagegen leiden aufgrund der Zunahme an Gewicht und Körperfett unter einem Einbruch des Selbstwertgefühls (Mendelson et al., 2001). Das Wachstum der Brüste beeinflusst das Körperbild der Mädchen positiv (Brooks-Gunn & Warren, 1988a). Mädchen sind mit ihrem Körper weniger zufrieden als Jungen. Werbung, Medien und das soziale Umfeld propagieren ein Schlankheitsideal, dem insbesondere pubertäre Mädchen nicht entsprechen können und das so Diäten fördert. Daraus können langfristig Essstörungen entstehen (Gabel & Kearney, 1998; s. auch Kap. 15). Diese soziokulturellen Faktoren wirken bei Mädchen insgesamt stärker auf das Diätverhalten als bei Jungen (McCabe & Ricciardelli, 2001).

Stimmungsschwankungen

Nicht nur das Körperbild, sondern auch das Ausmaß von Stimmungsschwankungen wird durch die Pubertät beeinflusst. Die Stimmung von Jugendlichen schwankt über den Tagesverlauf stärker als bei Erwachsenen. Es ist anzunehmen, dass diese Veränderungen der Stimmung durch die starken Hormonschwankungen insbesondere zu Beginn der Pubertät verursacht werden. Allerdings liegen Belege dafür vor, dass die Stimmung durch kritische Lebensereignisse wie den Tod eines Elternteils oder familiäre Konflikte deutlich stärker beeinflusst wird als durch hormonelle Schwankungen (Brooks-Gunn, 1987, 1989).

„Jugendliche" Verhaltensweisen

Die psychischen Folgen der körperlichen Entwicklung zeigen sich für die Mitmenschen sichtbar in zahlreichen veränderten Verhaltensweisen der Jugendlichen. Jugendliche suchen mit Beginn der Pubertät nach mehr Privatheit, insbesondere im Bereich der Körperpflege und beim Ankleiden. Sie bemerken, dass sie von Gleichaltrigen, Eltern und anderen Erwachsenen anders wahrgenommen werden. In den Medien – insbesondere in Jugendserien und -zeitschriften – werden vermeintlich „typisch jugendliche" Verhaltensweisen vermittelt. Rauchen, Alkoholkonsum, Ablehnung elterlicher Regeln oder der Besitz bestimmter Markenprodukte scheinen die richtigen Mittel zu sein, um als „cool" zu gelten und von den Gleichaltrigen akzeptiert zu werden. Für Jugendliche gehören diese Verhaltensweisen zwangsläufig zum Erwachsenwerden dazu.

Zusätzlich zu den Folgen für den Jugendlichen selbst wirken sich die pubertären Veränderungen und Verhaltensweisen auch auf die Beziehungen zu Eltern und Gleichaltrigen aus (vgl. Kap. 6 und 7).

4.5 Beginn und Tempo der Pubertätsentwicklung

Der Beginn (Timing) und das Tempo der Pubertät variiert enorm. Die Pubertät kann bei Mädchen mit 8 Jahren oder erst mit 13 Jahren einsetzen. Bei Jungen wird ein Beginn zwischen 9;6 und 13;6 Jahren als „normal" betrachtet. Auch die Zeitspanne zwischen dem ersten Anzeichen der Pubertät und der vollständigen physischen Reife kann sehr unterschiedlich sein. Bei Mädchen kann sie zwischen eineinhalb und sechs Jahren, bei Jungen zwischen zwei und fünf Jahren schwanken (Tanner, 1972). Beginn und Tempo der Pubertät sind dabei unabhängig voneinander. Das bedeutet, dass einige Jugendliche ihre Pubertät bereits abgeschlossen haben, während gleichaltrige Freunde diese noch nicht einmal begonnen haben. Auch ein Zusammenhang zwischen Beginn und der endgültigen Erwachsenenstatur ist nicht vorhanden, so dass diejenigen, deren Pubertät früh eingesetzt hat, am Ende nicht größer sein werden als jene, deren Pubertät spät begonnen hat.

Erklärungen der unterschiedlichen Pubertätsverläufe

Die Gründe für die enormen Unterschiede im Beginn und Tempo der Pubertätsverläufe sind einerseits auf der individuellen und andererseits auf der sozialen Ebene anzusiedeln.

Individuelle Ebene. Faktoren, welche die Pubertätsentwicklung auf individueller Ebene beeinflussen, sind:

▶ genetische Ausstattung,
▶ umfassendes körperliches Wohlbefinden und
▶ Belastungen durch die familiäre Lebenssituation.

Die Bedeutung genetischer Faktoren ist daran zu erkennen, dass Eltern und Kinder sich hinsichtlich des Beginns der Pubertät ähneln. Das bedeutet, dass Eltern, deren Pubertät früh eingesetzt hat, auch mit hoher Wahrscheinlichkeit frühentwickelte Kinder haben (Surbey, 1990).

Im Hinblick auf das allgemeine körperliche Wohlbefinden sind Ernährung, chronische Erkrankungen und exzessive körperliche Belastungen (z.B. im Leistungssport) bedeutsam für den Zeitpunkt des Pubertätsbeginns. Jugendliche, die vor der Geburt sowie im Säuglings- und Kleinkindalter eine bessere Ernährung hatten, erreichen die Pubertät früher. Eine verspätete Pubertät ist insbesondere bei Jugendlichen mit Proteinmangel oder chronischen Erkrankungen sowie bei Leistungssportlern festzustellen (Brooks-Gunn & Warren, 1988b).

Familiäre Stressoren wie ein geringer familiärer Zusammenhalt sowie ein hohes Ausmaß familiärer Konflikte gehen bei Mädchen mit einer früh einsetzenden Menarche einher. Dabei sind weniger einzelne Stressoren, sondern eine Anhäufung von Belastungen bedeutsam für diesen Unterschied (Silbereisen & Schwarz, 1992). Des Weiteren zeigten einige Studien, dass weibliche Jugendliche, deren Vater durch Tod oder Scheidung fehl-te, durchschnittlich früher die Pubertät erreichten (Surbey, 1990). Eine mögliche Erklärung dafür ist, dass derartige Familiensituationen Stress auslösen, der wiederum eine höhere Hormonausschüttung hervorruft. Diese Hormonausschüttung begünstigt dann ein frühes Eintreten der Pubertät. Bei Jungen dagegen ist das Bild umgekehrt. Männliche Jugendliche, die ohne Vater aufwachsen, fallen besonders häufig in die Gruppe der Spätentwickler (Reißig, 1985).

Soziale Ebene. Soziale Faktoren, die Unterschiede in der Pubertätsentwicklung bedingen, sind

▶ Säkularisierungstrend,
▶ sozioökonomischer Status und
▶ Nationalität.

Der Begriff Säkularisierungstrend bezeichnet das immer frühere Einsetzen der Pubertät in den letzten Jahrhunderten. Das bedeutet, dass die Pubertät 1980 durchschnittlich vier Jahre früher einsetzte als 1840.

Alle drei sozialen Faktoren – Säkularisierungstrend, sozioökonomischer Status und Nationalität – erklären die Unterschiede im Pubertätsbeginn jedoch nicht direkt. Vielmehr verursachen sie Unterschiede in der Qualität der Ernährung, Hygiene und medizinischen Versorgung. In Entwicklungsländern ist die Qualität in diesen Bereichen schlechter als in westlichen Industrienationen. Jugendliche aus Familien mit geringem sozioökonomischen Status wachsen mit qualitativ schlechteren Ernährungs- und Hygienestandards auf als Mittel- und Oberschichtkinder. Ihre medizinische Versorgung ist ebenfalls schlechter. Insgesamt ist die Lebenssituation – zumindest innerhalb der Industrienationen – heute sehr viel besser als vor 150 Jahren. Aufgrund der unterschiedlichen Bedingungen beginnt die Pubertät in Industrienationen früher als in Entwicklungsländern, und heutige Jugendliche erleben die Pubertät früher als Jugendliche früherer Generationen (Steinberg, 1996). Es ist allerdings davon auszugehen, dass auch unter optimalen Ernährungs-, Hygiene- und Gesundheitsbedingungen das durchschnittliche Menarchealter nicht unter 12 Jahre sinken wird.

4.6 Auswirkungen von Früh- und Spätentwicklung

Ein besonders früher oder später Beginn der Pubertät wirkt sich auf die weitere Entwicklung der Jugendlichen je nach Geschlecht unterschiedlich aus.

4.6.1 Auswirkungen für Jungen

Frühentwickler. Bei Jungen zeigen einige Studien Vorteile für Frühentwickler. Aufgrund der positiven Bewertung von Größenwachstum und Muskelmasse haben sie bei Gleichaltrigen einen höheren Status als Spätentwickler. Sie werden als reifer wahrgenommen, sind populärer, haben häufiger Führungsrollen inne, machen früher sexuelle Erfahrungen als Gleichaltrige (Bulcroft, 1991; Silbereisen et al., 1992) und haben ein positiveres Selbstbild als noch nicht pubertäre Gleichaltrige (Duke-Duncan et al., 1985; O'Dea & Abraham, 1999). Allerdings zeigen frühentwickelte Jungen mit größerer Wahrscheinlichkeit normbrechende Verhaltensweisen. Dieser Zusammenhang lässt sich dadurch erklären, dass Frühentwickler oftmals ältere Freunde haben als normgerecht oder spätentwickelte Jungen. Diese Freundschaften wiederum können die jüngeren, frühentwickelten Jungen in problematische Situationen führen (Duke-Duncan et al., 1985; Flannery et al., 1993).
Spätentwickler. Die Nachteile eines späten Beginns der Pubertät überwiegen bei Jungen. Spätentwickler haben ein höheres Bedürfnis nach Autonomie, ein negativeres Selbstbild, weniger Selbstkontrolle und Selbstvertrauen als normgerecht entwickelte Jungen. Lediglich beim Alkoholkonsum sind früh- und spätentwickelte Jungen im Vergleich zu normgerecht entwickelten Altersgleichen eher abstinent (Silbereisen et al., 1992).

4.6.2 Auswirkungen für Mädchen

Frühentwicklerinnen. Da die Pubertät bei Mädchen im Durchschnitt zwei Jahre vor der Pubertät der Jungen beginnt, sind insbesondere frühentwickelte Mädchen im Vergleich zu altersgleichen Jungen körperlich reifer. Sie leiden häufiger unter somatischen oder psychosomatischen Beschwerden als gleichaltrige Mädchen, deren Pubertät noch nicht eingetreten ist. Die Menarche wird von Mädchen häufig negativ wahrgenommen (Kluge, 1998). Ein verfrühtes Auftreten der Menarche verhindert zusätzlich, dass diese Belastung durch wechselseitige Unterstützung von Gleichaltrigen aufgefangen wird. Auch im Hinblick auf ihren sozialen Status sind Frühentwicklerinnen benachteiligt. Sie sind insgesamt weniger populär, weniger ausgeglichen, unterwürfiger, häufiger isoliert und unsicherer. Frühentwickelte Mädchen haben einen geringeren Selbstwert, größere emotionale Probleme und neigen häufiger zu Depressionen (Graber et al., 1997; O'Dea & Abraham, 1999; Williams & Currie, 2000).
Wahrgenommene Frühreife ist entscheidend. Es gibt Studien, die zeigen, dass es nicht der reale Entwicklungsstand ist, der den Selbstwert eines Mädchens beeinflusst. Vielmehr ist er bei den Mädchen beeinträchtigt, die von sich selbst denken, dass sie frühentwickelt sind. Wenn also ein real frühentwickeltes Mädchen eine Klasse besucht, in der die Pubertät bei vielen Mädchen früh einsetzt, so wird ihr Pubertätsstatus ihren Selbstwert kaum beeinflussen. Frühentwickelte Mädchen in einer Gruppe oder Klasse mit überwiegend normativ oder spät pubertierenden Mädchen dagegen leiden besonders stark unter dem frühen Beginn ihrer körperlichen Reifung (Alsaker, 1992).
Körperstatur und sozialer Kontakt. Besonders offensichtlich ist der Unterschied zwischen Früh- und Spätentwicklerinnen hinsichtlich der Körperstatur. Die weibliche Figur der Frühentwicklerinnen widerspricht dem Schlankheitsideal westlicher Gesellschaften. Daher haben Frühentwicklerinnen häufiger Essprobleme als normativ- oder spätentwickelte Mädchen (Hayward et al., 1994, zitiert nach Steinberg, 1996). Andererseits haben frühentwickelte Mädchen früher als ihre Altersgleichen – freundschaftliche und sexuelle – Kontakte zu älteren Jungen, auf die sie offensichtlich attraktiv wirken (Magnusson et al., 1986; Silbereisen et al., 1992). Wie bei den Jungen sind es auch

bei den Mädchen die Frühentwicklerinnen, die aufgrund ihrer Kontakte zu älteren Jugendlichen früher und häufiger normbrechendes Verhalten zeigen (Magnusson et al., 1986; Stattin & Magnusson, 1990). Im Gegensatz zu den Jungen trinken sie allerdings auch früher Alkohol (Silbereisen et al., 1992).

Schule. Zudem sind frühentwickelte Mädchen im schulischen Bereich benachteiligt. Sie haben eine negativere Einstellung gegenüber der Schule und zeigen schlechtere schulische Leistungen als andere Mädchen. Diese Befunde können auch die langfristigen negativen Konsequenzen einer frühen Pubertät erklären: häufigerer Schulabbruch, schlechtere Berufschancen und damit ein geringerer sozioökonomischer Status im Erwachsenenalter (Caspi & Moffitt, 1991; Silbereisen et al., 1989).

Exkurs: Körperliches Entwicklungstempo und Autonomie

Rainer Silbereisen und Mitarbeiterinnen untersuchten 1992, ob das körperliche Entwicklungstempo die Autonomie der Jugendlichen bei Freizeitgestaltung, Freundschaftsentwicklung und Alkoholkonsum beeinflusst. Befragt wurden 970 Jugendliche im Alter von 13 bis 16 Jahren.

Körperliches Entwicklungstempo. Das Tempo der körperlichen Entwicklung im Vergleich zu den Gleichaltrigen wurde auf zwei Arten erfasst:

(1) Die Jugendlichen wurden gefragt, ob sie – nach ihrer eigenen Einschätzung – früher, gleichzeitig oder später als ihre Klassenkameraden in die Pubertät kamen (subjektives Entwicklungstempo).

(2) Die Mädchen wurden nach dem Alter der Menarche gefragt, die Jungen nach dem Alter bei Beginn des Wachstumsspurtes (objektives Entwicklungstempo). Die Jugendlichen wurden auf der Basis dieser Daten als Früh-, normative und Spätentwickler eingestuft.

Anhand der objektiven Daten wurden Mädchen als frühentwickelt eingestuft, wenn sie ihre erste Menstruation vor dem 11. Lebensjahr erlebt hatten (12%). Bei durchschnittlich entwickelten Mädchen begann diese im Alter von 12 bis 13 Jahren (64%), bei spätentwickelten nach dem 14. Geburtstag (24%). Für Jungen war die Klassifikation ähnlich: bei frühentwickelten Jungen begann der Wachstumsspurt vor dem 11. Lebensjahr (18%), bei normativ entwickelten mit 12 bis 14 Jahren (63%) und bei spätentwickelten Jungen nach dem vollendeten 14. Lebensjahr (19%). Die subjektive und die objektive Einschätzung des Entwicklungstempos stimmten im Allgemeinen gut überein.

Autonomie der Jugendlichen. Silbereisen und Mitarbeiterinnen fragten die Jugendlichen

▶ ab welchem Alter sie über ihr Aussehen (Frisur, Kleidung) selbst entscheiden durften,

▶ wann sie zum ersten Mal eine Discothek besuchten,

▶ mit welchem Alter sie selbst entscheiden durften, um welche Zeit sie abends nach Hause kamen und

▶ ob beziehungsweise wann sie zum ersten Mal sexuelle Erfahrungen gemacht haben.

Ergebnisse. Die Ergebnisse zeigen klare Auswirkungen des Entwicklungstempos auf die Autonomie der Jugendlichen. Die überwältigende Mehrzahl der 13- bis 14-jährigen Jungen und Mädchen sowohl aus den alten wie auch den neuen Bundesländern hatte bereits sehr viel Freiheit bei der Wahl ihrer Kleider oder ihrer Frisur. Das Entwicklungstempo spielte keine Rolle. Unter den Discogängern fanden sich deutlich weniger Spätentwickler als durchschnittlich schnell Entwickelte. Das Entwicklungstempo ist entscheidend für den Discobesuch. Viele der 15- bis 16-Jährigen können ihre abendliche Heimkommenszeit selbst bestimmen. Das gilt für die frühentwickelten Jugendlichen stärker als für ihre Altersgenossen (vgl. Abb. 4.1). Bei den jüngeren Jugendlichen hat der körperliche Entwicklungsstand keinen Einfluss. Insgesamt ist die Selbstbestimmung über das abendliche Fortgehen bei den jüngeren Jugendlichen stärker durch soziale Altersnormen als durch biologische Faktoren bestimmt.

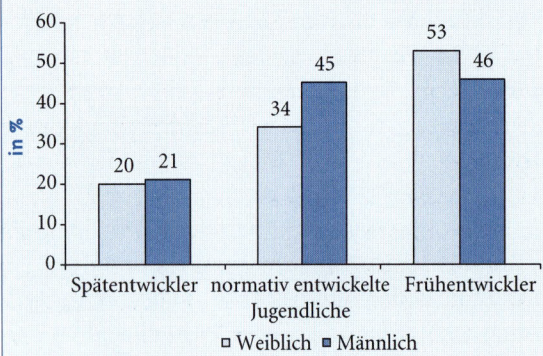

Abbildung 4.1. Autonomie bei den Heimkommenszeiten von 15- bis 16-jährigen Jugendlichen, unterteilt nach Entwicklungsstand (Silbereisen et al., 1992)

Körperlich schneller entwickelte Jugendliche machen ihre ersten sexuellen Erfahrungen früher als ihre Altersgenossen. Dies gilt insbesondere im Zusammenhang mit der subjektiven Einschätzung des Entwicklungstempos. Auffällig sind außerdem die großen Unterschiede zwischen den west- und ostdeutschen Jungen, während bei Mädchen keine vergleichbaren Differenzen auftraten.

Fazit. Aufgrund der biologischen Reife begeben sich Jugendliche in unterschiedliche Entwicklungsumwelten und diese bestimmen den weiteren Entwicklungsverlauf mit.

Zusammenfassung

▶ Die Ursachen für die gravierenden körperlichen Veränderungen während der Pubertät liegen in Prozessen des hormonellen und zentralen Nervensystems.

▶ Die körperliche Entwicklung zeigt sich in Veränderungen der Statur (Körpergröße und -gewicht), des Herz-Kreislauf- und Atmungssystems sowie der primären und sekundären Geschlechtsmerkmale.

▶ Die körperlichen Veränderungen wirken sich auf den Selbstwert, die Körperzufriedenheit, Stimmungsschwankungen und das Verhalten der Jugendlichen aus.

▶ Beginn und Tempo der pubertären Entwicklung sind interindividuell sehr verschieden. Mädchen leiden unter ihrer Pubertät insbesondere dann, wenn sie früh entwickelt sind. Bei Jungen dagegen wirkt sich eine verspätete Entwicklung besonders negativ aus.

Weiterführende Literatur

Cohane, G.H. & Pope Jr, H.G. (2001). Body image in boys: A review of the literature. International Journal of Eating Disorders, 29, 373–379.
Dieser Artikel bietet einen kompakten und anschaulichen Überblick über die Pubertätsentwicklung von Jungen.

Stattin, H. & Magnusson, D. (1990). Pubertal maturation in female development. Hillsdale: Lawrence Erlbaum.
Dieses Buch bietet umfassende Informationen über die körperliche Reifung von Mädchen sowie deren psychologische und verhaltensbezogene Effekte.

5 Identität – Wer bin ich?

Die Frage „Wer bin ich?", also die Frage nach der eigenen Identität, beschäftigt die Menschen nicht nur im Jugendalter. Vielmehr ist dieses Thema über die gesamte Lebensspanne von hoher Bedeutung. Aber aufgrund der zahlreichen körperlichen, sozialen und kognitiven Veränderungen, mit denen Jugendliche konfrontiert werden, spielt der Aufbau der eigenen stabilen Identität in diesem Alter eine besondere Rolle (Berzonsky, 1993; Grotevant, 1993; Erikson, 1968; Heaven, 2001).

verwechselbaren Daten einer Person (Name, Alter, Geschlecht). In diesem Sinne können auch Gruppen von Personen eine Identität besitzen (die Bäcker, die Autofahrer, die Deutschen).

Psychologischer Identitätsbegriff. Im engeren psychologischen Sinne dagegen wird Identität als einzigartige Persönlichkeitsstruktur verstanden. Dabei ist nicht nur das Selbstverständnis oder die Selbsterkenntnis der eigenen Person wichtig. Auch die Wahrnehmung der Persönlichkeitsstruktur durch andere spielt eine zentrale Rolle, d.h. was die Person denkt, wie andere sie wahrnehmen.

5.1 Identität und Selbst

Identität

Alltagssprachlich meint man mit „Identität" die einzigartige Kombination von persönlichen un-

> **!** Die Identität basiert auf zwei Aspekten (Cooley, 1902):
> ▶ auf der Selbstwahrnehmung und
> ▶ auf der Einschätzung von Außen.

5
Identität

Bei dem psychologischen Begriff der Identität handelt es sich insgesamt um eine Integration der eigenen Lebensgeschichte, die möglichst in sich schlüssig sein soll. So bietet sie dem Einzelnen ein Gefühl von Kontinuität, Einheit und Sinnhaftigkeit seines Lebens (Grotevant, 1993).

Selbst und Selbstkonzept

Eng verbunden mit dem Konzept Identität ist der Begriff „Selbst". Häufig werden beide Begriffe sogar synonym verwendet. Das Selbst bezieht sich auf das Wesentliche eines Menschen, also darauf, was ihn oder sie als Person kennzeichnet. Von außen sind diese Kennzeichen durch die Handlungen der Person zu erschließen. Aus der Innenperspektive werden dem Menschen seine wesentlichen Eigenschaften durch Selbstwahrnehmung und Selbsterkenntnis bewusst. Meint man die Selbstwahrnehmung einer Person, spricht man auch vom Selbstkonzept einer Person.

Selbstkonzept. Das Selbstkonzept einer Person setzt sich aus zwei Komponenten zusammen:
(1) kognitive Komponente und
(2) affektive Komponente.

Die kognitive Komponente beinhaltet die Selbstwahrnehmung und das Wissen, das eine Person über sich selbst hat. Hier ist das Fähigkeitsselbstkonzept von hoher Bedeutung, also die Einschätzung der eigenen Kompetenz in verschiedenen Bereichen (z.B. im sozialen, sportlichen oder schulischen Bereich). Aus diesen Annahmen über die eigene Leistungsfähigkeit leiten sich Erwartungen für Erfolge oder Misserfolge in zukünftigen Situationen ab. Die affektive Komponente des Selbstkonzepts umfasst das Selbstwertgefühl und das Selbstvertrauen (Rosenberg, 1979).

> **! Identität und Selbst**
>
> Der zentrale Unterschied zwischen Identität und Selbst liegt also in der Frage, die dem jeweiligen Begriff zugrunde liegt. Auf der Suche nach ihrer Identität stellen Menschen sich die Frage „Wer oder wie bin ich?"; beim Selbst dagegen dreht sich alles um die Frage „Wie stehe ich zu mir?". Bei der Identität geht es um die Beschreibung, beim Selbst um die Bewertung der eigenen Person (Rosenberg, 1979).

Zwei Grundbemühungen des Individuums

Bosma (1992) erweitert die Frage nach der Identität („Wer bin ich?") und stellt zwei Grundbemühungen des Individuums in den Vordergrund:
(1) Die Bemühung sich selbst zu erkennen und
(2) die Bemühung sich selbst zu gestalten, an sich zu arbeiten und sich zu formen.

Bosma versteht die Identitätsentwicklung als konstruktiven, kreativen und produktiven Prozess. Die Identität ist ein System von Zielen, Werten und Überzeugungen, das ein Mensch im Laufe seiner Entwicklung aufbaut, das für ihn wichtig ist und dem er sich verpflichtet fühlt. Somit dient die Identität als Orientierung bei den entscheidenden Fragen im Leben, wie beispielsweise woher man kommt, was einem auf dem Lebensweg wichtig ist und wohin man geht (Waterman, 1985).

> **BEISPIEL**
>
> Ein Jugendlicher hat aufgrund seiner bisherigen Lerngeschichte ein positives schulisches Fähigkeitsselbstkonzept aufgebaut. Dieser Jugendliche wird auch in zukünftigen schulischen Aufgaben seine Erfolgsaussichten hoch einschätzen. Sein Selbstwertgefühl wird für den Bereich der Schule gestärkt sein. Wenn ein Schüler jedoch immer wieder Misserfolge erlebt, wird er ein negatives schulisches Fähigkeitsselbstkonzept entwickeln und keine guten Erfolgschancen für sich sehen. Sein Selbstvertrauen für den Bereich Schule wird gering sein.

5.2 Identität in der psychosozialen Entwicklungstheorie von Erik H. Erikson

Ausgangspunkt für den im Folgenden verwendeten Begriff Identität ist die empirisch nicht überprüfte Theorie von Erik H. Erikson (1968). Allgemein versteht Erikson unter Identität die Antwort auf die Frage „Wer bin ich?". Diese Antwort verknüpft Erfahrungen der Vergangenheit und Gegenwart mit den Erwartungen an die Zukunft. Somit berücksichtigte Erikson in seiner psychosozialen Entwicklungstheorie, dass Entwicklung ein lebenslanger Prozess ist. Im Lebenslauf ergeben sich durch die sich verändernde soziale Umgebung nacheinander acht Krisen. Dabei ist die positive Bewältigung einer früheren Krise förderlich für die Lösung der folgenden Krisen. Moderner könnte man heute anstatt von Krisen von Entwicklungsetappen sprechen.

Acht Entwicklungskrisen

Erste Krise. Erikson bezeichnete die erste Krise als die Entwicklung von Urvertrauen versus Urmisstrauen. Urvertrauen entsteht aus einer sicheren Bindung an eine zuverlässige, liebevolle Bezugsperson – in der Regel die Mutter. Urmisstrauen dagegen resultiert aus körperlicher oder psychischer Vernachlässigung durch die Bezugsperson in den ersten beiden Lebensjahren.

Zweite Krise. Diese hängt zeitlich eng mit der Sauberkeitserziehung zusammen. Durch die Möglichkeit, die Schließmuskeln zu kontrollieren, gewinnt das Kind ein Gefühl von Autonomie. Der negative Ausgang dieser Krise dagegen wäre der Aufbau von Scham und Zweifeln, die aus einer zu strengen Sauberkeitserziehung resultieren.

Dritte Krise. Im Kindergartenalter tritt die dritte Krise auf. Durch die zunehmende Bewegungsfreiheit erobert das Kind seine Umwelt und erwirbt so ein Gefühl von Initiative. Häufige Misserfolge in der Auseinandersetzung mit der Umwelt resultieren in Schuldgefühlen.

Vierte Krise. Mit Schuleintritt entwickelt das Kind ein stärkeres Interesse an der äußeren Realität. In

dieser Zeit sind Basteln und das Herstellen von verschiedenen Gegenständen beliebte Tätigkeiten. Sie fördern den Werksinn der Kinder. Häufige negative Rückmeldungen über die eigene Leistungsfähigkeit können Minderwertigkeitsgefühle verursachen.

Fünfte Krise. Erikson nannte die fünfte Krise Identität versus Identitätsdiffusion. Sie tritt im Jugendalter auf. Zwar entwickeln auch Kinder bereits Vorformen einer eigenen Identität, diese sind jedoch noch unbewusst. Wie bereits geschildert, ist die Identität die Antwort auf die Frage „Wer bin ich?" und stellt dabei eine Integration vergangener und gegenwärtiger Erfahrungen mit Zukunftserwartungen dar. Diese Integration von Vergangenheit, Gegenwart und Zukunft vermittelt die Erfahrung von Kontinuität des eigenen Selbst. Die Antwort auf die Identitätsfrage wird durch eine realistische Einschätzung der eigenen Person erreicht. Auf kultureller Ebene sind einerseits Ideologien und Erwartungen der Gesellschaft an die eigenen Person bedeutsam. Andererseits werden gesellschaftliche Erwartungen von Jugendlichen kritisch hinterfragt und überprüft. Eine intensive Auseinandersetzung findet vor allem bei Themen wie der beruflichen Zukunft, Partnerbeziehungen sowie religiöser und politischer Standpunkte statt. Zu diesen Themen entwickeln Jugendliche individuelle Stellungnahmen. Dies führt dazu, dass Jugendliche Verantwortung in diesen Bereichen übernehmen und ermöglicht die produktive Integration Jugendlicher in die Gesellschaft. Die Integration in die Gesellschaft vermittelt dem Menschen Gefühle von Loyalität, Treue und Verwurzelung sowie Wohlbefinden, Selbstachtung und Zielstrebigkeit. Wenn der Prozess des Hinterfragens und der Integration nicht erfolgreich verläuft, kommt es nach Erikson zur Identitätsdiffusion. Diese kann sich darin zeigen, dass es dem Jugendlichen nicht gelingt, seine bisherige Biographie in Verbindung zu seinen Zukunftserwartungen zu bringen. Aber auch eine Neigung zu übergangepasstem Verhalten, der Aufbau einer Pseudoidentität (einfach das Gegenteil der anderen sein) oder Arbeitslähmung sind Merkmale einer Identitätsdiffusion. Die Krise im Jugendalter resultiert also entweder in einer aktiv erworbenen Selbsterkenntnis und Zukunftsperspektive oder aber in einem anhaltenden Zustand von Verwirrung.

Sechste Krise. Im späten Jugend- und frühen Erwachsenenalter rückt die sechste Krise in den Vordergrund. Es geht dabei um den Aufbau von Intimität versus Isolation. Ziel dieser Etappe ist der Aufbau einer engen, intimen Beziehung zu einer anderen Person, ohne die eigene Identität zu verlieren. Gelingt dies nicht, wird sich der Mensch einsam und isoliert fühlen.

Siebte Krise. Die Fähigkeit, nicht nur die eigene Person oder die eigene Beziehung zu sehen, ermöglicht die Entwicklung von Generativität. Dieser Begriff bezeichnet die Weitergabe eigener Fähigkeiten, Werte und Kenntnisse an eigene Kinder oder andere Personen, die einem – beruflich oder privat – anvertraut sind. Strebt der Mensch dagegen ausschließlich nach der Befriedigung eigener Bedürfnisse, entwickelt sich anstelle von Generativität Selbstabsorption.

Achte Krise. Diese ist schließlich im höheren Erwachsenenalter verankert. Eine Person, die ihr eigenes Leben im Rückblick als sinnhaft wahrnimmt, entwickelt ein Gefühl von Integrität. Erkennt man im Rückblick, dass man entscheidende, nicht wieder auszugleichende Fehler gemacht hat, stellt sich Verzweiflung ein.

Identität als Integration von Erfahrung

Insgesamt führt die Entwicklung bei Erikson zu einer immer höheren Integration von (Selbst-) Erfahrungen. Gelöste Konflikte sind eine wichtige und ausgewogene Basis für neue Auseinandersetzungen. Themen früherer Konflikte können also auch in späteren Lebensabschnitten wieder aktuell werden. Diese Aussage gilt insbesondere für die Krise des Jugendalters. Selbstverständlich sind Kinder vorher nicht „identitätslos". Frühere Krisen unterstützen den Aufbau der Identität, eine stabile persönliche Identität wird jedoch erst im Jugendalter erreicht. Gleichzeitig bedeutet der Aufbau einer stabilen Identität keineswegs, dass diese für das restliche Leben unveränderlich bleibt. Spätere neue Rollen (z.B. Ehepartner, Eltern, Arbeitnehmer) und Erkenntnisse erfor-

dern eine Aufrechterhaltung oder Anpassung der eigenen Identität im Angesicht der Veränderungen (Friedman, 2001).

5.3 Identitätsformen nach James E. Marcia

5.3.1 Identitätsdimensionen: Verpflichtung, Erkundung und Krise

Marcias (1980) zentrales Anliegen bestand darin, empirisch zu untersuchen, wie Jugendliche ihre Identität aufbauen. Dazu erfasste er den Identitätsstatus von Jugendlichen anhand von drei Dimensionen:

(1) Verpflichtung,
(2) Erkundung (Exploration) und
(3) Krise.

Die Jugendlichen beantworteten eine Reihe von Fragen, die darauf abzielten, das Ausmaß an Verpflichtung, selbständigem Erkunden (Exploration) und Krise in verschiedenen Bereichen (z.B. Beruf, Religion, Politik) zu erfassen.

Verpflichtung. Der Begriff der Verpflichtung steht für den Umfang an Engagement und die Festigkeit der Einstellungen in diesem Bereich (Marcia, 1980). Sie ist gekennzeichnet durch die Fähigkeit

▶ zu eindeutigen Entscheidungen,
▶ zur Nennung von Vor- und Nachteilen der gewählten Alternative,
▶ zur Unterstützung der Entscheidung durch entsprechende Handlungen und
▶ zur Benennung von Implikationen der Entscheidung für die nächsten Lebensjahre.

Die Verpflichtung gegenüber der eigenen Identität tritt bei den meisten Menschen erst im späten Jugendalter auf (Archer, 1993; Marcia & Archer, 1993).

Erkundung (Exploration). Erkundung meint die selbständige Auseinandersetzung mit dem jeweiligen Bereich. Das Ziel dabei ist eine bessere Orientierung und Entscheidungsfindung (Marcia, 1980). Ein Jugendlicher befindet sich dann in einer Phase der Erkundung, wenn er

▶ verschiedene Alternativen für eine Entscheidung nennen kann,

▶ einige Vor- und Nachteile der Alternativen kennt und

▶ aktiv nach Informationen über die Alternativen sucht.

Die Erkundung findet insbesondere im frühen und mittleren Jugendalter statt (Archer, 1993; Marcia & Archer, 1993).

Krise. Eng mit der Erkundung verbunden ist die dritte Dimension, die Marcia bei seinen Identitätsformen berücksichtigte: die Krise. Diese beinhaltet das Ausmaß an Unsicherheit, Beunruhigung oder Rebellion, das mit der Erkundung verbunden ist. Sie bildet die Basis jeder Identitätsform, ist aber auch Voraussetzung für den Übergang in eine andere Form (Marcia, 1980).

5.3.2 Vier Identitätsformen: diffuse, übernommene, kritische und erarbeitete Identität

Marcia identifizierte vier Formen der Identität (s. Tab. 5.1), bei denen die Dimensionen Verpflichtung und Erkundung jeweils unterschiedlich gewichtet sind.

(1) Diffuse Identität („identity diffusion"),
(2) übernommene Identität („foreclosure"),
(3) kritische Identität („moratorium") und
(4) erarbeitete Identität („identity achievement").

Diffuse Identität. Jugendliche mit einer diffusen Identität haben sich mit ihren Möglichkeiten in dem jeweiligen Themenbereich noch nicht – oder nur wenig – auseinander gesetzt. Es hat also noch keine Erkundung stattgefunden. Darüber hinaus liegt nur ein geringes Maß an Verpflichtung vor. Im beruflichen Bereich beispielsweise wäre eine diffuse Identität dadurch gekennzeichnet, dass der Jugendliche sich noch nicht mit seinen Wünschen, Vorstellungen und Möglichkeiten auseinander gesetzt hat, noch keine gezielten Praktika oder Aushilfstätigkeiten aufgenommen hat. Er hat sich auch noch nicht für eine bestimmte Tätigkeit entschieden.

Übernommene Identität. Diese Identitätsform zeichnet sich ebenfalls durch wenig Erkundung aus. Allerdings sind Jugendliche mit übernommener Identität bereits Verpflichtungen eingegangen. Ein typisches Beispiel sind Jugendliche, die auf Rat der Eltern eine Ausbildung beginnen, ohne sich vorher über andere Alternativen zu informieren.

Kritische Identität. Die Suche nach Informationen ist charakteristisch für die kritische Identität. Verschiedene Möglichkeiten und Alternativen werden bedacht, gedanklich durchgespielt, teilweise auch ausprobiert. Das heißt, es findet ein hohes Maß an Erkundung statt. Dagegen liegt noch keine Verpflichtung vor, eine Entscheidung ist also noch nicht gefallen. Jugendliche mit einer kritischen Identität im beruflichen Bereich denken beispielsweise über eigene Wünsche und Fähigkeiten nach, holen Informationen über verschiedene Berufe beim Arbeitsamt ein, nehmen kurze Praktika oder Aushilfstätigkeiten in verschiedenen Bereichen auf. Andererseits gehen sie noch keine langfristigen Verpflichtungen – beispielsweise in Form einer Ausbildung – ein.

Erarbeitete Identität. Diese Identitätsform ist durch ein hohes Maß an Erkundung und Verpflichtung gekennzeichnet. Nach sorgfältiger Erkundung der Möglichkeiten, Abwägung eigener Fähigkeiten und Interessen, sowie Überlegungen zur Zukunftsperspektive ist eine bestimmte Entscheidung getroffen worden. Nach den Informationen durch Arbeitsamt, Praktika oder Aushilfstätigkeiten entscheidet der Jugendliche sich schließlich für einen bestimmten Beruf und beginnt eine entsprechende Ausbildung.

Tabelle 5.1. Identitätsformen nach James E. Marcia

		Erkundung (Exploration)	
		niedrig	hoch
Verpflichtung	niedrig	Diffuse Identität	Kritische Identität
	hoch	Übernommene Identität	Erarbeitete Identität

Exkurs: Einflussfaktoren auf Identitätsübergänge

Die Identitätsentwicklung verläuft meist von übernommener Identität über die kritische Identität bis zur erarbeiteten Identität. In der Studie von Kroger und Green (1996) geht es um die Frage, welche inneren und äußeren Ereignisse und Umstände diese Identitätsübergänge ausgelöst oder begünstigt haben. Um genauer herauszufinden, welche Ereignisse in welchen Identitätsbereichen den größten Einfluss auf die Identitätsentwicklung ausüben, interviewten Kroger und Green 100 Neuseeländer im mittleren Alter (40–63 Jahre alt).

Identitätsbereiche und Ereigniskategorien.

Die Teilnehmer der Studie wurden ausführlich befragt, welchen Identitätsstatus sie zu unterschiedlichen Lebensphasen in zentralen Bereichen hatten:

▶ Beruf,
▶ Religion,
▶ Politik,
▶ Geschlechtsrolle und
▶ intime Beziehungen.

Jedem Teilnehmer der Studie wurde aufgrund dieser Informationen für jeden der fünf Identitätsbereiche und für jedes Lebensjahr zwischen 15 und 40 Jahren ein Identitätsstatus zugeschrieben. Bei jeder Veränderung im Identitätsstatus wurde im Interview nachgefragt, welches Ereignis diesen Übergang am meisten beeinflusst hat. Diese Ereignisse wurden anschließend sieben Kategorien zugeordnet.

(1) **Lebensalterbezogenes normatives Ereignis** wie Schulabschluss, das erste Mal wählen können oder den ersten Lohn erhalten,

(2) **Einflüsse von übergreifenden politischen und/oder gesellschaftlichen Veränderungen** wie die Weltwirtschaftskrise in den 1930er-Jahren, der Zweite Weltkrieg, die Frauenbewegung,

(3) **Kritisches Lebensereignis** wie eine schlimme Krankheit, an der man selbst oder eine nahe stehende Person leidet, Verlust einer Arbeitsstelle oder die Trennung von einem Lebenspartner,

(4) **Neue Phase im Familienzyklus** wie Heirat oder die Geburt des ersten Kindes,

(5) **Kontakt mit einem neuen kulturellen oder sozialen Umfeld** wie in eine fremde Großstadt ziehen, um die Universität zu besuchen oder eine lange Auslandsreise antreten,

(6) **Direkte Beeinflussung durch eine andere Person** z.B. durch Eltern, einen Freund, Partner, Lehrer oder Mentor,

(7) **Innere Veränderung**, d.h. Veränderungen von Einstellungen und Wertvorstellungen ohne das Einwirken eines äußeren Faktors. Anstöße für solche Veränderungen sind z.B. Unzufriedenheit mit der Lebenssituation, mit sich selbst ins Reine kommen oder die Einnahme einer neuen Perspektive oder das Erlangen einer neuen Bewusstheit durch „in sich selbst gehen".

Erarbeitete Identität.

Der Übergang zu einer erarbeiteten Identität ist in den meisten Fällen durch innere Veränderungen verursacht, nämlich zwischen 78% und 94% in den fünf verschiedenen Identitätsbereichen. Ein Auszug aus einem Interview mit einer 44-jährigen Heilpraktikerin (Mutter von drei Kindern, geschieden) kann dieses verdeutlichen (Kroger & Green, 1996, S. 486, Übersetzung durch die Autoren):

„Es war ein innerer Prozess, ein langsames Gewahrwerden einer inneren Veränderung. Durch mein Interesse an Naturheilkunde entwickelte ich ein Gefühl der Kontrolle über mein Leben und meine Gesundheit, und schließlich realisierte ich, dass ich auch ohne Mann leben kann. Früher war alles so schwer und ich war gesundheitlich angeschlagen. Jetzt bin ich gesund, habe mein eigenes Geschäft und meine Kinder – wir sind wirklich glücklich und die meiste Zeit genießen wir das Leben."

Kritische Identität. Übergänge in den Zustand der kritischen Identität wurden hauptsächlich durch Kontakt mit einem neuen kulturellen oder sozialen Umfeld oder ebenfalls durch innere Veränderungen angestoßen. Die Teilnehmer beschrieben häufig, dass sie plötzlich nicht mehr zufrieden waren mit Wertvorstellungen oder ihrer Lebensführung. Typischerweise eröffnete der Auszug aus dem Elternhaus und das neue Leben in einer anderen Stadt den Teilnehmern neue Perspektiven. Eine Ausnahme bildet hier die Geschlechtsrollenidentität von Frauen, welche vor allem durch die Frauenbewegung (Einflüsse von übergreifenden gesellschaftlichen Veränderungen) beeinflusst war.

Übernommene Identität. Übergänge in den Zustand der übernommenen Identität gingen meistens vom Zustand der diffusen Identität aus. Im Bereich Beruf und Arbeit war vor allem der direkte Einfluss einer anderen Person ausschlaggebend. Im Bereich Politik dagegen hatten an das Lebensalter gebundene (normative) Ereignisse den größten Einfluss (86%). Ein 40-jähriger Lehrer mit einem Kind berichtete beispielsweise (Kroger & Green, 1996, S. 487, Übersetzung durch die Autoren): „Für Politik begann ich mich zu interessieren, als ich zum ersten Mal Lohn erhielt und sah, wieviel dem Staat durch Steuern anheim fiel. Mein Vater meinte damals, wenn man Labour wählt, könne man als normaler Mensch noch am meisten mitbestimmen, was mit dem Geld gemacht wird. So wählte ich Labour."

Diffuse Identität. Übergänge zur diffusen Identität waren in den Bereichen Beruf/Arbeit, Politik, Geschlechtsrolle und intime Beziehungen recht selten und wurden, wenn sie dennoch vorkamen, hauptsächlich durch kritische Lebensereignisse wie z.B. den Verlust einer wichtigen Bezugsperson veranlasst.

Die Inhalte, anhand derer Marcia typischerweise die Identität erfasste (Beruf, Politik, Religion), sind von anderen Autoren später als intrapersonaler also persönlicher oder ideologischer Bereich bezeichnet worden. Davon abzugrenzen sind die interpersonalen, also zwischenmenschlichen Aspekte der Identität (Familie, Freunde, Partnerschaft). In der neueren Literatur wird die Identitätsentwicklung häufig als Balanceprozess zwischen intra- und interpersonalem Bereich betrachtet (Adamson et al., 1999; Bartle-Haring, 1997).

5.4 Verläufe der Identitätsentwicklung

Die Ergebnisse unterschiedlicher Studien zeigen, dass es verschiedene Verläufe in der Identitätsentwicklung gibt. Keineswegs ist damit zu rechnen, dass alle Jugendlichen alle vier Stadien durchlaufen. Und es ist auch nicht so, dass die Identitätsentwicklung zwangsläufig in der erarbeiteten Identität endet. Waterman (1982) unterscheidet drei Verläufe.

(1) **Progressiver Verlauf.** Hier wird über die kritische Identität eine erarbeitete Identität erreicht.

(2) **Regressiver Verlauf.** Die kritische Identität endet in einer diffusen Identität.

(3) **Stagnierender Verlauf.** Dieser Verlauf ist durch ein Verweilen bei der übernommenen oder diffusen Identität gekennzeichnet.

Meeus (1996) stellt in seinen Studien zur Identitätsentwicklung fest, dass Entwicklungsveränderungen oftmals nur über zwei der vier Stadien von Marcia nachgewiesen wurden. Am besten belegt sind dabei die Übergänge von der diffusen zur übernommenen Identität sowie von der kritischen zur erarbeiteten Identität (Meeus et al., 1999). Dabei sind die Entwicklungen im ideologischen und interpersonalen Bereich durchaus unterschiedlich. Im ideologischen Bereich tritt mit zunehmendem Alter häufiger eine übernommene Identität auf. Im interpersonalen Bereich dagegen nimmt die erarbeitete Identität zu (Meeus et al., 1999).

Förderung der Erkundung

Wodurch wird eine umfassende Erkundung – die ja eine Voraussetzung für eine erarbeitete Identität ist – begünstigt? Erkundung tritt insbesondere dann auf, wenn der Jugendliche von seiner Umwelt Reaktionen auf die eigene Person erfährt, die im Widerspruch zur eigenen – vorläufigen – Identität stehen. In diesem Fall versucht er, die Ursache für diesen Widerspruch zu entdecken und setzt sich intensiv mit seiner eigenen Person auseinander (Kerpelmann et al., 1997). Darüber hinaus ist das Ausmaß an Erkundung von der Vielfalt der wahrgenommenen Möglichkeiten abhängig. Sind diese aufgrund von Hindernissen nicht gegeben, wird auch keine Erkundung stattfinden. So ist beispielsweise im politischen Bereich keine Erkundung zu erwarten, wenn der Jugendliche oder junge Erwachsene in einer Diktatur aufwächst und er in seiner Umgebung keine Vorbilder findet, die politischen Widerstand demonstrieren (Dunkel, 2000; Dunkel & Anthis, 2001; Yoder, 2000).

Identitätsentwicklung im historischen Wandel

Die Identitätsentwicklung ist nicht nur von den Möglichkeiten der Erkundung abhängig, sondern unterliegt auch historischen Einflüssen. Der Anteil von älteren Jugendlichen mit einer diffusen Identität stieg von 20 % in den 1960er-Jahren auf 40 % in den 1980er-Jahren an (Marcia, 1989). Damit ist die Zahl der Jugendlichen ohne feste Wertorientierung und mit geringer Stabilität stark angewachsen.

Formen der diffusen Identität. Marcia unterscheidet vier Formen der diffusen Identität.

(1) Die Entwicklungsdiffusion entspricht am ehesten der ursprünglichen Formulierung der diffusen Identität. Es handelt sich dabei um ein Übergangsstadium zur kritischen oder zur erarbeiteten Identität.

(2) Menschen mit einer sorgenfreien Diffusion erscheinen ihrer Umwelt angepasst und sozial kontaktfreudig. Diese Kontakte sind jedoch oberflächlich, von kurzer Dauer und nicht durch verbindliche Werte gestützt.

(3) Als Folge eines Traumas oder eines nicht bewältigten kritischen Lebensereignisses kann eine Störungsdiffusion auftreten. Die betroffene Person ist sozial isoliert und neigt zu unrealistischen Größenphantasien.

(4) Die vierte Form ist die kulturell adaptive Diffusion. Im Gegensatz zu den drei anderen Formen ist diese Diffusion nicht als unangepasst zu betrachten. Die kulturell adaptive Identitätsdiffusion entwickelt sich dann, wenn Unverbindlichkeit, Offenheit und Flexibilität von der Gesellschaft gefordert werden. Sowohl beruflich wie auch im Privatleben erscheint es in einer solchen Umgebung angemessen, sich nicht festzulegen. Schließlich können so die soziokulturellen Anforderungen besser bewältigt werden. Menschen mit festen Wertordnungen und stabilen Lebenszielen sind an ein vielfältiges und sich rasch änderndes Umfeld nicht optimal angepasst. Diese kulturell adaptive Diffusion wird von Elkind (1990) auch als „Patchwork-Identity" bezeichnet. Dieser Begriff verdeutlicht den fehlenden integrativen Zusammenhalt dieser Identitätsform.

5.5 Identitätsentwicklung im Jugendalter

In den verschiedenen Phasen des Jugendalters unterscheiden sich die

▶ Themen, die im Vordergrund des Interesses der Jugendlichen stehen,

▶ Aufgaben, die zu bewältigen sind und

▶ Faktoren, welche die Identitätsentwicklung beeinflussen.

Frühes Jugendalter (11 bis 14 Jahre)

Themen. Im frühen Jugendalter (11 bis 14 Jahre) sind die zentralen Themen, für die Jungen und Mädchen sich interessieren,

▶ die eigenen körperlichen Veränderungen,

▶ die Frage, ob diese normal verlaufen und

▶ der soziale Status bei den Gleichaltrigen.

Gelegentlich werden auch Sorgen über die spätere Arbeitsrolle und Beziehungen genannt. Selten dagegen thematisieren Jugendliche in diesem Alter Fragen über die Existenz von Gott sowie über die Bedeutung von Leben und Tod.

Aufgaben. In diesem Alter finden gravierende körperliche Veränderungen statt (vgl. Kap. 4). Die zentrale Aufgabe der Jugendlichen besteht in der Integration dieser Veränderungen in die eigene Identität. Die rasche Veränderung der Körpergröße und des Körperfettanteils sowie die Entwicklung der primären und sekundären Geschlechtsmerkmale beeinflussen das Körperbild der Jugendlichen. Jugendliche müssen lernen, die Veränderungen zu akzeptieren und sich mit ihrem veränderten Körper anzufreunden. Die sexuelle Reifung erfordert außerdem die Integration der Geschlechtsrolle in die eigene Identität (vgl. Kap. 5.6.1).

Einflussfaktoren. Die gesellschaftlichen Reaktionen auf die körperlichen Veränderungen sind ein wichtiger Antrieb für die Identitätsentwicklung (Kroger, 2000). Kontakte zu Gleichaltrigen (Kegan, 1982) oder die kritische Bewertung bereits verinnerlichter elterlicher Werte (Marcia, 1983) sind in der Identitätsentwicklung bedeutsam. Den größten Einfluss auf die Identitätsentwicklung haben in dieser Altersgruppe die eigene Familie und Gleichaltrige. Soziale Gruppen oder Institutionen haben zu diesem Zeitpunkt eine geringe Bedeutung (Kroger, 2000).

Mittleres Jugendalter (15 bis 17 Jahre)

Themen. Jungen und Mädchen im mittleren Jugendalter haben die auffälligen körperlichen Veränderungen bereits hinter sich gelassen. Sie beschäftigen sich vor allem mit

- ► ihrer Wirkung auf und Attraktivität für das andere Geschlecht,
- ► der eigenen Popularität,
- ► ihrer beruflichen Zukunft sowie
- ► Werten, Fragen der Gerechtigkeit und Erwartungen an die Gesellschaft.

Aufgaben. In diesem Alter beginnt die Erkundung im Sinne Marcias (Kroger, 2000). Erste romantische Beziehungen zu Gleichaltrigen dienen nicht nur dem Erleben von Intimität. Sie helfen vielmehr, die eigene Person aus der Perspektive eines anderen Menschen wahrzunehmen und tragen somit zur Identitätsentwicklung bei. Wichtig für die Identitätsentwicklung in dieser Altersstufe ist, dass sich Jugendliche verschiedene Möglichkeiten vorstellen können, wie sie ihre eigene Zukunft gestalten wollen. Entscheidend ist auch zu klären, welches die notwendigen und (sach-) richtigen Schritte sind, um die festgelegten Ziele zu erreichen. In westlichen Kulturen befindet sich die Mehrheit der Jugendlichen in diesem Alter im Stadium der kritischen Identität. Die Erkundung wird durch Praktika, Jugendorganisationen sowie ehrenamtliche Tätigkeiten in Vereinen oder Gemeinden innerhalb verschiedener Institutionen gefördert. Da jedoch insgesamt unklar ist, was die Jugendlichen eigentlich erreichen sollen, konzentriert sich die Jugendarbeit hauptsächlich auf die Vorbeugung (Prävention) von Problemverhalten oder die Korrektur bereits sichtbarer Defizite. Eine Förderung der optimalen Identitätsentwicklung findet aber nicht wirklich statt (Kroger, 2000).

Einflussfaktoren. Neben Familie und Gleichaltrigen spielt im mittleren Jugendalter auch die Schule eine wichtige Rolle in der Identitätsentwicklung. Die Erkundung und damit die Identitätsentwicklung wird positiv beeinflusst durch (Dreyer, 1994)

- ► Übertragung von Verantwortung,
- ► Möglichkeiten der Selbstbestimmung,
- ► Förderung von Rollenspielen und
- ► sozialen Interaktionen zwischen mehreren Generationen.

Ende des Jugendalters (18 bis 22 Jahre)

Themen. Mit 18 bis 22 Jahren machen sich Jugendliche Gedanken über

- ► ihre Fähigkeit, selbst die Elternrolle zu übernehmen,

▶ Intimität und die Bedeutung einer langfristigen Beziehung sowie

▶ Werte, Ideale und Moralvorstellungen.

Aufgaben. Eine der wesentlichen Aufgaben ist die Suche nach einem angemessenen Ausdruck von Sexualität. Die Voraussetzung für intime, langfristige Beziehungen ist die Stabilität der eigenen Identität. Mit der Zunahme an Autonomie müssen die Jugendlichen außerdem lernen, Verantwortung in Bereichen zu übernehmen, für die vorher ihre Eltern zuständig waren (Kroger, 2000).

Einflussfaktoren. Jugendliche gehören in diesem Alter nicht mehr nur kleinen und überschaubaren Gruppen (z.B. Familie, Schulklasse) an, sondern vermehrt auch größeren Gemeinschaften (z.B. Gruppe der Arbeitnehmer oder Studierenden). Somit steigt der Einfluss der Gesellschaft auf die Identität. Dabei müssen sich die Jugendlichen in einer unbekannten und vielfach unstrukturierten Welt jenseits der Schule zurechtfinden (Baumeister & Muraven, 1996).

Unterschiedliche Identitätsformen

Die meisten Veränderungen im Identitätsstatus vollziehen sich im mittleren und späten Jugendalter, genauer zwischen 16 und 21 Jahren. Es gibt dabei nicht nur Unterschiede zwischen verschiedenen Jugendlichen. Auch bei einzelnen Personen können je nach inhaltlichem Bereich unterschiedliche Identitätsformen vorliegen. So tritt die erarbeitete Identität für die berufliche Entscheidung früh auf. Politische und religiöse Ansichten dagegen sind auch nach dem zwanzigsten Lebensjahr noch nicht festgelegt oder auch nur intensiv durchdacht. In diesen Bereichen befinden sich die jungen Erwachsenen noch immer überwiegend im Stadium der diffusen Identität (Fend, 1991).

5.6 Ausgewählte Identitätsthemen im Jugendalter

Bis hierher haben wir allgemeine Aspekte der Identitätsentwicklung im Jugendalter dargestellt. Im Folgenden gehen wir auf einen zentralen Bereich der Identität detaillierter ein: Die Bedeutung der körperlichen und sexuellen Veränderungen im Jugendalter für die Geschlechtsidentität. Danach beschreiben wir beispielhaft zwei Einflussfaktoren, die nur für wenige Jugendliche zum Tragen kommen: Adoption und Umzug in ein anderes Land (Migration).

5.6.1 Identifikation mit dem eigenen Geschlecht

Jugendliche erleben während ihrer Pubertät zahlreiche körperliche Veränderungen. Neben der Zunahme an Größe, Gewicht und Körperfett spielt die sexuelle Reifung eine wichtige Rolle. Zwar können schon Vorschulkinder Jungen und Mädchen unterscheiden, aber erst die Reifung und das Erwachen erster sexueller Interessen am anderen Geschlecht erfordern von den Heranwachsenden die Integration von Geschlecht und Sexualität in die eigene Identität. In diesem Zusammenhang werden drei Begriffe unterschieden: Geschlechtsidentität, Geschlechtsrolle und sexuelle Orientierung.

Geschlechtidentität

Die Geschlechtsidentität bezeichnet das Gefühl von Männlichkeit, Weiblichkeit, Androgynität oder fehlender Differenzierung (vgl. Tab. 5.2). Dieses Konzept basiert auf der Annahme, dass jeder Mensch in mehr oder weniger starkem Ausmaß männliche und weibliche Eigenschaften haben kann. Eine Person, die viele männliche und viele weibliche Merkmale in sich vereint, wird als androgyn bezeichnet. Menschen mit wenigen männliche und wenigen weibliche Charakteristika dagegen haben eine undifferenzierte Geschlechtsidentität (Whitley, 1983).

Tabelle 5.2. Typen der Geschlechtsidentität nach Whitley (1983)

		Männlichkeit	
		niedrige Ausprägung	hohe Ausprägung
Weiblichkeit	niedrige Ausprägung	undifferenzierte Geschlechtsidentität	Männlichkeit
	hohe Ausprägung	Weiblichkeit	Androgynität

Aufbau der Geschlechtsidentität. Der Aufbau der Geschlechtsidentität ist ein Prozess der kognitiven Entwicklung. Zuerst registrieren Kinder, dass Jungen und Mädchen unterschiedlich sind. Im Grundschulalter erwerben sie die Geschlechtskonstanz. Das bedeutet, dass sie nun verstehen, dass sie entweder männlich oder weiblich sind, sich also nicht einfach durch andere Kleidung in das andere Geschlecht verwandeln können. Im Kindesalter entwickeln sich auch die Vorstellungen darüber, welche Verhaltensweisen für Jungen und Mädchen angemessen sind. Diese sind zunächst noch sehr starr und werden erst im Laufe der Adoleszenz flexibler (Kohlberg, 1966, zitiert nach Heaven, 2001).

Geschlechtsunterschiede. Für die Geschlechtsidentität können dieselben Typen angenommen werden wie für die Identität im Allgemeinen:

▶ diffuse Geschlechtsidentität,
▶ übernommene Geschlechtsidentität,
▶ kritische Geschlechtsidentität und
▶ erarbeitete Geschlechtsidentität.

Bei den Inhalten der Geschlechtsidentität fallen deutliche Unterschiede zwischen Jungen und Mädchen auf. Jungen unterscheiden zwischen den emotionalen und Beziehungsaspekten von Sexualität. Für Mädchen ist beides untrennbar miteinander verbunden. Außerdem haben Mädchen seltener als Jungen eine diffuse Geschlechtsidentität (Pastorino et al., 1997). Die Geschlechtsidentität der Mädchen hat sich in den letzten Jahren stark gewandelt. So verbinden Mädchen heute traditionelle Rollenvorstellungen mit einer wachsenden Selbstsicherheit. Beispielsweise entscheiden Mädchen heute selbst, ob bzw. wann sie mit ihrem Partner Geschlechtsverkehr haben. Sie reagieren also nicht mehr ausschließlich passiv auf dessen Wünsche (Kroger, 2000).

Geschlechtsrolle

Die Geschlechtsrolle ist im Gegensatz zur Geschlechtsidentität im Verhalten der Jugendlichen verankert. Sie meint den Ausdruck der mit dem biologischen Geschlecht verbundenen Normen und Stereotype.

Aufbau der Geschlechtsrolle. Geschlechtsspezifische Verhaltensweisen werden im Laufe der Entwicklung durch Beobachtungen gelernt. Mädchen und Jungen ahmen das Verhalten von gleichgeschlechtlichen Eltern, Geschwistern und Gleichaltrigen nach. Außerdem werden insbesondere die Verhaltensweisen gelobt und unterstützt, die den gesellschaftlichen Normen entsprechen. Mädchen werden von ihren Eltern nur selten zum Fußballspielen aufgefordert; Jungen dagegen werden nicht allzu häufig mit ihren Vätern mit Puppen spielen. Somit ist die Entwicklung der Geschlechtsrolle ein Prozess des sozialen Lernens (Langlois & Downs, 1980).

Über den Ablauf der Geschlechtsrollenentwicklung ist nur wenig bekannt. Es ist nicht überraschend, dass die Befunde zu diesem Thema einander häufig widersprechen, da es große Unterschiede darin gibt, welche Verhaltensweisen als typisch männlich oder weiblich angesehen werden. Das gilt für Jugendliche ebenso wie für Forscher, die sich mit diesem Thema auseinandersetzen (Huston & Alvarez, 1990).

Sexuelle Orientierung

Die sexuelle Orientierung kann sich in vier Formen ausdrücken:

▶ Heterosexualität,
▶ Homosexualität,
▶ Bisexualität,
▶ Asexualität.

Gegengeschlechtliche sexuelle Beziehungen werden als heterosexuell, gleichgeschlechtliche als homosexuell bezeichnet. Jugendliche, die sowohl gleich- als auch gegengeschlechtliche Partnerschaften eingehen, sind bisexuell. Asexualität schließlich ist durch fehlendes sexuelles Interesse gekennzeichnet. Wie sich die sexuelle Orientierung eines Jugendlichen entwickelt, d.h. welche Faktoren den Aufbau der einen oder anderen Form begünstigen, ist bis heute unklar (Kroger, 2000).

Die Entwicklung von Geschlechtsidentität, Geschlechtsrolle und sexueller Orientierung ist die Voraussetzung für die Integration von Geschlecht und Sexualität in die eigene Identität und für den Aufbau intimer Beziehungen im späten Jugend- und frühen Erwachsenenalter (Erikson, 1968). Die Entwicklung von Partnerschaften sowie die verschiedenen Formen von Intimität werden wir in Kapitel 8 vorstellen.

5.6.2 Einfluss von Adoption auf die Identität

Zentrale Fragen adoptierter Kinder. Viele adoptierte Kinder erfahren bereits in jungen Jahren, dass sie adoptiert wurden. Aber erst im Jugendalter ist ihre kognitive Entwicklung so weit fortgeschritten, dass sie intensiv über die Bedeutung von Adoption nachdenken und über ihre biologischen Eltern grübeln (Brodzinsky et al., 1986). Wer sind meine biologischen Eltern? Was sind sie für Menschen? Warum wollten sie mich nicht? Das sind zentrale Fragen der adoptierten Jugendlichen. Benson et al. (1994) haben adoptierte Jugendliche gefragt, wie wichtig das Thema Adoption in ihrem Selbstbild ist und wie häufig sie darüber nachdenken. Für ein Viertel der Jugendlichen ist die Adoption ein zentraler Punkt in ihrem Selbstbild. Weitere 50% denken mehrmals pro Monat über die Adoption nach.

Einfluss der Vermittlungsstrategie. Bei Adoptionen können verschiedene Vermittlungsstrategien unterschieden werden. Sie unterscheiden sich im Ausmaß der Offenheit für einen Austausch zwischen Herkunfts- und Adoptionsfamilie (Wrobel et al., 1996). Je mehr die Adoptiv-

eltern ihren Kindern über deren biologische Eltern erzählen, umso eher entwickeln die Kinder ein Gefühl von Kontinuität in ihrem Leben. Dieses Gefühl ist nach Erikson (1968) von großer Bedeutung für die Identitätsentwicklung. Allerdings hat die Offenheit der Adoptionsvermittlungsstrategien keinen Einfluss auf das Selbstwertgefühl der Jugendlichen oder ihre Neugier hinsichtlich der Herkunftsfamilie (Wrobel et al., 1996).

Einfluss auf die Identitätsform. Der Einfluss von Adoption auf die Identitätsform Jugendlicher ist ebenfalls untersucht worden (Hoopes, 1990). Die Befunde sind eindeutig: Allein die Tatsache, ein Adoptivkind zu sein, beeinflusst die Identitätsform nicht. Statt dessen spielen – wie bei nicht adoptierten Jugendlichen auch – die Offenheit der Kommunikation in der Adoptivfamilie sowie die Persönlichkeit des Jugendlichen eine entscheidende Rolle in der Identitätsentwicklung.

5.6.3 Einfluss von Migration auf die Identität

Akkulturation. Unter Migration wird typischerweise der Umzug in ein anderes Land verstanden. Ein Umzug konfrontiert die Betroffenen mit zahlreichen Veränderungen. Es handelt sich dabei um

▶ physikalische,
▶ biologische,
▶ politische,
▶ ökonomische,
▶ kulturelle,
▶ soziale und
▶ psychologische Veränderungen.

Auf der physikalischen Ebene werden die Migranten mit neuen Wohnumgebungen, Wohnungsausstattungen und – möglicherweise – mehr Umweltproblemen konfrontiert. Biologische Veränderungen umfassen andere Ernährungsgewohnheiten und Krankheiten. Politisch geht Migration mit einem Wechsel des politischen Systems und dem Verlust von Kontrolle (z.B. aufgrund von fehlendem Wahlrecht) einher. Aus ökonomischer Perspektive sind allgemein andere Löhne und Lebenshaltungskosten zu berücksichtigen. Insbesondere Flüchtlinge müssen häufig mit wenig Geld auskommen. Die auffälligsten kulturellen Veränderungen schließlich sind die neue Sprache, andere Religionen und ein neues Bildungssystem. Auf der sozialen Ebene schließlich ist der Verlust bisheriger Beziehungen zu bewältigen. Der Aufbau neuer Kontakte wird insbesondere durch mangelnde Sprachkenntnisse erschwert. Der letzte Bereich sind die psychologischen Veränderungen, denn in anderen Ländern gelten andere Werte, und die geforderten Fähigkeiten und Qualifikationen entsprechen nicht unbedingt denen, die man im Herkunftsland erworben hat. Die Anpassung an all diese Veränderungen wird als Akkulturation bezeichnet und beeinflusst die Identität der Migranten.

Akkulturationsstrategien. Bei der Anpassung ist zu berücksichtigen, dass es vier unterschiedliche Akkulturationsstrategien gibt

► Integration,
► Anpassung,
► Trennung und
► Marginalisierung.

Diese Strategien unterscheiden sich zum einen danach, ob die Beibehaltung der eigenen Kultur erwünscht oder nicht erwünscht ist. Zum anderen ist zu berücksichtigen, ob Kontakte zu den Einwohnern der neuen Heimat gesucht werden oder nicht (vgl. Tab. 5.3).

Tabelle 5.3. Akkulturationsstrategien nach Berry (1991)

		Beibehaltung eigener kultureller Normen und Werte	
		Ja	Nein
Beziehungen zur Mehrheitsbevölkerung	Ja	Integration	Anpassung
	Nein	Trennung	Marginalisierung

Eine Integration gelingt dann, wenn neben der eigenen Kultur auch soziale Beziehungen zu Menschen in der neuen Heimat aufgebaut werden. Wenn diese neuen Beziehungen jedoch damit einhergehen, dass bestehende Normen, Werte und Lebensvorstellungen vollständig aufgegeben werden (müssen), spricht man von Anpassung. Die Aufrechterhaltung der eigenen kulturellen Identität kann jedoch auch auf eine derart intensive Art und Weise erfolgen, dass eine Trennung von anderen erfolgt. Ein typisches Beispiel sind Wohnviertel, die überwiegend von ausländischen Mitbürgern bewohnt werden. Akkulturation bedeutet dann Marginalisierung, wenn weder eigene kulturelle Normen und Werte noch soziale Kontakte zu anderen ethnischen Gruppen gepflegt werden.

Generell wird jede der vier Akkulturationsstrategien von mehr oder weniger stark erlebtem Stress begleitet. Dieser führt vorübergehend zu erhöhter Irritation, Angst oder Depressivität. Wenn die Migranten jedoch über gute Strategien zum Umgang mit dieser Herausforderung verfügen oder aktiv dabei unterstützt werden, können diese Beeinträchtigungen erfolgreich überwunden werden (Berry, 1991).

Umzug innerhalb eines Landes. Es gibt jedoch auch Umzüge innerhalb eines Landes, beispielsweise von der Stadt in ländliche Regionen. Neben den verschiedenen Formen von Migration sind auch die unterschiedlichen Ursachen zu berücksichtigen. Einerseits kann der Umzug – zumindest von den Eltern – freiwillig erfolgen. Neue berufliche Chancen oder das Interesse, ein anderes Land kennen zu lernen, können in diesem Fall Gründe für Migration sein. Andererseits können verschiedene äußere Einflüsse (z.B. geringeres Einkommen, Flucht vor Krieg und Verfolgung) die Familie zu einem Umzug zwingen (Kroger, 2000). In allen Fällen bedeutet Migration jedoch das Verlassen einer berechenbaren, stabilen Umgebung – einer wichtigen Bedingung für eine erfolgreiche Identitätsentwicklung. Die Belastung für die Jugendlichen ist besonders hoch, wenn der Wechsel der Umgebung gleichzeitig mit dem Übergang in die Pubertät, dem Wechsel von der Grundschule in die Sekundarstufe oder einer

Trennung der Eltern erfolgt. Je vielfältiger die Belastungen der Jugendlichen sind, desto stärker werden Selbstwertgefühl und Schulleistungen beeinträchtigt (Simmons et al., 1987).

Zusammenfassung

▶ Die Frage „Wer bin ich?" – also die Frage nach der eigenen Identität – ist zentral für die Entwicklung im Jugendalter.

▶ Die Identitätsentwicklung erfordert die Integration von früheren und gegenwärtigen Erfahrungen sowie den Zukunftserwartungen.

▶ Es werden vier Identitätsformen unterschieden: diffuse, übernommene, kritische und erarbeitete Identität.

▶ In den verschiedenen Abschnitten des Jugendalters stehen unterschiedliche Themen und Aufgaben im Zentrum der Identitätsentwicklung (z.B. Körper, Sexualität, Berufswahl, Partnerschaft).

Weiterführende Literatur

Kroger, J. (2000). Identity development. Adolescence through adulthood. Thousand Oaks: Sage Publications. Dieses aktuelle Lehrbuch bietet einen umfassenden und gut verständlichen Überblick über die Identitätsentwicklung – auch über das Jugendalter hinaus.

6 Familie, ihre Bedeutung und Ablösung

In der Familie lernen Kinder und Jugendliche was soziale Beziehungen sind und wie sie gestaltet werden können, wie Konflikte gelöst und Entscheidungen getroffen werden oder was es heißt, Verantwortung zu übernehmen. Die Familie ist für Jugendliche einer der primären Sozialisationskontexte (Barber & Olsen, 1997). Eine Entwicklungsaufgabe im Jugendalter besteht darin, sich emotional von den Eltern zu lösen (Havighurst, 1948). Diese Ablösung kann sich bei Jugendlichen in unterschiedlichsten Formen äußern: vom pubertären Trotzen und Widersprechen über besondere „Coolness" bis hin zur Verantwortlichkeit für eigene Taten und partnerschaftlicher Kommunikation. Nicht nur für die Jugendlichen ist die Unabhängigkeit ein schwieriger Schritt. Auch für die Eltern ist dieser Prozess vielfach schwer zu verstehen und mitunter schmerzlich. Obwohl sie ihre Kinder zu „erfolgreichen" autonomen Erwachsenen erziehen wollen, möchten sie die gewohnte familiäre Struktur möglichst lange aufrecht erhalten.

6.1 Gegenseitiger Ablöseprozess

Ablösung aus der Perspektive der Jugendlichen

Reduzierung der Zeit. Auffällig ist die Reduzierung der Zeit, die Jugendliche zwischen dem 11. und 18. Lebensjahr mit ihren Eltern verbringen. Wird die Schlafenszeit nicht berücksichtigt, verbringen Elfjährige durchschnittlich 35 % ihrer Zeit, 18-Jährige nur noch 14 % mit ihren Eltern (Larson et al., 1996).

Abnahme der Identifikation. Jugendliche identifizieren sich zunehmend weniger mit den Eltern. Sie lösen sich von Vorstellungen und Werten, die sie in der Kindheit unbedacht von ihren Eltern übernommen haben. Auch aus diesem Grund nehmen Konflikte in der Beziehung zu den Eltern zu. Das Erleben dieser Krisen und Konflikte ist allerdings notwendig, um sich zu einer eigenständigen Persönlichkeit zu entwickeln, eine eigene Identität aufzubauen (vgl. Kap. 5).

Kontakte außerhalb der Familie. Jugendliche bauen verstärkt Kontakte zu Gleichaltrigen auf, die ihnen dabei helfen, sich

Die Neugestaltung der familiären Beziehungen erfolgt meist nicht konfliktfrei

von den Eltern zu „befreien". Sie suchen Anschluss und emotionale Sicherheit außerhalb der Familie. Die neuen Beziehungen entstehen jedoch nicht oder nur schwer, wenn die Jugendlichen eine zu enge Bindung an ihre Eltern aufrechterhalten. Daher ist eine übermäßig enge Beziehung zu den Eltern im Jugendalter ein Risiko für eine Fehlentwicklung im Sinne einer beeinträchtigten Autonomieentwicklung. Dieses Risiko ist bei Mädchen größer als bei Jungen, weil den Jungen – auch heute noch – bereits in der Kindheit mehr Freiheiten zugestanden werden (Fend, 1998).

> **!** Die Persönlichkeitsentwicklung von Jugendlichen basiert auf dem Zusammenspiel zwischen
> ▸ der Person selbst,
> ▸ ihren familiären Beziehungen und
> ▸ den immer wichtiger werdenden gleichaltrigen Freunden und Bekannten.

Ablösung aus der Perspektive der Eltern

Parallele Entwicklung. Nicht nur die Jugendlichen lösen sich von ihren Eltern; auch die Eltern lösen sich von ihren Kindern. Es gibt eine auffällige Parallele zwischen den Autonomiebestrebungen der Jugendlichen und der „Midlife-Crisis" ihrer Eltern. Dabei ist die Realität von Eltern und Jugendlichen durchaus verschieden. Beispielsweise wachsen Jugendliche schnell, gewinnen an Kraft und Attraktivität, sehen die vielfältigen Chancen, die ihnen ihr Leben bietet sowie die Möglichkeit zu wichtigen Entscheidungen. Ihre Eltern hingegen realisieren möglicherweise, dass sie bereits einen festen Lebensweg eingeschlagen haben, der ihnen – wegen verschiedenster beruflicher und privater Verpflichtungen – zunehmend weniger Freiheiten bietet. Auch setzen bereits körperliche Abbauprozesse ein, die Regenerationszeit nimmt zu, Fitness und Attraktivität sind nicht mehr so positiv wie noch mit Mitte Zwanzig. Darüber hinaus stellt die Ausbildung der Jugendlichen immer größere finanzielle Ansprüche an die Eltern, so dass sie sich selbst möglicherweise finanziell einschränken müssen (Storch, 1994).

Teufelskreis oder Entlastung? Mütter, die sich besonders stark um die Kinder sorgen, sind häufig mit ihrer Rolle als Mutter unzufrieden. Durch die Bewältigung der Unzufriedenheit reduziert sich die Zeit und Energie, die Mütter gerne in ihre Kinder investieren. So kann ein Teufelskreis beginnen und ein Gefühl des „Nicht-Genügens" in der Erzieherrolle hinterlassen (Koski & Steinberg, 1991). Auf der anderen Seite erleben Eltern die zunehmende Selbständigkeit ihrer Kinder natürlich nicht nur negativ. Sie bietet auch ihnen neue Freiräume. Ein Wochenendausflug oder Urlaub zu zweit ist nun wieder ohne aufwendige Vorbereitungen möglich. Eine ständige Beaufsichtigung der Kinder ist nicht länger notwendig.

> Aus entwicklungspsychologischer Perspektive gilt die Lösung vom Elternhaus als gelungen, wenn die Jugendlichen
> ▸ die Werte und Normen der Eltern kritisch hinterfragt haben,
> ▸ ein selbständiges Leben führen können und
> ▸ sich ihren Eltern dennoch verbunden fühlen.
> Es muss also – sowohl für Jugendliche als auch für deren Eltern – eine neue Balance zwischen Autonomie und Verwurzelung entstehen (Pinquart & Scrugies, 1999).

6.2 Veränderung der familiären Strukturen

Wichtigkeit der außerfamiliären Umwelt. Der Prozess der Industrialisierung führte zu einer weitgehenden Trennung von Erwerbsarbeit und Familie. Die sozialen Beziehungen der Erwachsenen entstehen seither insbesondere am außerfamiliären Arbeitsplatz, später auch im politischen und Freizeitbereich. Diese stärkere Betonung der außerfamiliären Umwelt hatte Konsequenzen für die inner- und außerfamiliären Beziehungsmuster.

Vielzahl der Lebensformen. Häufig ist vom Zerfall der Familie die Rede. Damit ist in diesem Kontext zweierlei gemeint. Einerseits die Abwendung von der vorindustriellen Großfamilie, andererseits aber auch die Abkehr von der stabilen Kleinfamilie mit berufstätigem Vater und haushaltstätiger Mutter, die noch Mitte des 20. Jahrhunderts üblich war. In den letzten Jahrzehnten jedoch verliert der Familientyp der Kleinfamilie zunehmend an Bedeutung (Statistisches Bundesamt, 2001). Die Ehe ist zwar noch immer die dominante Lebensform. Allerdings treten auch neue Familientypen auf

▶ nicht-eheliche Lebensgemeinschaften,
▶ kinderlose Partnerschaften,
▶ Stieffamilien,
▶ Ein-Eltern-Familien.

Diese Familientypen basieren nicht länger ausschließlich auf Ehe und Verwandtschaft, sondern stellen Mischformen dar (Gruber, 1999; Lenz, 1997).

Konsequenzen der Veränderungen

Kinder und Jugendliche sind von veränderten Familienstrukturen besonders betroffen. Sie benötigen zuverlässige, stabile und „berechenbare" soziale Beziehungen, die ihnen Unterstützung und Anregung für die eigene Entwicklung gewähren. Die Art und Weise, in der diese Beziehungsstrukturen aufgebaut und sozial gesichert werden, ist in jeder Epoche – und in jeder Familie – neu zu definieren.

Kriterien für familiäre Beziehungen. Es gibt kein Familienmodell, das eine gesunde Entwicklung der Kinder garantiert. Hingegen existieren Kriterien, die in jeder Eltern-Kind-Beziehung erfüllt sein müssen, wenn man Risiken für die (psychische und körperliche) Gesundheit der Kinder vermeiden will. Zu diesen Kriterien gehören

▶ eine positive Eltern-Kind-Beziehung sowie
▶ die Qualität der elterlichen Partnerbeziehung.

Eine positive Eltern-Kind-Beziehung meint, dass diese anregungsreich und von gegenseitiger Akzeptanz geprägt ist. Dabei sind stets die persönlichen Eigenschaften und auch der Wert der anderen Person an sich zu achten.

Die Qualität der Partnerbeziehung spielt für die Entwicklung der Kinder insofern eine Rolle, als häufige Streitigkeiten zwischen den Eltern zu Loyalitätskonflikten bei den Kindern führen. Auf welche Seite soll das Kind sich stellen, wenn die Eltern nicht einer Meinung sind (Walper & Schwarz, 2000)? Außerdem ist die Unterstützung der Jugendlichen durch die Eltern größer, wenn deren Partnerbeziehung gut ist (Colarossi & Eccles, 2000).

Familienprozesse sind wichtiger als die Familienstruktur. Noch in den 1970er-Jahren wurde angenommen, dass ausschließlich die so genannte „Normalfamilie" eine unproblematische Entwicklung der Kinder ermöglicht. Andere Lebensformen dagegen wurden als nachteilig betrachtet (Klein-Allermann & Schaller, 1992). Heute wissen wir, dass Probleme der Kinder nicht allein aufgrund der Familienstruktur entstehen. Vielmehr sind die Prozesse innerhalb der Familie für die weitere Entwicklung der Kinder und Jugendlichen – aber auch der Erwachsenen – bedeutsam. Familienstress, insbesondere aufgrund von elterlichen Konflikten, reduziert das Wohlergehen der Kinder (Amato, 1993; Bodmer Grob, 2001; Swartzberg et al., 1983). Diese Konflikte bestehen jedoch bereits vor der Trennung oder Scheidung der Eltern, so dass die Untersuchung der familiären Strukturen und Prozesse komplex ist.

6.3 Situation der Familie in Deutschland

Bedeutung der Ehe. Zwar ist die Ehe immer noch die dominierende Familienform in Deutschland, aber sie hat in den letzten Jahren an Bedeutung verloren. Seit Anfang der 1970er-Jahre ist die Zahl der Eheschließungen in Deutschland relativ stabil geblieben, während sich die Zahl der nichtehelichen Lebensgemeinschaften (mit und ohne Kinder) zumindest in den alten Bundesländern verzehnfacht hat (Gruber, 1999). Etwa ein Drittel der heute geschlossenen Ehen werden im Laufe der Zeit geschieden. Bei der Hälfte der Scheidungen sind Kinder betroffen (Statistisches Bundesamt, 2001); und in den letzten Jahrzehnten ist die Zahl der allein erziehenden Mütter und Väter deutlich stärker gestiegen als die Zahl der Ehepaare mit Kindern (Stiehler, 1997). Der Bedeutungsverlust der Ehe zeigt sich außerdem am steigenden Heiratsalter: Männer heiraten heute durchschnittlich mit 31 Jahren, Frauen mit 28 Jahren zum ersten Mal. 1985 lagen diese Werte für Männer bei 26 bzw. 24 Jahren für Frauen (Lenz, 1997; Statistisches Bundesamt, 2001).

6.3.1 Familienformen

Kern-, Ein-Eltern- und Fortsetzungsfamilien. Zunächst sollen diese drei Begriffe kurz erläutert werden. Eine Kernfamilie meint eine Familie, in der mindestens ein Kind mit beiden leiblichen Elternteilen zusammenlebt. In Ein-Eltern-Familien dagegen ist nur ein Elternteil – meistens die Mutter – in der Familie. Hier sind jedoch drei verschiedene Ursachen für das Fehlen des zweiten Elternteils zu unterscheiden.

(1) Die Mutter kann sich bewusst dafür entschieden haben, ein Kind ohne Partner zu bekommen.
(2) Ein Elternteil kann verwitwet sein.
(3) Die Eltern haben sich getrennt oder sind geschieden, wodurch das Kind nur noch mit einem Elternteil zusammenlebt.

Fortsetzungsfamilien entstehen dann, wenn nach dem Tod eines Elternteils oder der Trennung der Eltern ein Stiefvater oder eine Stiefmutter in die Familie kommt.

6.3.2 Folgen von Scheidung

Scheidung bzw. Trennung der Eltern bedeutet stets Veränderung und erhöht die Belastungen für alle Beteiligten. Andererseits kann Scheidung auch positive Folgen haben, denn Veränderungen bieten immer eine Chance für die weitere Entwicklung.

Negative Folgen von Scheidung

Geld und Umzug. Eine deutlich sichtbare Veränderung betrifft die Verschlechterung der finanziellen Situation, die häufig in einem Umzug der Familie mündet. Die Ablösung vom gemeinsamen Bekanntenkreis aber auch ein Umzug ziehen soziale Kosten nach sich. So ist der Aufbau eines neuen sozialen Netzes in der Schule, am Arbeitsplatz oder in der Nachbarschaft notwendig. Da zumindest im amerikanischen Raum Kinder aus Scheidungsfamilien ein geringeres Bildungsniveau erreichen, reduzieren sich auch ihre Karrierechancen (Furstenberg, 1990; Wallerstein, 1987).

Fehlen eines Elternteils. Eine weitere Belastung besteht in der Abwesenheit eines Elternteils – in der Regel des Vaters. Somit verlieren Kinder – insbesondere Jungen – eine wichtige Identifikationsfigur (Noack, 1992). Wenn sich die Konflikte über die Kernfamilie hinaus ausdehnen (Großeltern, Tanten und Onkel), führt eine Scheidung der Eltern für die Kinder häufig zu einem Verlust einer ganzen Familienseite. Außerdem werden die Kinder auch durch eine mögliche Fortsetzung der elterlichen Konflikte über die Scheidung hinaus belastet. Gerade bei Streitigkeiten über das Sorge- und Besuchsrecht werden die Kinder immer wieder in die elterlichen Konflikte verwickelt. Buchanan und Mitarbeiter (1992) konnten zeigen, dass Kinder in diesem Fall auch langfristig besonders ängstlich und depressiv waren. Dagegen hat die Aufnahme einer neuen Partnerschaft der Eltern keinen Einfluss auf die Entwicklung der Kinder. Kinder und Jugendliche aus Stieffamilien verletzen gesellschaftliche Normen genauso häufig wie diejenigen aus Trennungs- oder Scheidungsfamilien ohne Stiefeltern (Butz & Boehnke, 1999).

Positive Folgen von Scheidung

Autonomie. Die meisten Kinder und Jugendlichen kommen nach einiger Zeit mit der neuen

Familiensituation zurecht. Von ihnen wird schon in jungen Jahren mehr Selbständigkeit erwartet als von Kindern aus intakten Familien. Außerdem werden sie weniger stark kontrolliert. Beide Punkte unterstützen die Autonomieentwicklung im Jugendalter (Dornbusch et al., 1985).

Weniger Konflikte. Wird die Beziehung trotz eines hohen Konfliktniveaus aufrechterhalten, leiden die Kinder und Jugendlichen stärker im Vergleich zu denen, deren Eltern getrennt oder geschieden sind (Bodmer Grob, 2001; Swartzberg et al., 1983). Kinder und Jugendliche, die über Jahre hinweg häufige und intensive Konflikte zwischen den Eltern erleben, zeigen auch mehr emotionale und Verhaltensstörungen als Kinder aus konfliktarmen Familien (Amato & Booth, 1996; Fauber et al., 1990).

Entscheidend für eine positive Weiterentwicklung nach einer Scheidung ist es, dass sich die negativen Belastungen für die Jugendlichen und ihre Eltern nicht anhäufen (Hetherington, 1991). Trauer, Wut und Angst sind bei allen Beteiligten in der Trennungs- und Scheidungsphase zunächst erhöht. In den meisten Familien erfolgt jedoch nach zwei bis drei Jahren eine positive Anpassung an die neue Familiensituation.

> **!** In allen Familientypen ist neben der Partnerbeziehung das Eltern-Kind-Verhältnis von entscheidender Bedeutung für die gesunde Entwicklung der Kinder und Jugendlichen (Kaslow, 2001).

Exkurs: Vorläufer oder Folgen von Scheidung?

Ein geläufiges Vorurteil besagt, dass Ehescheidung für die betroffenen Kinder und Jugendlichen ein schwer belastendes Ereignis ist und dass sie sich weniger wohl fühlen als Kinder und Jugendliche nicht geschiedener Eltern.

Unterschiede vor der Scheidung. Neuere Untersuchungen aus dem angelsächsischen Sprachraum zeigen jedoch, dass Unterschiede zwischen Scheidungskindern und Kindern aus intakten Familien schon Jahre vor der Scheidung bestehen. Finden sich auch bei Jugendlichen in Deutschland diese Unterschiede schon vor der Scheidung der Eltern? Unter dieser Fragestellung analysierten Beate Schwarz und Rainer Silbereisen die Daten des „Berliner Jugendlängsschnittes", einer großangelegten Längsschnittstudie, die zwischen 1982 und 1988 mit über 2.000 Jugendlichen im Alter zwischen 11 und 17 Jahren in Einjahresabständen durchgeführt wurde.

Vergleichsgruppen. 23 Jugendliche erlebten während der Untersuchungsdauer die Scheidung ihrer Eltern. Sie wurden ein Jahr vor, zum Zeitpunkt der Scheidung und ein Jahr danach befragt. Zum Vergleich wurden Daten von 23 Jugendlichen aus intakten Familien

analysiert, die sich im Hinblick auf das Alter und Geschlecht nicht von den Jugendlichen aus Scheidungsfamilien unterschieden.

Themen. Die Jugendlichen wurden zu folgenden Themen befragt:

▶ Selbstabwertung (z.B. „Ich möchte vieles an mir ändern."),

▶ Sensibilität gegenüber dem Urteil anderer (z.B. „Ich werde neugierig, wenn andere über mich reden."),

▶ Bereitschaft, gegen Normen zu verstoßen (z.B. „Ich kann mir vorstellen, dass ich mal was klauen würde."),

▶ Drogenkonsum als Summe aller je konsumierten Drogen (Zigaretten, Bier/Wein, Schnaps, Haschisch, Schnüffelstoff, Heroin, Kokain, LSD, nicht verschriebene Medikamente zur Konzentrationssteigerung, zur Beruhigung oder Schlafmittel),

▶ Zigarettenkonsum (Häufigkeit des Zigarettenkonsums im letzten Jahr) und

▶ Konsum leichten Alkohols (Häufigkeit des Bier- und Weinkonsums im letzten Jahr).

Selbstabwertungen. Jugendliche aus Scheidungsfamilien neigen vor allem während der Scheidungszeit deutlich stärker zu Selbstabwertungen als Jugendliche aus intakten Kernfamilien. Ein Jahr vor der Scheidung sowie ein Jahr nach der Scheidung traten jedoch keine Unterschiede zwischen den beiden Gruppen auf (vgl. Abb. 6.1). Da sich der Unterschied nur während der Scheidungszeit zeigt, handelt es sich vermutlich um eine vorübergehende Krisenreaktion auf die Belastung.

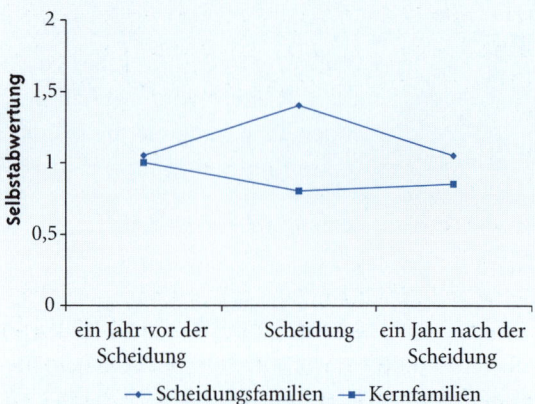

Abbildung 6.1. Selbstabwertung von Jugendlichen aus Kern- und Scheidungsfamilien im Zeitverlauf (Schwarz & Silbereisen, 1999)

Normverstoß. Auch in der Bereitschaft Normen zu brechen unterscheiden sich die beiden Gruppen in der Scheidungszeit, nicht jedoch ein Jahr vor der Scheidung. Der Unterschied bleibt hingegen auch ein Jahr nach der Scheidung bestehen. Die Scheidung scheint also einen längerfristig ungünstigen Einfluss darauf auszuüben, sich konform mit den Normen der Gesellschaft zu verhalten.

Sensibilität für Urteile und Drogenkonsum. Bezüglich Sensibilität gegenüber dem Urteil anderer, sowie bezüglich Drogen-, Zigaretten- und Alkoholkonsum konnten über den gesamten Zeitraum keine Unterschiede zwischen „Scheidungsjugendlichen" und Jugendlichen aus intakten Kernfamilien gefunden werden.

Fazit. Vor der Scheidung bestehen keine Unterschiede zwischen den Gruppen. Unterschiede zwischen Jugendlichen aus Scheidungsfamilien und intakten Familien ergeben sich in der Bereitschaft zu Normverstößen. Gründe dafür können (müssen aber nicht) geringere elterliche Kontrolle sowie sozio-ökonomisch eingeschränkte Bedingungen sein. Bei dieser Studie ist jedoch zu berücksichtigen, dass keinerlei Angaben über das Ausmaß an familiären Konflikten vor der Scheidung erfasst wurden. Es ist durchaus wahrscheinlich, dass sich die intakten und die Scheidungsfamilien in diesem Bereich bereits vor der Scheidung unterschieden haben. Somit lässt sich nicht klären, ob die Folgen auf die Scheidung der Eltern oder auf das hohe Konfliktniveau im Elternhaus zurückgehen.

6.4 Wahrnehmung des Eltern-Kind-Verhältnisses

Die Zeit, die Kinder mit ihren Eltern verbringen, nimmt im Jugendalter deutlich ab. Dennoch verstehen sich die meisten Jugendlichen mit ihren Eltern recht gut und nehmen sie als Berater in wichtigen Lebensfragen gerne in Anspruch. Zudem erhalten die meisten Jugendlichen in schwierigen Situationen Rat und Hilfe von ihren Eltern (Valery et al., 1997).

Familienklima und Streit mit den Eltern

Auseinandersetzungen mit Eltern sind im Jugendalter häufiger (Seiffge-Krenke & Shulman, 1993). Die Konflikte sind jedoch meist wenig intensiv und haben keine große subjektive Bedeutung (Hurrelmann, 1990). Konflikte zwischen Eltern und Kindern entwickeln sich vor allem bei einem Zusammenbruch der familiären Bindungen (z.B. Auszug älterer Geschwister oder Trennung der Eltern). In diesem Fall versuchen die Jugendlichen, durch Konflikte neue Rechte und Sicherheit zu gewinnen (Caffery & Erman, 2000).

> **!** Ein zentrales Thema in den Eltern-Kind-Konflikten ist der Widerspruch zwischen dem Autonomiestreben der Jugendlichen und dem Wunsch der Eltern nach Kontrolle (Pinquart & Scrugies, 1999).

Jugendliche erleben mit ihren Müttern intensivere Konflikte als mit den Vätern, weil auch heute noch Mütter stärker in die Erziehung der Kinder eingebunden sind als Väter. Daher wünschen Mütter sich mehr Informationen über die Aktivitäten der Jugendlichen. Dieser Wunsch kann von den Jugendlichen negativ als Kontrolle wahrgenommen werden und Konflikte hervorrufen (Pinquart & Scrugies, 1999). Andererseits ergab eine Studie von Paintal und Pandey (1996), dass Jugendliche häufiger Konflikte mit ihrem Vater erleben. Demnach bedingt die Häufigkeit der Konflikte nicht unbedingt deren Intensität. Da sich der Kommunikationsstil der Jugendlichen mit zunehmendem Alter verbessert – sie liefern häufiger Begründungen für ihre Position und drücken ihre Ansichten klarer aus – werden die

Konflikte dann auch häufiger positiv gelöst (Pinquart & Scrugies, 1999).

Konfliktthemen zwischen Jugendlichen und ihren Eltern

Bei Meinungsverschiedenheiten zwischen Jugendlichen und ihren Eltern gibt es neben individuellen Ursachen auch zentrale Themen, um die sich die Konflikte immer wieder drehen. Eltern nennen jedoch andere Konfliktthemen als Jugendliche. 13- bis 15-jährige Jugendliche sehen Fragen der Autonomie als häufigste Konfliktursache mit Themen wie

▶ Kleidung,
▶ politische Fragen,
▶ außerfamiliäre Kontakte und
▶ Kaufentscheidungen.

Bei den Konfliktursachen gibt es geschlechtsspezifische Unterschiede. Bei den 13- und 14-jährigen Mädchen steht die Kleidung ganz oben auf der Liste der Konfliktthemen, gefolgt von Meinungsverschiedenheiten über gegengeschlechtliche Freunde und Politik. 15-jährige Mädchen sehen politische Themen, den Umgang mit Gleichaltri-

Tabelle 6.1. Konfliktthemen aus der Perspektive der Jugendlichen (Die Zahlen geben an, wieviel Prozent der Jugendlichen bei dem jeweiligen Thema nicht mit ihren Eltern übereinstimmen; modifiziert nach Storch, 1994)

13-jährige Mädchen		15-jährige Mädchen		13-jährige Jungen		15-jährige Jungen	
Anziehen	54%	Anziehen	54%	Anziehen	54%	Politik	52%
Gegengeschl. Freund	51%	Umgang	46%	Kaufen	53%	Anziehen	50%
Politik	49%	Gegengeschl. Freund	45%	Politik	49%	Kaufen	50%
Kaufen	47%	Anziehen	44%	Umgang	43%	Umgang	47%
Umgang	47%	Ausgang	42%	Gegengeschl. Freund	41%	Ausgang	47%
Glaube	40%	Kaufen	40%	Glaube	40%	Gegengeschl. Freund	40%
Ausgang	38%	Glaube	37%	Benehmen	38%	Glaube	40%
Benehmen	36%	Schule	34%	Ausgang	37%	Benehmen	39%
Freundin	34%	Benehmen	34%	Freund	36%	Freund	38%
Schule	33%	Freundin	31%	Taschengeld	35%	Schule	38%
Taschengeld	26%	Taschengeld	30%	Schule	32%	Taschengeld	37%

gen allgemein und mit gegengeschlechtlichen Freunden als die zentralen Bereiche, in denen sie nicht mit ihren Eltern übereinstimmen (vgl. Tab. 6.1). 13- bis 15-jährige Jungen dagegen betrachten – in wechselnder Reihenfolge – Kleidung, Kaufentscheidungen und Politik als die drei zentralen Konfliktthemen (vgl. Tab. 6.1). Aus der Perspektive der Eltern (vgl. Tab. 6.2) drehen sich Konflikte mit ihren Kindern hauptsächlich um die Aufrechterhaltung familiärer Strukturen (Storch, 1994) mit den Themen

► Haushaltpflichten,
► Fernsehkonsum und
► gemeinsame Mahlzeiten.

Tabelle 6.2. Konfliktthemen aus der Perspektive der Eltern (Die Zahlen geben an, wieviel Prozent der Eltern beim jeweiligen Thema nicht mit ihren Jugendlichen übereinstimmen; modifiziert nach Storch, 1994)

Eltern von 13-jährigen Mädchen		Eltern von 15-jährigen Mädchen		Eltern von 13-jährigen Jungen		Eltern von 15-jährigen Jungen	
Pflichten	52%	Pflichten	56%	Fernsehen	60%	Fernsehen	54%
Fernsehen	48%	Fernsehen	36%	Pflichten	54%	Pflichten	51%
Essen	36%	Essen	32%	Schule	46%	Essen	34%
Kaufen	28%	Ausgang	31%	Essen	39%	Schule	34%
Schule	27%	Politik	30%	Kaufen	37%	Politik	27%
Umgang	24%	Schule	29%	Ausgang	24%	Kaufen	26%
Ausgang	24%	Wochenende	27%	Politik	21%	Glaube	25%
Politik	24%	Kaufen	26%	Umgang	19%	Wochenende	22%
Gegengeschl. Freunde	21%	Glaube	23%	Glaube	13%	Ausgang	21%
Wochenende	15%	Gegengeschl. Freunde	21%	Freizeit	12%	Umgang	17%
Freizeit	14%	Freizeit	18%	Gegengeschl. Freunde	11%	Gegengeschl. Freunde	16%
Glaube	14%	Umgang	17%	Wochenende	11%	Freizeit	14%

Die Themen, über die Jugendliche ihre Eltern am häufigsten belügen – möglicherweise, um Konflikte zu vermeiden – sind der Aufenthaltsort, die Freunde, Alkoholkonsum und Sexualverhalten (Knox et al., 2001).

6.5 Familiärer Interaktionsstil und Entwicklung

Die entwicklungsrelevanten Prozesse in jeder Eltern-Kind-Beziehung sind im Übergang vom Kind zum Erwachsenen dieselben: Es besteht ein Dilemma zwischen der Gewährung von Autonomie einerseits und der Kontrolle der Jugendlichen durch die Eltern andererseits. Dieses Dilemma kann konstruktiv gelöst werden, wenn die wechselseitige Abhängigkeit beider Seiten voneinander akzeptiert wird. Ein hohes Maß an Vertrauen und damit ein geringer Bedarf an Kontrolle entstehen dann, wenn die Jugendlichen ihre Eltern von sich aus über ihre täglichen Aktivitäten informieren (Kerr et al., 1999). Jugendliche und ihre Eltern müssen eine Balance zwischen selbständigem Handeln und Kommunikation, zwischen Trennung und Bindung, zwischen Konflikt und Harmonie finden. Diese Balance lässt sich am besten mit einem so genannten autoritativen Erziehungsstil aufbauen.

Elterliche Erziehungsstile

Die Forschung zu Erziehungs- und Führungsstilen begann bereits in den 1930er-Jahren (Lewin et al., 1939). Aufbauend auf früheren Ansätzen unterscheidet Baumrind (1991) vier elterliche Erziehungsstile, die typische Familienbeziehungen widerspiegeln. Diese Stile lassen sich auf der Grundlage von zwei Dimensionen beschreiben.

(1) Herausforderung: Sie gibt an, inwieweit Eltern von ihren Kindern reifes und verantwortungsvolles Verhalten erwarten und verlangen.

(2) Zuwendung: Dies meint das Ausmaß, in dem Eltern auf die Bedürfnisse ihrer Kinder eingehen, diese akzeptieren und unterstützen.

Die Kombinationen aus den hohen und niedrigen Ausprägungen von Herausforderung und Zuwendung ergeben vier Erziehungsstile

(1) autoritativer Erziehungsstil,
(2) autoritärer Erziehungsstil,
(3) permissiver Erziehungsstil und
(4) indifferenter Erziehungsstil.

Tabelle 6.3. Erziehungsstile nach Baumrind (1991)

		Zuwendung	
		hoch	tief
Heraus- forderung	hoch	autoritativ	autoritär
	tief	permissiv	indifferent

Autoritative Eltern. Diese Eltern sind warmherzig und strikt. Sie setzen hohe Standards an das Verhalten ihrer Kinder, die jedoch den Bedürfnissen und Fähigkeiten der Kinder angepasst sind. Sie legen großen Wert auf die Entwicklung von Autonomie und Selbstbestimmung. Gleichzeitig ist ihnen die eigene Verantwortung für die Kinder bewusst. Autoritative Eltern setzen sich mit ihren Kindern in einer vernünftigen und problemorientierten Art und Weise auseinander. Zudem diskutieren und erklären sie Verhaltensregeln, statt diese einfach vorzuschreiben.

Autoritäre Eltern. Sie haben einen hohen Anspruch an Gehorsamkeit und Konformität. Sie neigen zu bestrafenden Disziplinierungsmaßnahmen. Regeln werden nicht verbal ausgehandelt. Die Eltern verlangen vielmehr, dass die Kinder ohne Widerrede die elterlichen Standards zu akzeptieren haben. Sie ermutigen ihre Kinder nicht zu unabhängigen Verhaltensweisen, sondern bemühen sich vielmehr um eine Eingrenzung der Autonomiebestrebungen ihrer Kinder.

Permissive Eltern. Eltern mit diesem Erziehungsstil sind akzeptierend, wohlwollend und eher passiv bezüglich der Disziplin ihrer Kinder. Sie fordern relativ wenig von ihren Kindern und geben ihnen ein hohes Maß an Freiheit, eigenständig zu handeln. Permissive Eltern halten Kontrolle für eine Einschränkung, die der Weiterentwicklung des Kindes schaden könnte. Sie sehen sich selbst als Ressource für das Kind. Ob es diese Ressource nutzt oder nicht, hängt ausschließlich vom Kind ab.

Indifferente Eltern. Diese Eltern versuchen stets, Zeit und Energie zur Erziehung der Kinder zu minimieren. Dies kann im Extremfall bis zur Vernachlässigung der Erziehungspflichten führen. Die Eltern wissen wenig über die Tätigkeiten und Freizeitorte ihrer Kinder. Sie zeigen auch wenig Interesse für deren schulische Leistungen oder Freunde. Diskussionen über Werthaltungen oder Konfliktbereiche sind bei indifferenten Eltern selten, und die Meinung der Kinder wird bei Familienentscheidungen nicht gefragt. Im Gegensatz zu den drei anderen Erziehungstypen fokussieren indifferente Eltern nicht auf das Kindes-, sondern auf das Elternwohl. Die Eltern strukturieren ihr Leben hauptsächlich nach eigenen Bedürfnissen.

Auswirkungen der Erziehungsstile auf Kinder und Jugendliche

Die unterschiedlichen elterlichen Erziehungsstile gehen mit unterschiedlichen Entwicklungsverläufen der Kinder einher.

Jugendliche aus autoritativen Familien haben – verglichen mit allen anderen Jugendlichen – größere psychosoziale Fähigkeiten. Sie sind besonders verantwortungsbewusst, selbstsicher, kreativ, wissbegierig, haben bessere soziale Kompetenzen im Umgang mit Gleichaltrigen und größeren Erfolg in der Schule (Radziszewska et al., 1996). Der vorteilhafte Effekt autoritativer Erziehung ist in verschiedenen Kulturen und unterschiedlichen sozialen Schichten gezeigt worden (Beyers & Goossens, 1999; Steinberg, 2001).

Eine autoritäre Erziehung dagegen lässt die Jugendlichen abhängiger, passiver, weniger sozial kompetent, weniger selbstsicher und weniger wissbegierig werden (McClun & Merrell, 1998).

Jugendliche mit permissiven Eltern sind weniger reif und verantwortungsbewusst sowie konformer gegenüber Gleichaltrigen. Sie sind nicht in der Lage, in der Gleichaltrigengruppe eine Führungsposition zu übernehmen.

Kinder von indifferenten Eltern wiederum sind impulsiver und häufiger delinquent. Die Jugendlichen experimentieren auch früher mit Alkohol, anderen Drogen und Sexualverhalten (Kurdek & Fine, 1994; Steinberg et al., 1994).

Die Bedeutung der beiden Dimensionen Herausforderung und Zuwendung ist für Jungen und Mädchen unterschiedlich. Während Mädchen stärker unter fehlender Zuwendung leiden, hat eine fehlende Herausforderung für Jungen besonders negative Konsequenzen (Maccoby & Martin, 1983; Steinberg et al., 1991).

Kernelemente des autoritativen Erziehungsverhaltens

Die drei Kernelemente eines autoritativen Erziehunsstils sind
(1) Wärme,
(2) Struktur und
(3) Unterstützung des Autonomiebestrebens.

Wärme. Wärme bezeichnet das Ausmaß, in dem der Jugendliche akzeptiert und geliebt wird. Die positiven Auswirkungen einer autoritativen Erziehung auf die sozialen Kompetenzen des Jugendlichen lassen sich insbesondere auf dieses Merkmal zurückführen. So haben stressreiche Erlebnisse weniger negative Konsequenzen, wenn die Jugendlichen elterliche Zuneigung erleben (Wagner et al., 1996).

Struktur. Der Begriff Struktur bezeichnet den Grad der Vorgabe fester Regeln und Erwartungen gegenüber den Jugendlichen. Ein hohes Maß an Struktur geht auf der Seite der Jugendlichen mit wenig Problemverhalten wie Drogenkonsum, Straffälligkeit oder frühzeitigem Sexualverhalten einher. Die Regeln und das Ausmaß an Kontrolle müssen jedoch dem Alter des Kindes bzw. Jugendlichen angepasst werden. Fehlende Regeln wirken sich ebenso negativ auf die Entwicklung aus wie eine zu starke Kontrolle durch die Eltern. Eine altersangemessene Gestaltung der Regeln und Kontrolle dagegen reduziert den Drogenkonsum und die Straffälligkeit der Jugendlichen (Jacobson & Crockett, 2000; Mounts, 2001). Eine zu starke Kontrolle erhöht dagegen den Drogenkonsum und reduziert das Wohlbefinden der Jugendlichen langfristig (Aquilino & Supple, 2001). Günstig ist ein Mitspracherecht der Jugendlichen wenn Regeln aufgestellt werden. Jugendliche zeigen dann eine größere Nähe zu ihren Eltern und haben auch über das Jugendalter hinaus weniger Konflikte mit ihnen (Aquilino, 1997).

Unterstützung des Autonomiestrebens. Wenn Eltern das Autonomiebestreben ihrer Kinder unterstützen, führt dies zu einer Reduzierung psychischer Belastungen (z.B. Angst, Depression) (Barber et al., 1994). Der Prozess, der diesen positiven Effekt auslöst, ist noch nicht hinreichend geklärt. Möglicherweise erfahren Jugendliche, deren Autonomiebestreben durch die Eltern unterstützt wird, dass sie eigenständige Kompetenzen, ein Anrecht auf Privatheit und eine eigene Welt haben. Diese Faktoren wiederum können dann das Risiko psychischer Erkrankungen reduzieren (vgl. Kap. 16).

Wirkmechanismen des autoritativen Erziehungsverhaltens

In der autoritativen Erziehung herrscht eine gute Balance zwischen einschränkenden Verhaltensanforderungen und Unterstützung der Autonomieentwicklung. Die Eltern geben einerseits Richtlinien für das Verhalten vor, bieten den Jugendlichen andererseits aber die Möglichkeit, verschiedene Kontexte und Aufgaben für die eigene Entwicklung auszuwählen. So fördern sie den Aufbau von Selbstvertrauen und Selbstwirksamkeit, d.h. den Glauben an die Möglichkeit, Ziele durch eigene Handlungen zu erreichen. Außerdem bedeutet die große Gesprächs- und Verhandlungsbereitschaft, dass Moralvorstellungen, Normen und Werte den Jugendlichen nicht einfach vorgegeben werden. Vielmehr werden verschiedene Verhaltensmöglichkeiten sowie deren Auswirkungen miteinander diskutiert. Diese Gespräche fördern die Fähigkeit zur Übernahme von Rollen sowie das Einfühlungsvermögen der Jugendlichen. Die Kombination aus angemessener Kontrolle über das Verhalten der Jugendlichen und großer emotionaler Nähe ermöglicht es den Jugendlichen, sich trotz der Ablösung weiterhin mit den Eltern zu identifizieren. Somit sind sie nicht gezwungen, ihr gesamtes Selbstbild in Frage zu stellen. Vielmehr können sie ihre Identität auf der Basis bisheriger Überzeugungen und neuer Erfahrungen aufbauen. Darüber hinaus tritt eine sogenannte positive Rückmeldeschlaufe auf. Das heißt, dass sich der elterliche Erziehungsstil positiv auf die Entwicklung der Jugendlichen auswirkt. Diese positiven Effekte wiederum sind für die Eltern sichtbar, so dass sie als positive Rückmeldung wirken. Dadurch wird das vorteilhafte Erziehungsverhalten der Eltern weiter gefestigt und verstärkt (Steinberg et al., 1989).

> Bei einem autoritativen Erziehungsstil bleibt die Beziehung zu den Eltern im Jugendalter relativ stabil und wird positiv bewertet (Sun et al., 2000; van Wel et al., 2000). Auch die emotionale Bindung zu den Eltern bleibt bis ins späte Jugendalter hinein stark (O'Koon, 1997).

Zusammenfassung

▶ Die Familie ist ein wichtiger Sozialisationskontext für Jugendliche. Gleichzeitig erfordert die Autonomieentwicklung eine stärkere Ablösung von den Eltern.

▶ Die Familienstruktur hat kaum einen Einfluss auf die Entwicklung der Kinder und Jugendlichen. Wichtiger sind die Prozesse und die Qualität der Eltern-Kind-Beziehung.

▶ Trennung und Scheidung der Eltern beinhalten Entwicklungsrisiken und Entwicklungschancen.

▶ Als Erziehungsstile werden autoritatives, autoritäres, permissives und indifferentes Verhalten der Eltern unterschieden. Autoritatives Erziehungsverhalten beeinflusst die Entwicklung der Kinder und Jugendlichen besonders positiv.

Weiterführende Literatur

Storch, M. (1994). Das Eltern-Kind-Verhältnis im Jugendalter. Eine empirische Längsschnittstudie. Weinheim: Juventa.

Dieses Buch bietet einen differenzierten Überblick über typische Aspekte der Eltern-Kind-Beziehung im Jugendalter. Typische Konflikte und das Familienklima werden ebenso berücksichtigt wie Prozesse der Unterstützung und Ablösung.

Walper, S. & Schwarz, B. (Hrsg.) (1999). Was wird aus den Kindern? Chancen und Risiken für die Entwicklung von Kindern aus Trennungs- und Stieffamilien. Weinheim: Juventa.

In diesem Buch stellen verschiedene Autoren umfassend und leicht verständlich die verschiedenen Entwicklungsrisiken und -chancen einer Trennung oder Scheidung der Eltern dar.

7 Gleichaltrige – So sein wie die anderen und doch ganz anders

Jugendliche verbringen immer mehr Zeit mit ihren Freunden und selbst die attraktivste Fernreise mit den Eltern kann nicht gegen ein Campingwochenende mit Freunden konkurrieren. Jugendliche teilen nun ihre Geheimnisse nicht mehr mit den Eltern, sondern holen sich Rat und Hilfe bei Freunden. Dies ist der Zeitpunkt, an dem die Kinder „flügge" werden und erste Liebesbeziehungen eingehen. Hier müssen vor allem Eltern lernen, dass die Gruppe der Gleichaltrigen immer wichtiger wird und neben der Familie (vgl. Kap. 6) den wichtigsten Sozialisationskontext von Jugendlichen darstellt (Barber & Olsen, 1997). Dieses Verhalten der Jugendlichen ist ein Baustein ihrer Identitätsentwicklung (vgl. Kap. 5). Es ist notwendig, um eine Entwicklungsaufgabe des Jugendalters (Havighurst, 1948) zu bewältigen, nämlich den Aufbau neuer und reiferer Beziehungen zu Altersgenossen beiderlei Geschlechts. Für den Jugendlichen entsteht dabei eine Spannung zwischen „gleich sein" und „anders sein". Jugendliche müssen ihre Position finden zwischen gleich- und gegengeschlechtlichen Gleichaltrigen. Der konstruktive Umgang mit dieser Herausforderung steht im Zentrum der Beziehung zu anderen Jugendlichen.

7.1 Die Peergruppe

Die Peergruppe – die Gruppe der Gleichaltrigen – wird im Jugendalter zunehmend wichtiger. Jugendliche verbringen immer mehr Zeit mit Gleichaltrigen und die Beziehungen zu diesen werden mit zunehmendem Alter intimer. Freunde dienen nicht mehr überwiegend als Spielka-meraden, mit ihnen werden auch wichtige Ereignisse und alltägliche Probleme diskutiert (Csikszentmihalyi & Larson, 1984; Berndt & Perry, 1990). Die Peergruppe begleitet den Einzelnen im Übergang von der (Kern-)Familie (vgl. Kap. 6) zur eigenen Partnerschaft und Intimität im jungen Erwachsenenalter (vgl. Kap. 8).

> Der Jugendliche, der sich allmählich vom Elternhaus ablöst, findet in der Peergruppe (Gleichaltrigengruppe) neue Bezugspersonen. Diese unterstützen den Ablösungsprozess und vermitteln zugleich neue Formen der Beziehung (Dunphy, 1963).

Unterschiede zwischen Beziehungen zu Gleichaltrigen und familiären Beziehungen

Gleichheit und Souveränität. In Beziehungen zu Gleichaltrigen spielen traditionelle Hierarchien kaum eine Rolle. Statt dessen sind sie durch Gleichheit und Souveränität gekennzeichnet. Gleichheit bedeutet die Betonung von Ähnlichkeiten – „Ich bin so wie die anderen, die anderen sind so wie ich" – aber auch die Akzeptanz von Unterschieden. Gleichheit meint zusätzlich Gerechtigkeit und das Recht auf die Durchsetzung eigener Interessen und Wünsche. Souveränität meint in der Beziehung zu Gleichaltrigen die Möglichkeit zur Selbstdarstellung und zur Verwirklichung von persönlichen Zielen. Diese entsprechen oftmals den Zielen der Gleichaltrigengruppe. Die Realisierung dieser Ziele erfordert die Überwindung von Widerständen innerhalb und – vor allem – außerhalb der Gruppe (Krappmann, 1993).

Beziehungsregeln. Familiäre Bindungen und Beziehungen zu Gleichaltrigen unterscheiden sich in den ausdrücklichen, aber auch den unausgesprochenen Regeln und Gesetzen, die in diesen Beziehungen gelten. Eltern-Kind-Beziehungen sind biologisch bestimmt und können nicht gekündigt werden. Sie sind auch rechtlich verankert, denn Eltern haben einen staatlich geregelten Erziehungsauftrag, in den Behörden sich nur in Ausnahmefällen einmischen dürfen. Beziehungen zu Gleichaltrigen dagegen sind freiwillig und basieren auf eigenen Entscheidungen (Laursen et al., 1996). Daher muss sich jeder Jugendliche immer wieder neu als Freund bewähren, denn das Kündigungsrisiko bleibt permanent bestehen.

BEISPIEL

Wenn die Eltern Geheimnisse weitererzählen, kann ein Jugendlicher gekränkt reagieren oder einige Zeit nicht mit ihnen sprechen, aber die Beziehung wird dennoch weiter bestehen. Ein solcher Verrat durch Gleichaltrige dagegen kann durchaus zu einer Beendigung der Freundschaft führen.

Selbstoffenbarung und Konfliktverhalten. Ein Aspekt, der besonders zur Entwicklung von Freundschaften beiträgt, ist die so genannte Selbstoffenbarung. Nur wenn man den anderen an seinem Leben teilhaben lässt, ihm private Informationen anvertraut, kann eine Freundschaft entstehen und andauern (Berndt & Savin-Williams, 1993). Auch in Konflikten verhalten Jugendliche sich ihren Eltern gegenüber anders als bei Freunden. Bei Streitigkeiten mit Freunden sind sie kooperativer und drücken weniger Ärger aus (Laursen et al., 1996).

! Eltern-Kind-Beziehungen existieren naturgegeben, der Aufbau von Freundschaften hingegen erfordert stets eine eigene Leistung der Jugendlichen.

Strukturelle Merkmale von Peergruppen

Peergruppen vermitteln einerseits Unabhängigkeit von äußeren Normsystemen und andererseits Abhängigkeit innerhalb eines neuen, internen Normsystems. Aufgrund dieser beiden Merkmale hat die Peergruppe fünf wichtige Funktionen für die Entwicklung im Jugendalter (Krappmann & Oswald, 1995).

(1) Gleichaltrige gewähren **emotionale Geborgenheit** und dienen der Vermeidung oder Überwindung von Einsamkeitsgefühlen.

(2) In der Peergruppe werden **neue Identifikationsmöglichkeiten und Lebensstile** sichtbar. Sie dient dabei als Möglichkeit zum Üben von Diskussionen, Perspektivenübernahme und Konfliktlösungsstrategien. Damit helfen Gleichaltrige auch bei der **Überwindung des Jugend-Egozentrismus**. Beim stark ich-bezogenen Denken überschätzen Jugendliche die Richtigkeit ihrer eigenen Sichtweise und ihrer Einflussmöglichkeiten sowie ihrer eigenen Einzigartigkeit und Unverwundbarkeit. Sie sehen sich häufig als Mittelpunkt des Geschehens und nehmen ein „imaginäres Publikum" (Elkind, 1980) wahr.

(3) Die Gleichaltrigen unterstützen die **Ablösung von den Eltern**. Dabei wird die Familie als Bezugsgruppe nicht von der Peergruppe abgelöst, sondern durch diese ergänzt.

(4) Die sozialen Normen der Peergruppe bieten Orientierung bei der **Auswahl eigener (Entwicklungs-)Ziele** und helfen, diese zu stabilisieren.

(5) In der Peergruppe werden wichtige Regeln für **Aufbau und Aufrechterhaltung späterer Beziehungen** erworben. Hier lernen Jugendliche, sich anderen gegenüber in unterschiedlichem Ausmaß zu öffnen und zuverlässig zu sein.

Beeinflussung durch Gleichaltrige

Allgemein geht man davon aus, dass sich Kinder und Jugendliche gegenseitig beeinflussen durch
▶ Modelllernen,
▶ Gespräche und
▶ soziale Verstärkung.

Modelllernen liegt beispielsweise vor, wenn ein Jugendlicher bei seinen Kameraden beobachtet, wie diese rauchen und dann selbst zur Zigarette greift. In Gesprächen werden zum Beispiel die Normen und Werte innerhalb der Gruppe ausgehandelt, an die sich die einzelnen Jugendlichen zu halten haben. Soziale Verstärkung wiederum meint, dass sportlich erfolgreiche Jugendliche von anderen Jugendlichen bewundert werden. Sie werden sich weiterhin im Sport anstrengen, damit sie die Anerkennung auch in Zukunft genießen können (Hartup, 1999). Somit hat die Peergruppe für Jugendliche eine wichtige Stützfunktion bei der Bewältigung der zahlreichen biologischen Veränderungen (Berndt et al.,1999; Ianni, 1989).

Negative Auswirkungen. Die Peergruppe kann allerdings auch negative Wirkungen auf die Entwicklung haben. Jugendliche möchten von ihren Schulkameraden, Bekannten und Freunden gemocht werden. Daher sind sie bereit, sich den Regeln der Gleichaltrigen anzupassen. Nehmen wir als Beispiel einen Jugendlichen, der sich einer Gruppe anschließt, in der geraucht und getrunken wird, sowie Regeln und Gesetze verletzt werden. In einer solchen Gruppe herrschen eigene Normen. Dieser Gruppendruck kann den Alkohol- und Drogenkonsum sowie andere Normverstöße des neuen Gruppenmitglieds fördern (Crosnoe, 2002; Stouthamer-Loeber et al., 2002). Allerdings ist hier auch die Auswahl der Freunde zu berücksichtigen. Jugendliche suchen sich ihre Freunde aufgrund von Ähnlichkeiten hinsichtlich Leistung, Motivation und anderen Eigenschaften aus (Ryan, 2001). Es ist davon auszugehen, dass gerade gefährdete Jugendliche Freundschaften zu normbrechenden Gleichaltrigen aufbauen. Gefährdet sind in diesem Bereich insbesondere Jugendliche, die bereits während ihrer Kindheit durch aggressives oder impulsives Verhalten aufgefallen sind (vgl. Kap. 13 und 14).

Es gibt viele Jugendliche, die keine engen Freunde haben oder einer Clique angehören. Aber der Mensch ist insgesamt ein soziales Wesen, d.h. Menschen wünschen sich soziale Kontakte zu anderen Personen, mit denen sie sich austauschen können. Daher besteht bei isolierten Jugendlichen die Gefahr, dass sie sich einsam fühlen.

> Gleichaltrige haben im Jugendalter eine hohe Bedeutung für die Entwicklung. Aber die Jugendlichen wählen sich ihre Freunde gezielt aus, und nicht jeder Gleichaltrige ist gleichermaßen wichtig.

7.2 Gruppenarten und Gruppenzugehörigkeit

7.2.1 Gruppenarten

In den Beziehungen zu Gleichaltrigen lassen sich vier verschiedene Gruppenarten unterscheiden:
(1) Freundschaften,
(2) Cliquen,
(3) Crowds und
(4) jugendliche Subkulturen.

Freundschaften. Als Freundschaften werden – oftmals gleichgeschlechtliche – enge Verbindungen zwischen zwei Jugendlichen bezeichnet. Freundschaften sind im Jugendalter stabiler als erste romantische Beziehungen (Heaven, 2001). In einer repräsentativen Befragung in Deutschland gaben 85 % der 13- bis 24-jährigen Jugendlichen an, einen besten Freund zu haben (Oswald, 1992). Freunde unternehmen auch gerne etwas zusammen (Dunn, 1993; Hartup, 1992). Gemeinsame Aktivitäten, Interessen, Einstellungen und Ziele sind die Basis von Freundschaften (Cotterell, 1996). Ein zentrales Merkmal von Freundschaften ist die gegenseitige Zuneigung. Diese unterscheidet Freundschaften von anderen, weniger intensiven Beziehungen zu Gleichaltrigen. Freundschaften sind außerdem – verglichen mit lockeren Bekanntschaften zu Schul- oder Vereinskameraden – durch mehr Zuverlässigkeit, Vertrauen, Offenheit und Intimität charakterisiert (Furman & Robbins, 1985).

Cliquen. Cliquen bestehen meist aus vier bis sechs – selten mehr – miteinander bekannten Jugendlichen. Sie zeichnen sich durch regelmäßige gemeinsame Aktivitäten aus (Brown, 1990; Silbereisen & Schmitt-Rodermund, 1998). Jugend-

Punks

Eine jugendliche Subkultur, die sich offensichtlich von der Gesamtkultur abgrenzt und diese provoziert, ist die Gruppe der Punks. Punks demonstrieren eine stark ablehnende Haltung gegenüber allen Normen und Regeln der Gesellschaft. Neben der Anti-Haltung zur Gesellschaft fallen sie durch ihre auffällige Frisur und Kleidung auf. Sie hören eine spezielle musikalische Stilrichtung – den Punkrock (Lau, 1992). Ihre äußere Erscheinung wurde zum zentralen Erkennungszeichen unter den Punks: bunte, wild gestylte Frisuren (z.B. der Irokesenschnitt), schwarze, nietenbesetzte Lederjacken, zerrissene T-Shirts und Jeans (oder später großkarierte Stoffhosen im Schottenmuster) und Doc Martens-Springerstiefel mit roten Schnürsenkeln (in Abgrenzung zu den Skinheads, die weiße Schnürsenkel tragen). Da andere Punks die einzigen Mitmenschen

sind, mit denen sie Kontakt wünschen, dient dieses Outfit nicht nur der Abgrenzung und Provokation der übrigen Bevölkerung, sondern erleichtert auch die Kontaktaufnahme mit Gleichgesinnten (Lau, 1992). In der Musik wiederum werden die Gefühle der Punks ausgedrückt: Perspektiv- und Hoffnungslosigkeit, Hass gegenüber der Konsumgesellschaft und konsequente Ablehnung der gesellschaftlichen Werte und Traditionen. Diese Gefühle sind nicht überraschend, da die Punks gerade zu Beginn dieser Jugendbewegung häufig aus der sozialen Unterschicht stammten (Müller-Wiegand, 1998). Durch ihre Einstellungen und ihr Auftreten verbesserte sich die Lebenssituation der Punks jedoch nicht. Die bewusste Ablehnung von allem, was als gesellschaftskonform gilt, machte sie zu gesellschaftlichen Außenseitern. Sie haben diese Rolle für sich selbst

Jugendliche Punker lehnen sich gegen gesellschaftliche Normen und Werte auf

gewählt und Reaktionen wie Ablehnung, Angst und Ausgrenzung bewusst in Kauf genommen (Müller-Wiegand, 1998; Stock & Mühlberg, 1990). Allerdings haben sich diese Reaktionen seit Beginn der Punkkultur in den 1970er-Jahren deutlich abgeschwächt: die Irokesenfrisur ist heute Mode – man denke an den Fußballstar David Beckham – und viele Punkrockbands sind heute bei großen Plattenfirmen unter Vertrag und in den Charts vertreten (z.B. Green Day oder The Offspring). Damit verloren die Punks in der Bevölkerung ihre schockierende Wirkung und werden – abgesehen von einigen bettelnden „Penner-Punks" aus dem Obdachlosenmilieu – gesellschaftlich akzeptiert oder zumindest geduldet (Baacke, 1999; Lau, 1992).

liche in einer Clique sind sich in mancherlei Hinsicht ähnlich oder haben gemeinsame Interessen. Es kann sich beispielsweise um Jugendliche einer bestimmten Herkunft oder mit ähnlichem Musikgeschmack handeln (Ennett, 1996; Oswald, 1992). Bei der Selbsteinschätzung der Ähnlichkeiten zu anderen unterscheiden sich deutsche und in Deutschland lebende ausländische Jugendliche. Italienische und türkische Jugendliche sehen dabei in vielen Bereichen große Ähnlichkeit zu ihren deutschen Gleichaltrigen. Deutsche Jugendliche dagegen nehmen in allen Bereichen mehr Unterschiede zu ausländischen Jugendlichen wahr. Von allen Jugendlichen werden im Bereich Sport die größten, im Familienleben und der Religion die geringsten Übereinstimmungen gesehen (Münchmeier, 2000).

Crowds. Der Begriff Crowd bezeichnet eine größere Gruppe von Jugendlichen, die durch Dritte aufgrund von Stereotypen zusammengefasst werden (z.B. Popper, Gruftie). Crowds sind durch bestimmte einheitliche Merkmale wie Kleidung, Verhalten, Frisur oder politische Einstellung gekennzeichnet. Diese Konformität innerhalb der Gruppe wird auch durch einen hohen Gruppendruck aufgebaut und aufrecht erhalten (Heaven, 2001). Die Zugehörigkeit zu einer solchen Gruppierung gibt dem Jugendlichen eine zumindest vorläufige Identität. Damit bietet sie auch Richtlinien für eigenes Denken und Handeln. Die Regeln und Werte innerhalb dieser Gruppe können sich zwar von den gesellschaftlichen Normen unterscheiden, widersprechen ihnen aber eher selten (Brown, 1990).

Jugendliche Subkultur. Mit einer jugendlichen Subkultur wird das von der vorherrschenden Kultur abweichende Muster von Werten, Normen und Verhaltensweisen einer größeren Gruppe von Jugendlichen bezeichnet. Diese Abweichung ist dabei so groß, dass sie eine Gegenposition zu den vorherrschenden Normen und Werten darstellt. Die Gruppenmitglieder schaffen sich eine soziale Umwelt, in der sie sich der Kontrolle der Erwachsenen entziehen. Dabei entwickeln sie ritualisierte Verhaltensformen, bestimmte Kleidungsstile und eigene Auffassungen. Im Vordergrund steht die Abgrenzung von der gesellschaftlich vorherrschenden „Normal"-Kultur. In Subkulturen finden sich vermehrt unterprivilegierte und benachteiligte, aber auch politisch oder kulturell frustrierte, wohlsituierte Jugendliche. Die Gruppe stabilisiert das Selbstwertgefühl des Einzelnen und bietet eine Form der Selbstdarstellung, welche die Identitätsentwicklung unterstützen kann (Fend, 1998).

7.2.2 Gruppenzugehörigkeit

Erfassen der Gruppenzugehörigkeit mittels Soziogramm

Die häufigste Methode die Gruppenzugehörigkeit zu erfassen, ist das Soziogramm. Hierbei werden alle Mitglieder einer Gruppe oder Schulklasse zu ihren Kontakten innerhalb der Gruppe befragt. Die Fragen selbst können unterschiedlich formuliert werden:

▶ Welche drei Personen in der Gruppe magst du am liebsten?

- Welche überhaupt nicht?
- Neben wem möchtest du im Unterricht am liebsten sitzen?
- Mit wem möchtest du am liebsten in den Pausen spielen?

Aufgrund der Nennungen lassen sich kleinere Untergruppen oder paarweise Freundschaften erkennen. Außerdem gibt das Soziogramm Aufschluss über den sozialen Status, also darüber, welche Jugendlichen in der Gruppe beliebt und welche isoliert sind.

Sozialer Status und Entwicklungsaspekte

Der soziale Status eines Jugendlichen kann zu anderen Entwicklungsaspekten (z.B. Wohlbefinden, Stand der Identitätsentwicklung, Einsamkeit) in Beziehung gesetzt werden.

Beliebte Jugendliche. Beliebte Jugendliche beispielsweise sind attraktiv (Boyatzis et al., 1998) und bereit anderen zu helfen (England & Petro, 1998). Eine positive Beziehung zu Gleichaltrigen reduziert Aggressivität, Angst und Depressionen (Laible et al., 2000).

Abgelehnte Jugendliche. Abgelehnte Jugendliche gehören eher kleineren Cliquen an, die aus Mitgliedern mit ebenfalls geringerem Status bestehen (Bagwell et al., 2000). Eine Ursache für die Isolation von Gleichaltrigen kann hoher schulischer Erfolg sein. Diese Jugendlichen gelten schnell als Streber oder Lieblingskinder der Lehrer und werden von ihren Klassenkameraden gemieden (Luthar & McMahon, 1996). Darüber hinaus sind isolierte Jugendliche häufig schüchtern und empfindlich (Hatzichristou & Hopf, 1996). Gleichaltrige gezielt zu isolieren oder sie zu beleidigen, sind Formen von psychischer Gewalt, die wesentlich häufiger auftreten als körperliche Aggression (vgl. Kap. 13).

Exkurs: Einfluss von Status und Verhalten auf Bewältigungsstrategien

In einer aktuellen Studie untersuchten Bowker und Mitarbeiter (2000), ob Jugendliche unterschiedliche Strategien zur Bewältigung von alltäglichen sozialen Problemen anwenden.

Status und Verhalten. Die befragten 249 Siebtklässler wurden zu Gruppen zugeordnet, unterteilt nach

- Status: Je nachdem wie beliebt ein Jugendlicher bei seinen Klassenkameraden war, wurde er vom Forschungsteam als abgelehnt oder populär eingestuft.
- Verhalten: Je nachdem wie das Verhalten eines Jugendlichen von anderen eingeschätzt wurde („Jemand, der schüchtern ist" oder „Jemand, der häufig in Auseinandersetzungen verwickelt ist"), wurde er als zurückgezogen oder aggressiv eingestuft.

Konfliktsituationen. Jeder Jugendliche wurde aufgefordert, drei Situationen zu beschreiben, in denen er alltägliche Probleme mit Gleichaltrigen hatte. Diese wurden später von den Forschern kategorisiert. Ablehnung durch Klassenkameraden ist das wichtigste Problem der Jugendlichen.

Mehr als die Hälfte aller genannten Probleme ließ sich dieser Kategorie zuordnen.

Bewältigungsstrategien. Zu jeder Konfliktsituation wurden die Schüler gefragt, wie sie auf das Problem reagiert hatten. Die Antworten wurden später in drei Kategorien zusammengefasst.

(1) emotionsorientierte Bewältigung (z.B. neue Interpretation der Situation),
(2) problemorientierte Bewältigung (z.B. Verhandlung) und
(3) negative Reaktion (z.B. Gerüchte über die anderen beteiligten Personen verbreiten).

Emotionsorientierte Bewältigung. Emotionsorientierte Strategien wurden umso häufiger gewählt, je zurückgezogener ein Jugendlicher beschrieben wurde. Das gilt unabhängig davon, ob er populär oder abgelehnt ist.

Problemorientierte Bewältigung. Am häufigsten verwenden aggressive, populäre Jugendliche problemorientierte Bewältigungsstrategien. Nicht aggressive Jugendliche neigen – unabhängig vom Status – weniger zu dieser Strategie (vgl. Abb. 7.1).

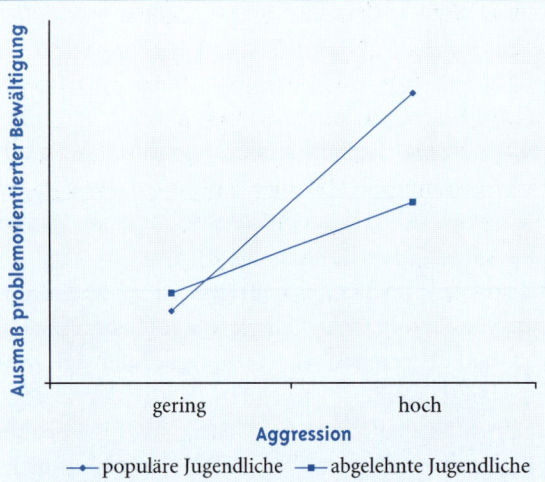

Abbildung 7.1. Problemorientierte Bewältigung für populäre und abgelehnte Jugendliche je nach Aggressionsgrad (Bowker et al., 2000)

Negative Reaktionen. Vor allem aggressive, abgelehnte Jugendliche zeigen negative Reaktionen. Nicht aggressive, abgelehnte Jugendliche hingegen reagieren nur selten negativ. Bei populären Jugendlichen neigen aggressive etwas seltener zu negativen Reaktionen als nicht aggressive (vgl.. Abb. 7.2).

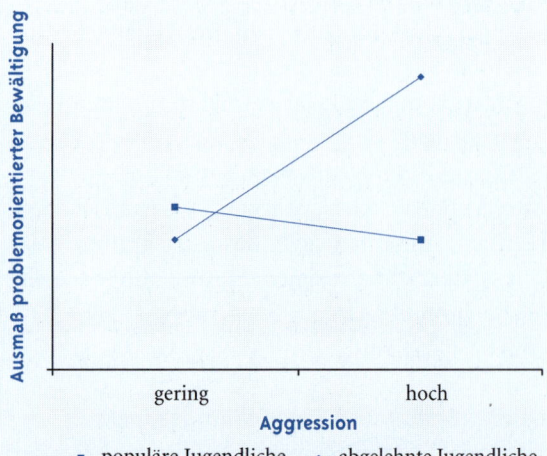

Abbildung 7.2. Negative Reaktionen für populäre und abgelehnte Jugendliche je nach Aggressionsgrad (Bowker et al., 2000)

Fazit. Wenn in Schulklassen die problemorientierte Bewältigung von sozialen Konflikten gefördert werden soll, müssen Unterschiede zwischen den Schülern berücksichtigt werden. Aggressive und nicht aggressive sowie populäre und abgelehnte Jugendliche reagieren in diesen Situationen unterschiedlich. Insbesondere nicht aggressive Jugendliche benötigen hier besondere Unterstützung. Aggressive, populäre Jugendliche können in derartigen Situationen als Modelle für die Mitschüler dienen.

7.3 Veränderung der Geschlechterbeziehungen

Die Beziehungen zwischen einzelnen Jungen und Mädchen aber auch zwischen gegengeschlechtlichen Gruppen und Cliquen verändern sich im Verlauf des Jugendalters.

Annäherung von Jungen und Mädchen

Dunphy (1963) beschreibt in seinem Modell die Prozesse der Annäherung zwischen Jungen und Mädchen. Während des frühen Jugendalters bleiben Jungen und Mädchen in den Gruppen getrennt. Nach und nach wächst das Interesse aneinander, so dass sich die Gruppen einander annähern. In der ersten Phase der Annäherung werden die jeweils anderen Gruppen beobachtet. Später nehmen zunächst die statushohen Mitglieder der Cliquen gegengeschlechtliche Beziehungen auf; erst danach erfolgt der Zusammenschluss zu gemischtgeschlechtlichen Gruppen. Noch immer sind Kollegialität, Zuwendung und wechselseitige Unterstützung von besonders hoher Bedeutung. Zu dieser Zeit treffen sich Jungen und Mädchen im Schwimmbad, Stadtzentrum oder in der Tanzschule. Nach und nach bilden sich innerhalb dieser Cliquen Paare, die festere Beziehungen miteinander eingehen. Die Gruppe löst sich dann im späten Jugendalter zugunsten einer lockeren Verbindung mehrerer Paare auf (Dunphy, 1963).

7.4 Die wachsende Bedeutung der Peergruppe

Bedeutung gegengeschlechtlicher Peers

Mit zunehmendem Alter steigt die Bedeutung gegengeschlechtlicher Freunde. Dies zeigt sich darin, dass Unterstützung von diesen immer wichtiger wird. Die gleichgeschlechtliche Unterstützung bleibt dagegen zwischen dem 4. und 13. Schuljahr gleich wichtig. Die elterliche Unterstützung verliert zwar an Wichtigkeit, bleibt aber dennoch auf einem hohen Niveau (vgl. Abb. 7.3) (Buhrmester & Furman, 1987; Furman & Buhrmester, 1992).

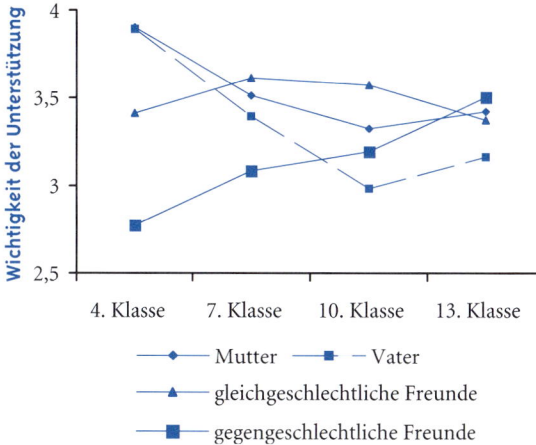

Abbildung 7.3. Wichtigkeit der Unterstützung durch verschiedene Personen im Jugendalter (Furman & Buhrmester, 1992). Der Wert 4 bedeutet, dass Schüler in der entsprechenden Klassenstufe die Unterstützung durch die jeweilige Person sehr wichtig finden

Im sozialen Netzwerk gibt es eindeutige Unterschiede je nach Alter der Kinder bzw. Jugendlichen. Vor der Pubertät haben Eltern die größte Bedeutung, im Jugendalter sind es dann gleichgeschlechtliche Freunde und in der späten Adoleszenz verlassen Jugendliche sich vor allem auf ihre Partner in gegengeschlechtlichen Beziehungen (vgl. Kap. 8).

Orientierung an Gleichaltrigen

Die hohe Bedeutung der Peergruppe für Individuation und Identitätsbildung (Bell & Coleman, 1999) ist ein Hinweis auf den Bedeutungsverlust der Familie im Jugendalter. Soziologisch wurde dieses Phänomen auch als „Orientierungsunsicherheit in der Moderne" (Fend, 1998, S. 226) bezeichnet. Damit ist gemeint, dass Jugendliche nicht mehr den Normen und Wertvorstellungen ihrer Eltern entsprechend leben, sondern sich gegenseitig als Orientierungshilfe dienen. Soziohistorische Veränderungen können die wachsende Bedeutung der Gleichaltrigen erklären.

> **BEISPIEL**
>
> #### Veränderte Bedeutung von Stabilität und Flexibilität
>
> Während die Elterngeneration sich noch langfristig an einen Ort und Arbeitsplatz gebunden hat, wird von Jugendlichen heute eine große räumliche Mobilität erwartet. Zahlreiche Arbeitsplatzwechsel und damit verbundene Umzüge können zu einem Patchwork-Lebenslauf führen. Es gibt verschiedene Strategien, die dem Einzelnen die Anpassung an die steigenden Flexibilitätsanforderungen erleichtern können. Allerdings hat die Elterngeneration diese Strategien nie benötigt und kann sie daher auch ihren Kindern nicht vermitteln. Die Eltern haben diese Erfahrungen nicht gemacht und vertreten daher andere Werte. Gleichaltrige sind in diesem Fall bessere Modelle oder Ansprechpartner. Sie werden mit ähnlichen Herausforderungen und Problemen konfrontiert. Gemeinsam mit anderen können sie diese leichter bewältigen.

Cliquenzugehörigkeit

Die Deutschen Shell Studien (Oswald, 1992; Linssen et al., 2002) zeigen, dass seit Mitte der 1960er-Jahre immer mehr Jugendliche einer Clique angehören. Während 1964 etwa 50% der Jugendlichen einer Gleichaltrigengruppe angehörten, stieg dieser Anteil bis 1984 auf 75% und bis 1991 sogar auf mehr als 80%. Aktuell geben immer noch 70% der Jugendlichen an, zu einer Clique zu gehören. Nur wenige Jugendliche erleben heute eine relative Isolation von einer Clique. Sie sind nicht in die gesamte Gruppe integriert, treffen sich aber durchaus gelegentlich mit dem einen oder anderen Cliquenmitglied. Diese Kontakte zu Gleichaltrigen sind von großer Bedeutung, denn Isolierung Jugendlicher kann zu Einsamkeit und erheblichen psychischen Belastungen führen.

7.5 Risiken von Beziehungen zu Gleichaltrigen

Die positive Bedeutung von Kontakten zu Gleichaltrigen und engen Freundschaften haben wir bereits dargestellt. Aber die Gleichaltrigenkontakte haben auch ihre Schattenseiten. In diesem Zusammenhang wollen wir drei Risiken ansprechen:

(1) Ausnutzung durch „falsche" Freunde,

(2) Nachteile durch fehlende Kontakte zu Peers und

(3) negative Beeinflussung durch deviante (normbrechende) Peers.

Ausnutzung durch „falsche" Freunde. Vertrauen, Selbstoffenbarung und die Bereitschaft zu helfen sind zentrale Merkmale von Freundschaften. Jeder, der anderen intime Informationen anvertraut, wird jedoch verletzbar. Der andere kann sich über eigene Probleme oder Fehler lustig machen oder die Geheimnisse weitererzählen. Das kann sowohl offen als auch heimlich geschehen. Wer beispielsweise Witze über Schwächen des Freundes macht, kann sich bei anderen beliebt machen und steht plötzlich im Mittelpunkt des Interesses. Freunde missbrauchen das Vertrauen, das ihnen geschenkt wurde nicht in solcher Art und Weise. Aber wenn eine Freundschaft – womöglich noch im Streit – auseinander geht, kann das Wissen über den anderen eine effektive Waffe sein, um diesen zu verletzen (Grotpeter & Crick, 1996).

Nachteile durch fehlende Kontakte zu Peers. Nicht allen Menschen gelingt es problemlos, Kontakte zu anderen aufzubauen. Schüchternen Personen fällt dies besonders schwer. Jugendliche, die

keinen besten Freund haben, bemerken, dass sie „anders sind" als die Gleichaltrigen und bei den Aktivitäten der anderen nicht dabei sind. Statt dessen geraten sie häufig in eine Zuschauerrolle. Als Folge davon fühlen sie sich unwohl und sind depressiver als andere (Alsaker, 2000). Aber nicht nur der beste Freund kann im Alltag eines Jugendlichen fehlen. Nicht jeder ist in eine Clique integriert. Wer bewusst von anderen geschnitten wird, gerät in eine soziale Isolation. Dies gilt als eine Form des Mobbings unter Jugendlichen und belastet die Betroffenen stark (Olweus, 1994).

Negative Beeinflussung durch deviante (normbrechende) Peers. Viele Eltern befürchten, dass ihre Kinder durch Kontakte zu Gleichaltrigen auf die „schiefe Bahn" geraten könnten. Aus diesem Grund wünschen sie sich Informationen über die Freunde ihrer Kinder. Jugendliche dagegen empfinden diese Fragen als Einmischung oder Kontrolle. Es stimmt, dass Jugendliche, die einer devianten Clique angehören, mit größerer Wahrscheinlichkeit selbst gegen herrschende Normen und Gesetze verstoßen. Dieses Risiko ist jedoch nur teilweise direkt auf einen schlechten Einfluss der Freunde und Bekannten zurückzuführen. Vielmehr gilt auch im Jugendalter bei der Auswahl von Freunden das Sprichwort „Gleich und Gleich gesellt sich gern". Demnach schließen sich Jugendliche vor allem dann devianten und aggressiven Cliquen an, wenn sie von sich aus dazu neigen, Regeln zu verletzen (Fergusson & Horwood, 1999). Erst wenn die Jugendlichen zu einer devianten Clique gehören, dann beeinflusst diese – wie jede andere Gruppe auch – das Verhalten der Mitglieder durch Gruppenregeln, die Forderung von Mutproben oder Anerkennung für gesetzeswidriges Verhalten (Crosnoe, 2002; Stouthamer-Loeber et al., 2002).

Eine Sonderstellung nehmen hier die frühentwickelten Mädchen ein (vgl. Kap. 4). Sie sind bereits in jungen Jahren attraktive Partnerinnen für ältere Jungen. Dadurch kommen sie früher als normativ- oder spätentwickelte Mädchen mit Alkohol, Zigaretten oder auch delinquenten Cliquen in Kontakt. Auch bis dahin unauffällige frühentwickelte Mädchen neigen in der Folge stärker zu Normbrüchen als normativ- oder spätentwickelte. In diesem Fall liegt also tatsächlich eine negative Beeinflussung durch andere Jugendliche vor (Magnusson et al., 1986; Stattin & Magnusson, 1990).

> **Zusammenfassung**
>
> ▶ Gleichaltrige bieten den Jugendlichen emotionale Geborgenheit, neue Identifikationsmöglichkeiten, unterstützen die Ablösung von den Eltern, bieten Orientierung bei der Festlegung eigener Ziele und fördern die sozialen Kompetenzen.
>
> ▶ Jugendliche beeinflussen sich gegenseitig durch Modelllernen, Gespräche und soziale Verstärkung.
>
> ▶ Es werden vier Arten von Jugendgruppen unterschieden: Freundschaften, Cliquen, Crowds und Subkulturen.

Weiterführende Literatur

Fend, H. (1998). Eltern und Freunde. Soziale Entwicklung im Jugendalter. Bern: Hans Huber.

Heaven, P. C. L. (2001). The social psychology of adolescence. Basingstoke: Palgrave.

Diese beiden aktuellen Lehrbücher bieten einen leicht verständlichen und umfassenden Überblick über die Bedeutung der sozialen Kontakte von Jugendlichen.

8 Romantische Liebe

Jugend – Zeit der ersten Liebe und des ersten Liebeskummers. Wie kommt es dazu, dass sich Jugendliche jetzt für Personen des anderen Geschlechts interessieren und sich romantische Beziehungen entwickeln? Wie erklären psychologische Theorien die Partnerwahl? Und wie sieht das Sexualverhalten von Jugendlichen heute tatsächlich aus?

Die romantische Liebe ist ein Thema, das in (fast) allen Kulturen große Bedeutung hat. Gedichte, Lieder, Romane, Theaterstücke, Filme und Bilder thematisieren die Liebe in westlichen Kulturen bereits seit Jahrhunderten (Fisher, 1995). Auch über die westliche Welt hinaus ist romantische Liebe in neun von zehn Kulturkreisen von Bedeutung (Jankowiak & Fischer, 1991). Romantische Liebe ist ein universelles Phänomen. Im Jugend-

alter entwickeln sich zum ersten Mal romantische Beziehungen.

Akzeptanz der Geschlechtsrolle. Die körperlichen Veränderungen in der Pubertät erfordern die Akzeptanz des eigenen Körpers und ermöglichen romantische Beziehungen. Sie verursachen auch eine neue, mitunter erstmalig bewusste Sicht der eigenen Geschlechtsrolle. Die Akzeptanz dieser Rolle ist eine Entwicklungsaufgabe des Jugendalters (Havighurst, 1948).

Aufbau von Beziehungen. Allerdings betonen erst Dreher und Dreher (1985) den Aufbau intimer oder sexueller Beziehungen als Aufgabe für das Jugendalter. Der Sexualkundeunterricht bietet den Jugendlichen wenig Unterstützung bei der Bewältigung dieser Aufgaben. Er dient vor allem der Information über Möglichkeiten der Schwangerschaftsverhütung und der Prävention von AIDS. Insbesondere emotionale Aspekte von Inti-

Der Aufbau von Liebesbeziehungen wird heute als eine Entwicklungsaufgabe des Jugendalters betrachtet

mität und Sexualität werden dagegen vernachlässigt (Flammer & Alsaker, 2002).

Sexualverhalten. Die Entwicklung des Sexualverhaltens wird bei Jungen durch hormonelle Veränderungen und die körperliche Reifung beeinflusst. Bei Mädchen spielen diese Faktoren kaum eine Rolle (Udry et al., 1986), sondern eher das soziokulturelle Umfeld. Insbesondere das sexuelle Verhalten von männlichen Freunden fördert die eigene sexuelle Aktivität weiblicher Jugendlicher (Udry & Billy, 1987).

Intime Beziehungen. Die Beziehungen zu Gleichaltrigen verändern sich während der Jugendzeit (vgl. Kap. 7). Die Beziehungen gewinnen an Nähe und emotionaler Bedeutung, sie werden persönlicher und die Jugendlichen fühlen sich stärker in die Beziehung eingebunden. Kurz: Beziehungen werden im Verlauf des Jugendalters intimer. Der englische Ausdruck „intimate" bedeutet innig oder vertraut. Auch wenn eine intime Beziehung im Alltag häufig mit einer sexuellen Beziehung gleichgesetzt wird, bezeichnen diese Begriffe Unterschiedliches: Intime Vertrauensbeziehungen beinhalten nicht automatisch körperliche oder sexuelle Kontakte. Sie zeichnen sich durch eine emotionale Bindung zweier Personen aus, die durch drei Merkmale charakterisiert werden kann:

(1) Fürsorge für den anderen,
(2) Bereitschaft, sich dem anderen gegenüber zu öffnen,
(3) Teilung gemeinsamer Interessen und Aktivitäten.

8.1 Entstehung gegengeschlecht- licher Partnerschaften

Übergang von gleich- zu gegengeschlecht- lichen Freundschaften

Eine Entwicklungsaufgabe. Sullivan (1953) hat den sozialen Aspekt der Entwicklung betont. Aus seiner Perspektive ist Entwicklung in erster Linie die Erfüllung sozialer Bedürfnisse. Dabei verändern sich die Inhalte der Beziehungen sowie die Bezugspersonen im Laufe der Entwicklung.

Soziale Beziehungen zu anderen Menschen bilden den Rahmen für das Selbstbild einer Person – ihre soziale Identität. Die Unterscheidung von intimen und sexuellen Beziehungen ist schon bei Sullivan zu finden. Gleichgeschlechtliche enge Freundschaften gehen heterosexuellen Beziehungen voraus. Der Übergang von nicht sexuellen, intimen gleichgeschlechtlichen Freundschaften zu sexuellen, engen gegengeschlechtlichen Beziehungen ist eine weitere Entwicklungsaufgabe des Jugendalters.

Gleichgeschlechtliche Freunde. Aber wie vollzieht sich dieser Übergang? Nach Sullivan wird zunächst – im frühen Jugendalter – eine enge Verbindung mit einem gleichgeschlechtlichen Freund gesucht. Diese Beziehung erlaubt den Austausch von persönlichen Inhalten. So erfahren Jugendliche eine Befriedigung des Bedürfnisses nach Nähe. Dort spielt insbesondere der Ausdruck von Gefühlen eine wichtige Rolle. Die Art und Weise, wie Gefühle ausgedrückt werden, ist allerdings je nach Geschlecht unterschiedlich. In gleichgeschlechtlichen Freundschaften sprechen männliche Jugendliche vor allem über Sport, Leistung und Beruf. Mädchen hingegen geben schon hier ihre Wünsche und Ängste preis. Sie lernen also bereits in gleichgeschlechtlichen Freundschaften den Ausdruck von Gefühlen und reagieren einfühlsam auf die Gefühle anderer.

Gegengeschlechtliche Freunde. Mit der Pubertät kommt nun ein neues Bedürfnis bei den Jugendlichen hinzu: das Bedürfnis nach sexuellen Kontakten. Die positiven Erfahrungen, die ein Jugendlicher bereits in engen Freundschaftsbeziehungen gemacht hat, ermöglichen es ihm nun, die Bedürfnisse nach Nähe und Sexualität miteinander zu verbinden. Je erfolgreicher und positiver die vorhergehende Freundschaft war, umso geringer ist die Angst des Jugendlichen, abgelehnt zu werden. Die Fähigkeiten, die Jugendliche in gleichgeschlechtlichen Freundschaften aufgebaut haben, erleichtern ihnen den Aufbau gegengeschlechtlicher Beziehungen. Allerdings treffen sich nun die Geschlechter mit unterschiedlichen Fähigkeiten des Emotionsausdrucks (s.o.). Mädchen sind zu Beginn einer Beziehung bereits fähig, Zuneigung, Vertrauen und Verliebtheit auszudrücken. Liebe, emotionale Nähe und Intimität stehen für sie im Zentrum der ersten romantischen Beziehung. Von Jungen dagegen wurde bislang nicht erwartet, dass sie anderen ihre Gefühle mitteilen. Sie lernen gleichsam von den Mädchen, wie man sich dem anderen öffnet, wie man ihm einfühlsam begegnet und dass man sich um ihn sorgen kann. Für Mädchen ändert sich mit der ersten romantischen Liebe also zunächst „nur" das Geschlecht des Interaktionspartners. Für Jungen dagegen sind diese gegengeschlechtlichen Beziehungen der Kontext, in dem sie Intimität überhaupt erst entwickeln können (Fend, 1998).

Cliquen. Aber nicht nur enge, gleichgeschlechtliche Freundschaften bieten eine Vorbereitung auf eine spätere – auch sexuelle – Beziehung. Cliquen sind hier ebenso von Bedeutung. In Kapitel 7 haben wir Dunphys (1963) Modell vorgestellt. Er beschreibt den Übergang von gleichgeschlechtlichen zu gegengeschlechtlichen Cliquen, die schließlich in einer Gruppe von lose miteinander verbundenen Paaren resultiert.

Funktion von engen Freundschaften. Damit kommt engen – gleich- und gegengeschlechtlichen – Freundschaften eine wichtige Funktion im Jugendalter zu. Freunde und Partner bieten dem Jugendlichen einen Spiegel für unbeantwortete Fragen und Phantasien. Durch den anderen findet man gleichsam sich selbst. Thematisch geht es dabei im Wesentlichen um Fragen zur (beruflichen) Zukunft, um die Beziehungen zu anderen, um Freizeitorte, Wünsche und Ängste.

Identität vor Intimität

Die zentrale Krise des Jugendalters ist nach Erikson (1968) die zwischen Identität und Rollendiffusion. Im Anschluss daran ist der Aufbau von Intimität zu bewältigen, da ansonsten die Gefahr der Isolation besteht (vgl. Kap. 5). Nachdem der Jugendliche also ein stabile Identität aufgebaut hat, muss er diese nun in einer engen und inti-

men Beziehung aufrechterhalten. Romantische Beziehungen, die vor oder während der Identitätsentwicklung beginnen, dienen dagegen – wie oben bereits geschildert – dem Jugendlichen eher als Spiegel seiner selbst und erleichtern damit die Identitätsfindung. Echte Intimität ist in diesen Beziehungen aber nicht zu finden.

8.2 Modelle der Partnerwahl

Die bisher berichteten Theorien befassen sich primär mit der Bedeutung von Freundschaften und romantischen Beziehungen. Die folgenden Modelle dieses Abschnitts beziehen sich dagegen auf den Entwicklungsprozess von Partnerschaften sowie auf Kriterien, die Männer und Frauen bei der Partnerwahl heranziehen. Diese Modelle wurden für die Partnerwahl von jungen Erwachsenen entwickelt. Da Jugendliche wahrscheinlich ähnliche Kriterien wählen und es keine speziellen Theorien für das Jugendalter gibt, stellen wir sie hier vor.

Homogamie und Heterogamie

Widersprüchliche Annahmen. In deutschen Sprichwörtern finden sich widersprüchliche Annahmen über eine gute Zusammensetzungen von Paaren. Doch welche ist korrekt? „Gleich und Gleich gesellt sich gern" (Homogamie) oder „Gegensätze ziehen sich an" (Heterogamie)?

DEFINITION

Homogamie meint den Wunsch, seine Zeit mit Menschen zu verbringen, die einem selbst ähnlich sind. **Heterogamie** dagegen bezeichnet die Bevorzugung von Menschen, die anders sind, als man selbst.

Im Hinblick auf äußere Bedingungen finden wir häufiger Ähnlichkeiten als Unterschiede, also Homogamie. Partner gleichen sich oft hinsichtlich Ausbildung, Beruf, Hobbies, sozioökonomischem Status, Religion und Alter (Olbrich, 1995; Olbrich & Brüderl, 1998). Auch in ihren Einstellungen gleichen Partner sich häufig, während sich hinsichtlich der Persönlichkeitseigenschaften größere Unterschiede zeigen (Murstein, 1986).

8.2.1 Stufenmodelle

Stufenmodell nach Klein

Die Entwicklung einer Partnerschaft verläuft nach Klein (1991) in drei Stufen:

(1) Die erste Stufe bildet die gegenseitige Anziehung. Diese Anziehung basiert auf körperlicher Attraktivität und Interaktionen, die beide Partner als lohnend empfinden.

(2) Wenn die beiden Partner sich dann näher kennen lernen, sich einander private Themen anvertrauen und prüfen, wie gut sie zueinander passen, spricht Klein von der Stufe der wachsenden Familiarität.

(3) Die dritte Stufe der Interaktion schließlich ist dann erreicht, wenn beide Partner auch das alltägliche Leben gemeinsam meistern und ihre wechselseitige Abhängigkeit akzeptiert haben.

Phasenmodell nach Saxton

Die Entwicklung der Liebe verläuft nach Saxton (1968) in vier Phasen:

(1) Am Anfang steht die romantische Liebe, in welcher der Partner idealisiert wird. In dieser Phase spielen Gefühle und Emotionen eine zentrale Rolle. Eine gedankliche, rationale Auseinandersetzung mit dem Partner und der Beziehung erfolgt nicht.

(2) Die zweite Phase ist die sexuelle Liebe. Das Gefühl der Zärtlichkeit ist weiterhin von besonderer Bedeutung, der Partner wird bewundert. Beide Partner wünschen sich körperlichen und sexuellen Kontakt.

(3) Die dritte Phase bezeichnet Saxton als Liebe der Gemeinsamkeit. Die Partner sind gerne mit dem anderen zusammen und haben Spaß an gemeinsamen Tätigkeiten.

(4) Die vierte Phase schließlich ist die altruistische Liebe. Jeder Partner ist – unabhängig von eigenen Wünschen – darum bemüht, die Wünsche und Bedürfnisse des anderen zu befriedigen. Einschränkend ist zu bemerken, dass diese selbstlose Art der Liebe wohl nur in seltenen Fällen erreicht wird.

8.2.2 Evolutionäres Modell der Partnerwahlstrategien

Jungen und Mädchen wenden unterschiedliche Strategien an, um sexuelle Beziehungen aufzubauen, je nachdem welche Ziele sie damit erreichen möchten. Diese Strategien hängen davon ab, ob eine kurzfristige oder langfristige Beziehung angestrebt wird. Buss und Schmitt (1993) betonen in ihrem evolutionären Modell sexueller Strategien, dass beide Ziele für Männer und Frauen mit unterschiedlichen Vor- und Nachteilen verbunden sind. Der Begriff Strategie beinhaltet dabei nicht immer eine bewusste Verhaltenssteuerung, sondern beschreibt unbewusste Prozesse. Das evolutionäre Modell geht davon aus, dass die Wahl des jeweiligen Sexualpartners – vor allem auch bei Tieren – davon abhängig ist, wie viel der jeweilige Partner in die Aufzucht des Nachwuchses investiert. Bei allen Lebewesen sind die Weibchen üblicherweise stärker beteiligt als die Männchen. Anders als bei den meisten Tieren sind bei Menschen jedoch auch die Männer stark in die Erziehung eingebunden. Je größer das Engagement eines Mannes für seinen Nachwuchs ist, umso selektiver geht er bei der Partnerwahl vor.

Männliche Strategien

Kurzfristige Beziehungen. Aufgrund der Evolution ist es für Männer vorteilhaft, im Laufe ihres Lebens möglichst viele Kinder zu zeugen, um ihr eigenes Erbgut weiterzugeben. Daher sind Männer insgesamt stärker an kurzfristigen sexuellen Beziehungen interessiert als Frauen. Ihr Ziel beim Aufbau kurzfristiger Beziehungen ist es, Kontakt zu möglichst vielen, sexuell verfügbaren und fruchtbaren Frauen aufzubauen, die nur wenig von ihnen fordern. Daher senken Männer in diesem Fall ihre Ansprüche an eine mögliche Partnerin. Für kurzfristige Beziehungen sind ihnen Charakteristika wie Intelligenz, Humor, Treue oder soziale Kompetenz weniger wichtig. Promiskuität der Frau und eine große sexuelle Erfahrung sind kein Hindernis, die Fruchtbarkeit der Frauen wird anhand ihres Alters und ihrer Gesundheit bzw. Attraktivität abgeschätzt. Um die Forderungen der möglicherweise zahlreichen kurzfristigen Sexualpartnerinnen gering zu halten, bevorzugen Männer in diesem Fall Frauen, die sich nicht fest binden möchten oder die bereits in einer langfristigen Beziehung leben.

Risiken. Kurzfristige sexuelle Beziehungen sind für Männer auch mit verschiedenen evolutionär bedeutsamen Nachteilen verbunden. Sie erhöhen nicht nur das Risiko, sich mit sexuell übertragbaren Krankheiten zu infizieren, sondern der Ruf als Frauenheld erschwert auch den Aufbau einer langfristigen Beziehung.

Langfristige Beziehungen. Für Männer hat es aus evolutionärer Perspektive durchaus auch Vorteile, eine langfristige Partnerschaft aufzubauen. Langfristige Beziehungen ermöglichen es Männern, die Reproduktionsmöglichkeiten einer Frau ausschließlich an die eigene Person zu binden. Diese Möglichkeit ist für Männer bedeutsam, da sie nie absolut sicher sein können, dass ihre Kinder tatsächlich biologisch von ihnen abstammen. In langfristigen Beziehungen gewinnen sie eine größere Sicherheit über die eigene Vaterschaft – allerdings nur, wenn die Partnerin treu ist.

Weibliche Strategien

Langfristige Beziehungen. Insgesamt bevorzugen Frauen langfristige Partnerschaften, da sie sich in der Kindererziehung stärker engagieren und ihre Fortpflanzungsmöglichkeiten eingeschränkt sind. Der Partner soll fähig und willig sein, Zeit und Geld in die Frau und ihre Nachkommen zu investieren. Ehrgeizige, erfolgreiche und wohlhabende Männer sind für Frauen besonders attraktiv.

Kurzfristige Beziehungen. Auch für Frauen beinhalten kurzfristige sexuelle Beziehungen durchaus evolutionär bedeutsame Vorteile. Frauen können die Ressourcen des Mannes sofort ausschöpfen und die Möglichkeit einer langfristigen Bindung testen. Daher bevorzugen Frauen bei der Wahl eines kurzfristigen Partners wohlhabende und großzügige Männer. Im Gegensatz zu Männern lehnen sie Promiskuität des Partners auch in kurzfristigen Beziehungen ab.

Risiken. Auch für Frauen gehen kurzfristige sexuelle Beziehungen mit verschiedenen Risiken einher. Wie bei den Männern erhöht sich das Risiko, sich mit einer sexuell übertragbaren Krankheit zu infizieren. Allerdings ist bei Frauen die Gefahr, einen schlechten Ruf zu bekommen, noch größer als bei Männern. Außerdem steigt gerade bei kurzfristigen Bekanntschaften das Risiko physischer und sexueller Gewalt.

> Je nach Geschlecht haben kurzfristige und langfristige Beziehungen unterschiedliche Ziele und Risiken. Männer zeigen ein größeres Interesse an kurzfristigen sexuellen Partnerschaften als Frauen. Langfristige Beziehungen dagegen wünschen sich Männer und Frauen in gleichem Ausmaß. Sie haben allerdings unterschiedliche Strategien, mit denen sie dieses Ziel erreichen wollen. Buss und Schmitt (1993) können mit dieser evolutionsbiologischen Theorie geschlechtsspezifische Unterschiede in den Strategien zur Partnerwahl erklären.

Kritik

Buss und Schmitt gehen stets von der Ähnlichkeit zwischen Menschen und Tieren aus. Dabei werden zwei entscheidende Faktoren vernachlässigt, die den Menschen von anderen Lebewesen unterscheiden.

(1) Menschliche Sozialisation und
(2) freier Wille des Menschen.

Sozialisation. In den meisten Kulturen werden langfristige Partnerschaften positiv bewertet. Daher erleben Kinder in ihren Familien häufig ein hohes Maß an Stabilität und Vertrautheit. Die Bedeutung der Familie in diesem Entwicklungsfeld wird deutlich, wenn man die Partnerschaften von jungen Erwachsenen aus intakten und Scheidungsfamilien betrachtet. Erwachsene, deren Eltern sich getrennt haben, gehören selbst besonders häufig zu der Gruppe der Geschiedenen (Diekmann & Engelhardt, 1995; Hullen, 1998). Der Einfluss der Sozialisation auf die Bevorzugung langfristiger Partnerschaften sollte nicht unterschätzt werden. Auch Unterschiede zwischen den Geschlechtern können auf unterschiedliche Erziehungs- und Sozialisationserfahrungen zurückgehen und erklären, warum Männer häufiger als Frauen zu kurzfristigen Beziehungen bereit sind.

Freier Wille. Buss und Schmitt vernachlässigen in ihrem Modell einen zentralen Unterschied zwischen Menschen und Tieren: Menschen reagieren nicht nur ausschließlich aufgrund ihrer Instinkte. Vielmehr überdenken sie – mehr oder weniger intensiv – ihre verschiedenen Möglichkeiten und können sich bewusst für eine davon entscheiden.

8.2.3 Instrumentalitätsmodell

Belohnungswirkung von Partnerschaft. Centers (1975) geht davon aus, dass Interaktionen zwischen Partnern jeweils die eigenen Bedürfnisse nach

▶ Intimität,
▶ sexuellem Kontakt und
▶ sozialer Sicherheit

befriedigen.
Daher werden Partnerschaften als belohnend empfunden. Diese belohnende Wirkung von Partnerschaften wiederum fördert deren Aufbau und Aufrechterhaltung.

Unvereinbare Bedürfnisse. Allerdings gilt die Annahme der Belohnungswirkung von Partnerschaften nur dann, wenn die Bedürfnisse der beiden Partner miteinander vereinbar sind. Streben beispielsweise beide Partner nach viel Macht, so kann nur das Bedürfnis eines Partners befriedigt werden. Langfristig wird es in solchen Beziehun-

gen zu Konflikten kommen. Jeder Partner strebt vor allem die eigene Bedürfnisbefriedigung an. Wenn einer der Partner etwas zugunsten des anderen tut, so geht er davon aus, dass dieser seine „Schulden" später zurückzahlt.

8.2.4 Altruismusmodell

Sympathie und Empathie. Kirchler (1989) stellt eine Gegenposition zum Instrumentalitätsmodell vor. Er betont, dass Menschen in Partnerschaften keineswegs nur die Befriedigung eigener Bedürfnisse anstreben. Vielmehr will jeder den Partner erfreuen, ihm helfen und zu seinem Wohlbefinden beitragen. Es ist keine rationale Abwägung, die den Einzelnen dazu bewegt, dem anderen Freude zu bereiten. Statt dessen sind Sympathie und Empathie (Einfühlen in den anderen) die zentralen Aspekte einer harmonischen Beziehung. Forderungen an den Partner, die sich aus dem eigenen Handeln ergeben könnten, treten in den Hintergrund und werden schließlich nicht einmal mehr erinnert. „Die Beziehung ist Quelle intrinsischer Befriedigung" (Kirchler, 1989, S. 90).

8.2.5 Psychoanalytisches Modell

Einfluss des gegengeschlechtlichen Elternteils. In der psychoanalytischen Tradition hat sich insbesondere Jung (1978) mit der Partnerwahl auseinandergesetzt. Er betont, dass Jugendliche bei ihrer Partnerwahl selten bewusste Strategien einsetzen. Die unbewussten Prozesse, die diese Wahl stark beeinflussen, sind abhängig von der Beziehung des Jugendlichen zu seinen Eltern. Dabei spielen die bisherigen Beziehungen zum gegengeschlechtlichen Elternteil eine zentrale Rolle. In den ersten romantischen Beziehungen zu Gleichaltrigen geben die Jugendlichen einen Teil ihrer Identität zugunsten einer gemeinsamen Identität auf. Erst im Laufe der Interaktionen mit dem Partner lösen sich die Jugendlichen wieder voneinander, so dass sie sich selbst befreien und besser auf den eigenen Partner eingehen können.

8.2.6 Integration verschiedener Modelle

Die verschiedenen Modelle ergänzen einander teilweise und teilweise widersprechen sie sich.

Stufenmodelle. Saxtons Modell zur Entwicklung der Liebe ergänzt das Stufenmodell Kleins. Saxton setzt bei der romantischen Beziehung an; dem Punkt, an dem die Beschreibung von Klein endet, nämlich der Gestaltung des gemeinsamen Alltags. Gemeinsam bilden beide Modelle die Entwicklung von Beziehungen sehr umfangreich ab.

Strategien der Partnerwahl. Das evolutionäre und das psychoanalytische Modell betonen die Bedeutung bewusster und unbewusster Strategien bei der Partnerwahl. Dabei berücksichtigt das evolutionäre Modell jedoch ausschließlich biologische und genetische Unterschiede zwischen Männern und Frauen zur Erklärung unterschiedlicher Strategien. Im psychoanalytischen Modell dagegen werden frühkindliche Beziehungen zu den Eltern in den Mittelpunkt gestellt. In ihrer Ausschließlichkeit widersprechen sich die Modell. Allerdings wäre gerade hier eine Integration der verschiedenen Theorien sinnvoll. So könnten möglicherweise Unterschiede zwischen Männern und Frauen, aber auch zwischen verschiedenen Menschen eines Geschlechts besser erklärt werden.

Eigene Bedürfnisse oder Wohlergehen des anderen. Einen extremen Widerspruch bilden das Instrumentalitäts- und das Altruismusmodell. Das Instrumentalitätsmodell besagt, dass Menschen auch in Beziehungen ausschließlich nach der Befriedigung eigener Bedürfnisse streben. Das Altruismusmodell betont, dass Partner in Beziehungen primär um das Wohlergehen des anderen besorgt sind. Diese beiden Extremformen sind in Beziehungen selten vertreten. In der Regel werden beide Partner versuchen, die eigenen Bedürfnisse und die des anderen zu befriedigen.

Modelle für Jugendliche fehlen. Keines der Modelle wurde speziell für die Beschreibung und Erklärung von Partnerschaften im Jugendalter entwickelt. Es ist daher offen, welche Modelle in dieser Lebensphase Gültigkeit besitzen und welche an die spezielle Situation der Heranwachsenden angepasst werden müssen.

8.3 Prozesse der Annäherung

Erste Annäherungsschritte

Combe und Helsper (1994) haben die konkreten Annäherungsprozesse von Jungen und Mädchen untersucht.

Gegengeschlechtliche Berührungen. In einer ersten Phase (ab etwa 12 Jahren) geht es vielfach um gegengeschlechtliche Berührungen – mitunter getarnt als Mutprobe. Dabei haben Jungen die aktive Rolle. Sie agieren in der Regel aus dem Schutz der Gruppe. Die Funktion der Gruppe besteht darin einzugreifen, wenn der Versuch misslingt. Das Mädchen oder die Mädchengruppe wird dann als „versteht keinen Witz" oder „blöde Kuh" bloßgestellt. Damit wird der Misserfolg des Jungen auf eine Ursache zurückgeführt, die er nicht beeinflussen konnte (externe Attribution).

Blickkontakte. Die zweite Phase ist deutlich subtiler und erfolgt über Blickkontakte. Da diese durch andere nur selten beobachtet werden, können Ablehnung oder Misserfolg leichter verheimlicht werden. Blickkontakte gefährden bei Misslingen das Selbstwertgefühl und Ansehen der Jugendlichen weniger.

Geheimnisse. Erst in der dritten Phase intensivieren sich die Kontakte auch auf verbaler Ebene (Sprache). Mädchen und Jungen vertrauen sich gegenseitig private Informationen an und öffnen sich dem anderen.

Aufbau einer sozialen Identitiät

Aufgaben der Jugendlichen. Die Annäherung dient auch dem Aufbau einer sozialen Identität. Der Jugendliche muss lernen,

► sich zu öffnen und abzugrenzen,
► das Eigene vom Fremden zu unterscheiden,
► unterschiedliche Entwicklungsverläufe zu erkennen und
► den eigenen Lebensstil in neuen Entwicklungsbereichen zu testen.

Der Jugendliche erfährt hier erstmals bewusst die Anerkennung durch andere. Deshalb ist diese Phase besonders bedeutsam für die eigene Person.

Gefahren. Der Aufbau der sozialen Identität ist aber auch ein Wechselspiel zwischen dem Wunsch, anerkannt zu werden, und der Gefahr, abgelehnt zu werden. Bei diesem Prozess kommt es zwangsläufig zu Konflikten, Widersprüchen und Regelübertretungen – schließlich sind die Erfahrungen ja für alle neu. Dies ist aus der Innensicht des Jugendlichen oftmals problematisch und schmerzhaft. Wenn diese ersten Erfahrungen insgesamt negativ sind und voreilig verallgemeinert werden, kann dies langfristig ungünstige Folgen haben.

Weitere Annäherung

Aber was passiert nun, nachdem Jungen und Mädchen sich erstmals einander angenähert haben? Eine Unterteilung der weiteren Schritte nehmen Silbereisen und Wiesner (1999) vor. Sie unterteilen die nachfolgende Annäherung in

▶ erstes Verlieben,
▶ erste feste Freundschaft und
▶ ersten sexuellen Kontakt.

Diese Abfolge ist in verschiedenen Gruppen (Jungen und Mädchen, Ost- und Westdeutsche) gleichermaßen zu finden. Unterschiede gibt es dagegen im Zeitpunkt, zu dem Jugendliche diese Erfahrungen machen. Mädchen verlieben sich früher und haben auch früher als Jungen eine erste feste Freundschaft.

Sexuelle Kontakte. Auch wenn Jugendliche ihre ersten sexuellen Kontakte in sehr unterschiedlichem Alter erleben, treten die verschiedenen sexuellen Handlungen in einer typischen Sequenz auf.

▶ Flüchtige Küsse,
▶ Zungenküsse,
▶ Berührungen des Oberkörpers und
▶ Genitalberührungen.

Die Übergänge zwischen diesen Verhaltensweisen erfolgen eher langsam (Jakobsen, 1997).

8.4 Vorverlagerung des Sexualverhaltens

Tolerantere Einstellung zu Sexualität. Jugendliche aber auch ihre Eltern und die westlichen Gesellschaften insgesamt – haben heute eine tolerantere Einstellung zur Sexualität (Steinberg, 1996). Das bedeutet allerdings keineswegs, dass Jugendliche weniger strikte Moralvorstellungen haben. Auch sie lehnen Promiskuität und freie Liebe ab. Voraussetzung für sexuelle Aktivität ist für sie nicht mehr die institutionalisierte Ehe, sondern eine enge emotionale Bindung an den Partner (Katchadourian, 1990). Die Mehrheit der Jugendlichen hält Treue für wichtig. Auch wenn die Beziehungen im Jugendalter oft nur von kurzer Dauer sind, haben Jugendliche nur selten mehr als einen Partner gleichzeitig. Dieses Phänomen bezeichnet Steinberg (1996) als „serielle Monogamie".

Frühere sexuelle Kontakte. In den 1960er- und 1970er-Jahren verlagerte sich das Sexualverhaltens zeitlich nach vorne. 1960 hatten 25 % der 18-jährigen Jungen und 11 % der 18-jährigen

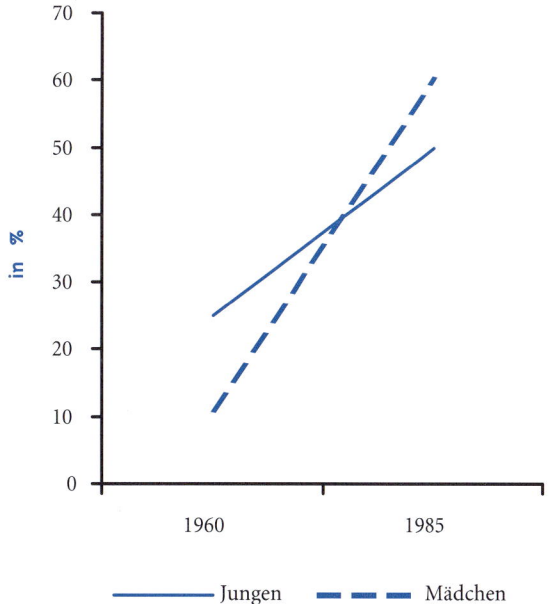

Abbildung 8.1. Anteil der Jugendlichen, die im Alter von 18 Jahren Geschlechtsverkehr hatten (nach Brooks-Gunn & Furstenberg, 1989)

Mädchen Geschlechtsverkehr, 1985 waren es in der gleichen Altersgruppe 50 % der Jungen und 60 % der Mädchen. Insbesondere die Mädchen werden früher sexuell aktiv (vgl. Abb. 8.1).

In den 1960er-Jahren hatten deutlich mehr Jungen als Mädchen bereits im Jugendalter sexuelle Kontakte. Seither fand eine Angleichung zwischen den Geschlechtern statt (Brooks-Gunn & Furstenberg, 1989).

Zwischen 1970 und 1990 sank das Durchschnittsalter für sexuelles Verhalten nicht weiter ab. Aber die Zahl der Jugendlichen erhöhte sich, die bereits vor dem 16. Lebensjahr den ersten Geschlechtsverkehr hatten. Bei den Jungen stieg der Anteil von 14 % auf 21 %, bei den Mädchen von 10 % auf 16 % (Schmidt et al., 1992).

> Das Sexualverhalten Jugendlicher beginnt später als es in den Massenmedien häufig suggeriert wird. Dort wird nahegelegt, dass die Mehrheit der Jugendlichen bereits mit 13 oder 14 Jahren ihren ersten Geschlechtsverkehr erlebt hat. Tatsächlich hat die Mehrheit der Jugendlichen erst nach dem 16. Lebensjahr ihren ersten Geschlechtsverkehr.

Einflussfaktoren

Jugendliche unterscheiden sich stark hinsichtlich dem Zeitpunkt ihrer ersten sexuellen Erfahrungen.

Geschlecht und Bildung. Während Geschlechtsunterschiede nur eine geringe Rolle für frühe sexuelle Erfahrungen spielen, ist das Bildungsniveau ein wichtiger Einflussfaktor. Haupt- und Realschüler machen ihre ersten sexuellen Erfahrungen früher als Gymnasiasten (Schmidt et al., 1992).

Familiäre Faktoren. Der sozioökonomische Status der Familie spielt ebenso eine Rolle. Jugendliche aus einkommensstarken Familien werden später sexuell aktiv als diejenigen aus einkommensschwachen Familien (Steinberg, 1996). Auf der familiären Ebene ist darüber hinaus die Qualität der Eltern-Kind-Beziehung sowie die angemessene Begleitung der Jugendlichen durch die Eltern von Bedeutung. Beide Faktoren begünstigen einen späten Beginn sexuellen Verhaltens (Jessor & Jessor, 1977).

Individuelle Einschätzung. Der Zeitpunkt, der als angemessenen für erste sexuelle Aktivitäten gilt, schwankt individuell. Er hängt mit vergleichbaren Einschätzungen für Alkoholkonsum und Autonomie (Rosenthal & Smith, 1997) zusammen. Jugendliche, die sich frühzeitig ein hohes Maß an Selbständigkeit wünschen oder bereits in jungen Jahren Alkohol trinken möchten, finden auch einen frühen Beginn sexuellen Verhaltens angemessen. Diese drei Bereiche – Alkohol, Autonomie und Sexualverhalten – werden von Jugendlichen als Ausdrucksformen des Erwachsenseins

---

Exkurs: Risikofaktoren für einen frühen Geschlechtsverkehr

Small und Luster (1994) untersuchten, inwiefern sich Jugendliche, die den ersten Geschlechtsverkehr besonders früh erleben, von anderen Jugendlichen unterscheiden. Ältere Untersuchungen hatten gezeigt, dass sowohl Persönlichkeitseigenschaften der Jugendlichen als auch Merkmale ihrer Herkunftsfamilie, ihres Kollegenkreises, ihrer Schule und ihres Wohnquartiers Risikofaktoren für frühen Sexualverkehr darstellen können.

Risikofaktoren. Small und Luster untersuchten 2.168 Schüler aus der siebten, neunten und elften Klasse in einer amerikanischen Klein-

stadt. Diese befragten sie über ihre sexuellen Erfahrungen sowie über die folgenden Risikofaktoren für frühen Geschlechtsverkehr.

▶ **Alkoholkonsum:** Alkoholkonsum begünstigt aufgrund seiner enthemmenden Wirkung frühe sexuelle Erfahrungen.

▶ **Erfahrung von sexuellem Missbrauch:** Jugendliche mit Missbrauchserfahrung werden früher sexuell aktiv.

▶ **Sorgen bezüglich Berufschancen** (z.B. „Ich mache mir Sorgen darüber, einen guten Job zu finden, wenn ich mit der Schule fertig bin.")

- **Selbstwert** (z.B. „Ich kann auf mich stolz sein.")
- **Elterliche Aufsicht** (z.B. „Meine Eltern wissen, wo ich nach der Schule bin.")
- **Wertvorstellungen der Eltern** (z.B. „Meine Eltern sind dagegen, dass man in meinem Alter schon Sex hat.")
- **Unterstützung durch die Eltern** (z.B. „Meine Mutter ist für mich da, wenn ich sie brauche.")
- **Bildung der Eltern:** Eltern mit einem hohen Bildungsniveau unterstützen ihre Kinder stärker, kontrollieren weniger und haben eine negative Einstellung gegenüber frühem Sexualverhalten. Daher sollte ein hohes Bildungsniveau der Eltern die sexuelle Aktivität der Jugendlichen hinauszögern.
- **Konformität mit Gleichaltrigen** (z.B. „Ich tue häufig Dinge, nur um bei meinen Freunden besser anzukommen"). Jugendliche mit höherem Bedürfnis nach Konformität sind leichter zu beeinflussen und eifern ihren bereits sexuell erfahrenen Freunden nach. Mädchen mit einem hohen Bedürfnis nach Konformität können gegenüber dem Drängen eines älteren Jungen schlechter nein sagen.
- **Fester Freund, feste Freundin**
- **Einstellung gegenüber der Schule** (z.B. „Ich gehe gern zur Schule.")
- **Schulnoten:** Gute Erfahrungen in der Schule und eine positive Einstellung gegenüber der Schule begünstigen einen späten Beginn sexueller Aktivität.
- **Beaufsichtigung durch die Nachbarschaft** (z.B. „Die Erwachsenen in unserem Quartier behalten im Auge, was wir Teenager tun.")

In der Analyse wurden sexuell erfahrene Jugendliche mit jenen verglichen, die noch nie Geschlechtsverkehr hatten.

Ergebnisse. Die Ergebnisse zeigen, dass alle Risikofaktoren den frühen Beginn sexueller Erfahrungen beeinflussen außer die Faktoren Selbstwert und Neigung zur Konformität mit Gleichaltrigen.

Außerdem steigt das Risiko von frühen sexuellen Erfahrungen an, wenn mehrere Risikofaktoren gleichzeitig vorliegen (s. Abb. 8.2). 93 % der Jungen, auf die fünf oder mehr Risikofaktoren zutreffen, haben frühe sexuelle Erfahrungen gemacht. Im Vergleich dazu waren nur 15 % der Jungen ohne Risikofaktoren sexuell aktiv. Bei den Mädchen ist der Anstieg weniger steil, aber noch immer sehr deutlich: 80 % der Mädchen mit acht oder mehr Risikofaktoren haben bereits sexuelle Erfahrungen gemacht, verglichen mit 1 % der gleichaltrigen Mädchen ohne Risikofaktoren.

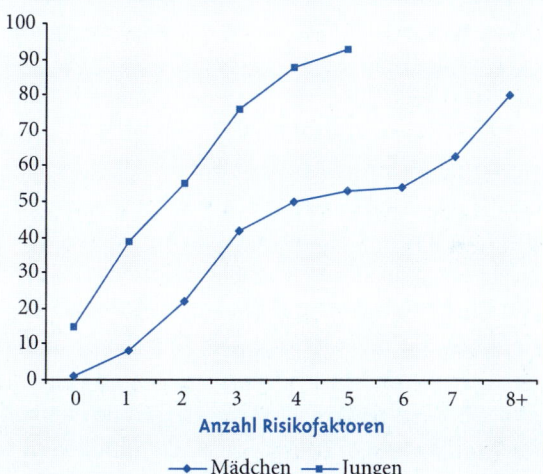

Abbildung 8.2. Anzahl der sexuell erfahrenen Jugendlichen in Abhängigkeit von der Anzahl der vorliegenden Risikofaktoren (nach Small & Luster, 1994)

betrachtet. Das heißt, sie dienen ihnen als Signal für den Übergang zu einem neuen, reiferen Status.

8.5 Sexuelle Aktivität als Risikoverhalten

Mangelndes Wissen

Obwohl die Sexualerziehung in der Schule Informationen vermittelt, ist das tatsächliche Wissen Jugendlicher eher gering. Viele Jugendliche wissen nicht, wann Mädchen fruchtbar sind. Sie geben an, das Empfängnisrisiko sei während der Menstruation am größten. Nur die Hälfte der Mädchen und sogar nur etwas mehr als ein Drittel der Jungen konnte die Frage nach dem Zeitpunkt der Fruchtbarkeit korrekt beantworten (Kluge, 1998).

Mangelnde Empfängnisverhütung

Die irrige Annahme, dass man beim ersten Geschlechtsverkehr nicht schwanger werden könne, schlägt sich auch in einer entsprechenden Nachlässigkeit bei der Verhütung nieder. 30% der Mädchen und 50% der Jungen erleben ihren ersten Geschlechtsverkehr ohne ausreichende Verhütungsmaßnahmen.

Nach dem ersten Geschlechtsverkehr verhüten sexuell besonders aktive Jugendliche am wenigsten. Diese mangelnde Vorsicht zeigt, dass viele Jugendliche annehmen, sie seien unverwundbar. Die Jugendlichen wissen zwar durchaus, dass Geschlechtsverkehr zu Schwangerschaften führen kann oder ein Risikofaktor bei der Übertragung von Krankheiten (z.B. AIDS) ist. Dennoch glauben sie, dass ihnen selbst nichts dergleichen passieren kann, denn „so etwas trifft doch immer nur andere". Diese Betonung der eigenen Einzigartigkeit und Unverwundbarkeit im Jugendalter wird auch als „persönliche Mär" bezeichnet (Elkind, 1980). Viele Jugendliche sehen sich selbst als so verschieden von den anderen, dass sie allgemeine Regeln oder Risiken für sich selbst nicht akzeptieren. Diese Fehleinschätzung erklärt, warum das Wissen, wie man sich vor derartigen Risiken

schützen kann, kaum in konkretes Verhalten umgesetzt wird.

AIDS/HIV

Eine Schwangerschaft im Jugendalter ist nicht die einzig denkbare negative Konsequenz sexueller Aktivität. Geschlechtsverkehr mit wechselnden Partnern ohne angemessenen Schutz durch Kondome birgt auch die Gefahr, sich mit HIV – oder anderen sexuell übertragbaren Krankheiten – zu infizieren. Das Risiko, sich bei heterosexuellen Kontakten (vaginal, oral oder anal) mit HIV zu infizieren, wird – insbesondere von Jugendlichen – noch immer unterschätzt (UNICEF et al., 2002; www.aidshilfe.de). Täglich infizieren sich weltweit etwa 6.000 Jugendliche und junge Erwachsene zwischen 15 und 24 Jahren mit dem HI-Virus. Die Mehrheit von ihnen weiß dabei nicht einmal, dass sie infiziert ist.

Gründe für mangelnden Schutz. Aber warum schützen gerade Jugendliche sich nicht ausreichend gegen eine Infektion? Einige Gründe dafür sind

▶ mangelndes Wissen über die Übertragungswege,

▶ mangelndes Wissen über das persönliche Risiko,

▶ mangelndes Wissen über Schutzmaßnahmen,

▶ mangelndes Selbstbewusstsein: Insbesondere Mädchen und jüngere Jugendliche sind in sexuellen Beziehungen nicht selbstbewusst genug, um die Benutzung von Kondomen zu verlangen. Sie wissen nicht, wie sie dieses Thema ansprechen sollen.

▶ Alkoholkonsum: Unter Alkoholeinfluss wird beim Geschlechtsverkehr nicht einmal halb so oft ein Kondom benutzt wie ohne vorherigen Alkoholkonsum.

▶ Geschlecht: Während in vielen Entwicklungsländern insbesondere junge Frauen von AIDS betroffen sind, ist die Verteilung in den Industrienationen umgekehrt. Etwa zwei Drittel der HIV-Infizierten und AIDS-Kranken zwischen 15 und 24 Jahren sind Männer. Allerdings ist aus biologischen Gründen das Infektionsrisiko bei vaginalem Geschlechtsverkehr für Mädchen deutlich höher als für Jungen (UNICEF et al., 2002).

Aufklärung und Selbstsicherheit. Was ist also zu tun, um die Verbreitung von HIV bei Jugendlichen zu senken? Zum einen ist es wichtig, sie über Infektionswege und Schutzmaßnahmen aufzuklären. Hier sind Eltern, Schulen und Jugendeinrichtungen gefragt. Zum anderen muss die Selbstsicherheit der Jugendlichen gefördert werden. Trainings zur Konfliktlösung und zur Formulierung eigener Interessen und Wünsche können die sozialen Kompetenzen der Jugendlichen steigern (UNICEF et al., 2002).

Weiterführende Literatur

Amelang, M., Ahrens, H.-J. & Bierhoff, H. W. (1991). Partnerwahl und Partnerschaft. Göttingen: Hogrefe.
Das Lehrbuch bietet einen guten Überblick über die verschiedenen Modelle der Partnerschaft und Partnerwahl.

Kluge, N. (1998). Sexualverhalten Jugendlicher heute. Ergebnisse einer repräsentativen Jugend- und Elternstudie über Verhalten und Einstellungen zur Sexualität. Weinheim: Juventa.
In dieser Studie wird das Sexualverhalten von Jugendlichen untersucht und den geläufigen Vorurteilen gegenübergestellt.

Zusammenfassung

▶ Im Jugendalter entwickelt sich aus gleichgeschlechtlichen Freundschaften heraus langsam romantische Liebe zu Partnern des anderen Geschlechts.

▶ Es gibt verschiedene Modelle zur Partnerwahl, die sich teilweise ergänzen: Stufenmodelle, evolutionäres Modell sexueller Strategien, Instrumentalitätsmodell, Altruismusmodell, psychoanalytisches Modell.

▶ Jugendliche neigen bei ihren sexuellen Aktivitäten zu Risikoverhalten, teilweise aus mangelndem Wissen.

8
Romantische Liebe

9 Schule als Entwicklungsumwelt

Wenn wir das Wort Schule hören, werden die unterschiedlichsten Erinnerungen wach: die unangenehme Situation, zu wenig gelernt zu haben, der Stolz über ein gutes Zeugnis, die Gespräche mit den Banknachbarn, Klassenfahrten und die unterschiedlichsten beruflichen Werdegänge unserer Mitschüler. Schule ist ein wichtiger Kontext, in dem die Entwicklung Jugendlicher stattfindet. Auf Schule bezogene Entwicklungsaufgaben sind die Entwicklung der intellektuellen Leistungsfähigkeit und die Vorbereitung auf das Berufsleben (Havighurst, 1948) (vgl. Kap 3). Der Stand der bisherigen Denkentwicklung ist die Voraussetzung für diese Entwicklungsaufgaben und für neue Lernaufgaben, mit denen Jugendliche in der Sekundarstufe konfrontiert werden.

9.1 Kognitive Entwicklung im Jugendalter

9.1.1 Entwicklungsstufen nach Piaget

Entwicklungsstufen. Die kognitive Entwicklung im Kindes- und Jugendalter ist zuerst von Jean Piaget (1947, 1973) beschrieben worden. Piaget unterscheidet vier Entwicklungsstufen:

(1) sensu-motorisches Denken (Säuglings- und Kleinkindalter),
(2) präoperationales Denken (Vorschulalter),
(3) konkret-operationales Denken (Grundschulalter) und
(4) formal-operationales Denken (ab dem 10. oder 11. Lebensjahr).

Gute schulische Leistungen verbessern die beruflichen Chancen von Jugendlichen

Für das Jugendalter ist der Übergang vom konkret-operationalen zum formal-operationalen Denken bedeutsam.

Kognitive Fähigkeiten Jugendlicher

Im Gegensatz zu Grundschulkindern sind Jugendliche mehr und mehr in der Lage, abstrakt zu denken. Ihre Überlegungen und Problemlösungen sind nicht mehr an konkrete, anschauliche Dinge gebunden. Daraus ergeben sich nach Piaget insgesamt drei neue, wichtige Fähigkeiten, die Jugendliche nun beherrschen. Sie können

▶ zwingende Schlussfolgerungen aus zwei Aussagen ziehen,
▶ Möglichkeiten erschöpfend kombinieren und
▶ deduktive Schlussfolgerungen ziehen.

Zwingende Schlussfolgerungen aus zwei Aussagen ziehen. Wenn zwei korrekte Aussagen vorliegen (z.B. Köln liegt nördlich von München. Hamburg liegt nördlich von Köln.), so kann man daraus eine zwingende Schlussfolgerung ziehen (Hamburg liegt nördlich von München.). Sobald die Aussagen nicht mehr an anschauliche Situationen geknüpft sind, können jüngere Kinder die logische Schlussfolgerung nicht erkennen. Jugendliche dagegen sind sehr wohl dazu in der Lage.

BEISPIEL

Wenn man mit einem Holzstab gegen Gläser schlägt, die unterschiedlich groß sind, aus unterschiedlich dickem Glas bestehen und mit verschiedenen Wassermengen gefüllt sind, so ergeben sich auch unterschiedliche Tonhöhen. Die Tonhöhe kann nun von der Größe, der Dicke, dem Wasserstand in den Gläsern oder einer bestimmten Kombination von zwei oder allen drei Variablen abhängen. Je mehr Kombinationsmöglichkeiten bestehen, umso eher verlieren Grundschulkinder den Überblick. Jugendliche dagegen können die verschiedenen Kombinationsmöglichkeiten systematisch durchdenken und dann überprüfen.

Möglichkeiten erschöpfend kombinieren. Die erschöpfende Kombinatorik ermöglicht es den Jugendlichen, alle denkbaren Hypothesen zu einem Sachverhalt zu entwickeln, sie systematisch zu überprüfen und schließlich die richtige Aussage zu erkennen.

Deduktive Schlussfolgerungen ziehen. Deduktive Schlussfolgerungen basieren auf allgemein gültigen Wenn-Dann-Beziehungen (z.B. „Wenn keine Wolken am Himmel sind, dann scheint die Sonne."). Aus der Tatsache, dass keine Wolken am Himmel zu sehen sind (Bestätigung der Wenn-Aussage), kann man ableiten, dass die Sonne scheint (Bestätigung der Dann-Aussage). Umgekehrt gilt: bei Verneinung der Dann-Aussage trifft auch die Wenn-Aussage nicht zu. Das heißt, wenn die Sonne nicht scheint, kann ich daraus schließen, dass Wolken am Himmel sind. Formallogisch stimmen beide Schlussfolgerungen. Inhaltlich muss natürlich die Einschränkung gemacht werden, dass schon die allgemeine Beziehung nur tagsüber Gültigkeit besitzt.

9.1.2 Kognitive Fähigkeiten im Jugendalter nach Keating

Keating (1990) schreibt Jugendlichen weitere neue kognitive Fähigkeiten zu.
(1) Nachdenken über den Denkprozess (Metakognition),
(2) mehrdimensionales Denken und
(3) Erkennen von Relativität.

Nachdenken über den Denkprozess. Auch jüngere Kinder denken nach. Wenn sie sich in einer Frage getäuscht haben, ändern sie einfach ihre Überzeugung. Jugendliche jedoch sind zusätzlich in der Lage, über ihren Denkprozess nachzudenken (Metakognition). Sie denken darüber nach, wie und warum sie zu der falschen Annahme gekommen sind.

Mehrdimensionales Denken. Das Denken von Jugendlichen ist nicht mehr ein- sondern mehrdimensional. Jugendliche beziehen mehrere Aspekte gleichzeitig in ihre Überlegungen mit ein und wägen diese gegeneinander ab.

Wenn man ein Kind fragt, wie Bayern München gegen Schalke 04 spielen wird, so wird es sich mit seiner Antwort vermutlich an der aktuellen Bundesligatabelle orientieren. Jugendliche dagegen berücksichtigen zusätzlich, ob und welche Spieler verletzt oder gesperrt sind, wie die Mannschaften in der Vergangenheit gegeneinander gespielt haben und welche Erfolge oder Niederlagen sie in den letzten Wochen erlebt haben. Auch so können sie das Ergebnis natürlich nicht perfekt vorhersagen. Aber die Wahrscheinlichkeit, dass sie die richtige Antwort geben, steigt.

Erkennen von Relativität. Jugendliche sind fähig, die Relativität von bestimmten Situationen, Ereignissen, Regeln und Werten zu erkennen. Indem Jugendliche mehrere Dimensionen gleichzeitig berücksichtigen, können sie Unterschiede in gleichen Tatsachen erkennen und Abweichungen in Regeln als fair akzeptieren.

Eine Außentemperatur von 10 °C ist im Sommer relativ kalt, im Winter dagegen relativ warm.
Beim Sport bekommen jüngere Kinder, welche die gleiche Leistung wie ältere erbringen, mehr Punkte. Denn ihre Leistung ist relativ zu ihrem Alter und ihrer körperlichen Entwicklung besser zu bewerten.

9.2 Bildungswesen und Bildungsniveau in Deutschland

9.2.1 Das Bildungswesen in Deutschland

Vielzahl an Bildungsinstitutionen. Das deutsche Bildungswesen ist durch zahlreiche Schulformen und unterschiedliche Abschlüsse gekennzeichnet.

Kinder und Jugendliche müssen mehrfach in andere Bildungsinstitutionen wechseln (z.B. vom Kindergarten in die Grundschule, von der Grundschule in die weiterführende Schule, später in berufliche Schulen oder Universitäten). Eine übersichtliche Darstellung des Bildungswesens hat die Ständige Konferenz der Kultusminister der Länder in der Bundesrepublik Deutschland (2001) veröffentlicht (vgl. Tab. 9.1).

Sekundarbereich
Grundlegend werden verschiedene Ausbildungsbereiche voneinander unterschieden
▶ Elementarbereich,
▶ Primarbereich,
▶ Sekundarbereich 1 und 2
▶ tertiärer Bereich und
▶ Weiterbildung.

Für das Jugendalter sind die beiden Sekundarbereiche bedeutsam.

Schullaufbahnen. Nach vier Grundschuljahren wechseln Jugendliche in eine zweijährige Orientierungsstufe. Je nach Bundesland kann diese bereits an eine andere Sekundarschule (Haupt-, Real-, Gesamtschule oder Gymnasium) gebunden sein (z.B. in Nordrhein-Westfalen) oder eine eigene Schulform bilden (z.B. in Niedersachsen). Spätestens nach der Orientierungsstufe (mit Beginn der siebten Klasse) erfolgt der Wechsel in eine der vier Sekundarschulformen. Schüler, die das neunte Schuljahr erfolgreich abschließen, haben einen ersten allgemein bildenden Schulabschluss erworben. Sie können anschließend das Berufsgrundschuljahr besuchen. Den mittleren Schulabschluss haben Jugendliche nach dem zehnten Schuljahr am Ende der obligatorischen Schulzeit erreicht. Sie können nun eine Berufsausbildung (Berufsschule und Betrieb) absolvieren oder eine Berufsfachschule, Fachoberschule oder die gymnasiale Oberstufe besuchen. Die Berufsausbildung endet nach dem zwölften Schuljahr mit einem berufsqualifizierenden Abschluss, die Berufsfach- oder Fachoberschule mit der Fachhochschulreife. Wer die gymnasiale Oberstufe besucht, erwirbt nach dem dreizehnten Schuljahr die allgemeine Hoch-

Tabelle 9.1. Bildungssystem in Deutschland (Ständige Konferenz der Kultusminister der Länder in der Bundesrepublik Deutschland, 2001)

Jahr-gangs-stufe							Alter
		Weiterbildung (allgemein, beruflich, wissenschaftlich)					
	Tertiärer Bereich				**Promotion** **Berufsqualifizierender** **Studienabschluss**		
					Universität, Technische Universität/Hochschule, Universitäts-Gesamthoch-schule, Pädagogische Hoch-schule, Kunst-/Musikhoch-schule, Fachhochschule, Verwaltungsfachhochschule		
					Fachgebund-dene Hoch-schulreife	**Allgemeine Hochschul-reife**	
13 12	Sekundar-bereich 2	**Berufsqualifizie-render Abschluss**	**Fachhochschul-reife**		Berufsober-schule	Gymnasiale Oberstufe	
11		Berufsausbildung in Schule und Betrieb	Berufs-fach-schule	Fach-ober-schule			19 18 17 16
10		Berufsgrund-schuljahr					15
	Sekundar-bereich 1	**Mittlerer Schulabschluss** (Realschulabschluss) nach 10 Jahren **Erster allgemein bildender Schulabschluss** (Hauptschulabschluss) nach neun Jahren					
10		10. Schuljahr	Realschule		10. Schuljahr	Gymnasium	16
9 8 7		Sonder-schule	Haupt-schule		Gesamtschule		15 14 13 12
6 5		Schulartabhängige oder -unabhängige Orientierungsstufe					11 10
4 3 2 1	Primar-bereich	Sonder-schule	Grundschule				9 8 7 6
	Elementar-bereich	Sonder-kinder-garten	Kindergarten				5 4 3

9 Schule als Ent-wicklungsumwelt

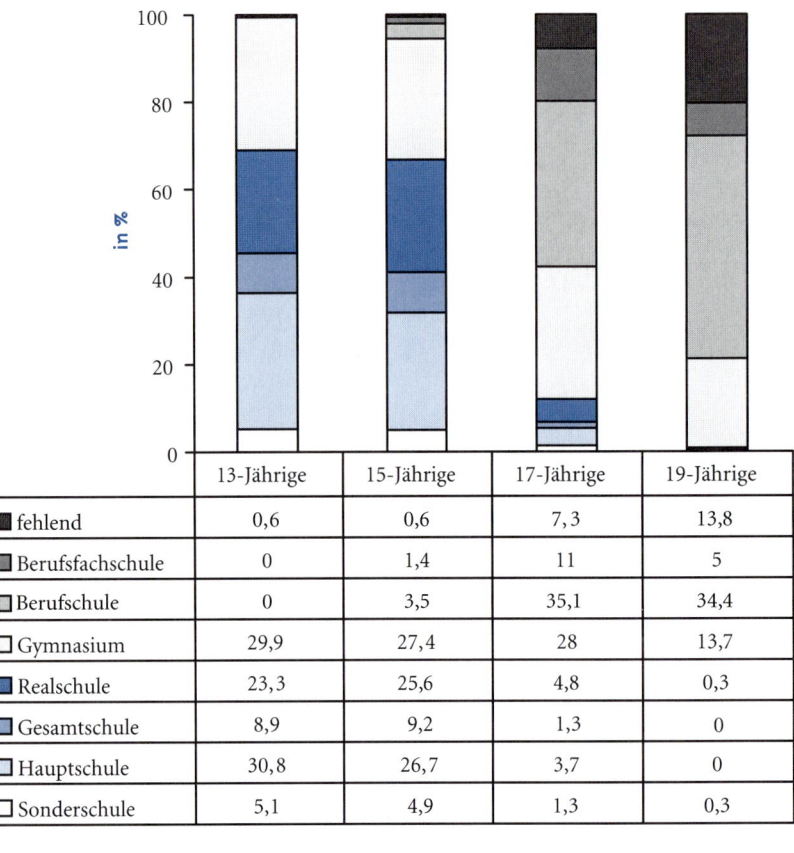

	13-Jährige	15-Jährige	17-Jährige	19-Jährige
■ fehlend	0,6	0,6	7,3	13,8
■ Berufsfachschule	0	1,4	11	5
□ Berufschule	0	3,5	35,1	34,4
□ Gymnasium	29,9	27,4	28	13,7
■ Realschule	23,3	25,6	4,8	0,3
■ Gesamtschule	8,9	9,2	1,3	0
□ Hauptschule	30,8	26,7	3,7	0
□ Sonderschule	5,1	4,9	1,3	0,3

□ Sonderschule   □ Hauptschule   ■ Gesamtschule   ■ Realschule
□ Gymnasium   ■ Berufschule   ■ Berufsfachschule   ■ fehlend

Abbildung 9.1. Verteilung der Schüler auf die Schulformen im Jahr 1999 (Bundesministerium für Bildung und Forschung, 2001). Die als fehlend bezeichnete Kategorie beinhaltet freie und Privatschulen sowie Bildungssysteme des tertiären Bereichs

schulreife. Die Berufsoberschule endet – ebenfalls nach dreizehn Schuljahren – mit der fachgebundenen Hochschulreife. Zusätzlich zu den vier Regelschulen im Sekundarbereich 1 existieren Sonderschulen für körperlich, geistig oder lernbehinderte Kinder sowie Schulen für Erziehungshilfe.

Die Jugendlichen – und ihre Eltern – sind also bereits während der Schulausbildung mit zahlreichen Wahlmöglichkeiten konfrontiert. Die Entscheidungen, die sie treffen, beeinflussen die zukünftige berufliche Laufbahn.

Verteilung der Schüler auf verschiedene Schulformen. Die Verteilung der Schüler auf die jeweiligen Schulformen ist in Abbildung 9.1 dargestellt.

Die Mehrheit der jüngeren Schüler verteilt sich gleichmäßig auf die drei wichtigsten Schulfor-

men: Hauptschule, Realschule und Gymnasium. Bei den 17-Jährigen gewinnt die Berufsfach- bzw. die Berufsschule an Bedeutung. Mit 19 Jahren haben die meisten Jugendlichen ihre schulische Laufbahn beendet und absolvieren eine Berufsausbildung oder beginnen ihr Studium (hier als „fehlend" kategorisiert) (Bundesministerium für Bildung und Forschung, 2001).

9.2.2 Das Bildungsniveau in Deutschland

Anstieg des Bildungsniveaus. Die Verteilung der Schüler auf die verschiedenen Schul- und Ausbildungstypen hat sich in den letzten Jahrzehnten deutlich verändert. Insgesamt ist das Bildungsniveau angestiegen. Die Zahl der Gymnasiasten steigt stetig, während die Anzahl von Hauptschul-

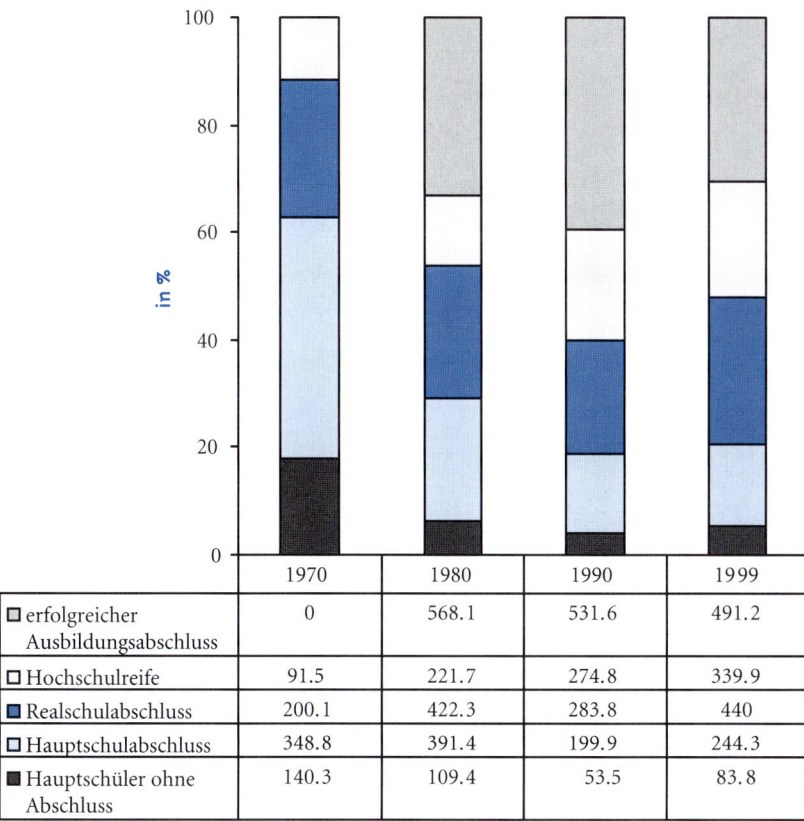

	1970	1980	1990	1999
☐ erfolgreicher Ausbildungsabschluss	0	568.1	531.6	491.2
☐ Hochschulreife	91.5	221.7	274.8	339.9
■ Realschulabschluss	200.1	422.3	283.8	440
☐ Hauptschulabschluss	348.8	391.4	199.9	244.3
■ Hauptschüler ohne Abschluss	140.3	109.4	53.5	83.8

Abbildung 9.2. Verteilung der Schüler auf die Schulformen im historischen Wandel (Angaben in 1000) (Bundesministerium für Bildung und Forschung, 2001)

abgängern sichtbar sinkt. Lediglich der Anteil der Realschüler ist über die Jahre relativ stabil geblieben (vgl. Abb. 9.2).

Ausbildungsziele Jugendlicher. Die Verteilung der Jugendlichen auf die Schulformen zeigt, welche Ziele sich deutsche Jugendliche heute für ihre Schullaufbahn setzen. Immerhin 43 % der 12- bis 25-jährigen Jugendlichen streben die Hochschulreife an oder haben sie bereits erreicht. Nur 18 % dagegen nennen den Hauptschulabschluss als Ziel. Genau umgekehrt dagegen ist die Verteilung für ausländische Jugendliche in Deutschland: 27 % streben die Hochschulreife an, 46 % dagegen den Hauptschulabschluss (Fritzsche, 2000). Hier zeigt sich bereits ein erster Einflussfaktor auf das Schulniveau. Ausländische Jugendliche haben – insbesondere aufgrund eingeschränkter Sprachkenntnisse – schlechtere Bildungschancen als deutsche Mädchen und Jungen. Außerdem fühlen sie sich von ihren Eltern – die oftmals eine Schu-

le in ihrem Herkunftsland besucht haben – schlecht über die Möglichkeiten im deutschen Bildungssystem beraten (Fuchs-Heinritz, 2000). Die ethnische Herkunft der Jugendlichen ist nicht der einzige Faktor, der ihre schulische Laufbahn beeinflusst. Weitere Aspekte werden wir im nächsten Abschnitt darstellen.

9.3 Einflussfaktoren auf die Schulleistung

Faktoren, welche die Schulleistung von Kindern und Jugendlichen beeinflussen, lassen sich in vier Kategorien zusammenfassen (vgl. Abb. 9.3).
(1) Kontextfaktoren,
(2) individuelle Faktoren,
(3) familiäre Faktoren und
(4) Unterrichtsfaktoren.

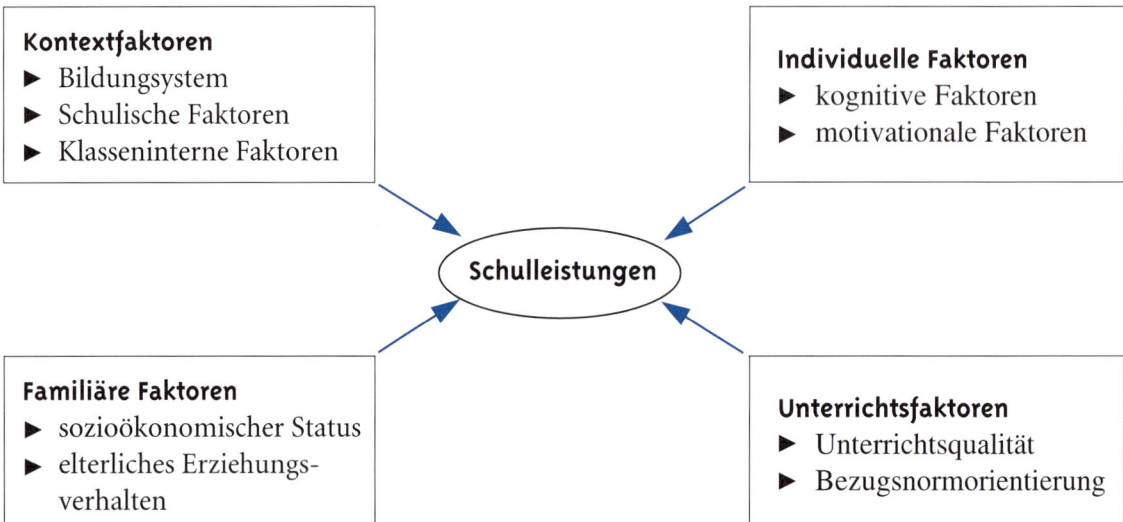

Abbildung 9.3. Einflussfaktoren auf die Schulleistung

9.3.1 Kontextfaktoren

Bildungssystem

Frühe Wahl der weiterführenden Schule. Zu Beginn ihrer Schullaufbahn werden in Deutschland alle Kinder unabhängig von ihrem Leistungsstand gemeinsam unterrichtet. Lediglich behinderte Kinder erhalten in Sonderschulen eine spezifische Förderung. Allerdings geht die Tendenz zu einer stärkeren Integration, bei der einzelne behinderte Kinder mit Unterstützung durch Sonderschullehrer in Regelschulen unterrichtet werden. Nach den ersten Schuljahren werden die Kinder auf der Basis ihrer Leistungen unterschiedlichen Schulformen zugeordnet. In Deutschland handelt es sich hier um

- Hauptschulen,
- Gesamtschulen,
- Realschulen und
- Gymnasien.

In den meisten Bundesländern erfolgt diese Unterteilung nach dem vierten Schuljahr – so früh, wie in kaum einem anderen Land. Lediglich in Österreich und in der Schweiz wählen Schüler die weiterführende Schule ebenso früh, aber auch in diesen Ländern gibt es regionale Unterschiede (Hovestadt, 2001).

Tägliche Unterrichtsdauer. Ein weiterer Aspekt, in dem sich das deutsche Schulsystem von anderen europäischen Systemen unterscheidet ist die tägliche Unterrichtsdauer. In Deutschland gehen die Schüler meist ausschließlich vormittags in die Schule. Die Hausaufgabenbetreuung und die Förderung sportlicher, künstlerischer oder musischer Talente fallen damit nicht in den Aufgabenbereich der Schule. Ein Gegenbeispiel ist Großbritannien. Ganztagsunterricht ist hier vorgeschrieben, aber die Schulen haben große Spielräume bei der zeitlichen und inhaltlichen Gestaltung. Hier werden vielfältige außerunterrichtliche Angebote umgesetzt (Hovestadt, 2001). In einer internationalen Studie befragten Alsaker und Flammer (1999) Jugendliche aus Bulgarien, der tschechischen Republik, Finnland, Frankreich, Deutschland, Ungarn, Norwegen, Polen, Rumänien, Russland, der Schweiz und den USA über ihre tägliche Unterrichtsdauer und die Zeit, die sie zusätzlich für Hausaufgaben benötigen. Nur in Bulgarien, Polen und Rumänien ist die tägliche Unterrichtsdauer noch kürzer als in Deutschland. Während deutsche Jugendliche etwa 5:20 Stunden pro Tag in die Schule gehen, haben die Franzosen mit 7:00 Stunden den längsten Unterricht. Zusätzlich benötigen die französischen Schüler mit fast 2:00

Stunden auch etwa 40 Minuten mehr für ihre täglichen Hausaufgaben als deutsche Schüler. Am meisten Zeit in ihre täglichen Hausaufgaben investieren rumänische Schüler (fast 2:30 Stunden).

> In Deutschland sind die zeitlichen Anforderungen der Schule (Unterrichtsdauer und Hausaufgabenzeit) mit etwa sieben Stunden täglich vergleichsweise gering (Flammer & Tschanz, 1997).

Schulische Faktoren

Zahlreiche strukturelle Faktoren beeinflussen die Leistung der Schüler. Diese Faktoren sind abhängig

▸ vom Schulsystem (z.B. Homogenität der Schüler hinsichtlich ihrer Leistungsfähigkeit) und

▸ von den finanziellen Mitteln, die der Staat in Bildung investiert (z.B. Ausstattung der Schulen mit Lernmitteln, Anzahl der Schüler pro Lehrer).

Die Auswirkungen dieser beiden Faktoren auf die Schülerleistung sind komplexer, als sie auf den ersten Blick erscheinen.

Homogene Leistungsfähigkeit der Schüler. Im dreigliedrigen deutschen Schulsystem sollten die Schüler innerhalb jeder Schulform ein ähnliches Fähigkeitsniveau haben. Daher sollte es verhältnismäßig einfach sein, alle Schüler ihren Fähigkeiten entsprechend zu fördern. Tatsächlich sind die Unterschiede innerhalb der Schulen und Klassen beachtlich.

Innere Differenzierung. Insbesondere der Wechsel auf eine Schule mit niedrigem Anspruchsniveau kann die Motivation und den Selbstwert der Schüler beeinträchtigen. Damit beginnt ein Teufelskreis von mangelnder Motivation, mangelnder Anstrengung, schlechter Leistung und weiter sinkender Motivation. Aus sozialer, pädagogischer und didaktischer Perspektive ist eine sog. innere Differenzierung günstig. In diesem Fall werden Schüler unterschiedlicher Leistungsfähigkeit gemeinsam unterrichtet. Je nach Aufgabenstellung können sie dann gelegentlich innerhalb der Klasse zu Gruppen mit ähnlicher Leistungsstärke zusammengesetzt werden. Somit werden die Nachteile der allgemeinen Schulwahl aufgehoben. Jeder Schüler sieht seine Stärken und Schwächen in den einzelnen Fächern. So kann ein Jugendlicher zwar in einem Fach zu den leistungsschwächeren Schülern, in einem anderen jedoch zu den besseren gehören. In seiner Studie wies Slavin (1990) nach, dass diese Unterrichtsmethode negative Auswirkungen auf Motivation und Selbstwertgefühl verhindert oder zumindest reduziert.

Bildungsinvestitionen. Intuitiv wird jeder annehmen, dass eine Steigerung der Bildungsinvestitionen auch zu einer Steigerung der Schülerleistung führt. Diese Annahme konnte die PISA-Studie („Programme for International Student Assessment") prinzipiell auch bestätigen: Höhere Ausgaben gehen mit besseren Schülerleistungen einher. Allerdings gibt es hier deutliche Unterschiede. Es ist bekannt, dass Deutschland in den Leistungstests verglichen mit anderen Industrieländern schlecht abgeschnitten hat. In Großbritannien gibt der Staat etwa genauso viel für die Schulbildung aus wie in Deutschland. Aber die britischen Schüler erzielen in den Tests mit 530 Punkten durchschnittlich 40 Punkte mehr als die deutschen. Das bedeutet, dass Bildungsinvestitionen zwar eine notwendige Voraussetzung für gute Schülerleistungen sind. Sie reichen jedoch allein nicht aus, um Unterschiede zu erklären. Weitere Einflussfaktoren sind (OECD, 2001)

▸ Wertschätzung von Bildung,

▸ Unterrichtsgestaltung durch die Lehrer sowie

▸ Interesse und Engagement der Eltern.

Klasseninterne Faktoren

Die Homogenität der Schüler hinsichtlich ihrer Leistungsfähigkeit sowie die Schüleranzahl pro Lehrer sind auch auf Klassenebene bedeutsam. Je ähnlicher Vorkenntnisse und Lerntempo von Schülern sind, umso leichter kann ein Lehrer alle Schüler angemessen fördern.

Routinen und Handlungsnormen. Zusätzlich spielen Routinen und Handlungsnormen im Unterricht eine wichtige Rolle. Gewohnheiten im Unterricht können dabei helfen, Zeit für Vorbereitungen zu sparen und diese effektiv zum Lernen zu nutzen. So müssen Schüler daran gewöhnt werden, pünktlich zum Unterricht zu erscheinen und ihre Materialien zügig zur Hand zu haben. Verhaltensregeln und Konsequenzen von Regelübertretungen sollten den Schülern nicht nur bekannt sein, sondern den Lernprozess der übrigen Schüler möglichst wenig beeinträchtigen (Slavin, 1997).

Klassenklima. Eine weitere klasseninterne Bedingung der Schulleistung ist das Klassenklima.

DEFINITION

Unter Klassenklima werden folgende Bedingungen zusammengefasst
► Kooperationsbereitschaft zwischen den Schülern,
► Kooperationsbereitschaft zwischen Schülern und Lehrer,
► von Schülern wahrgenommene Anforderungen an Leistung und Disziplin sowie
► Ausmaß von Wettbewerb im Unterricht.

Aufgrund der unterschiedlichen Wahrnehmungen der Schüler ist das Klassenklima nicht exakt messbar. Insgesamt förderlich für die Schülerleistungen sind eine starke Kooperation, alters- und leistungsangemessene Anforderungen und eine eher geringe Betonung des Wettbewerbs. Die Leistung einer Klasse ist insgesamt besser, wenn unterschiedliche Formen kooperativer Gruppenarbeit eingesetzt und somit der Wettbewerbsdruck innerhalb der Klasse reduziert wird. Die Schüler sind dann eher bereit, andere zu unterstützen, da diese nicht mehr als „Gegner" im Streben nach guten Noten wahrgenommen werden (McRobbie & Fraser, 1993).

9.3.2 Individuelle Faktoren

Kognitive Faktoren

DEFINITION

Unter kognitiven Faktoren werden allgemein zusammengefasst
► Intelligenz,
► Fähigkeit zum Problemlösen sowie
► Lernstrategien.

Intelligenz. Die Intelligenz beeinflusst die Schulleistung am stärksten (Wang et al., 1993). Sie wirkt gleich doppelt (Helmke & Weinert, 1997).

(1) Intelligentere Menschen haben in der Vergangenheit mehr Wissen erworben und dieses besser organisiert. Vorkenntnisse sind für den aktuellen Lernprozess von großer Bedeutung. Wenn einem Schüler wichtiges Grundlagenwissen fehlt, hat er Schwierigkeiten, neue Kenntnisse zu erwerben.

(2) Intelligentere Menschen verfügen über bessere Lern- und Problemlösungsstrategien. Lernstrategien sind vor allem dann von Bedeutung, wenn der Lernende das Wissen selbständig erarbeiten muss.

Lernstrategien. Lernstrategien sind Verhaltensweisen und Kognitionen, die Lernende aktiv einsetzen, um Wissen zu erwerben (Wild, 2001). Lernstrategien werden klassifiziert in (Weinstein & Mayer, 1986)

► **Wiederholungsstrategien:** wichtige Informationen laut oder leise wiederholen, sie unterstreichen oder herausschreiben.
► **Elaborationsstrategien:** Inhalte zusammenfassen, sich bildliche Vorstellungen machen oder sich Beispiele und Analogien ausdenken.
► **Organisationsstrategien:** Wichtige Inhalte mit dem Vorwissen verbinden und diese Zusammenhänge möglichst graphisch veranschaulichen, um so das vermittelte Wissen neu zu organisieren.

Alle Strategien fördern – wenn sie richtig eingesetzt werden – die Lernleistung der Schüler.

Wiederholungsstrategien eignen sich besonders dafür, reine Fakten auswendig zu lernen. Sie sind z.B. geeignet, um Vokabeln in Fremdsprachen oder geschichtliche Daten zu lernen. Je komplexer der Lerninhalt jedoch ist, umso ungeeigneter sind Wiederholungsstrategien. Komplexere Aufgaben – beispielsweise das Verständnis der deutschen Demokratie oder auch von naturwissenschaftlichen Zusammenhängen – erfordern den Einsatz von Elaborations- oder Organisationsstrategien. Ausschließliche Wiederholungen von Lehrbuchwissen greifen hier zu kurz.

Motivationale Faktoren

Abnahme der Leistungsmotivation im Jugendalter. Die Lern- oder Leistungsmotivation eines Schülers erklärt, wann Leistungsverhalten ausgelöst wird und wie hartnäckig dieses ist (Wild et al., 2001). Ziel ist dabei die erfolgreiche Auseinandersetzung mit einer leistungsbezogenen Situation (z.B. Unterricht, Prüfung, berufliche Aufgaben) (McClelland et al., 1953). Das heißt also, dass Lernende mit einer hohen Leistungsmotivation sich den Herausforderungen im Unterricht stellen, sich bemühen, diese zu erfüllen, und daher bessere Lernergebnisse erzielen. Im Jugendalter nimmt jedoch die Leistungsmotivation ab (Eccles et al., 1996; Fend, 1997). Ursache dafür ist, dass sich das wachsende Autonomiestreben der Jugendlichen und die stark reglementierte und kontrollierende Lernumgebung in der Sekundarstufe widersprechen (Eccles & Midgley, 1990).

Theorien der Leistungsmotivation. Für das schulische Lernen sind insbesondere vier Theorien der Leistungsmotivation von Bedeutung.

(1) Unterscheidung von Hoffnung auf Erfolg und Furcht vor Misserfolg,
(2) Attributionstheorie,
(3) Unterscheidung von intrinsischer und extrinsischer Motivation sowie
(4) Zielorientierung des Lernenden.

Hoffnung auf Erfolg und Furcht vor Misserfolg. Lernende mit einer ausgeprägten Hoffnung auf Erfolg gehen davon aus, dass sie die Anforderungen in der Schule erfolgreich bewältigen können. Daher strengen sie sich an, um dieses Ziel zu erreichen. Sie betrachten Leistungssituationen als Herausforderung. Andere Lernende dagegen nehmen an, dass sie den Anforderungen nicht gerecht werden und trotz ihrer Bemühungen scheitern werden. Daher fürchten sie sich vor Leistungssituationen und versuchen, diese zu vermeiden. Das Verhalten dieser Lernenden wird durch ihre Furcht vor Misserfolg beeinflusst.

> **BEISPIEL**
>
> Ein erfolgsorientierter Schüler wird eine bevorstehende, schwierige Klassenarbeit als Herausforderung betrachten. Er wird bereits vorher seine Anstrengung verstärken und zu Hause für diese Arbeit lernen. Ein misserfolgsorientierter Schüler dagegen meint, die Anforderungen ohnehin nicht bewältigen zu können. Er möchte einen Misserfolg vermeiden und bereitet sich ebenfalls auf die Arbeit vor. Allerdings beschäftigt er sich gedanklich so sehr mit dem bevorstehenden Misserfolg, dass er sich nicht ausreichend auf die Aufgaben konzentrieren kann und schlechtere Leistungen erzielt (Atkinson & Litwin, 1960).

Attributionstheorie. Die Attributionstheorie besagt, dass Lernende – quasi als naive Wissenschaftler – nach Ursachen für ihre Erfolge oder Misserfolge suchen. Sie schreiben das Ergebnis bestimmten Ursachen zu. Weiner (1972, 1992) unterscheidet vier zentrale Ursachen (Begabung, Aufgabenschwierigkeit, Anstrengung, Zufall), die sich auf zwei Dimensionen (Ort, Stabilität) unterscheiden (vgl. Tab. 9.2).

Tabelle 9.2. Zuschreibung von Ursachen für Erfolg und Misserfolg, je nach Ausprägung verschiedener Dimensionen (nach Weiner, 1972, 1992)

		Ort	
		intern	extern
Stabilität	stabil	Begabung	Aufgaben-schwierigkeit
	veränderbar	Anstrengung	Zufall

Für zukünftige Lernsituationen und das Selbstwertgefühl des Lernenden ist es positiv, wenn er Erfolge auf interne (eigene) Ursachen – Begabung oder Anstrengung – zurückführt, Misserfolge dagegen auf variable (veränderbare) Ursachen – mangelnde Anstrengung oder Zufall.

> **BEISPIEL**
>
> Ein Schüler sollte seine gute Zeugnisnote auf die eigene Fähigkeit oder Anstrengung zurückführen. Dadurch erscheint es ihm wahrscheinlich, dass er in Zukunft ebenfalls gute Noten bekommen kann. Er wird stolz sein und sich weiter anstrengen. Schlechte Leistungen dagegen sollte ein Schüler dadurch erklären, dass er zu wenig gelernt hat oder an dem Tag einfach Pech gehabt hat. Weil er diese Ursachen in Zukunft verändern kann, hofft er, dass er in Zukunft bessere Ergebnisse erzielen wird. Seine Bereitschaft, zu lernen, wird dann auch durch Misserfolge nicht eingeschränkt.

Dieses Erklärungsmuster (Erfolge werden auf internale, Misserfolge auf variable Ursachen zurückgeführt) ist positiv für die Lernleistung. Lernende mit diesem Attributionsstil erzielen deutlich bessere Schulleistungen, als Lernende, die Erfolge mit äußeren und Misserfolge mit stabilen Ursachen erklären. Dabei ist es besonders wichtig, dass sowohl Erfolge als auch Misserfolge auf (mangelnde) Anstrengung zurückgeführt werden. In diesem Fall erhöhen die Lernenden nach Misserfolgen ihre Anstrengung oder halten sie nach Erfolgen auf einem hohen Niveau stabil. So können sie auch bei zukünftigen Aufgaben oder Prüfungen gute Resultate erzielen (Côté & Levine, 2000; Sokolowski et al., 2000; Tremblay et al., 2000).

Intrinsische und extrinsische Motivation. Die Unterscheidung in extrinsische (von außen kommende) und intrinsische (von innen kommende) Motivation ist vermutlich die bekannteste Theorie der Leistungsmotivation. Intrinsisch motivierte Schüler lernen aus Freude an der Tätigkeit oder aus Interesse am Thema. Das Lernen ist für sie nicht nur Mittel zum Zweck. Bei extrinsischer Lernmotivation lernt der Schüler aufgrund äußerer Belohnungen oder Zwänge. Er möchte also nur so viel wie nötig lernen, um möglichst bald in den Genuss der erwarteten Belohnung zu kommen. Beispielsweise sind Schüler, die lernen um gute Noten zu bekommen oder Konflikte mit den Eltern zu vermeiden, extrinsisch motiviert (Wild et al., 2001). Insgesamt erzielen intrinsisch motivierte Lerner bessere Ergebnisse als extrinsisch motivierte (Deci & Ryan, 1994; Schiefele & Schreyer, 1994; Schlag, 1995). Die intrinsische Motivation kann durch zusätzliche äußere Anreize erhöht werden. Dann müssen diese Anreize Informationen über die eigene Leistungsfähigkeit beinhalten und dürfen nicht ausschließlich der Belohnung oder Kontrolle dienen (Cameron & Pierce, 1994, 1996; Covington, 1999; Stipek, 1996).

Zieltheorie. Die Zieltheorie der Leistungsmotivation unterscheidet Aufgaben- und Ichorientierung. Aufgabenorientierte Schüler wollen ihre eigenen Kompetenzen erhöhen, ichorientierte Schüler möchten ihre Überlegenheit gegenüber anderen zeigen oder Schwächen verbergen (Dweck, 1986; Köller, 1998). Bei einer hohen Aufgabenorientierung sind die Schüler intrinsisch motiviert. Die Ichorientierung dagegen ist eine Form extrinsischer Motivation (Heyman & Dweck, 1992). Eine hohe Aufgabenorientierung geht mit effektiven Lernstrategien, einer positiven Einstellung zum Unterricht, hoher Anstrengungsbereitschaft und besseren Lernleistungen einher (Jagacinski, 1992; Nicholls, 1984; Pintrich & Schrauben, 1992).

9.3.3 Familiäre Faktoren

Sozioökonomischer Status

Anregende Lernumwelt. Zwischen der sozialen Schicht und den schulischen Leistungen besteht ein deutlicher Zusammenhang (z.B. Rodax & Spitz, 1978; Steinkamp, 1991). Bei einem hohen Einkommen und Bildungsniveau der Eltern erreichen Jugendliche bessere schulische Leistungen und höhere Bildungsabschlüsse. Worauf ist dieser Zusammenhang zurückzuführen? Eltern mit hohem Einkommen haben eher die finanziellen Mittel, eine anregende Lernumgebung herzustellen. Sie können ihre Kinder mit vielfältigem und gutem Lernmaterial ausstatten, ihnen einen ruhigen Arbeitsplatz zur Verfügung stellen und gegebenenfalls Nachhilfestunden finanzieren. Außerdem geht ein hohes Bildungsniveau der Eltern mit einem autoritativen Erziehungsstil einher (vgl. Kap. 6). Die autoritative Erziehung beeinflusst die Lernstrategien der Jugendlichen positiv (Aunola et al., 2000; Boveja, 1998).

Elterliches Erziehungsverhalten

Eine autoritative Erziehung ist allgemein förderlich für die Schulleistung der Jugendlichen (vgl. Kap. 6). Aber welche konkreten Verhaltensweisen wirken sich positiv oder negativ aus? Jugendliche, deren Eltern sich für die Ereignisse in der Schule interessieren und sie bei Problemen unterstützen, haben selbst eine positive Einstellung zur Schule (Bogenschneider, 1997; Wentzel, 1998). Förderlich ist außerdem eine altersangemessene Kontrolle der Jugendlichen durch ihre Eltern. Regeln sollten klar formuliert und ihre Einhaltung belohnt werden (Agrawal & Pande, 1997; Onatsu-Arvilommi & Nurmi, 1997). Eine zu starke Kontrolle dagegen beeinträchtigt die Autonomieentwicklung der Jugendlichen sowie deren Schulleistung (Otto & Atkinson, 1997).

9.3.4 Unterrichtsvariablen

Unterrichtsqualität

Schwierigkeiten der Forschung. Es ist intuitiv einleuchtend, dass ein qualitativ guter Unterricht zu besseren Leistungen der Schüler führt. Aber was ist eigentlich qualitativ guter Unterricht? Wodurch ist er gekennzeichnet? Die Beantwortung dieser Frage stellt die Forschung gleich vor mehrere Probleme. Zum einen ist es nicht möglich, alle denkbaren Unterrichtsmerkmale einzeln zu erfassen. Zum Zweiten liegt eine Vielzahl unterschiedlicher Kriterien für den Lernerfolg vor: Lernfortschritte jedes einzelnen Schülers in der jeweiligen Stunde, durchschnittliche Noten in Klassenarbeiten oder Zeugnissen und Leistungen in standardisierten Schulleistungstests sind nur einige der denkbaren Kriterien. Schließlich ist zu berücksichtigen, dass ein Unterrichtsmerkmal bei einigen Schülern eine positive, bei anderen dagegen eine negative Wirkung haben kann. Trotz der Schwierigkeit, Unterrichtsqualität zu erforschen, lassen sich einige zentrale Qualitätsmerkmale des Unterrichts zusammenfassen.

Merkmale eines guten Unterrichts. Wenn der Lehrer Routinen und Gewohnheiten einführt, Störungen frühzeitig erkennt und vermeidet, hat er mehr Zeit für seine aktive Lehrtätigkeit. Dadurch steigert er auch die Lernmöglichkeiten und damit die Leistung seiner Schüler (Kounin, 1976). Außerdem ist es günstig, wenn die Schüler die Lernziele kennen und die Inhalte so vermittelt werden, dass sie für den Alltag der Schüler bedeutsam sind. Der Lehrer sollte Fragen unterschiedlicher Schwierigkeit stellen und die Schüler selbständig üben lassen (Slavin, 1997). Aber wie stark sollte ein Lehrer den Unterricht strukturieren? Oder – von der anderen Seite gedacht – wie offen sollte der Unterricht für selbständiges Lernen der Schüler sein? Diese Frage lässt sich nicht einheitlich beantworten: Schüler mit hoher Intelligenz, gutem Vorwissen, geringer Leistungsangst und aus privilegierten Familien profitieren stärker von offenen Unterrichtsangeboten. Eine starke Strukturierung dagegen hat positiven Einfluss auf die Leistung von weniger intelligenten Schülern aus benachteiligten Familien, mit geringen Vorkenntnissen und hoher Angst (Helmke & Weinert, 1997).

Bezugsnormorientierung

Formen der Bezugsnormorientierung. Die Bezugsnormorientierung ist der Maßstab, anhand dessen der Lehrer die Leistung der Schüler bewertet. Allgemein werden drei Formen der Bezugsnormorientierung unterschieden (Rheinberg, 2001).

(1) **Soziale Bezugsnorm:** Lehrer, die Schüler vergleichen, bewerten nach der sozialen Bezugsnorm. Die Noten orientieren sich daran, welcher Schüler – verglichen mit den anderen – besonders gute, durchschnittliche oder schlechte Leistungen erbracht hat.

(2) **Individuelle Bezugsnorm:** Lehrer, die Schüler aufgrund ihrer persönlichen Leistungssteigerung loben – unabhängig davon, wie gut die Leistung der anderen Schüler ist –, wenden eine individuelle Bezugsnorm an. Der Lehrer orientiert sich jeweils am einzelnen Schüler.

(3) **Kriterienabhängige Bezugsnorm:** Lehrer können nicht nur anhand der Leistungen des Einzelnen oder der Klasse bewerten, sondern im Vorfeld Kriterien für die Leistungsbewertung festlegen. So könnten sie beispielsweise entscheiden, dass ein Schüler, der die Hälfte aller Aufgaben in einer Klassenarbeit richtig gelöst hat, die Note vier bekommt – unabhängig davon, wie viele Aufgaben die anderen Schüler gelöst haben.

Auswirkungen. Förderlich für die Lernleistung der Schüler ist die individuelle Bezugsnormorientierung. In diesem Fall haben auch leistungsschwache Schüler die Chance, von ihrem Lehrer gelobt zu werden. Wenn der Lehrer dagegen eine soziale Bezugsnorm vertritt, werden sie aufgrund der häufigen negativen Rückmeldung über ihre Leistung immer weniger Anstrengungsbereitschaft zeigen (Rheinberg, 2001; Rheinberg et al., 2001).

9.4 Schule aus der Innensicht der Jugendlichen

Wie sehen Jugendliche ihre Situation in der Schule? Welche Fächer mögen sie lieber, welche weniger? Wie wichtig ist ihnen Leistung und wie zufrieden sind sie mit ihren schulischen Leistungen? Und schließlich – ganz allgemein – welche positiven und negativen Erfahrungen machen Jugendliche in der Schule?

Schulfächer: Freud und Leid

Beliebte Fächer. Am beliebtesten bei Schülern aller Schulformen ist der Sportunterricht. Danach jedoch unterscheiden sich Haupt-, Realschüler und Gymnasiasten. Die Resultate stammen aus noch nicht veröffentlichten Daten der Studie „Schulalltag und Belastungen von Kindern und Jugendlichen in der Schweiz und in Norwegen" (Übersicht in Grob, 1997). Bei den Gymnasiasten erreichen naturkundliche Fächer wie Biologie und Geographie den zweiten Platz, bei den Realschülern sind es die Fremdsprachen und bei den Hauptschülern ist es Mathematik (vgl. Tab. 9.3).

Schwierige Fächer. Auch bei den schwierigen Fächern unterscheiden sich die Schulformen nur teilweise. An allen Schulen ist Mathematik das Fach, das Schüler als besonders schwierig empfinden. Während jedoch Realschüler Deutsch als das nächst schwierige Fach wahrnehmen, sind es bei den Gymnasiasten und Hauptschülern die Fremdsprachen (vgl. Tab. 9.4).

Auffällig ist, dass Mathematik sowohl als relativ beliebt wie auch als relativ schwierig eingeschätzt wird. Dieses Muster muss jedoch keinen Widerspruch beinhalten. Die Frage, um Beliebtheit zu erfassen, lautete: „Welche Schulfächer machen dir besonders Spaß?" Um die wahrgenommene Schwierigkeit zu erfassen wurde gefragt: „Welche Fächer machen besonders Mühe?" Es ist durchaus wahrscheinlich, dass – zumindest einige – Schüler gerade die Fächer mögen, die ihre Leistungsfähigkeit herausfordern.

Tabelle 9.3. Die beliebtesten Fächer aus Sicht schweizerischer Siebt- bis Neuntklässler, unterteilt nach Schulformen

Hauptschüler	Realschüler	Gymnasiasten
Sport	Sport	Sport
Mathematik	Fremdsprachen	Naturkundliche Fächer (Biologie und Geographie)
Naturkundliche Fächer (Biologie und Geographie)	Mathematik	Fremdsprachen
Fremdsprachen	Naturkundliche Fächer (Biologie und Geographie)	Mathematik
Deutsch	Deutsch	Geschichte
Geschichte	Geschichte	Deutsch

Tabelle 9.4. Die schwierigsten Fächer aus Sicht schweizerischer Siebt- bis Neuntklässler, unterteilt nach Schulformen

Hauptschüler	Realschüler	Gymnasiasten
Mathematik	Mathematik	Mathematik
Fremdsprachen	Deutsch	Fremdsprachen
Deutsch	Fremdsprachen	Geschichte
Geschichte	Geschichte	Deutsch
Naturkundliche Fächer (Biologie und Geographie)	Naturkundliche Fächer (Biologie und Geographie)	Naturkundliche Fächer (Biologie und Geographie)
Sport	Sport	Sport

Zufriedenheit mit der schulischen Leistung

Wie sehen Schüler selbst ihre Leistungen? Sind sie damit zufrieden? Möchten sie gerne mehr erreichen? Auch hier zeigen sich scheinbar widersprüchliche Ergebnisse. Obwohl die Mehrheit der Schüler angibt, mit ihren Schulleistungen zufrieden zu sein, wünscht sich ebenfalls die Mehrheit bessere eigene Leistungen. Dieses scheinbare Paradox könnte entstehen, weil Schüler ihre Noten in Ordnung finden und deshalb zufrieden sind, sich aber dennoch bessere Leistungen wünschen, weil sich dadurch ihre zukünftigen Berufschancen verbessern könnten oder Konflikte mit den Eltern vermeiden lassen (vgl. Abb. 9.4).

Positive und negative Erfahrungen in der Schule

Positive und negative Erfahrungen in der Schule sind vielfältig. Dennoch ist das Bild über die drei Schulformen hinweg ziemlich einheitlich. Bei Fragen nach positiven Erlebnissen gibt die Mehrheit aller Schüler an, dass sie in der Schule etwas Neues gelernt hat.

Negative Erfahrungen. Auch bei den negativen Erfahrungen sind sich die Schüler einig. Am häufigsten wurde genannt, dass sie eine Antwort nicht gewusst haben. Darüber hinaus empfinden Schüler aller drei Schulformen die Menge an Hausaufgaben häufig als zu groß. Es sind jedoch nicht nur alltägliche Schwierigkeiten, mit denen

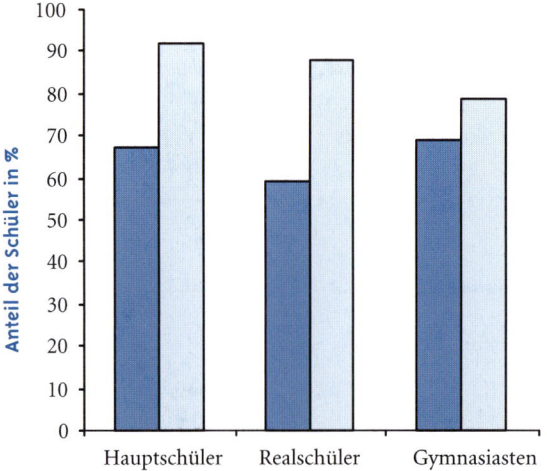

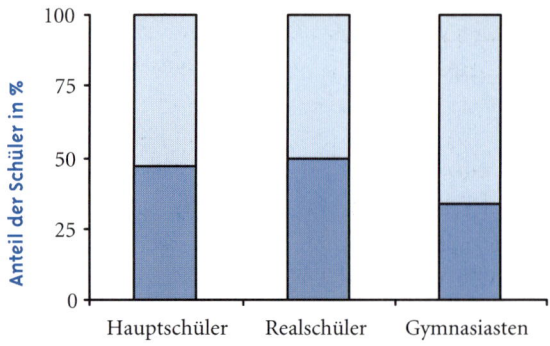

■ gehe gern zur Schule □ gehe nicht gern zur Schule

Abbildung 9.5. Anteil der Schüler mit Lernfreude („gehe gern zur Schule") sowie derer, die keine Lernfreude angaben („gehe nicht gerne zur Schule")

■ zufrieden □ wäre gern besser

Abbildung 9.4. Anteil der Schüler, die mit ihren Leistungen zufrieden sind („zufrieden") sowie derer, die gerne bessere Leistungen erbringen würden („wäre gerne besser"), unterteilt nach Schulformen

Jugendliche in der Schule konfrontiert werden. Eine besonders negative Erfahrung ist es, eine Klasse wiederholen zu müssen. Zum einen zeigt dieses Ereignis besonders offensichtlich, dass der Schüler große Wissenslücken hat. Zum anderen bedeutet es für den Schüler, dass er seine gewohnte Umgebung verlassen und in eine neue Klasse wechseln muss. Dieses Ereignis ist eher selten. Dennoch gibt es deutliche Unterschiede zwischen den Schulen: Hauptschüler wiederholen sehr viel

häufiger eine Klasse als Realschüler oder Gymnasiasten.

Lernfreude. Schüler aller Schulformen nehmen in etwa dieselben Freuden und Schwierigkeiten in der Schule wahr. Jedoch ist die Lernfreude nicht in allen Schulformen ähnlich. Der Aussage „Ich gehe gerne zur Schule" stimmen etwa die Hälfte der Haupt- und Realschüler, aber nur ein Drittel der Gymnasiasten zu (vgl. Abb. 9.5).

Die geringere Schulfreude der Gymnasiasten spiegelt ihr Wissen darüber wider, dass sie mehr Zeit und Energie für ihre schulische Ausbildung investieren müssen. Zeit, die ihre Freunde aus der Realschule – vermeintlich oder tatsächlich – für interessante Freizeitaktivitäten verwenden können.

Exkurs: Die PISA-Studie

Die PISA-Studie („Programme for International Student Assessment") sorgte für große Aufregung in Deutschland. In der Presse wurden Schüler, Lehrer und Eltern heftig angegriffen – relativ unbeachtet blieben Aspekte der Bildungspolitik.

Was ist an diesen Vorwürfen wirklich dran? Welche Daten wurden im Rahmen der PISA-Studie erhoben und wie haben deutsche Schüler, Lehrer und Eltern abgeschnitten? Wir werden im Folgenden die zentralen Ergebnisse des Abschlussberichts über die PISA-Studie (OECD, 2001) darstellen, um diese Fragen zu beantworten.

Testbereiche. Die Leistungen der 15-jährigen Schüler wurden in drei Bereichen (Lesekompetenz, mathematische Grundbildung, naturwissenschaftliche Grundbildung) getestet. Die Tests wurden jeweils so konstruiert, dass die Schüler aller OECD-Länder im Durchschnitt 500 Punkte mit einer Standardabweichung von 100 Punkten erzielten. Das bedeutet, dass zwei Drittel aller Schüler im Wertebereich von 400 bis 600 Punkten lagen.

▶ **Lesekompetenz:** die Fähigkeit, geschriebene Texte zu verstehen, zu nutzen und zu bewerten. Es geht dabei nicht um die rein technische Fertigkeit des Entzifferns von Buchstaben.

▶ **mathematische Grundbildung:** die Fähigkeit, mathematische Probleme in alltäglichen Lebenssituationen zu erkennen und zu lösen. Es stehen nicht die technischen Fertigkeiten des Addierens oder Subtrahierens im Vordergrund.

▶ **naturwissenschaftliche Grundbildung:** die Fähigkeit zu naturwissenschaftlichem Denken. Es wird dabei nicht reines naturwissenschaftliches Wissen abgefragt. Vielmehr sollen die Jugendlichen Hypothesen aufstellen, diese überprüfen und die Ergebnisse interpretieren können.

Schülermerkmale und Lehrerleistungen.
Neben den Testleistungen wurden auch Schülermerkmale (z.B. sozioökonomischer Status, Motivation, Einstellung zum Lernen) sowie – von den Schulleitungen – Einschätzungen über die Leistungen der Lehrer erfragt.

Ergebnisse. In allen drei Testbereichen sind die Ergebnisse der deutschen Schüler – verglichen mit denen der OECD insgesamt – deutlich schlechter. Im Bereich der Lesekompetenz erreichen finnische Schüler beispielsweise durchschnittlich 546 Punkte, deutsche dagegen nur 484. Die finnischen Schüler erzielen damit die besten Ergebnisse im internationalen Vergleich; Deutschland dagegen liegt auf Platz 21 (von 32).

Gleichzeitig sind die Unterschiede zwischen den Schülern in Deutschland wesentlich größer als in anderen Ländern (vgl. Abb. 9.6). In Finnland liegt die Standardabweichung (Leistungsschwankung) bei 89 Punkten, d.h. 68% der Schüler erzielen zwischen 457 und 635 Punkte. In Deutschland dagegen beträgt die Standardabweichung 111 Punkte, so dass 68% der Schüler zwischen 373 und 595 Punkte erzielen. Während die Leistungen der finnischen Schüler

also relativ ähnlich sind, sind die Leistungsunterschiede bei deutschen Schülern beträchtlich. Große Leistungsunterschiede sind somit keine Voraussetzung für hohe Gesamtleistungen.

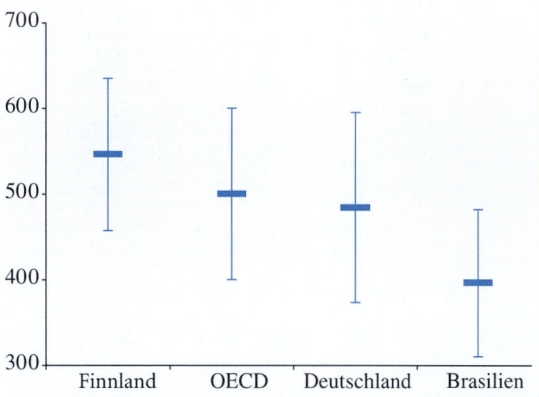

Abbildung 9.6. Mittelwerte und Standardabweichung der Lesekompetenz in Finnland, der OECD, Deutschland und Brasilien (OECD, 2001)

Worauf ist dieses schlechte Ergebnis zurückzuführen? Sind die deutschen Schüler faul, die Lehrer schlecht, oder kümmern sich tatsächlich die Eltern zu wenig um die Schulleistungen ihrer Kinder?

Schüler. „Faulheit" wurde in der PISA-Studie nicht untersucht. Die Schüler wurden vielmehr nach ihrem Interesse an den verschiedenen Bereichen sowie der Hausaufgabendauer gefragt. In diesen Bereichen erzielen die deutschen Schüler Werte im OECD-Durchschnitt. Auch die deutschen Schulleiter sehen bei ihren Schülern nicht mehr Disziplinprobleme als die Schulleiter anderer Länder. Der Vorwurf, die deutschen Schüler seien faul, lässt sich nicht aufrecht erhalten.

Lehrer. Sind also die Lehrer „schuldig" an den schlechten Leistungen der Schüler? Das Arbeitsverhalten der Lehrer wurde in PISA kaum thematisiert; die Lehrer selbst wurden weder befragt noch beobachtet. Allerdings wurden die Schüler danach gefragt, wie gut sie durch die Lehrer unterstützt werden. Die deutschen Schüler fühlen sich von ihren Lehrern genauso gut unterstützt wie Schüler in anderen Ländern. Auch in der Beurteilung durch die Schulleiter ist die Arbeitshaltung der Lehrer durchschnittlich.

Eltern. Wenn die Ursachen für das schlechte Abschneiden der deutschen Schüler also offensichtlich weder bei den Schülern noch bei den Lehrern liegen, sind dann tatsächlich die Eltern dafür verantwortlich? In der Studie wurde das Erziehungsverhalten der Eltern oder auch nur die Frage nach der Kontrolle der Hausaufgaben durch die Eltern gar nicht thematisiert. Die einzigen familiären Daten, die erfragt wurden, waren das Bildungsniveau der Eltern, die finanzielle Situation in der Familie und das Vorhandensein (oder Fehlen) klassischer Kulturgüter im Elternhaus. Diese Daten können jedoch keine Hinweis darauf geben, ob deutsche Eltern sich zu wenig um ihre Kinder kümmern.

Bildungspolitik. Damit bleibt die Bildungspolitik als „Schuldiger" übrig. Inwieweit unterscheidet sich das deutsche Schulsystem von dem der anderen Länder?

Der offensichtlichste Unterschied ist die frühzeitig Aufteilung der Schüler anhand ihrer Leistungen in Haupt-, Realschüler und Gymnasiasten. Außer in einigen Kantonen der Schweiz und Österreich werden die Schüler in keinem anderen Land bereits nach dem vierten Schuljahr getrennt. Die frühe Unterteilung kann für die großen Leistungsunterschiede zwischen den Schülern verantwortlich sein. Gerade schwache Schüler werden nicht unbedingt optimal gefördert, wenn sie Schulen mit entsprechend geringeren Anforderungen besuchen. Trotz der starken Leistungsunterschiede in Deutschland sind die Leistungen der besten Schüler deutlich schlechter, als die der Spitzengruppen anderer Länder. Die frühe Aufteilung der Schüler bringt also den schwachen Schülern deutliche Nachteile, ohne dass die starken Schüler davon profitieren können.

Bildungsinvestitionen. Auffällig sind in Deutschland auch die vergleichsweise geringen Bildungsinvestitionen. Während das deutsche Pro-Kopf-Brutto-Inlandsprodukt größer ist als in vielen anderen Ländern, investiert der deutsche Staat pro Schüler weniger in die Bildung. Ausreichende finanzielle Investitionen stellen zwar eine notwendige Voraussetzung für gute Bildung dar, reichen allein jedoch keinesfalls aus, um die Überlegenheit anderer Länder zu erklären.

Fazit. Einseitige Schuldzuweisungen an Schüler, Lehrer, Eltern oder die Bildungspolitik sind nicht gerechtfertigt. In einer Studie können nicht alle relevanten Informationen erhoben werden, so dass es durchaus wahrscheinlich ist, dass es in weiteren Bereichen (z.B. Wertschätzung von Schule und Bildung) Unterschiede zwischen den einzelnen Ländern gibt.

Die vergleichsweise schlechten Leistungen der deutschen Schüler müssen selbstverständlich verbessert werden. Die Ursachen und Verantwortungsbereiche müssen jedoch wesentlich differenzierter betrachtet werden, als es bisher in den Medien geschehen ist. Schnelle, wenig durchdachte Änderungen auf politischer oder schulischer Ebene sind zu einer Verbesserung der Schulleistungen sicherlich nicht geeignet. Vielmehr sind detaillierte Analysen der Unterschiede zwischen den erfolgreichen und den weniger erfolgreichen Ländern nötig. So kann bei anstehenden Veränderungen von den Erfolgen anderer gelernt werden, während gleichzeitig Fehler vermieden werden.

Zusammenfassung

▶ Im Jugendalter verbessern sich die kognitiven Fähigkeiten eines Menschen. Jugendliche können zwingende und deduktive Schlussfolgerungen ziehen, verschiedene Alternativen erschöpfend miteinander kombinieren, über ihren eigenen Denkprozess nachdenken, mehrdimensional denken und Relativität erkennen.

▶ Im deutschen Bildungswesen sind Elementar-, Primar-, Sekundar- und tertiärer Bereich sowie die Weiterbildung zu unterscheiden.

▶ Das Bildungsniveau und die Bildungsziele der Jugendlichen sind in den letzten Jahrzehnten deutlich gestiegen.

▶ Die Schulleistung der Jugendlichen wird durch individuelle, familiäre, Unterrichts- und Kontextfaktoren beeinflusst.

▶ Lernstrategien werden in Wiederholungs-, Elaborations- und Organisationsstrategien unterteilt.

▶ Für die Leistungsmotivation sind die Hoffnung auf Erfolg, der Attributionsstil, intrinsische und extrinsische Motivation und die Zielorientierung des Lernenden wichtig.

Weiterführende Literatur

Weitere Hinweise über die Bedeutung von interindividuellen Unterschieden für den Unterricht, die Wirkung verschiedener Unterrichtsmethoden oder Merkmale „guten" Unterrichts sind anschaulich und umfassend in zwei Lehrbüchern der pädagogischen Psychologie zu finden:

Krapp, A. & Weidenmann, B. (2001). Pädagogische Psychologie (4. Aufl.). Weinheim: Beltz PVU.

Slavin, R. E. (1997). Educational psychology. Theory and practice. Needham Heights: Viacom.

10 Freizeit und Freizeitorte: Nischen – Herausforderungen – Gefahren

Was ist eigentlich Freizeit? Ist das „Abhängen vorm Fernseher" eine Freizeitaktivität oder zählt nur die Klavierstunde dazu? Jugendliche verbringen viele Nachmittage damit, Sprünge auf ihrem Skateboard zu üben, während die Erwachsenen darüber den Kopf schütteln und zu hören bekommen „Hey, was willste denn?". Ist Freizeit also nur Ansichtssache? Oder drückt sich in diesen unterschiedlichen Auffassungen die Sorge von Eltern über die Zukunft ihrer Kinder aus? Auch die Forschung sagt, dass Aktivitäten im Alltag von einigen Personen als Freizeitbeschäftigung betrachtet werden, von anderen dagegen eher als Verpflichtung (Cornilßen, 2002).

Trendsport – zeigen, wer man ist

10.1 Freizeitmarkt und Freizeitbudget

Kennzeichen von Freizeit. Freizeit bezieht sich auf eine große Menge von Aktivitäten außerhalb der Schule oder Ausbildung. Freizeitaktivitäten müssen selbst gewählt und von innen motiviert sein (Tinsley & Tinsley, 1986). Aufgrund dieser eigenen Entscheidungsmöglichkeit ist die Stimmung der Jugendlichen in ihrer Freizeit oftmals besser als in der Schule oder bei den Hausaufgaben (Csikszentmihalyi & Larson, 1984). Andererseits ist die Freizeit der Jugendlichen heute keineswegs freie Zeit im engeren Sinne. Vielmehr ist auch diese Zeit weitgehend durch regelmäßige Termine verplant (Herzberg et al., 1995).

Freizeitmarkt. Im Gegensatz zu Erwachsenen haben Jugendliche viel Freizeit. Dadurch ist das Angebot an Freizeitbeschäftigungen für Jugendliche zu einem ständig wachsenden, kommerzialisierten Markt geworden. Viele Freizeitaktivitäten setzen finanzielle Mittel voraus und beeinflussen den sozialen Status, den ein Jugendlicher bei seinen Gleichaltrigen hat. Wer bei Hobbies nicht mit den anderen mithalten kann, gerät schnell in eine Außenseiterposition (Hurrelmann, 1997). Dies erklärt, warum Jugendli-

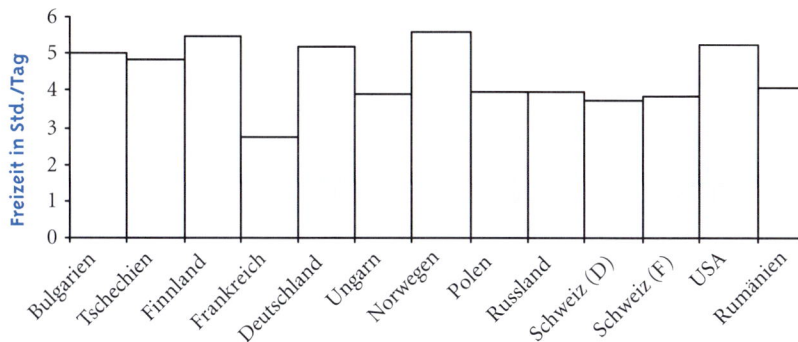

Abbildung 10.1. Tägliche Freizeit von Jugendlichen in unterschiedlichen Ländern (Flammer et al., 1999)

che die hohen Preise von Freizeitangeboten und die schlechte Erreichbarkeit von Freizeitorten besonders stark kritisieren (Cornilßen, 2002; Welskopf & Maschke, 2001). Besonders beliebte öffentliche Freizeitorte von Jugendlichen sind Einkaufsstraßen und Kaufhäuser, aber auch Freibäder, Eishallen oder Discotheken (Noack, 1990).

Freizeitbudget. Wieviel Freizeit haben Jugendliche pro Tag tatsächlich? Diese Frage lässt sich nicht einheitlich beantworten. Flammer und Mitarbeiter (1999) befragten über 3.200 Jugendliche im Alter von 13 bis 17 Jahren aus verschiedenen europäischen Ländern und den USA. Sie kamen zu dem Schluss, dass die nationale Herkunft das Freizeitbudget der Jugendlichen stark beeinflusst. Die Autoren erfassten die durchschnittliche tägliche Freizeit von Jugendlichen (vgl. Abb. 10.1). Norwegische Jugendliche haben die meiste Freizeit, gefolgt von Jugendlichen aus Finnland, den USA, Deutschland und Bulgarien. In diesen Ländern können die Jugendlichen über mehr als fünf Stunden pro Tag frei verfügen. Am wenigsten Freizeit dagegen haben im internationalen Vergleich die jungen Franzosen. Sie können nicht einmal drei Stunden pro Tag frei einteilen.

Neben internationalen wurden auch innerdeutsche sowie geschlechtsspezifische Unterschiede im Freizeitausmaß deutlich (Cornilßen, 2002). Insgesamt haben Jugendliche in den alten Bundesländern mehr Freizeit als Jugendliche in den neuen Bundesländern. In beiden Teilen Deutschlands können Mädchen über weniger freie Zeit verfügen als Jungen (vgl. Abb. 10.2). Eine Ursache für

diesen Unterschied ist sicher darin zu sehen, dass bereits jugendliche Mädchen mehr Pflichten im Haushalt übernehmen als Jungen.

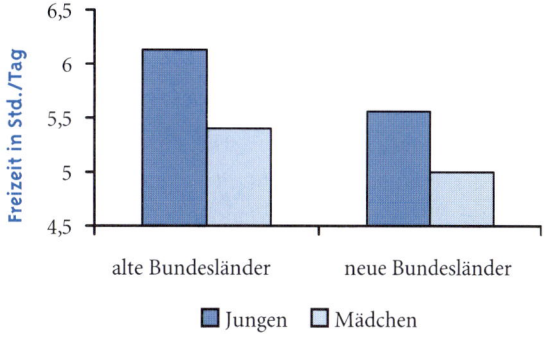

Abbildung 10.2. Tägliche Freizeit von Jungen und Mädchen in den alten und den neuen Bundesländern (Cornilßen, 2002)

> Ein Problem in der Forschung zum Freizeitverhalten Jugendlicher besteht darin, den „durchschnittlichen Jugendlichen" zu finden. Die Unterschiede – beispielsweise zwischen Jungen und Mädchen, älteren und jüngeren oder wohlhabenden und finanziell benachteiligten Jugendlichen – sind häufig größer als die Gemeinsamkeiten (Fine et al., 1990; Hendry et al., 1994).

10.2 Positive Auswirkungen von Freizeitaktivitäten

Stabilität. Wenn Freizeitaktivitäten frei gewählt werden, wirken sie sich positiv auf die psychische und physische Gesundheit aus. In einer unsicheren, sich ständig verändernden Umwelt sind Freizeitaktivitäten eine wichtige Quelle, um Stabilität zu erfahren. In der Schule und im Beruf ändern sich die Anforderungen immer schneller. Regeländerungen im sportlichen, künstlerischen oder musischen Bereich dagegen sind selten. Jugendliche können hier Sicherheit und Stabilität erfahren (Hendry et al., 1994).

Förderung der sozialen Integration

Kompetenzen erwerben. Ein positiver Aspekt der Freizeit ist, dass in unterschiedlichen Gruppen grundlegende Kompetenzen erworben und auf die Probe gestellt werden können. Jugendliche lernen in ihrer Freizeit beispielsweise Kompetenzen zum Umgang mit fremden Menschen oder auch Strategien zur Orientierung in fremden Umgebungen (Cornilßen, 2002).

Soziale Kontakte. Insbesondere organisierte Freizeitaktivitäten in Gruppen und Vereinen fördern die sozialen Kontakte von Jugendlichen. Sie bieten die Möglichkeit, Beziehungen zu Erwachsenen außerhalb der eigenen Familie aufzubauen. Allerdings werden die Beziehungen zu Trainern und Gruppenleitern von den Jugendlichen durchaus nicht immer positiv bewertet. Einige Erwachsene werden als autoritär wahrgenommen und sind eher unbeliebt. Jugendliche kommen in Gruppen auch mit Gleichaltrigen in Kontakt. Neben der Schule sind Freizeitaktivitäten die wichtigste Grundlage für die Entwicklung von Freundschaften und Cliquen.

Aufbau eigener Bereiche. Die Interessen und Hobbies der Jugendlichen können die Kontakte zu den eigenen Eltern fördern. Die Eltern besuchen Wettkämpfe oder Konzerte ihrer Kinder, unterhalten sich mit ihnen darüber, fiebern mit ihren Kindern mit, identifizieren sich mit ihnen. Gleichzeitig sehen die Eltern auch, dass ihre Kinder eigenständige Leistungen erbringen, die wenig mit ihrer eigenen Person zu tun haben; ein weiterer Aspekt, der die Ablösung vorantreibt. Wenn Eltern allerdings versuchen, das Freizeitverhalten ihrer Kinder zu kontrollieren oder sie zu be-

stimmten Aktivitäten zu drängen, werden die Kinder diese kaum als Freizeit erleben.

Normen und Werte vermitteln. Neben dem Sport vermitteln auch Jugendorganisationen den Kindern und Jugendlichen gesellschaftliche Normen und Werte. Damit wird einerseits die soziale Integration weiter gefördert. Andererseits können auch antisoziale Normen auf diese Art und Weise weitergegeben werden. Ein Beispiel hierfür stellt die frühere nationalsozialistische Jugendorganisation dar. Dort wurden in höchst effektiver und – für die Jugendlichen – ansprechender Art und Weise dämagogische Ideen verbreitet (Larson, 1994).

Förderung der Identitätsentwicklung

Freizeitaktivitäten beeinflussen das Selbstbild der Jugendlichen. Durch die sozialen Vergleiche lernen Jugendliche, sich in einer Gruppe und in der Gesellschaft zu platzieren. Wenn sie sich in Wettbewerben als kompetent erleben, fördert dies ihr Selbstwertgefühl. Darüber hinaus machen Jugendliche in ihrer Freizeit positive Handlungserfahrungen. Sie sind von innen motiviert, empfinden eine starke Herausforderung und sind tief konzentriert. So lernen sie, ihre eigene Aufmerksamkeit zu kontrollieren (Larson, 1994).

10.3 Konkrete Freizeitaktivitäten von Jugendlichen

Zeitaufwand

Typische Freizeitaktivitäten im Jugendalter umfassen Treffen mit Freunden, Spiele, Sport, Fernsehen und Musik hören (Fine et al., 1990). Darüber hinaus pflegen viele Jugendliche individuelle Hobbies. Sie spielen beispielsweise Instrumente oder engagieren sich in politischen, kirchlichen oder anderen Jugendgruppen (Steinberg, 1996). Den größten Teil ihrer Freizeit verbringen Jugendliche jedoch vor dem Fernseher, relativ wenig Zeit verbringen sie mit (Erwerbs-)Arbeit (vgl. Abb. 10.3).

Im Gegensatz zu beruflichen oder schulischen Tätigkeiten werden Freizeitaktivitäten als ästhe-

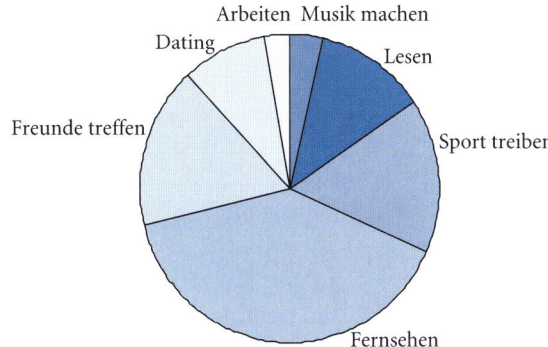

Abbildung 10.3. Verteilung der Freizeit auf unterschiedliche Aktivitäten (Flammer et al., 1999)

tisch ansprechend, aufregend, intim, neu und entspannend wahrgenommen. Sie finden in der Regel in einer sorglosen Atmosphäre in Gemeinschaft mit anderen statt und werden aus Freude an der Tätigkeit selbst ausgeführt (Tinsley et al., 1993).

Einteilung der Freizeitaktivitäten

Freizeitaktivitäten lassen sich unterteilen in

▶ kreativ-gestaltende (z.B. Tagebuch schreiben oder Theater besuchen),

▶ sozial-romantische (z.B. Freunde treffen, Gleichaltrige kennenlernen oder flirten) und

▶ deviante Tätigkeiten (z.B. ältere Leute provozieren, aus Spaß in Bus oder Bahn schwarzfahren).

Es zeigen sich deutliche Geschlechtsunterschiede. Während deviante Freizeitaktivitäten häufiger von Jungen angegeben werden, sind die kreativgestaltenden und sozial-romantischen Aktivitäten typische Mädchendomänen (Wiesner & Silbereisen, 1996). Nicht einzuordnen in dieses Schema ist die sportliche Betätigung der Jugendlichen.

10.3.1 Sport

Sport ist eine wichtige Freizeitbeschäftigung über das gesamte Jugendalter. Immerhin 81% der Jugendlichen sind sportlich aktiv (Fritzsche, 2000). **Orte und Partner.** Sport kann in Vereinen, in kommerziellen Einrichtungen (z.B. Fitnesscenter)

oder im informellen Kontext auf Spielplätzen, Wiesen oder Straßen getrieben werden. Während der Verein insgesamt der wichtigste Ort für sportliche Betätigung ist, nutzen ältere Jugendliche auch zunehmend das Fitnessstudio. Dabei konkurrieren diese beiden Einrichtungen nicht um die Jugendlichen. Denn diejenigen, die in einem Verein aktiv sind, sind besonders häufig zusätzlich Mitglied eines Fitnessstudios. Partner beim Sport sind bei Jungen in erster Linie die Clique, bei Mädchen vor allem die beste Freundin. Eltern dagegen spielen bei Jugendlichen nur selten eine Rolle als Sportpartner. Je älter die Jugendlichen sind, umso wichtiger ist auch der feste Freund bzw. die feste Freundin als Partner beim Sport (Tietjens, 2001).

Sportarten. Jungen betreiben mehr Mannschaftssportarten, Mädchen dagegen vor allem Individualsport (Tietjens, 2001). Fast die Hälfte der sportlichen Jungen spielt Fußball, weitere 10% spielen Basketball. Alle anderen Sportarten werden von weniger als 10% der männlichen Sportler ausgeübt. Bei den Mädchen finden wir größere Unterschiede. Am beliebtesten ist bei ihnen das Radfahren mit 17%, je 14% schwimmen oder fahren mit Inlineskates, je 12% joggen oder reiten.

Motive. Die Motive für sportliche Aktivitäten sind ebenso vielfältig wie das Sportangebot selbst: Freude an der Bewegung, Streben nach körperlicher Fitness, Aufbau und Aufrechterhaltung sozialer Beziehungen und das Erreichen von Zielen (z.B. das nächste Spiel gewinnen, seine eigene Leistung verbessern) (Bartle & Malkin, 2000).

Geschlecht und Alter. Insgesamt treiben Jungen mehr Sport als Mädchen – sowohl im Verein wie auch allein (Fritzsche, 2000; Tschanz, 1997; Welskopf & Maschke, 2001). Dieser Unterschied ist bei ausländischen, in Deutschland lebenden Jugendlichen größer als bei deutschen. Vor allem türkische Mädchen treiben nur selten Sport (Fritzsche, 2000). Außerdem sind ältere Jugendliche sportlich aktiver als jüngere. Sie treiben pro Woche etwa eine Stunde mehr Sport. Dieser Unterschied ist darauf zurückzuführen, dass ältere Jugendliche häufiger selbständig sportlichen Aktivitäten nachgehen. In Vereinen dagegen sind jüngere Jugendliche etwas stärker vertreten.

Positive Wirkung. Für die Entwicklung der Jugendlichen ist sportliches Engagement nicht nur aus Gründen der körperlichen Fitness und Gesundheit positiv zu bewerten (Tschanz, 1997). Jugendliche, die Sport treiben, fühlen sich auch besser als andere Jugendliche. Dieser Befund gilt für gesunde (Tschanz, 1997) ebenso wie für körperlich behinderte Jugendliche (Campbell & Jones, 1994; Johnson & Klass, 1997).

10.3.2 Musikunterricht

Jugendliche sind seltener musisch als sportlich aktiv. Nur 21% spielen ein Instrument oder erhalten Gesangsunterricht. Im Gegensatz zum Sport ist die musikalische Aktivität eine Domäne der Mädchen. Sie haben häufiger außerschulischen Musikunterricht, spielen ein Instrument oder nehmen Gesangsstunden. Die positiven Auswirkungen des Musikunterrichts sind mit denen des Sports vergleichbar. Auch der Musikunterricht ist eine aktive Form der Freizeitgestaltung und fördert das Wohlbefinden der Jugendlichen (Fritzsche, 2000; Tschanz, 1997).

10.3.3 Kirchliche Jugendgruppen

Nur 7% aller Jugendlichen gehören einer kirchlichen Jugendgruppe an. Dies sind überwiegend jüngere Jugendliche, Gymnasiasten und Mädchen. Die Mitglieder kirchlicher Jugendgruppen sind auch über die Gruppenzugehörigkeit hinaus stärker an die Kirche gebunden als andere Jugendliche. Sie besuchen regelmäßiger Gottesdienste, beten häufiger und lesen öfter in der Bibel oder anderen religiösen Büchern. Auch in ihren persönlichen nicht-religiösen Ansichten unterscheiden sie sich von anderen Jugendlichen. Sie sind eher bereit, aus beruflichen Gründen in andere Städte umzuziehen. Dieser Unterschied lässt sich dadurch erklären, dass sie der Überzeugung sind, auch außerhalb ihrer Heimatstadt in kirchlichen Verbänden schnell neue Kontakte aufbauen zu können (Fuchs-Heinritz, 2000).

10.3.4 Politik

Insbesondere in den ostdeutschen Bundesländern sinkt das Interesse Jugendlicher an der Politik. Die Mehrheit ist der Meinung, dass politische Themen und Entscheidungen für ihr persönliches Leben nicht bedeutsam sind. Sie haben nur ein geringes Vertrauen in staatliche Organisationen. Nur 1,5% der Jugendlichen gehören einer politischen Partei – oder der entsprechenden Jugendorganisation – an. Jungen sind hier etwas stärker vertreten als Mädchen, und mit zunehmendem Alter wächst die Bereitschaft, aktiv in einer Partei mitzuarbeiten. Jugendliche, die einer bestimmten Partei nahe stehen, unterscheiden sich – über die Präferenz dieser Partei hinaus – in verschiedenen Merkmalen (Fischer, 2000; Gensicke, 2002).

(1) CDU/CSU-Sympathisanten sehen die gesellschaftliche und ihre persönliche Zukunft besonders optimistisch. Sie bewerten die neuen Technologien und die Globalisierung insgesamt positiv. Außerdem zeigen sie von den drei großen Gruppen die stärkste Ausländerfeindlichkeit.

(2) SPD-Sympathisanten stammen aus Familien mit geringerem Bildungsniveau und haben eine besonders große persönliche Distanz zur Politik. Sie sind nicht ausländerfeindlich, ähneln ansonsten aber den CDU/CSU-Sympathisanten.

(3) Bündnis '90/Die Grünen-Sympathisanten sind gut ausgebildet, haben jedoch unklare Zukunftsvorstellungen. Die Gruppe steht Ausländern am positivsten gegenüber.

10.3.5 Lesen

Über 90% aller Jugendlichen geben an, dass sie zumindest gelegentlich in ihrer Freizeit lesen. Dabei handelt es sich um Zeitschriften, Comics und Bücher. Auch hier lassen sich Geschlechtsunterschiede nachweisen: Mädchen lesen mehr als Jungen (Tschanz, 1997).

10.3.6 Fernsehen und Video

Fernsehen, Video und auch Radio sind aus der Freizeitwelt Jugendlicher nicht mehr wegzudenken (Fine et al., 1990). Der Fernsehkonsum von Jugendlichen ist vergleichsweise hoch. An Wochentagen sehen sie durchschnittlich 2:30 Stunden, am Wochenende sogar 3:45 Stunden fern. Der Fernsehkonsum reduziert sich mit zunehmendem Alter, was dadurch zu erklären ist, dass Fernsehen – gerade an den Abenden und Wochenenden – eine „Familienaktivität" ist. Ältere Jugendliche verbringen weniger Zeit mit ihrer Familie als jüngere und treffen sich statt dessen mit Freunden und gehen abends aus (Larson et al., 1989). Es finden sich nur geringe Geschlechtsunterschiede. Jungen sehen zwar etwas mehr fern als Mädchen, die Unterschiede betragen jedoch nur wenige Minuten pro Tag (Fritzsche, 2000). Diese Unterschiede sind international sehr einheitlich. Einen deutlichen Einfluss hat das Bildungsniveau der Eltern. Jugendliche, deren Eltern ein geringes Bildungsniveau haben, sehen mehr fern als andere Jugendliche. Problematisch ist ein hoher Fernsehkonsum besonders deshalb, weil die Vielseher anderen Freizeitaktivitäten weniger nachgehen (Flammer et al., 1999; Fritzsche, 2000) und ihr Wohlbefinden beeinträchtigt ist. Diejenigen, die regelmäßig mehr als drei Stunden pro Tag fernsehen, fühlen sich weniger wohl als ihre Alterskameraden (Tschanz, 1997).

10.3.7 Computer und Internet

Häufigkeit der Nutzung. Computer und Internet sind – wie andere technische Geräte auch – für viele Jugendliche interessant. Dennoch gibt es Unterschiede in der Nutzung. Jungen verfügen häufiger über eigene Computer und nutzen diese auch länger als Mädchen, ausländische Jugendliche haben seltener Zugang zu einem Computer als deutsche, und insbesondere das Internet wird in den ostdeutschen Bundesländern weniger genutzt als in den westdeutschen.

Art der Nutzung. Auch bei der Nutzung verschiedener Anwendungen zeigen sich Geschlechtsunterschiede. Mädchen nutzen den Computer häufiger für Textverarbeitung. Jungen dagegen spielen und programmieren mehr und surfen auch häufiger im Internet (Fritzsche, 2000).

Benachteiligung. Die Geschlechtsunterschiede in den Computerkenntnissen sind in den letzten Jahren deutlich zurückgegangen (Medienpädagogischer Forschungsverbund Südwest, 2001). Mädchen sind somit immer weniger benachteiligt. Allerdings haben Jugendliche aus einkommensschwachen Familien oder mit einem geringen Bildungsniveau seltener einen angemessenen Zugang zu Computern und können in diesem Bereich keine Kenntnisse aufbauen (Medienpädagogischer Forschungsverbund Südwest, 2001). Da der kompetente Umgang mit neuen Medien ein „Schlüsselfaktor für die Lebenschancen" ist (Schatz-Bergfeld et al., 1995, S. 10), ist zu befürchten, dass diesen Jugendlichen der erfolgreiche Einstieg in die Arbeitswelt erschwert wird. Die Jugendlichen haben zwar Zeit und Interesse für Computerkurse, aber da diese sehr teuer sind, können sie von einkommensschwachen Familien kaum finanziert werden (Schatz-Bergfeld et al., 1995). Gemeinnützige, kostenlose oder kostengünstige Angebote für diese Zielgruppe sind dringend notwendig.

Exkurs: Computertraining für benachteiligte Jugendliche

Viele Jugendliche aus einkommensschwachen Familien können nicht mit neuen Informations- und Kommunikationstechnologien umgehen. In unserer Wissensgesellschaft werden diese Jugendlichen benachteiligt. Diesem Problem sollte ein pädagogisch-psychologisch orientiertes Computertraining an der Universität Bonn entgegenwirken, das sich speziell an benachteiligte Jugendliche richtete (Grob et al., 2003).

Ablauf. An den Kursen nahmen insgesamt 135 Jugendliche im Alter von 11 bis 20 Jahren teil. Zusätzlich wurden 86 Jugendliche als Kontrollgruppe befragt, d.h. diese Jugendlichen nahmen nicht an den Kursen teil, waren aber sonst in jeder Hinsicht mit den Jugendlichen aus dem Trainingsprogramm vergleichbar. Dadurch konnten wir analysieren, ob mögliche Veränderungen auch bei anderen Jugendlichen auftraten oder speziell auf das Training zurückgeführt werden können.

Lernziele. Das Training dauerte zehn Wochen und jeder Teilnehmer wurde durch einen eigenen Trainer betreut. Die Trainer waren zunächst Psychologiestudierende, später ehemalige Kursteilnehmer, die den Kurs erfolgreich absolviert hatten. Lernziele waren Grundkenntnisse in allgemeiner Datenverarbeitung sowie Textverarbeitung, Erstellung von Diagrammen und Umgang mit dem Internet. In einem praktischen Leistungstest wurde am Ende der Kurse überprüft, ob diese Ziele erreicht wurden. Jeder Teilnehmer, der diesen Test bestanden hatte, konnte daraufhin als Trainer andere Jugendlichen unterrichten.

Annahmen und deren Überprüfung. Die Computerkenntnisse der Teilnehmer sollten sich unabhängig vom Alter der Trainer (Jugendliche versus Erwachsene) deutlich verbessern. Die positiven Lernerfahrungen und die Trainertätigkeit sollten das Wohlbefinden der Teilnehmer sowie ihr Selbstkonzept fördern.

Zu Beginn der Kurse schätzten die Jugendlichen ihre bereits vorhandenen Computerkenntnisse ein (z.B. „Ich kann einen Text erstellen und formatieren."). Am Ende der Kurse machten die Jugendlichen einen praktischen Test am Computer, der die einzelnen Lernziele (z.B. Veränderung des Schrifttyps; Speichern des Dokuments auf Diskette) überprüfte. Das Wohlbefinden der Jugendlichen (z.B. „Ich habe mir gegenüber eine positive Einstellung") und ihr Selbstkonzept (z.B. „In der Schule habe ich oft das Gefühl, dass ich weniger zustande bringe als die anderen.") wurden mit Fragebögen erfasst.

Ergebnisse. Jugendliche Trainer können mindestens ebenso erfolgreich Gleichaltrige unterrichten wie erwachsene Trainer. Die deutschen Kursteilnehmer erzielten sogar bessere Ergebnisse, wenn sie von Gleichaltrigen unterrichtet wurden. Für ausländische Jugendliche galt dies nicht: sie lernten von Gleichaltrigen und Erwachsenen gleich gut. Wodurch könnte dieser Effekt zustande gekommen sein?

Unterschiedliche Lehrmethoden. Während der Trainingsstunden haben wir den Eindruck gewonnen, dass Erwachsene ihre Schüler anders unterrichteten als jugendliche Trainer. Die Jugendlichen sprachen mit ihren Schülern in kurzen, häufig sogar unvollständigen Sätzen. Ihre „Erklärungen" waren einfach strukturiert und bestanden oft aus Aussagen wie „dann musst Du hier klicken", die durch eine entsprechende Demonstration begleitet wurden. Die Erwachsenen dagegen zeigten weniger am Bildschirm und gaben den Lernenden mehr und längere verbale Erklärungen – allerdings insbesondere den deutschen Jugendlichen. Bei ausländischen Jugendlichen bemerkten sie sehr schnell, dass diese derartige Erklärungen nicht verstehen konnten. Daher entsprach in diesen Fällen ihre Erklärungsmethode derjenigen der jugendlichen Trainer. Dieses Ergebnis ist auch für die Gestaltung des schulischen Unterrichts bedeutsam. Es kommt weniger darauf an, einen Sachverhalt möglichst detailliert zu beschreiben, damit die Schüler ihn verstehen. Statt dessen sollte das sprachliche Vermögen der Schüler bei den Überlegungen der Stoffpräsentation berücksichtigt werden.

Wohlbefinden. Das Wohlbefinden der Teilnehmer stieg im Verlauf des Kurses deutlich an, während bei den Jugendlichen der Kontrollgruppe keine Veränderung auftrat (vgl. Abb. 10.4). Das verbesserte Wohlbefinden lässt sich somit auf den Kurs zurückführen.

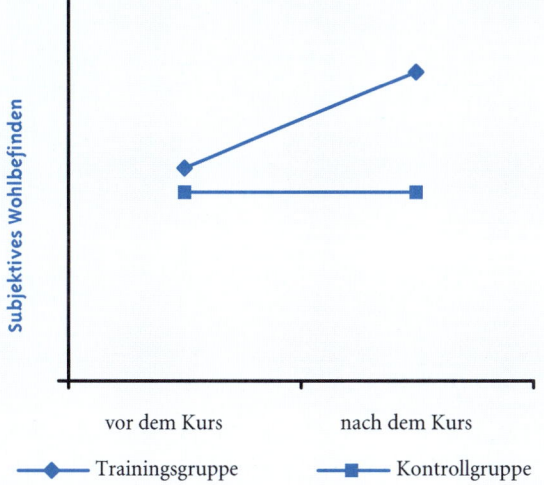

Abbildung 10.4. Veränderung des subjektiven Wohlbefindens in der Trainings- und Kontrollgruppe (Grob et al., 2003)

Selbstkonzept. Die Teilnahme an den Kursen beeinflusste das Selbstkonzept der Teilnehmer nicht. Hingegen verbesserte die Trainertätigkeit das Selbstkonzept der Jugendlichen deutlich (vgl. Abb. 10.5).

Fazit. Insgesamt verbesserte das tutorielle Trainingsprogramm die Computerkenntnisse und Zukunftsperspektive benachteiligter Jugendlicher. Durch den Einsatz jugendlicher Trainer waren die Kosten für den Einsatz der Trainer relativ gering, während gleichzeitig die Vorzüge tutoriellen Lernens – großer Leistungszuwachs, positive psychologische Effekte bei Teilnehmern und Trainern – voll zur Geltung kamen. Auch im schulischen Unterricht bieten tutorielle Lern-

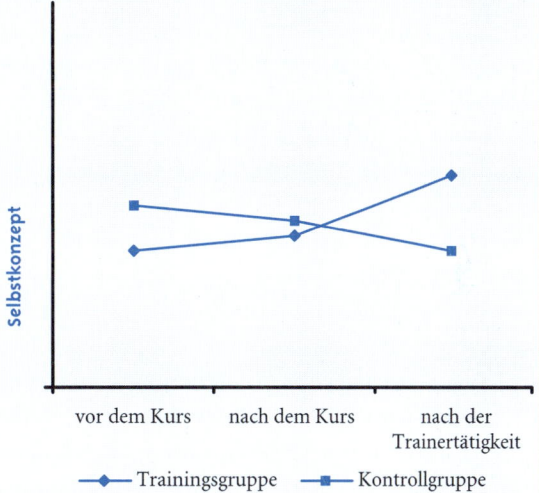

Abbildung 10.5. Veränderung des Selbstkonzepts in der Trainings- und der Kontrollgruppe (Grob et al., 2003)

settings eine sinnvolle Ergänzung zum traditionellen Gruppenunterricht. Ältere Schüler können dabei die Rolle der Trainer übernehmen und jüngeren Schülern – mit Unterstützung durch die Lehrer – einzelne Inhalte vermitteln oder bei der Bearbeitung von Übungsaufgaben helfen.

10.3.8 Förderung des Wohlbefindens

Eine aktive Freizeitgestaltung durch Sport oder Musik fördert das Wohlbefinden der Jugendlichen. In ihrer Freizeit sehr passive Jugendliche fühlen sich dagegen weniger wohl. Allerdings ist die Freizeitaktivität an sich weniger bedeutsam für die körperliche und psychische Gesundheit, Lebensfreude und Selbstverwirklichung der

Jugendlichen. Wichtiger ist vielmehr, wie die Jugendlichen selbst ihre Freizeit wahrnehmen (Tinsley & Tinsley, 1986).

Was aber beeinflusst die Aktivität bzw. Passivität von Jugendlichen in ihrer Freizeit? Das Geschlecht hat keinen Einfluss. Mädchen und Jungen sind in vergleichbarem Ausmaß aktiv bzw. passiv. Hier ist der Erziehungsstil der Eltern von Bedeutung. Eltern, die ihre Kinder autoritativ erziehen (vgl. Kap. 6), fördern deren Aktivität im Freizeitbereich (Schmitz et al., 2002).

10.4 Die Perspektive von Erwachsenen

Stolz und Sorge

Erwachsene stehen den Freizeitbeschäftigungen Jugendlicher gespalten gegenüber. Einerseits sind sie stolz auf die sportlichen oder musikalischen Leistungen ihrer Kinder. Sie freuen sich, dass das Engagement in Vereinen und Organisationen die soziale Kompetenz und Teamfähigkeit ihrer Kinder fördert. Andererseits betrachten sie die Freizeit der Jugendlichen häufig als verschwendete Zeit und sehen Kontakte zu Gleichaltrigen als „Vorläufer" von zukünftigen Schwierigkeiten (Steinberg, 1996).

Erwachsene erwarten also, dass Jugendliche ihre Freizeit sinnvoll nutzen. Sie sollen sich auf die Herausforderungen vorbereiten, mit denen sie als Erwachsene konfrontiert werden (Fine et al., 1990). Daher ist es auch nicht überraschend, dass die Mehrheit der Erwachsenen einer Nachmittagsbetreuung durch die Schulen positiv gegenübersteht (Witt, 2001).

Techniknutzung

Insbesondere eine starke Techniknutzung wird von vielen Erwachsenen kritisch überwacht. Eltern fürchten, dass die sozialen Fertigkeiten und Kontakte ihrer Kinder leiden könnten und ihre Kinder somit langfristig vereinsamen. Diese Sorge hat sich jedoch als unbegründet erwiesen und konnte empirisch nicht bestätigt werden. Jugendliche, die den Computer intensiv nutzen, gestalten ihre Freizeit genauso aktiv und sind sozial ebenso gut integriert wie andere Jugendliche (Schwab & Stegmann, 1999). Abgesehen von wenigen Ausnahmen sind es gerade die starken Techniknutzer, die viele soziale Kontakte pflegen. Überdurchschnittlich viele von ihnen sind in Sportvereinen und anderen Jugendorganisationen engagiert. Sie haben häufiger wirklich gute Freunde und romantische Beziehungen als Technikabstinenzler. Außerdem sind sie besonders selbstbewusst, optimistisch und haben mehr Kontakte zu ausländischen Jugendlichen (Fritzsche, 2000).

Zusammenfassung

▶ Jugendliche haben – verglichen mit anderen Bevölkerungsgruppen – viel Freizeit. Um die verschiedenen Angebote zu nutzen, benötigen sie finanzielle Mittel.

▶ Freizeitaktivitäten vermitteln den Jugendlichen ein Gefühl von Stabilität, fördern eine soziale Integration und die Identitätsentwicklung.

▶ Zentrale Freizeitaktivitäten von Jugendlichen sind Sport, Musik und Mediennutzung.

▶ Eltern betrachten die Freizeitaktivitäten ihrer Kinder mit Stolz und Sorge.

Weiterführende Literatur

Cornilßen, W. (2002). Freizeit – freie Zeit für junge Frauen und Männer? In W. Cornilßen, M. Gille, H. Knothe, P. Meier, H. Queisser & M. Stürzer (Hrsg.), Junge Frauen – junge Männer. Daten zur Lebensführung und Chancengleichheit. Eine sekundäranalytische Auswertung (S. 135–204). Opladen: Leske + Budrich.
Dieses Kapitel bietet eine übersichtliche Zusammenfassung verschiedener aktueller Studien zum Freizeitverhalten von Jugendlichen.

Schatz-Bergfeld, M., Bruns, T. & Sesson, H. (1995). Jugend – Freizeit – Technik: Kompetenzerwerb Jugendlicher im alltäglichen Technikumgang. Frankfurt am Main: Peter Lang.
Dieses Buch thematisiert speziell die steigende Bedeutung der Medien in der Freizeitwelt Jugendlicher.

Tietjens, M. (2001). Sportliches Engagement und sozialer Rückhalt im Jugendalter. Eine repräsentative Surveystudie in Brandenburg und Nordrhein-Westfalen. Lengerich: Pabst.
Diese Studie berichtet umfassend über die Bedeutung des Sports im Jugendalter.

11 Werthaltung und Zukunftsorientierung

Viele Erwachsene kritisieren den Werteverfall der Jugend. Außerdem sorgen sich Eltern und Lehrer darüber, dass Jugendliche zu wenig über ihre Zukunft nachdenken. Aber ist dies tatsächlich so? Leben Jugendliche „blauäugig" in den Tag hinein? Fehlen ihnen Werte als Orientierungspunkte im Leben? Derartige Einschätzungen beruhen auf Vorurteilen. Jugendliche beschäftigen sich intensiv mit ihrer Zukunft und vertreten sowohl traditionelle als auch moderne Werte.

Jugendliche setzen sich öffentlich für ihre Werte und die Verbesserung ihrer Zukunftsperspektive ein

11.1 Werte

Wertevielfalt. Der Vorwurf, dass Jugendliche keine Werte mehr hätten, entbehrt jeglicher Grundlage. Allerdings sind Werte heute unübersichtlicher und weniger klar definiert als für Jugendliche der Nachkriegs- oder Wirtschaftswundergeneration. Dies liegt an den komplexen und teilweise widersprüchlichen gesellschaftlichen Anforderungen an die Jugendlichen. „Was gestern schon einmal überholt war, kann heute wieder stimmen, muss aber nicht zwingend morgen auch noch gelten." (Fritzsche, 2000, S. 94). Die Globalisierung hat keinen Werteverlust sondern eine Wertevielfalt mit sich gebracht. Jugendliche sind mit dieser Vielfalt aufgewachsen und finden sich relativ leicht in ihr zurecht. Erwachsene dagegen vertreten klare, strenge und wenig variable Wertvorstellungen und empfinden die Flexibilität als problematisch.

Pragmatische Werte. Die Annahme, dass Jugendliche eher postmaterialistische Werte (z.B. Schutz der Meinungsfreiheit) vertreten, kann nicht aufrechterhalten werden. Die 14. Shell Jugendstudie von 2002 belegt, dass Jugendliche sich an pragmatischen Werten orientieren, die ihnen bei der Bewältigung konkreter, alltäglicher Probleme helfen. Besonders wichtig sind Jugendlichen Familie, Kreativität, Unabhängigkeit, Sicherheit und Fleiß. Mehr als drei Viertel der Jugendlichen vertreten diese Werte. Eine hohe Bedeutung wird auch der Bildung und Ausbildung beigemessen. Insgesamt finden wir bei Jugendlichen eine Mischung aus traditionellen und modernen Werten (Gensicke, 2002). Jugendliche setzen andere Akzente als Erwachsene, aber im Großen und Ganzen vertreten sie typisch bürgerliche Werte (Merten, 1994).

Kennzeichen von Werten. Was sind eigentlich „Werte"? In der psychologischen Literatur findet man eine Vielzahl unterschiedlicher Definitionen.

DEFINITION

Werte sind Annahmen über erwünschte Handlungen oder Ergebnisse, die über einzelne Situationen hinaus gültig sind und die Auswahl und Bewertung von Handlungen oder Ereignissen beeinflussen.

Werte sind entsprechend ihrer Wichtigkeit in einer Hierarchie geordnet. Die Inhalte der Werte können aus einer oder mehreren von drei Quellen stammen (Schwartz & Bilsky, 1987):
(1) biologische Bedürfnisse,
(2) soziale Motive und
(3) Anforderungen gesellschaftlicher Institutionen.

Darüber hinaus lassen sich Werte danach unterteilen, ob sie eher persönlich-indiviualistisch oder gesellschaftlich-kollektivistisch sind (Lange, 1997; Schwartz & Bilsky, 1987).

Persönliche Werte umfassen
▶ Selbstentfaltungsziele (z.B. Selbständigkeit oder Humor),
▶ Pflichtbewusstsein (z.B. Pünktlichkeit oder Fleiß),
▶ soziale Werte (z.B. Freundschaft oder Liebe) und
▶ berufliche Werte (z.B. Identifikation mit dem Beruf, Arbeitsplatzsicherheit).

Gesellschaftliche Werte können verschieden orientiert sein
▶ postmaterialistisch (z.B. Mitspracherecht bei betrieblichen und politischen Entscheidungen oder Meinungsfreiheit),
▶ materialistisch (z.B. hohes Wirtschaftswachstum, staatliche Ordnung oder starke Verteidigungskräfte),
▶ beschäftigungsbezogen (z.B. Verkürzung der Lebensarbeitszeit),
▶ gesundheitsbezogen (z.B. Verbesserung der Vorsorge) oder
▶ sozialpolitisch (z.B. Gleichberechtigung der Geschlechter, Reduzierung von Armut, Integration von Ausländern).

In den persönlichen Werten der Jugendlichen sind Selbstentfaltungsziele zentral. Sie sind Jugendlichen deutlich wichtiger als das Pflichtbewusstsein. Von den gesellschaftlichen Werten sind Jugendlichen postmaterialistische Werte wichtig (Lange, 1997).

Eine etwas andere Unterteilung nahmen Schwartz und Bilsky (1990) zu einem späteren Zeitpunkt vor. In zwei internationalen Studien, die sie in Australien, Deutschland, Finnland, Hong Kong, Israel, Spanien und den USA durchgeführt haben, konnten sie einheitlich acht zentrale Inhalte persönlicher Werte nachweisen: Spaß, Sicherheit, Leistung, Selbstbestimmung, Konformität, anderen helfen, soziale Macht und Reife. Diese lassen sich danach unterscheiden, ob sie eher der Selbstverwirklichung oder der Anpassung und Einordnung in die jeweiligen gesellschaftlichen Traditionen dienen.

Unterschiede zwischen Jugendlichen in ihren Werten

Welche Werte werden von welchen Gruppen besonders stark vertreten? In der 13. Shell Jugendstudie ist Fritzsche (2000) dieser Frage nachgegangen.

Fritzsche berücksichtigte acht Inhaltsbereiche von Werten.

Autonomie. Jugendliche, die ihre Individualität höher schätzen als gemeinschaftliche Aspekte ihrer Identität (z.B. Zugehörigkeit zu einem bestimmten Geschlecht oder einer Nationalität), empfinden Autonomie als wichtigen Wert. Die Bedeutung der Autonomie ist bei Jungen und Mädchen vergleichbar. Jugendliche mit hohem Bildungsniveau betonen Autonomie mehr als Jugendliche mit geringem Bildungsniveau.

Menschlichkeit. Menschlichkeit umfasst einen starken Wunsch nach sozialer Einbindung. Dieser Wunsch ist bei Mädchen stärker ausgeprägt als bei Jungen und ist vom Bildungsniveau abhängig: Je höher die Schulbildung eines Jugendlichen ist, desto größere Bedeutung hat der Wert Menschlichkeit.

Selbstmanagement. Dieser Wert meint die Berechenbarkeit, Ausdauer und Anpassungsbereitschaft eines Jugendlichen in Leistungs- und sozialen Situationen. Er wird von den meisten Jugendlichen in ähnlichem Ausmaß geschätzt.

Attraktivität. Jugendliche mit geringem und mittleren Bildungsniveau finden es besonders wichtig, äußerlich attraktiv zu sein und einen gewissen finanziellen Spielraum zu haben.

Modernität. Sie ist durch eine positive Einstellung gegenüber politischen und technologischen Veränderungen geprägt. Jungen und Jugendliche mit höherem Bildungsniveau zeigen hier eine positivere Einstellung als Mädchen und Jugendliche mit geringerem Bildungsniveau.

Persönliche Freiheit. Dieser Wert besitzt bei allen Jugendlichen eine ähnlich hohe Bedeutung.

Familienorientierung. Sie ist dadurch gekennzeichnet, dass Jugendliche eine eigene Familie als emotionale und soziale Ressource betrachten, sich selbst Kinder wünschen und eine entspannte häusliche Atmosphäre als wichtig empfinden. Mädchen sind stärker familienorientiert als Jungen, und Realschüler messen der Familie eine besonders hohe Bedeutung zu.

Berufsorientierung. Dieser Wert meint die Bedeutung von Ausbildung, Qualifikation und beruflicher Karriere. Hier wurden keine Geschlechtsunterschiede gefunden. Die Berufsorientierung ist bei Jugendlichen mit hohem Bildungsniveau stärker ausgeprägt als bei Haupt- und Realschülern.

Auswirkungen von Geschlecht und Bildung

Es gibt kaum typisch weibliche und typisch männliche Werte. Mädchen schätzen die sozialen Kontakte oder die Familie wichtiger ein als Jungen; für Jungen dagegen ist die Modernität wichtiger. Ansonsten sind die Werte von Jungen und

Mädchen vergleichbar. Das Bildungsniveau beeinflusst die Wichtigkeit von Werten. Lediglich Selbstmanagement und persönliche Freiheit sind in allen Bildungsschichten gleich wichtig (Fritzsche, 2000). Jugendliche mit einer hohen Bildung betonen die Selbstverwirklichung stärker und konservative Werte geringer (Noack & Kracke, 1995). Zusätzlich zur Bildung der Jugendlichen spielt auch das Bildungsniveau der Eltern eine wesentliche Rolle für die Wichtigkeit verschiedener Ziele. Jugendliche, deren Eltern ein hohes Bildungsniveau haben, messen den Werten Berufsorientierung, Autonomie, Modernität und Menschlichkeit die höchsten Werte zu. Wenn die Eltern einen mittleren Bildungsabschluss haben, ist die Familienorientierung, Attraktivität und persönliche Freiheit den Jugendlichen besonders wichtig. Jugendliche, deren Eltern nur einen geringen Bildungsstand haben, betonen dagegen die Bedeutung des Selbstmanagements besonders stark (Fritzsche, 2000).

11.2 Wertetypen von Jugendlichen

Jugendliche können auf der Basis ihrer Werte in vier unterschiedliche Typen aufgeteilt werden:
(1) Selbstbewusste Macher,
(2) pragmatische Idealisten,
(3) zögerliche Unauffällige und
(4) robuste Materialisten.

Diese Typen unterscheiden sich neben ihren Werten auch in ihrer Zukunftsperspektive. Die beiden ersten Gruppen sehen die Zukunft durchaus positiv, die beiden letzten Gruppen eher negativ (Gensicke, 2002).

Selbstbewusste Macher. Sie stammen aus der breiten Mitte der deutschen Gesellschaft, gehören jedoch zur Leistungselite und sind bei Jungen und Mädchen gleichermaßen vertreten. Ihre persönlichen Werte konzentrieren sich insbesondere auf den Beruf: sie sind ehrgeizig und streben Verantwortung, Einfluss und Ansehen an. Zwar zeigen sie durchaus auch soziales Engagement, aber dieses ist ihnen weniger wichtig als ihr Leistungsdenken. Aufgrund einer fordernden und fördernden Erziehung konnten sie die notwendigen Kenntnisse und Schlüsselqualifikationen für einen erfolgreichen Berufseinstieg erwerben.

Pragmatische Idealisten. Sie lassen sich eher dem Bildungsbürgertum zuordnen und verknüpfen persönliches Engagement, soziales Denken und Leistungsbewusstsein. Ideelle Werte und eine humane Gestaltung der Gesellschaft sind ihnen wichtiger als materialistische Aspekte. Aber sie betonen auch die Bedeutung von Sicherheit, „Recht und Ordnung" und Leistung. Pragmatische Idealisten sind für gesellschaftliche Probleme (z.B. Ausländerfeindlichkeit, Armut) besonders sensibel und zeigen ein hohes soziales und politisches Engagement. In dieser Gruppe sind mehr Mädchen als Jungen vertreten.

Zögerliche Unauffällige. Sie sehen ihre eigene Zukunft eher skeptisch. Sie können die Anforderungen in Schule und Beruf nur schwer bewältigen und reagieren darauf mit Resignation. Sie können und wollen ihre Interessen nicht selbstbewusst vertreten, tolerieren jedoch andere unterprivilegierte Mitglieder der Gesellschaft und sympathisieren mit diesen.

Robuste Materialisten. Ihre Einstellungen und Probleme sind mit denen zögerlicher Unauffälliger zu vergleichen. Allerdings reagieren sie auf Probleme mit äußerlicher Stärke und Rücksichtslosigkeit. Diese Gruppe besteht überwiegend aus Jungen und wird gesellschaftlich besonders kritisch betrachtet, da sie geltende Normen, Regeln und Gesetze am häufigsten übertritt. Die robusten Materialisten schauen oft auf Randgruppen und Minderheiten herab, obwohl sie selbst eher aus den unteren sozialen Schichten stammen. Allerdings ist nur ein kleiner Teil der Materialisten politisch radikalen Gruppierungen zuzuordnen.

Rolle in der Gesellschaft. Während die selbstbewussten Macher und pragmatischen Idealisten den gesellschaftlichen Anforderungen gewachsen sind, ist bei den zögerlichen Unauffälligen eine stärkere Förderung ihrer Aktivität und sozialen Integration notwendig. Den robusten Materialisten dagegen müssen klare Grenzen gesetzt werden. Erst wenn sie die Normen und Regeln der Gesellschaft akzeptiert haben, können konkrete Fördermaßnahmen ansetzen (Gensicke, 2002).

11.3 Zukunftsorientierung

Im Jugendalter werden wichtige Entscheidungen mit langfristigen Konsequenzen getroffen. Auch die Entwicklungsaufgaben des Jugend- und jungen Erwachsenenalters (z.B. Abschluss der Schulbildung, Ausbildungsplatzsuche, Aufbau einer Partnerschaft) sind überwiegend auf die Zukunft ausgerichtet. In dieser Lebensphase setzt man sich gedanklich besonders intensiv mit der Zukunft auseinander, macht sich Gedanken über Ziele und Wünsche und entwirft Pläne, mit denen diese erreicht werden können (Nurmi, 1991, 2002; Poole & Cooney, 1987). Da Jugendliche heute mehr Chancen und Möglichkeiten besitzen, aber auch mit mehr Risiken konfrontiert werden als frühere Generationen, hat ihre Zukunftsorientierung eher einen „Versuchscharakter". Jugendliche entwickeln zwar Ziele und Pläne, aber diese sind noch flexibel und werden häufig geändert (Lanz & Rosnati, 2002). Die Zukunftsorientierung basiert auf der Fähigkeit, die Zukunft vorherzusagen und ihr eine persönliche Bedeutung zu geben. Menschen können mit einer gewissen Wahrscheinlichkeit sagen, ob die aktuellen Entscheidungen ihr zukünftiges Leben in der gewünschten Art und Weise beeinflussen. Daher sind Menschen in der Lage, bewusst über die Zukunft nachzudenken und diese – zumindest teilweise – zu steuern (Nurmi, 1991).

11.3.1 Theoretisches Modell der Zukunftsorientierung

Eines der bedeutendsten Modelle der Zukunftsorientierung im Jugendalter (Nurmi, 1991, 1993) unterscheidet drei Aspekte, die aufeinander folgen.
(1) Ziele
(2) Pläne und
(3) Evaluation (Bewertung).

Wenn eine Person sich ihrer Ziele bewusst ist, entwickelt sie Pläne zur Erreichung dieser Ziele und bewertet schließlich, inwieweit diese Pläne zur Zielerreichung geeignet sind.

Ziele

Inhalt und Zeithorizont. Die Ziele einer Person unterscheiden sich nach ihrem Inhalt und Zeithorizont (d.h. der Annahme über die Zeitspanne, innerhalb derer die Ziele erreicht werden sollen). Bei Zielen werden persönliche Wünsche und allgemeine Erwartungen aufeinander abgestimmt. Außerdem werden Ziele durch die jeweiligen Entwicklungsaufgaben beeinflusst.

> **BEISPIEL**
>
> Eine Entwicklungsaufgabe im Jugendalter ist die Lösung vom Elternhaus. Daher wird der Jugendliche verschiedene Ziele formulieren, die der Bewältigung der Aufgabe dienen. Er wird z.B. ein eigenes Konto eröffnen und sich sein Geld selbst verdienen wollen. Den nächsten Urlaub will er getrennt von den Eltern verbringen. Ein großes Ziel ist der Auszug aus der elterlichen Wohnung.

Bereichsspezifität und hierarchische Ordnung.
Ziele haben zwei typische Merkmale.
- ▶ Ziele sind bereichsspezifisch im Gegensatz zu Werten, die situationsübergreifend sind.
- ▶ Ziele sind hierarchisch geordnet. Das Erreichen eines Ziels ist eine Voraussetzung für das Realisieren anderer Ziele. Die Wichtigkeit von Zielen variiert ebenfalls.

> **BEISPIEL**
>
> Ein Jugendlicher kann den selbständigen Urlaub als Probe für die Trennung von den Eltern betrachten. Ein eigenes Konto und ausreichendes Einkommen wiederum sind notwendige Voraussetzungen für eine eigene Wohnung. So bauen verschiedene Ziele aufeinander auf.

Jeder Mensch hat Ziele, die ihm besonders wichtig sind, während andere Ziele eine eher untergeordnete Rolle spielen (Nurmi, 1991, 1993). Je wichtiger uns ein Ziel ist, umso mehr versuchen wir, die Zielerreichung selbst zu kontrollieren (Grob et al., 1999). Um die Zielerreichung besser kontrollieren zu können, sind detaillierte Pläne hilfreich. Die Kontrolle über die Zielerreichung fördert den Selbstwert, die psychische Gesundheit und die Lebenszufriedenheit (Salmela-Aro, 1992; Weisheit & Grob, 2003).

Zielorientierung in der Schule. Viele wichtige Ziele im Jugendalter beziehen sich auf das schulische Lernen. In neueren Ansätzen zur Leistungsmotivation werden daher vermehrt Zielorientierungen der Schüler berücksichtigt. In diesem Bereich werden zwei grundlegende Ziele unterschieden:
- ▶ Aufgabenorientierung und
- ▶ Ichorientierung.

Aufgabenorientierung ist dadurch gekennzeichnet, dass der Lernende seine Kompetenzen steigern will. Bei der Ichorientierung soll die eigene Kompetenz im Vergleich zu anderen unter Beweis gestellt werden (Köller & Baumert, 1998).

Exkurs: Ziele, wahrgenommene Kontrolle und Lebenszufriedenheit

Das Thema Werte und Ziele untersuchten Wibke Weisheit und Alexander Grob (2003) in einer aktuellen Studie. Sie befragten Jugendliche und junge Erwachsene, deren Eltern und Großeltern in den USA, Deutschland und der Schweiz. Untersucht wurde nicht nur die Wichtigkeit, die Personen verschiedenen Zielen beimessen, sondern auch inwieweit Personen glauben, die Zielerreichung selbst beeinflussen zu können (wahrgenommene Kontrolle). Die Lebenszufriedenheit der Menschen in den drei Generationen wurde ebenfalls erhoben.

Theoretische Grundlage. Aus humanistischer Perspektive beeinflussen Grundbedürfnisse (z.B. Befriedigung von Hunger, Durst, Sicherheit) die Lebenszufriedenheit. Wenn universelle Basisbedürfnisse befriedigt werden, wirkt sich dies positiv auf die Lebenszufriedenheit der Menschen aus. Eine nächste Form von Bedürfnissen äussert sich in so genannten intrinsisch motivierten Zielen (z.B. „herausfordernde Erfahrungen machen"). Intrinsisch meint, dass das Streben nach diesen Zielen von Innen heraus erfolgt und ohne Intention, von der sozialen Umgebung für das Erlangen dieser Ziele Anerkennung zu erhalten. Davon zu unterscheiden sind extrinsische Ziele (z.B. „finanziell erfolgreich sein"). Extrinsische Ziele haben eine klare Außenkomponente, d.h. durch deren Erlangung wird das Individuum von seiner sozialen Umgebung Anerkennung erlangen. Man geht davon aus, dass extrinsische Ziele für die Lebenszufriedenheit weniger bedeutsam sind, oder die Lebenszufriedenheit sogar beeinträchtigen (können). Zusätzlich zu den Zielinhalten sollte die Lebenszufriedenheit dann höher sein, wenn Menschen mehr persönliche Kontrolle über ihre Ziele wahrnehmen.

Annahmen. Die Lebenszufriedenheit in allen drei Ländern, in den drei Generationen sowie für Männer und Frauen sollte vergleichbar sein. Die Gruppen sollten sich aber unterscheiden in der Wichtigkeit von Zielen und der wahrge-nommenen Kontrolle über intrinsische und extrinsische Ziele. Die Autoren gingen davon aus, dass mit zunehmendem Alter die Wichtigkeit extrinsischer Ziele und die wahrgenommene Kontrolle über alle Zielbereiche abnimmt. Die intrinsischen Ziele dagegen sollten in allen drei Altersgruppen ähnlich wichtig sein.

Darüber hinaus wurden Unterschiede zwischen Männern und Frauen im Bereich der Ziele erwartet. Männer sollten traditionell größeren Wert auf extrinsische Ziele legen und mehr Kontrolle über diese wahrnehmen; intrinsische Ziele dagegen sollten von Frauen als wichtiger eingeschätzt werden. Die wahrgenommene Kontrolle von Männern und Frauen über die Erreichung intrinsischer Ziele sollte sich nicht unterscheiden.

Aufgrund kultureller Unterschiede sollte die Bedeutung extrinsischer Ziele in den USA größer sein als in den beiden europäischen Ländern. Intrinsische Ziele sollten von Europäern höher bewertet werden als von amerikanischen Bürgern. Die wahrgenommene Kontrolle über die Zielerreichung dagegen sollte in allen drei Ländern vergleichbar sein.

Ergebnisse. Wie erwartet ist die Lebenszufriedenheit bei Männern und Frauen, in allen drei Generationen sowie in den drei Nationen vergleichbar. Menschen sind mit ihrem Leben insgesamt zufrieden. Außerdem betonten alle, dass ihnen die intrinsischen Ziele wichtiger sind als die extrinsischen.

In den USA unterscheiden sich intrinsische und extrinsische Ziele in der Wichtigkeit nur wenig. Auch in Deutschland schätzten die Menschen extrinsische Ziele kaum wichtiger ein als intrinsische.

Die Geschlechtsunterschiede wurden nicht bestätigt – möglicherweise aufgrund der soziohistorischen Entwicklungen der letzten Jahrzehnte. Aber es fanden sich deutliche Generationenunterschiede. Bei der jüngsten Generation sind extrinsische Ziele am wichtigsten. Mit zunehmendem Alter nimmt die wahrgenommene Kontrolle über die Zielerreichung ab. Kein Altersunterschied trat bei der Wichtigkeit intrinsischer Ziele auf. Diese haben in allen drei Generationen eine ähnliche Bedeutung.

Auch die Zusammenhänge zwischen der Wichtigkeit intrinsischer bzw. extrinsischer Ziele und der Lebenszufriedenheit entsprachen nicht ganz den Erwartungen. Intrinsische Ziele trugen stärker zur Zufriedenheit bei als extrinsische Ziele. Extrinsische Ziele wirkten sich jedoch nicht negativ auf die Lebenszufriedenheit aus. Diese Zusammenhänge galten in allen drei Ländern, Generationen, sowie für Männer und Frauen in vergleichbarer Art und Weise (vgl. Abb. 11.1).

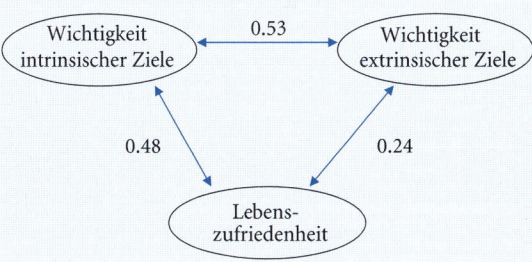

Abbildung 11.1. Die Zusammenhänge zwischen der Wichtigkeit intrinsischer und extrinsischer Ziele und der Lebenszufriedenheit (Weisheit & Grob, 2003)

Personen, die ein hohes Maß an Kontrolle über extrinsische und intrinsische Ziele wahrnehmen, sind mit ihrem Leben zufriedener, als diejenigen, die glaubten nur wenig Kontrolle zu haben (vgl. Abb. 11.2).

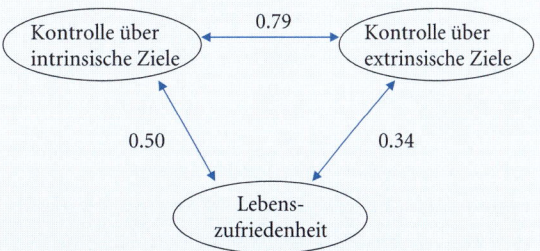

Abbildung 11.2. Die Zusammenhänge zwischen der Kontrolle über intrinsische und extrinsische Ziele und der Lebenszufriedenheit (Weisheit & Grob, 2003)

Fazit. Ziele sowie die Kontrolle über die Zielerreichung tragen wesentlich zur Lebenszufriedenheit bei – und zwar unabhängig vom Alter, Geschlecht sowie von der nationalen Herkunft. Außerdem sind extrinsische Ziele für Frauen heute nicht mehr bedeutungslos oder unerreichbar, so dass keine Geschlechtsunterschiede auftreten.

Pläne

Altersabhängige Handlungsspielräume beeinflussen die Planung von Strategien und Wegen zur Zielerreichung. Auch die schulische Laufbahn spielt bei der Planung von Strategien zur Zielerreichung eine Rolle. Beispielsweise hat ein Gymnasiast aufgrund seines voraussichtlichen Schulabschlusses andere Möglichkeiten, sein Ziel „Studium" zu erreichen, als ein Hauptschüler, der studieren möchte.

Die Planung der Zukunft ähnelt einem Problemlösungsprozess: Der Jugendliche nimmt in seiner aktuellen Situation einen Unterschied zwischen Ziel und gegenwärtiger Situation wahr. Er entwickelt nun Pläne und Strategien, um dieses Problem zu bewältigen, d.h. um sein Ziel zu errei-

chen. Die Planung geht jedoch über die Entwicklung von Ideen und Strategien hinaus. Wer sich für einen bestimmten Weg entschieden hat, muss auf diesem Weg immer wieder überprüfen, ob er auch zum Ziel führt und notfalls Korrekturen vornehmen. Die Überwachung der Planungsausführung ist also ebenfalls ein Teil der Pläne (Nurmi, 1991, 1993).

Evaluation (Bewertung)

Bewertungsprozesse sind zweifach bei der Zukunftsorientierung von Bedeutung. Zum einen werden Pläne danach bewertet, ob sie mit hoher Wahrscheinlichkeit die Zielerreichung möglich machen. Diese Bewertung wird dadurch beeinflusst, wie groß die individuellen Handlungsmöglichkeiten sind. Sie sind bereits mit Emotionen – nämlich Optimismus und Pessimismus – verbunden. Der zweite Bewertungsprozess basiert auf der Zielerreichung. Jugendliche, die entsprechende Entwicklungsstandards erfüllen und ihre Ziele realisieren, werden ihre Handlungspläne positiv bewerten, Stolz empfinden und bei weiteren Zielen optimistisch sein (Nurmi, 1991, 1993).

BEISPIEL

Der Plan, ein bestimmtes Studium zu absolvieren, um anschließend in dem entsprechenden Bereich zu arbeiten, bietet durchaus gute Handlungsmöglichkeiten. Der Jugendliche kann während des Studiums bestimmte Schwerpunkte auswählen, Praktika absolvieren oder auch Jobs übernehmen, die für den späteren Beruf relevant sein können. Die Zielerreichung hängt auch davon ab, ob er einen Beruf anstrebt, in dem Personal gesucht wird oder ein Studienfach, bei dem die meisten Studienabgänger arbeitslos sind. Im letzteren Fall wird er seine Erfolgsaussichten eher gering einschätzen.

Zusammenwirken von Zielen, Plänen und Evaluation

Die drei Aspekte der Zielorientierung (Ziele, Pläne, Evaluation) sind nicht getrennt voneinander zu betrachten. Vielmehr beeinflussen sie sich gegenseitig. Ziele und Pläne wirken sich auf die Evaluation aus. Je anspruchsvoller die Ziele sind, umso mehr Stolz wird die Person bei der Zielerreichung spüren. Ein gut durchdachter Plan wiederum trägt zur Zielerreichung und damit zu positiven Emotionen bei. Die Evaluation wiederum beeinflusst ihrerseits zukünftige Zielsetzungen. Ein Jugendlicher, der seine eigenen Möglichkeiten optimistisch einschätzt, wird zukünftig anspruchsvollere Ziele verfolgen (Nurmi, 1991).

11.3.2 Drei Facetten der Zukunftsorientierung

Aus dem Modell zur Zukunftsorientierung wurden insbesondere drei Facetten untersucht:
► Zielinhalte,
► Zeithorizont der Ziele und
► mit der Evaluation einhergehende Emotionen.

Zielinhalte. Ähnlich wie bei Werten, lassen sich die zentralen Ziele von Jugendlichen den Bereichen Bildung, Beruf und Familie zuordnen (Nurmi et al., 2002; Salmela-Aro & Nurmi, 1997; Gensicke, 2002). Allerdings gilt dies nur für die persönlichen Ziele der Jugendlichen. Ihre gesellschaftlichen Ziele spiegeln die Sorgen über politische und ökologische Themen wider (Poole & Cooney, 1987).

Zeithorizont. Generell reichen die konkreten Zukunftsplanungen von Jugendlichen bis ins frühe Erwachsenenalter, also bis ins Alter von etwa 20 bis 25 Jahren (Nurmi, 1991). Allerdings sind auch hier deutliche Unterschiede hinsichtlich der persönlichen und gesellschaftlichen Ziele sichtbar. Ihre persönlichen Ziele wollen Jugendliche in durchschnittlich etwa sechseinhalb Jahren erreichen. Für die gesellschaftlichen Ziele dagegen ist der Zeithorizont auf neuneinhalb Jahre ausgedehnt (Poole & Cooney, 1987).

Emotionen. Im Hinblick auf ihre persönliche Zukunft haben Jugendliche mehrheitlich eine sehr optimistische Sichtweise. Sie sind der Überzeugung, viele ihrer Ziele auch erreichen zu können. Weniger positiv dagegen ist ihre Perspektive der gesellschaftlichen Zukunft. Hier erwarten die meisten Jugendlichen mehr Probleme (Poole & Cooney, 1987). Diese Einschätzung ist historisch gesehen relativ stabil geblieben (Fuchs-Heinritz, 2000; Gensicke, 2002). Jugendliche, die ihre persönliche Zukunft pessimistisch sehen, sind überwiegend männlich, haben ein geringes Bildungsniveau, eine unklare Lebensplanung und wenig Vertrauen, dass die Politik die gegenwärtigen Probleme lösen kann. Dagegen sind die Jugendlichen, die sowohl ihre persönliche als auch die gesellschaftliche Zukunft optimistisch sehen, mehrheitlich autoritativ erzogen worden und haben in ihren Familien und in der Schule viel Unterstützung und Förderung erfahren, so dass sie ein gefestigtes Vertrauen in die Zukunft entwickelt haben (Fuchs-Heinritz, 2000).

11.3.3 Entwicklung der Zukunftsorientierung während des Jugendalters

Zielinhalte. Die wesentlichen Inhalte – Bildung, Beruf und Familie – bleiben über das ganze Jugendalter hinweg bedeutsam. Ihre Wichtigkeit nimmt sogar noch zu. Dagegen sinkt die Bedeutung der Ziele im Freizeitbereich. Daran ist zu erkennen, dass die jugendtypischen Entwicklungsaufgaben mit zunehmendem Alter eine immer zentralere Rolle spielen. Insgesamt werden die Zielsetzungen im Verlauf des Jugendalters immer anspruchsvoller (Nurmi, 1991).

Planung. Kinder verfügen bereits vor der Pubertät über einige grundlegende Planungsstrategien. Diese entwickeln sich jedoch bis ins frühe Erwachsenenalter weiter. Die Planungen älterer Jugendlicher sind effizienter, realistischer und in sich schlüssiger, als die Ansätze von Jüngeren. Diese besseren Planungsstrategien können mit Veränderungen im Kontext zusammenhängen: Je älter die Jugendlichen werden, umso stärker werden sie von Eltern und Lehrern in ihren langfristigen Zukunftsplanungen beraten und unterstützt (Nurmi, 1991). Gezielte Beratungen über Ausbildung, Berufswahl und Familienplanung sind daher wichtige Hilfen für die Jugendlichen auf ihrem Weg ins Erwachsenenleben.

Emotionen. Jugendliche schätzen ihre persönliche Zukunft optimistisch ein. Allerdings sinkt diese optimistische Einschätzung mit zunehmendem Alter. Erwachsene (25 Jahre), die bereits erste Misserfolge bei der Verfolgung ihrer Ziele erlebt haben, sehen die Zukunft weniger optimistisch als Jugendliche (17 Jahre) (Lanz & Rosnati, 2002).

Einfluss von Eltern und Gleichaltrigen. Familie und Gleichaltrige beeinflussen die verschiedenen Aspekte der Entwicklung im Jugendalter. Auch für die Zukunftsorientierung haben sie eine große Bedeutung. Eltern vermitteln ihren Kindern bestimmte Normen und Werte und beeinflussen so die Interessen und Ziele der Jugendlichen. Darüber hinaus dienen sie den Jugendlichen als Modelle für die Bewältigung von Entwicklungsaufgaben. Durch ihre Kontrollüberzeugung – also ihre Einschätzung eigener Handlungsmöglichkeiten – beeinflussen sie den Optimismus oder Pessimismus ihrer Kinder. Mit Gleichaltrigen können Jugendliche ihre eigene Situation, ihre Ziele und Pläne vergleichen. Dadurch beeinflussen Gleichaltrige nicht nur die Inhalte der Ziele, sondern auch die Wege, die Jugendliche zur Zielerreichung wählen sowie die Bewertungsprozesse. Ein Jugendlicher, der immer wieder erlebt, dass andere ihre Ziele schneller oder leichter erreichen als er selbst, wird langfristig eine eher pessimistische Haltung entwickeln und sich anderen gegenüber unterlegen fühlen (Nurmi, 1991).

11.3.4 Unterschiede zwischen Jugendlichen in ihrer Zukunftsorientierung

Die Modelle stellen die generelle Zukunftsorientierung des „durchschnittlichen" Jugendlichen dar. Aber dieser durchschnittliche Jugendliche ist im Alltag nur schwer zu finden. Vielmehr unterscheiden sich Jugendliche in ihren Zielen, Plänen und Evaluationen der Zukunft. Jungen und Mädchen sowie Jugendliche mit hohem und niedrigem sozioökonomischen Status blicken auf unterschiedliche Art und Weise in die Zukunft.

Jungen und Mädchen. In Deutschland blicken Jungen optimistischer in die Zukunft als Mädchen. Insbesondere diejenigen mit einem hohen Bildungsniveau glauben, dass sie gut auf die Herausforderungen der Zukunft vorbereitet sind. Sie haben ein größeres Interesse an technischen Themen als Mädchen und sind stärker leistungsorientiert (Fuchs-Heinritz, 2000). Inhaltlich richten sich die Ziele der Jungen eher auf materielle Sicherheit und beruflichen Erfolg. Mädchen dagegen interessieren sich stärker für das Thema Familie (Lanz & Rosnati, 2002; Nurmi, 1991).

Sozioökonomischer Status. Jugendliche aus einkommensstarken Familien konzentrieren sich auf das Thema Bildung, während Jugendliche mit geringem sozioökonomischen Status sich stärker mit dem Thema Arbeit befassen. Ziele im Bereich Bildung umfassen Wünsche über das Studium, Noten und den angestrebten Abschluss. Das Thema Arbeit dagegen umfasst Ziele wie z.B. schnell Geld verdienen, sicheren Arbeitsplatz oder einen Beruf haben, der Spaß macht (Nurmi, 1991; Poole & Cooney, 1987). Diese Inhalte legen bereits nahe, dass Jugendliche aus höheren sozialen Schichten eher langfristige, Jugendliche aus unteren Schichten dagegen kurz- und mittelfristige berufliche Ziele verfolgen (Nurmi, 1991).

Selbstwert. Der Selbstwert der Jugendlichen beeinflusst ihre Zukunftsorientierung. Aber Ziele haben auch Auswirkungen auf den Selbstwert. Jugendliche, deren Ziele zentrale Entwicklungsaufgaben beinhalten, haben einen höheren Selbstwert – verglichen mit Jugendlichen, deren Ziele sich ausschließlich auf ihre eigene Person konzentrieren (Salmela-Aro & Nurmi, 1997). Insbesondere im beruflichen Bereich sehen Jugendliche mit einem positiven Selbstwertgefühl ihre Zukunft optimistischer als Jugendliche mit geringem Selbstwert (Malmberg, 2002).

Weiterführende Literatur

Deutsche Shell (2002). Jugend 2002. 14. Shell Jugendstudie. Opladen: Leske + Budrich.
Die aktuelle Jugendstudie gibt einen umfassenden Überblick über die Werteorientierung der heutigen Jugendlichen.
Trempala, J. & Malmberg, L.-E. (2002). Adolescents future-orientation. Theory and research. Frankfurt am Main: Peter Lang.
Dieses aktuelle Lehrbuch bietet übersichtliche Informationen über die Zukunftsorientierung von Jugendlichen.

Zusammenfassung

▶ Jugendliche wachsen heute mit einer Vielfalt von variablen traditionellen und modernen Werten auf.

▶ Die Werte von Jugendlichen können den Bereichen Autonomie, Menschlichkeit, Selbstmanagement, Attraktivität, Modernität, persönliche Freiheit, Familien- und Berufsorientierung zugeordnet werden.

▶ Die Zukunftsorientierung umfasst Ziele, Pläne und Evaluation.

▶ Ziele sind bereichsspezifisch, Werte dagegen bereichsübergreifend.

▶ Die Ziele eines Menschen sind hierarchisch organisiert.

12 Gesundheit und Krankheit: Psychologische Prozesse

Warum beschäftigen wir uns mit Gesundheit und Krankheit im Jugendalter? Landläufig gilt das Jugendalter als „goldene Zeit", in der man frei von körperlichen Beeinträchtigungen und auf dem Höhepunkt der körperlichen Leistungsfähigkeit ist. Aber ist das tatsächlich so? Gesundheit ist mehr als nur fehlende Krankheit und auch Jugendliche können belastet und in ihrer Gesundheit beeinträchtigt sein. Jugendliche sind zwar insgesamt seltener krank als Erwachsene, fühlen sich aber dennoch häufig unwohl. Daher hat das Wohlbefinden für die Gesundheit im Jugendalter eine große Bedeutung (Seiffge-Krenke, 2002).

DEFINITION

Gesundheit bedeutet, dass ein Mensch die Möglichkeit hat, seine Fähigkeiten voll auszuschöpfen, dass er körperlich, geistig und sozial „voll funktionstüchtig" ist und positive Gefühle erlebt (Millstein & Litt, 1990).

Menschen im Allgemeinen – auch Jugendliche – gestalten ihr Leben selbst mit. Gleiches gilt auch für den Bereich der Gesundheit: Zwar können wir Krankheiten nicht verhindern; aber wir sind durchaus in der Lage, aktiv zur Krankheitsvorbeugung und -bewältigung sowie zu unserem allgemeinen Wohlbefinden beizutragen (Grob, 1996).

Aber welche Bedingungen sind es, die für das Wohlbefinden Jugendlicher problematisch werden (können)? Diese Frage kann auf dem Hintergrund eines allgemeinen Belastungsmodells beantwortet werden.

12.1 Modell zum Verständnis von Entwicklung, Entwicklungsproblemen und Problemverhalten

Unter welchen Bedingungen entwickeln sich Jugendliche erfolgreich – oder eben in problematischer Art und Weise? Die Bewältigung der Entwicklungsaufgaben im Jugendalter wird im Wesentlichen durch persönliche und soziale Ausgangsbedingungen beeinflusst. Lazarus und Folkman (1984) bezeichnen diese Ausgangsbedingungen als Ressourcen, die einer Person zur Bewältigung der täglichen Anforderungen zur Verfügung stehen.

Ressourcen. Persönliche Ressourcen sind die psychische und körperliche Gesundheit, Fähigkeiten im Bereich des Denkens und Problemlösens, die Motivation und Persönlichkeit des Jugendlichen. Soziale Ressourcen hängen in erster Linie vom sozioökonomischen Status der Familie ab. Neben der Berufstätigkeit, dem Einkommen und Bildungsniveau der Eltern sind auch die Beziehungen innerhalb der Familie wichtig. Gestörte Familienbeziehungen sind der größte Risikofaktor für eine negative Entwicklung. Andererseits können Familie und Freunde durch Unterstützung in Belastungssituationen auch als Ressourcen betrachtet werden. Die Trennung in persönliche und soziale Bedingungen ist künstlich, denn im Alltag beeinflussen sie sich gegenseitig. Sie bilden ein Gesamtgefüge von Ausgangsbedingungen, das sich im Jugendalter ständig verändert. Die dauerhaften Elemente dieser Bedingungen bilden die Ressourcen, die dem einzelnen Jugendlichen für die Bewältigung der Entwicklungsaufgaben zur Verfügung stehen (Hurrelmann, 1997).

Anforderungen. Verschiedene Alltags- und Entwicklungsaufgaben stellen unterschiedliche Anforderungen an die Jugendlichen. Die Quellen von Anforderungen sind

► persönliche Ziele (z.B. sportlich erfolgreich zu sein),

► informell-soziale Anforderungen (z.B. von den Freunden gemocht zu werden),

► formell-soziale Aufgaben (z.B. Klassenarbeit bestehen müssen) und

► unerwartete Lebensereignisse (z.B. Arbeitsplatzverlust der Eltern).

Die meisten der alltäglichen Anforderungen werden positiv als Herausforderung wahrgenommen und überfordern die Jugendlichen nicht. Erst wenn sich verschiedene Anforderungen innerhalb kurzer Zeit häufen, führt dies zu einer Überforderung und damit zu einer Belastung der Jugendlichen (Grob, 1991, 1996). In diesen Fällen reichen die vorhandenen Ressourcen der Jugendlichen nicht aus, um die Anforderungen erfolgreich zu bewältigen.

Belastung. Eine Situation kann von verschiedenen Menschen unterschiedlich wahrgenommen werden. Die gleiche Situation kann für eine Person eine leicht zu bewältigende Herausforderung darstellen und für eine andere kann sie eine Belastung sein. Die Anforderungen der Situation einerseits müssen den Ressourcen der Person andererseits gegenübergestellt werden. Sind die aktuellen Anforderungen größer als die Ressourcen einer Person, wird ein Ereignis als Belastung wahrgenom-

men und die Person fühlt sich stark beansprucht oder überfordert (Lazarus & Folkman, 1984).

Die Belastung von Menschen ist insgesamt als Kontinuum zwischen fehlender (d.h. in der jeweiligen Situation werden keine Ressourcen beansprucht) über mittlere (d.h. es bleiben nur wenige Reserven) bis zu sehr hoher Belastung (d.h. die Ressourcen reichen zur Bewältigung der Anforderungen nicht aus) zu verstehen. Wenn die Belastung dauerhaft sehr hoch ist oder die Person sich überlastet fühlt, so wird dadurch ihre Funktionsfähigkeit reduziert (Flammer, Grob & Alsaker, 1997; Hurrelmann, 1997).

Funktionsfähigkeit. Der Begriff Funktionsfähigkeit meint nicht das reine Fehlen von krankhaften Verhaltens- und Erlebensweisen oder von Erkrankungen, sondern ein umfassendes Wohlergehen. Funktionsfähigkeit ist dann gegeben, wenn subjektives Wohlbefinden, Lern-, Leistungs- und Genussfähigkeit, körperliche und psychische Gesundheit sowie die Freude an sozialen Kontakten vorhanden sind. Das bedeutet, dass reine Krankheits- oder Sterblichkeitsstatistiken nur wenig über die Gesundheitssituation der Bevölkerung aussagen, da sie das umfassende Wohlbefinden nicht berücksichtigen. Funktionsfähigkeit ist nicht nur ein Ergebnis der Belastung, sondern beeinflusst auch, wie Belastung erlebt wird. Belastung beeinträchtigt die Funktionsfähigkeit und eine geringe Funktionsfähigkeit beeinträchtigt den Einsatz geeigneter Ressourcen zur Bewältigung der Anforderungen.

Zusammenwirken. Insgesamt wirken diese vier Aspekte zusammen: Die Anforderungen der jeweiligen Situation erfordern den Einsatz bestimmter Ressourcen. Je nachdem, wie gut die Ressourcen der Person zu diesen Anforderungen passen, wird sie sich unterschiedlich belastet fühlen, was wiederum ihre Funktionsfähigkeit beeinflusst. Die Funktionsfähigkeit wiederum wirkt sich darauf aus, welche (angemessenen) Ressourcen eingesetzt werden (Flammer et al., 1997) (vgl. Abb. 12.1).

BEISPIEL

Eine schwere Erkrankung der Mutter erfordert von einer Schülerin sehr viel Zeit und Aufmerksamkeit. Auch emotional ist die Jugendliche stark gefordert, so dass sie insgesamt viele Ressourcen für die Bewältigung der familiären Situation benötigt. Die übrigen Ressourcen reichen dann – zumindest zeitweise – nicht mehr aus, um auch noch die schulischen Ansprüche zu erfüllen. Sie wird in der Schule schlechte Leistungen zeigen.

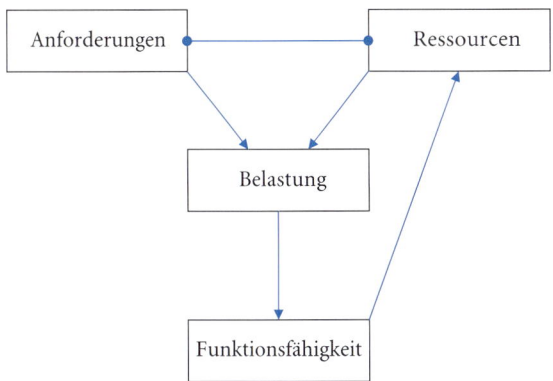

Abbildung 12.1. Zusammenspiel zwischen Anforderungen, Ressourcen, Belastung und Funktionsfähigkeit

12.2 Problemkonstellationen im Jugendalter

Lebensbereiche. Jugendliche müssen zahlreiche kognitive, motivationale, soziale und praktische Kompetenzen aufbauen, um den alltäglichen Anforderungen gerecht zu werden. Einige dieser Kompetenzen sind für unterschiedlichste Situationen hilfreich, andere nur in einzelnen Lebensbereichen. Relevante Lebensbereiche der Jugendlichen sind nach Havighurst (1948; s. auch Hurrelmann, 1997)

▶ Erwerb schulischer und beruflicher Qualifikation,
▶ Übernahme der Geschlechtsrolle und Aufbau von Beziehungen zu Gleichaltrigen und Autoritäten,
▶ Nutzung des Konsummarktes und verschiedener Freizeitangebote und
▶ Aufbau eines eigenen Wertesystems.

Mangelnde Kompetenzen. Probleme entstehen, wenn in einem oder mehreren Bereichen unangemessene oder unzureichende Kompetenzen aufgebaut werden. Dann können die von der Umwelt geforderten (Anpassungs-)Leistungen nicht erbracht werden. Eine fehlende Übereinstimmung zwischen Anforderungen und Ressourcen muss

verändert werden, indem geeignete persönliche und soziale Kompetenzen aufgebaut werden, sonst können die Belastungen den weiteren Entwicklungsprozess langfristig beeinträchtigen und psychosomatische Störungen, gesundheitsgefährdendes Verhalten und antisoziales Verhalten fördern. Diese Folgen sind nicht nur für den Jugendlichen selbst negativ, sondern werden auch von der Umwelt nicht akzeptiert. Sie können dazu führen, dass der Jugendliche durch Gleichaltrige gemieden wird und es zu Konflikten mit Eltern und Lehrern kommt (Hurrelmann, 1997).

12.3 Häufigkeiten verschiedener Krankheitssymptome und Todesursachen

Unter welchen alltäglichen Symptomen und Beschwerden leiden Jugendliche? Welche Beschwerden treten im Verlauf des Jugendalters immer häufiger, welche seltener auf? Unterscheiden sich die Beschwerden von Jungen und Mädchen?

Symptomhäufigkeit. Am häufigsten klagen Jugendliche über Schnupfen, Kopfschmerzen, Nervosität und Hautunreinheiten. 40 % aller Jugendlichen klagen über Schnupfen, jeweils etwa ein Drittel gibt an, unter Kopfschmerzen, Nervosität und Hautunreinheiten zu leiden. Unregelmäßiges Herzklopfen, Übelkeit und Erbrechen oder Verkrampfungen dagegen berichten kaum 15 % der Jugendlichen (Felder, 1997).

Altersabhängige Veränderungen. Insgesamt fällt auf, dass viele Beschwerden über das Jugendalter zunehmen. Je älter die Jugendlichen werden, umso häufiger klagen sie über Rücken-, Nacken- und Schulterschmerzen, Nervosität, Mattigkeit, kalte Hände und Füße sowie Schnupfen (Felder, 1997). Insbesondere die Zunahme von Rücken-, Nacken- und Schulterschmerzen ist bemerkenswert. Diese Beschwerden werden allgemein mit Bewegungsmangel und falscher Körperhaltung in Verbindung gebracht. Da ältere Jugendliche mehr Sport treiben als jüngere (Tschanz, 1997), werden ihre zunehmenden Beschwerden eher durch falsche Belastung als durch mangelnde Bewegung verursacht. Alpträume, Einnässen und Erbrechen treten dagegen bei älteren Jugendlichen seltener auf als bei jüngeren (Felder, 1997).

Geschlechtsunterschiede. Mädchen sind im Jugendalter gesundheitlich stärker belastet als Jungen. Sie leiden häufiger unter unterschiedlichsten Schmerzen, Übelkeit, Schwindel, Herzklopfen und Zittern (Felder, 1997).

Jugendliche können durch Krankheiten stark in ihrem Wohlbefinden eingeschränkt sein

Todesursachen. Jugendliche sind seltener von schweren Erkrankungen betroffen als Erwachsene. Gravierende Infektionskrankheiten sind im Jugendalter nur wenig verbreitet. Sie sind als Todesursache bei Jugendlichen fast ohne Bedeutung, denn weniger als ein Prozent der Todesfälle im Jugendalter sind auf Infektionskrankheiten zurückzuführen. Vielmehr sind Unfälle und Selbstmord die häufigsten Todesursachen bei Jugendlichen (Seiffge-Krenke, 2002; Millstein & Litt, 1990).

12.4 Chronische Krankheiten

Häufigkeit und Wohlbefinden. Chronische Krankheiten wie Allergien, Migräne, Herzerkrankungen, Diabetes mellitus oder Krebs sind im Jugendalter vergleichsweise selten. Etwa 10 % der Jugendlichen sind von einer oder mehrerer dieser Erkrankungen betroffen. Dabei sind Allergien, welche die Atemwege betreffen, am häufigsten (Seiffge-Krenke, 2002). Auffällig ist, dass sich chronisch kranke Jugendliche oftmals nicht schlechter fühlen als gesunde. Wenn man sie nach täglichen Problemen und ihrem Befinden fragt, so unterscheiden sich ihre Angaben nicht von denen gesunder Jugendlicher (Seiffge-Krenke et al., 1996). Dennoch gibt es Unterschiede zwischen chronisch kranken und gesunden Jugendlichen.

Diabetiker und gesunde Jugendliche

Es gibt eine umfassende deutsche Längsschnittstudie zu den Auswirkungen von Diabetes mellitus auf die Entwicklung von Jugendlichen.

Unterschiede. Im Vergleich zu gesunden Jugendlichen bewältigen an Diabetes erkrankte Jugendliche einige Entwicklungsaufgaben des Jugendalters später. Erste romantische Beziehungen gehen sie später ein als gesunde Jugendliche. Insbesondere Diabetikerinnen haben größere Schwierigkeiten, sich von ihren Eltern zu lösen und ein selbständiges Leben zu beginnen. Darüber hinaus bitten die erkrankten Jugendlichen seltener um Hilfe als gesunde Jugendliche. Möglicherweise wollen sie so ihrer Umwelt beweisen, dass sie ihre alltäglichen Probleme trotz ihrer Erkrankung selbständig bewältigen können (Seiffge-Krenke et al., 1996). Ihre beruflichen Kompetenzen oder Fähigkeiten, die für einen zukünftigen Beruf bedeutsam sein könnten, schätzen Diabetiker höher ein als gesunde Jugendliche. Aufgrund ihrer Erkrankung wird ihnen ein höheres Maß an Disziplin und Selbstkontrolle abverlangt – Eigenschaften, die den Einstieg ins Berufsleben erleichtern (Seiffge-Krenke, 1998a).

Unterstützung. Diese Studie verdeutlicht, dass chronisch kranke Jugendliche eine besondere Unterstützung bei der Bewältigung von Entwicklungsaufgaben benötigen. Insbesondere die Eltern können die Neuorganisation in der Familie und die Lösung vom Elternhaus unterstützen. Sie sollten ihren Kindern – trotz ihrer Sorgen aufgrund deren Krankheit – eigene Entscheidungen zutrauen, um so die Autonomieentwicklung zu fördern.

12.5 Psychologische Bewältigungsprozesse: Coping und die Bedeutung sozialer Unterstützung

> **DEFINITION**
>
> Der Begriff **Coping** (Stressbewältigung) bezeichnet den Prozess, mit dem Menschen versuchen, ihre Probleme und Schwierigkeiten zu lösen bzw. mit ihnen umzugehen (Lazarus & Folkman, 1984).

Bewältigungsprozesse: Coping

Grundsätzlich lassen sich zwei verschiedene Bewältigungsprozesse unterscheiden.

▶ Aktives Coping und
▶ internales Coping.

Aktives Coping. Aktives Coping bezeichnet den Versuch, die Situation durch eigenes Handeln so zu ändern, dass sie wieder der eigenen Vorstellung entspricht. Wenn ein Jugendlicher eine schlechte Klassenarbeit schreibt, kann er für die nächste Arbeit mehr lernen. Somit wäre seine Versetzung

dann nicht mehr gefährdet. Oder ein Jugendlicher, der an einer Grippe erkrankt, kann einige Tage das Bett hüten und Medikamente einnehmen, um wieder gesund zu werden. Es gibt jedoch auch Ereignisse, die nicht ohne Weiteres beeinflusst werden können. Wer zum zweiten Mal die Abiturprüfung nicht bestanden hat, darf sie nicht wiederholen; die Trennung der Eltern kann von ihren Kindern nicht rückgängig gemacht werden; der Tod der Großeltern lässt sich nicht umkehren. In Situationen wie diesen funktionieren aktive Bewältigungsprozesse nicht.

Internales Coping. Wenn aktives Coping nicht zum Erfolg führt, treten internale Bewältigungsprozesse in den Vordergrund. Dabei wird die eigene gedankliche Bewertung der Situation verändert. Man kann

▶ die Bedeutung der Situation herabsetzen („Das Abitur wollte ich sowieso nicht machen. Schließlich möchte ich nicht studieren und für eine Ausbildung ist das nicht nötig."),
▶ die Vorteile der jetzigen Situation in den Vordergrund rücken („Wenigstens streiten meine Eltern nun nicht mehr ständig.") oder
▶ sich mit anderen vergleichen, denen es noch schlechter geht („Die Großeltern von meiner Freundin sind so früh gestorben, dass sie sich nicht einmal an sie erinnern kann.").

Beide Formen – aktives und internales Coping – tragen dazu bei, das Wohlbefinden in schwierigen Lebenssituationen wiederherzustellen und werden als funktional bezeichnet (Grob, 1998; Seiffge-Krenke, 1992).

Abwehr

Von diesen Bewältigungsprozessen ist die Abwehr zu unterscheiden. Wenn Jugendliche sich mit ihren Problemen und Sorgen nicht auseinandersetzen, sondern diese verdrängen oder versuchen, nicht an sie zu denken, wird das als Abwehr bezeichnet. Diese Form des Umgangs mit Problemen führt kurzfristig dazu, dass der Jugendliche sich wieder besser fühlt. Langfristig jedoch bietet Abwehr keine Lösung und Bewältigung der Probleme (Seiffge-Krenke, 1998b). Daher ist es positiv zu bewerten, dass die große Mehrheit der Jugendlichen in belastenden Lebenssituationen hauptsächlich aktive und internale Coping-Strategien einsetzt (Seiffge-Krenke & Klessinger, 2000).

Soziale Unterstützung

> **DEFINITION**
>
> Der Begriff **wahrgenommene soziale Unterstützung** bezeichnet die Einschätzung einer Person, inwieweit andere Menschen auf die eigenen Bedürfnisse nach Information und Hilfe eingehen (Procidano & Heller, 1983).

Hilfe durch Eltern. Im Jugendalter sind bei gesundheitlichen Problemen die Eltern die wichtigsten Helfer. Soziale Unterstützung durch die Eltern fördert die Gesundheit der Jugendlichen (Wickrama et al., 1997). Insbesondere in kritischen Lebenssituationen (z.B. Trennung in den ersten romantischen Beziehungen, Tod der Großeltern) kann die Hilfe der Eltern körperliche und psychische Beschwerden der Jugendlichen reduzieren (Seiffge-Krenke, 1998b). Es ist für Eltern und andere wichtige Personen nicht immer einfach zu erkennen, wann ihre Kinder Unterstützung benötigen und wünschen. Mädchen suchen häufiger soziale Unterstützung als Jungen (Seiffge-Krenke, 2002). Das bedeutet jedoch nicht, dass Jungen weniger Unterstützung benötigen, sie äußern den Wunsch nach Unterstützung nur seltener.

Hilfe für Eltern. Nicht nur Jugendliche brauchen soziale Unterstützung. Gerade in schwierigen Situationen – beispielsweise bei einer chronischen Erkrankung eines Kindes – sind auch Eltern auf Hilfe angewiesen. Diese ist jedoch oft nicht ausreichend gegeben. In der Anfangsphase der Krankheit kümmern sich Freunde und Verwandte in der Regel intensiv um die betroffene Familie. Mit zunehmender Dauer der Erkrankung ziehen sie sich mehr und mehr zurück (Kazak & Meadows, 1989), so dass chronisch kranke Jugendliche und ihre Eltern häufig nur noch wenige soziale Kontakte haben und relativ isoliert leben (Eiser, 1992).

12.6 Subjektives Wohlbefinden

Zusammenhang Gesundheit – Wohlbefinden.
Bereits in der Definition von Gesundheit wurde deutlich, dass Gesundheit mehr bedeutet als nur fehlende Krankheit. Vielmehr ist ein Mensch erst dann gesund, wenn er sich umfassend wohl fühlt. Dieser Zustand des Wohlbefindens ist gegeben, wenn die Ressourcen eines Menschen für die Bewältigung der Anforderungen ausreichen. Das heißt, ein Gleichgewicht zwischen Anforderungen und Ressourcen ist eine Voraussetzung für das subjektive Wohlbefinden. Eine Überforderung resultiert in einer Reduzierung des Wohlbefindens, die sich in Sorgen und depressiver Stimmung zeigt (Grob et al., 1991). Aber was ist denn eigentlich das subjektive Wohlbefinden?

> **DEFINITION**
>
> **Wohlbefinden** umfasst (Diener, 1994; Flammer et al., 1989; Myers & Diener, 1995)
> ▶ allgemeine Lebenszufriedenheit (z.B. eine positive Einstellung zum eigenen Leben, Lebensfreude, eine positive Selbsteinschätzung),
> ▶ positive Gefühle und
> ▶ fehlende negative Befindlichkeit (also geringe Problembelastung und wenig körperliche Beschwerden).

Das Wohlbefinden kann durch gravierende negative oder besonders erfreuliche Ereignisse beeinflusst werden. Aber insgesamt ist es in verschiedenen Situationen und über einen längeren Zeitraum relativ stabil (Diener, 1994).

Die Mehrheit der Jugendlichen ist durch ein hohes subjektives Wohlbefinden gekennzeichnet (Diener & Diener, 1996; Grob, 1998). Dieser Befund ist besonders positiv zu bewerten, weil ein hohes Wohlbefinden mit geringer Ich-Bezogenheit, Aggressivität und Krankheitsanfälligkeit einhergeht. Außerdem sind zufriedene, glückliche Menschen besonders liebevoll, entschlussfreudig, kreativ, hilfsbereit und kontaktfähig (Myers & Diener, 1995).

Determinanten des Wohlbefindens

Was unterscheidet Jugendliche, die sich wohl fühlen, von denen, die sich nicht wohl fühlen?

Alter. Jüngere und ältere Jugendliche unterscheiden sich kaum hinsichtlich ihres Wohlbefindens. Die Lebenseinstellung wird im Verlauf des Jugendalters etwas negativer, und es werden mehr Probleme wahrgenommen. Gleichzeitig nimmt aber auch die Lebensfreude der Jugendlichen zu. Insgesamt sind die Veränderungen des Wohlbefindens im Jugendalter gering (Grob, 1996).

Geschlecht. Das Wohlbefinden wird kaum durch das Geschlecht beeinflusst. Betrachtet man allerdings negative Gefühle und die Zufriedenheit getrennt, so unterscheiden sich Jungen und Mädchen durchaus. Mädchen und Frauen haben – nach eigenen Angaben – stärkere negative Emotionen, erleben aber auch intensivere Freude als Jungen und Männer (Diener, 1984; Grob, 1996). Der Unterschied zwischen Männern und Frauen bezieht sich jedoch nicht auf die Häufigkeit, sondern auf die Intensität der Emotionen. Es gibt Menschen, die ihre Gefühle – positive und negative – stärker erleben als andere (Myers & Diener, 1995). Daher ist der Unterschied zwischen Männern und Frauen wohl darauf zurückzuführen, dass Frauen ihre unterschiedlichsten Gefühle insgesamt intensiver wahrnehmen als Männer.

Soziale und ökonomische Rahmenbedingungen. Ein ausreichendes Einkommen, die Möglichkeit, den eigenen Lebenslauf individuell zu gestalten, die Sicherung der Menschenrechte und die Zufriedenheit mit dem Beruf fördern das Wohlbefinden (Diener & Suh, 1997). Allerdings ist das Einkommen nur von untergeordneter Bedeutung. Sobald der Grundbedarf gesichert ist, kann ein steigendes Einkommen das Wohlbefinden nicht weiter fördern. Wichtiger als das objektive Einkommen ist die Zufriedenheit mit der eigenen finanziellen Situation – und hier unterscheiden sich reiche Menschen nur wenig von Personen mit durchschnittlichem Einkommen. Auch diejenigen, die viel verdienen, wünschen sich ein höheres Einkommen (Myers & Diener, 1995). Das Wohlbefinden kann – gerade bei

Jugendlichen – durch Arbeitslosigkeit deutlich beeinträchtigt werden. Arbeitslose Jugendliche sind nicht nur mit einer problematischen finanziellen Situation konfrontiert. Die meisten wurden außerdem durch häufige Absagen von potentiellen Arbeitgebern frustriert und erleben eindrücklich, dass ihre Fähigkeiten und Qualifikationen nicht ausreichen (Meeus & Dekovic, 1996).

Belastende Lebensereignisse. Auch gravierende belastende Ereignisse können – jedes für sich genommen – das Wohlbefinden der Jugendlichen kaum langfristig beeinträchtigen. So fühlen sich beispielsweise Jugendliche aus Ein-Eltern-Familien ebenso wohl wie Jugendliche aus intakten Familien (Bodmer, 1997). Erst eine Anhäufung von mehr als drei kritischen Ereignissen (z.B. eigene Erkrankung, Tod der Großeltern und Trennung der Eltern) innerhalb von zwei Jahren können die Jugendlichen nicht mehr angemessen bewältigen. Ihr Wohlbefinden wird durch die Häufung von Stressoren nachhaltig beeinträchtigt (Grob, 1991; 1995; 1996). Die kleine Gruppe der Jugendlichen, die durch eine Vielzahl von kritischen Ereignissen besonders belastet wird, benötigt daher ein hohes Maß an sozialer Unterstützung. So können langfristige negative Konsequenzen der hohen Belastung oder Überlastung vermieden werden.

Persönlichkeitseigenschaften. Glückliche Menschen zeichnen sich aus durch ein positives Selbstwertgefühl, Extraversion (Geselligkeit, Kontaktfreudigkeit) und ihren Optimismus. Außerdem vertreten sie eine internale Kontrollüberzeugung, d.h. sie sind der Auffassung, ihr Leben selbst gestalten und beeinflussen zu können. Menschen mit einer externalen Kontrollüberzeugung nehmen ihr Leben als fremdgesteuert (z.B. durch andere Personen oder Zufall) wahr (Myers & Diener, 1995).

Stressbewältigungsstrategien. Jugendliche, die regelmäßig versuchen, negative Gefühle zu verdrängen, zu vermeiden oder mit Hilfe von Aggressionen zu bewältigen, fühlen sich insgesamt nicht besonders wohl. Dagegen ist das Wohlbefinden bei Jugendlichen hoch, die bei unangenehmen Gefühlen Zerstreuung suchen, diese Gefühle akzeptieren und versuchen, ihre Stimmung durch positive Erinnerungen zu verbessern (Grob, 1998; Soravia, 2002). Diese funktionalen Strategien beeinflussen das subjektive Wohlbefinden positiv. Vermeidung dagegen reduziert das Wohlbefinden. Deshalb sollten Kindern und Jugendlichen die verschiedenen Strategien bewusst gemacht werden. In einem zweiten

Schritt können dann gezielt die funktionalen Bewältigungsmöglichkeiten trainiert werden.

Soziale Beziehungen. Die Neugestaltung der familiären Beziehungen sowie der Aufbau von Freundschaften und romantischen Beziehungen sind zentrale Entwicklungsaufgaben des Jugendalters. Auch in der Schule und Freizeit pflegen Jugendliche Kontakte zu anderen Menschen. Diese sozialen Kontakte sind eine Quelle des Wohlbefin-

---

Exkurs: Einfluss unterschiedlicher soziopolitischer Hintergründe auf das Wohlbefinden Jugendlicher

In früheren Studien wurde nachgewiesen, dass Wohlbefinden durch Demokratie, hohen Lebensstandard und Chancengleichheit positiv beeinflusst wird. Der Einfluss des soziopolitischen Hintergrundes sollte untersucht werden, indem Jugendliche aus unterschiedlichen west- und osteuropäischen Nationen miteinander verglichen wurden. Aufgrund der Veränderungen in den osteuropäischen Ländern hin zu mehr Demokratie und soziopolitischer Chancengleichheit sollte das Wohlbefinden von osteuropäischen Jugendlichen dem von westlichen Gleichaltrigen entsprechen.

Teilnehmer. Alexander Grob et al. (1996) haben das Wohlbefinden von Jugendlichen aus unterschiedlichen west- und osteuropäischen Nationen sowie den USA analysiert. Insgesamt befragten sie 2.163 Jugendliche aus osteuropäischen Ländern und 1.578 Jugendliche aus westlichen Kontexten, die zwischen 12 und 18 Jahren alt waren. Als ehemalige sozialistische Länder wurden Bulgarien, die tschechische Republik, Ungarn, Polen, Rumänien, Russland und Transsylvanien berücksichtigt. Die Jugendlichen in den traditionell demokratischen Ländern stammten aus Finnland, Frankreich, Deutschland, Norwegen, der Schweiz und den USA. Die Länder in beiden Kontexten ähnelten sich hinsichtlich Industrialisierung, Verstädterung, Familienstruktur und Bildungsniveau. Die sozialen Strukturen waren vergleichbar. Gravieren-

de Unterschiede dagegen gab es im soziopolitischen Bereich. Die politischen Systeme waren traditionell verschieden (Sozialismus versus Demokratie), der Lebensstandard in den osteuropäischen Ländern war vergleichsweise gering und auch die soziokulturelle Orientierung unterschied sich deutlich. Die umfassenden politischen und sozialen Veränderungen in den osteuropäischen Ländern lagen zum Zeitpunkt der Befragung erst wenige Monate zurück. So konnten Jugendliche, die mit individualistischen westlichen Werten aufgewachsen waren, mit Jugendlichen verglichen werden, die aus kollektivistischen osteuropäischen Ländern stammten.

Wohlbefinden und Einflussmöglichkeiten.
Das Wohlbefinden der Jugendlichen wurde mit Skalen zur Erfassung der positiven Lebenseinstellung und des Selbstwertgefühls erhoben. Darüber hinaus wurden die Jugendlichen befragt, wie wichtig ihnen eigene Einflussmöglichkeiten in verschiedenen Bereichen sind und wie sie ihre eigene Kontrolle in diesen Bereichen einschätzen. Generell wurde erwartet, dass sich die wahrgenommene Kontrolle positiv auf die beiden Aspekte des subjektiven Wohlbefindens (Selbstwert und positive Lebenseinstellung) auswirkt.

Ergebnisse. Das Wohlbefinden der Jugendlichen aus westlichen Ländern war besser als das Wohlbefinden der osteuropäischen Jugendlichen. Andererseits bewerteten osteuropäische Jugendliche eigene Einflussmöglichkeiten als wichtiger und schätzten eigene Kontrollmöglichkeiten höher ein (vgl. Abb. 12.2).

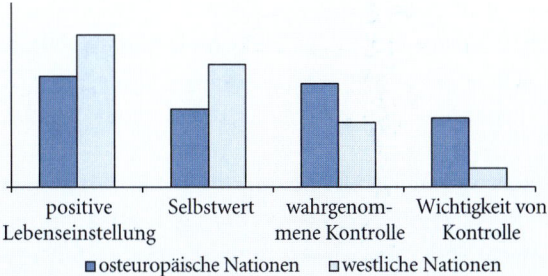

Abbildung 12.2. Wohlbefinden und Kontrolle bei Jugendlichen aus osteuropäischen und westlichen Nationen (nach Grob et al., 1996)

Scheint sich also wahrgenommene Kontrolle doch nicht positiv auf das Wohlbefinden auszuwirken? Doch! Denn insgesamt geht eine hohe wahrgenommene Kontrolle und – etwas weniger deutlich – auch eine hohe Wichtigkeit von Kontrolle mit einer besonders positiven Lebenseinstellung und einem höheren Selbstwertgefühl einher. Diese Zusammenhänge sind in den beiden soziopolitischen Kontexten vergleichbar. Lediglich der Zusammenhang zwischen Selbstwertgefühl und der wahrgenommenen Kontrolle ist in den osteuropäischen Ländern etwas größer als in den westlichen Nationen (vgl. Abb. 12.3).

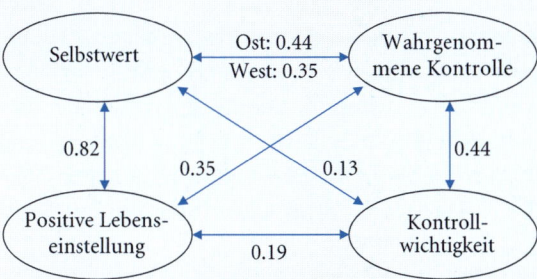

Abbildung 12.3. Die Zusammenhänge zwischen subjektivem Wohlbefinden (Selbstwert und positive Lebenseinstellung) und Kontrolle (wahrgenommene Kontrolle und Kontrollwichtigkeit) (Grob et al., 1996)

Erklärungen. Das bessere Wohlbefinden der Jugendlichen aus Westeuropa und den USA könnte auf Unterschiede im Lebensstandard zurückzuführen sein. Zwar haben sich die osteuropäischen Länder dem westlichen Standard angenähert, aber aufgrund der Medien wird den osteuropäischen Jugendlichen fast täglich verdeutlicht, dass ihr Lebensstandard immer noch hinter dem westlichen Niveau zurückbleibt.

Für die Unterschiede in der wahrgenommenen Kontrolle bieten sich zwei denkbare Erklärungen an. Weil zahlreiche institutionalisierte Beschränkungen in den osteuropäischen Ländern aufgehoben wurden, erkennen die Jugendlichen, dass sie ihr Leben nun selbst beeinflussen und kontrollieren können. Gerade dieser Unterschied zu den früheren Bedingungen könnte die wahrgenommene Kontrolle der Jugendlichen positiv beeinflussen. Andererseits könnte die starke Kontrollüberzeugung osteuropäischer Jugendlicher ihre Wurzeln in der sozialistischen Vergangenheit haben. Denn durch die vergleichsweise strengen Regeln und Werte wusste jeder Bürger genau, wie sich sein Verhalten auf sein weiteres Leben auswirken würde. Die hohe wahrgenommene Kontrolle hätten die Jugendlichen dann bereits zu sozialistischen Zeiten erworben und trotz der Demokratisierung beibehalten. Im Nachhinein ist es nicht mehr möglich zu entscheiden, welche der beiden Interpretationen korrekt ist, da die wahrgenommene Kontrolle vor der politischen Wende nicht rückwirkend erfasst werden kann.

Fazit. Es ist beeindruckend, wie stabil die Zusammenhänge zwischen Kontrolle und Wohlbefinden sind. Will man das Wohlbefinden Jugendlicher erhöhen, sollten deren Einflussmöglichkeiten auf alltägliche Entscheidungen und Situationen gefördert werden, um somit indirekt auch ihr Wohlbefinden zu verbessern.

dens. Jugendliche, die in ein soziales Netz eingebunden sind, ihre zwischenmenschlichen Beziehungen als befriedigend wahrnehmen und persönliche Probleme mit Freunden besprechen können, sind mit ihrem Leben zufriedener und weniger durch Probleme belastet als isolierte Jugendliche (Grob, 1996; Myers & Diener, 1995).

12.7 Gesundheitsorientiertes Verhalten

Angesichts steigender Krankenversicherungsbeiträge und sinkender Leistungen im Gesundheitsbereich ist die Frage nach der Vorbeugung und Behandlung von Krankheiten im Alltag von hoher Bedeutung. Aber was ist mit gesundheitsorientiertem Verhalten gemeint?

Bereiche. Insgesamt sind drei Bereiche zu unterscheiden (Millstein & Litt, 1990).

(1) **Heilung:** Um den Heilungsprozess bei einer aktuellen Erkrankung zu fördern, kann der Jugendliche eine Krankenrolle übernehmen. Das heißt, er ruht sich aus, geht nicht in die Schule, geht zum Arzt und nimmt Medikamente ein.

(2) **Prävention (Vorbeugung) von Krankheiten:** Damit Krankheiten verhindert werden, zeigt der Jugendliche bestimmte Verhaltensweisen. Er trägt beispielsweise wettergerechte Kleidung und geht regelmäßig zu Vorsorgeuntersuchungen.

(3) **Förderung von Gesundheit:** Um den Gesundheitszustand insgesamt vorteilhaft zu beeinflussen, achtet der Jugendliche auf ausreichende Bewegung und eine richtige Ernährung.

Verhaltensweisen des ersten Bereichs treten auf, wenn ein Jugendlicher bereits erkrankt ist. Voraussetzung für Verhaltensweisen des zweiten und dritten Bereichs dagegen sind:

▶ Überzeugung, dass man persönlich anfällig für eine bestimmte Krankheit ist,

▶ Überzeugung, dass diese Erkrankung negative Auswirkungen auf das eigene Leben hätte,

▶ Kenntnis erfolgversprechender vorbeugender Maßnahmen und

▶ Überzeugung, dass die Vorteile der vorbeugenden Verhaltensweisen höher sind als der Aufwand, dieses Verhalten umzusetzen (Becker, 1974).

Bedeutung von Überzeugungen. Es reicht nicht aus, Jugendlichen Wissen über gesundheitsorientierte Verhaltensweisen zu vermitteln. Damit Programme zur Prävention von Erkrankungen und zur Förderung der Gesundheit positive Wirkungen haben, müssen auch die Überzeugungen der Jugendlichen entsprechend beeinflusst werden (Seiffge-Krenke, 2002). Öffentliche Gesundheitskampagnen beeinflussen zwar den Wissensstand der Bevölkerung, kaum aber ihr Verhalten. Individuelle Maßnahmen der Gesundheitsförderung, die eine Verhaltensänderung erreichen, müssen dagegen in Deutschland meist privat bezahlt werden, so dass eine Zweiklassen-Medizin entsteht, in der Reiche gesünder sind als Arme (Haisch, 2002).

Einfluss der Familie. Eine große Bedeutung für die Entwicklung einer gesundheitsfördernden Lebensweise hat die Familie. Hier werden die Grundlagen für spätere Verhaltensweisen gelegt. Eltern dienen ihren Kindern als Modelle. Eltern sollten selbst gesundheitsbewusst leben: sich gesund ernähren, ausreichend bewegen, nicht rauchen, regelmäßig die verschiedenen Vorsorgeuntersuchungen nutzen und Ähnliches. Nur wenn sie bei ihren Kindern entsprechende Verhaltensweisen möglichst frühzeitig fördern und fordern, schaffen sie damit gute Voraussetzungen für eine gesunde Lebensweise ihrer Kinder (Seiffge-Krenke, 2002).

Zusammenfassung

▶ Gesundheit ist mehr als nur fehlende Krankheit. Ein umfassendes Gesundheitsverständnis berücksichtigt auch das Wohlbefinden der Menschen.

▶ Entwicklungsprobleme ergeben sich dann, wenn Anforderungen wiederholt die Ressourcen eines Menschen übersteigen. In diesem Fall wird eine dauerhafte Be- oder Überlastung empfunden, welche die Funktionsfähigkeit beeinträchtigt.

▶ Stress kann durch aktive oder internale Strategien bewältigt werden. Im negativen Fall dagegen treten Vermeidungsreaktionen auf.

▶ Subjektives Wohlbefinden ist durch eine hohe Lebenszufriedenheit, positive Gefühle und fehlende negative Befindlichkeit gekennzeichnet.

Weiterführende Literatur

Röhrle, B. (2002). Prävention und Gesundheitsförderung. Tübingen: dgvt-Verlag.

In dieser Serie mit zwei Bänden finden sich Berichte über verschiedene Präventionsprogramme, von denen einige speziell für das Jugendalter konzipiert wurden.

Seiffge-Krenke, I. (1998). Adolescents' health. A developmental perspective. Mahwah: Lawrence Erlbaum.

Dieses Buch bietet einen umfassenden Überblick über die entwicklungpsychologischen Aspekte der Gesundheit von Jugendlichen. Insbesondere chronische Erkrankungen werden hier berücksichtigt.

13 Entwicklungsprobleme I: Gewalt, Aggression und Delinquenz

Prügelnde Kinder auf dem Schulhof, Mädchen, die mal eben einen Lippenstift „mitgehen" lassen oder gar Jugendliche, die einen geistig behinderten Mann zu Tode quälen – manche Verhaltensweisen finden wir normal, andere erschrecken uns zutiefst. Wie kommt es zu normbrechendem Verhalten, zu Gewalt und Aggressionen im Jugendalter? Welches sind die Risiko- und Schutzfaktoren? Wie kann man jugendlicher Gewalt vorbeugen?

Jeder verstößt im Laufe seines Lebens gegen verschiedene Normen und Regeln, die meisten tun dies jedoch eher selten. Normverstöße sind im Jugendalter häufiger als in jeder anderen Lebensphase (Arnett, 1992; Moffitt, 1993). Daher ist anzunehmen, dass die zahlreichen biologischen, psychologischen und sozialen Veränderungen, mit denen Jugendliche konfrontiert werden, eine Ursache für den Anstieg normbrechenden Verhaltens sind (Silbereisen, 1998).

13.1 Kontinuität, Diskontinuität und Wendepunkte

In Kapitel 12 haben wir ein grundlegendes Modell über die Zusammenhänge zwischen Ressourcen, Anforderungen, Belastung und Funktionsfähigkeit vorgestellt. Anforderungen, mit denen wir im Alltag konfrontiert sind, führen nur dann zu einer Be- oder Überlastung, wenn unsere Ressourcen nicht zur Bewältigung dieser Anforderungen ausreichen. Ein chronisches Ungleichgewicht zwischen Ressourcen und Anforderungen kann unse-

Gewalt ist ein zivilisatorischer Tiefpunkt – aber keineswegs ein reines Jugendphänomen

re allgemeine Funktionsfähigkeit beeinträchtigen. Gewalt, Normverstöße oder Delinquenz können Reaktionen auf eine dauerhafte Überforderung sein. Wie eine Person mit dieser Überforderung umgeht, ist auch von ihrer bisherigen Lebensgeschichte abhängig.

Vier Entwicklungsprinzipien (in Anlehnung an Rutter, 1994)

Frühere Erlebnisse und Verhaltensweisen beeinflussen späteres Erleben und Verhalten. Wer bereits in der Vergangenheit erfahren hat, dass gewalttätige Reaktionen die Ansprüche anderer Menschen reduzieren, wird dieses Verhalten auch zukünftig zeigen, wenn er sich überfordert fühlt. Allerdings bedeutet diese Annahme einer relativ hohen Stabilität keineswegs, dass das Verhalten unveränderlich ist. Mit der körperlichen Reifung verändern sich auch die sozialen und gesellschaftlichen Erwartungen, die persönlichen Ziele und objektiven Handlungsmöglichkeiten eines Menschen. Die daraus resultierenden Veränderungen basieren jedoch stets auf den früheren Erfahrungen. Eine vollständige Umkehr ins Gegenteil ist also eher selten, sondern es treten eher geringfügige Anpassungen auf (Grob et al., 2003).

Akzentuierungsprinzip. Die Reaktionen sind nicht immer gleich. Je stärker eine aktuelle Belastung empfunden wird, umso mehr beschränken wir uns auf unsere typischen Verhaltensweisen. Neue Reaktionsmöglichkeiten werden in derartigen Situationen kaum erprobt. Die Verhaltensunterschiede zwischen Menschen sind in belastenden Situationen besonders groß, weil sie sich auf das „Bewährte" zurückziehen – ungeachtet der Situationsanforderungen (Caspi & Moffitt, 1991; Elder & Caspi, 1990). Das Jugendalter ist nun aufgrund der zahlreichen körperlichen, sozialen und kognitiven Veränderungen durch besonders hohe und vielfältige Anforderungen gekennzeichnet. Gerade wenn die Ressourcen zur Bewältigung dieser Anforderungen nicht ausreichen, werden Jugendliche, die auch ansonsten aggressiver waren als andere, besonders stark gegen gesellschaftliche Normen und Regeln verstoßen.

Stabilisierung des Selbstkonzepts. In Kapitel 5 haben wir beschrieben, dass eine wesentliche Aufgabe des Jugendalters die Identitätsentwicklung ist. Dadurch wird das Bild, das die Jugendlichen von sich selbst haben, immer stabiler. Das Selbstkonzept wiederum beeinflusst unsere Handlungen: Wir agieren und reagieren so, dass unser Verhalten zu unserem Selbstbild passt. Wir streben also eine Übereinstimmung zwischen unserem Selbstkonzept und dem Verhalten an. Je stabiler das Selbstkonzept nun wird, desto stabiler wird auch unsere weitere Entwicklung. Umfassende Veränderungen sind dann ohne gezielte Interventionen kaum mehr zu erwarten (Caspi & Moffitt, 1991; Elder & Caspi, 1990).

Umgebungsspezifität der Entwicklung. Die Stabilisierung der Entwicklung bedeutet nicht, dass keinerlei Veränderungen mehr stattfinden. Die Entwicklung ist angepasst an die jeweilige Lebensumwelt. Je nachdem, in welchem Land ein Jugendlicher aufwächst, ob er in einem Ballungsraum oder auf einem abgelegenen Bauernhof, in einer reichen oder armen Familie lebt, bieten sich ihm unterschiedliche Entwicklungsmöglichkeiten und -risiken, die sich auf sein Verhalten auswirken (Caspi & Moffitt, 1991; Elder & Caspi, 1990).

Kontinuität

Entwicklung kann also insgesamt als ein stabiler Prozess betrachtet werden. Viele Einstellungen, Fertigkeiten und Verhaltensmuster werden bereits im Kindesalter aufgebaut und gefestigt, so dass für tatsächliche Richtungsänderungen im Jugendalter nur noch wenig Spielraum ist. Das bedeutet jedoch keinesfalls, dass bei aggressiven oder kriminellen Jugendlichen bereits „Hopfen und Malz verloren" sind. Ihre Entwicklung kann positiv durch Wendepunkterfahrungen beeinflusst werden – umgekehrt gilt allerdings auch, dass eine positive Entwicklung beeinträchtigt werden kann.

Ein **Wendepunkt** im Leben liegt immer dann vor, wenn ein Mensch durch äußere Ereignisse aus seinem gewohnten Leben herausgeholt wird und tatsächlich neue Verhaltensweisen aufbauen muss (Caspi & Moffitt, 1993).

Wendepunkte

Rutter (1996) unterscheidet drei Kategorien von Wendepunkten:

(1) Wendepunkte, die neue Möglichkeiten eröffnen,

(2) Wendepunkte, die eine dauerhafte Veränderung der Umgebung beinhalten und

(3) Wendepunkte, die das Selbstkonzept oder die Zukunftserwartungen langfristig beeinflussen.

Es kann sich dabei um einen neuen Wohnort, Schulwechsel, Berufsbeginn oder den Wehr- bzw. Zivildienst handeln. Aber auch nicht normative Ereignisse wie ein besonders frühes Einsetzen der Pubertät oder Schwangerschaft im Jugendalter werden als Wendepunkte bezeichnet. Diese Beispiele verdeutlichen den Kern von Wendepunkten. Eine gravierende Änderung der Lebensumstände führt dazu, dass der Jugendliche neue Verhaltensweisen aufbauen muss.

Risiken und Möglichkeiten. Die konkreten Wendepunkte sind häufig nicht ausschließlich einer einzelnen Rutter'schen Kategorie zuzuordnen. In einem neuen Wohnort oder an einer anderen Schule ist die Umgebung dauerhaft anders. Derartige Veränderungen können aber auch – insbesondere für Jugendliche, die bisher nicht gut in ihre Klasse integriert waren – neue Möglichkeiten eröffnen. Ein stärker strukturierter Tagesablauf im Berufsleben, in der Armee oder beim Zivildienst erfordert andere Kompetenzen und Werte als die relativ großen Freiräume während der Schulzeit. Auch hier liegt eine dauerhafte Veränderung der Umgebung vor, gleichzeitig werden Möglichkeiten für den Erwerb neuer Kompetenzen geboten, und ein erfolgreicher Einstieg ins Berufsleben kann das Selbstkonzept und die Zukunftsperspektive positiv beeinflussen. Die möglichen positiven Auswirkungen von Wendepunkten werden durch zwei Faktoren ausgelöst (Rutter, 1996):

(1) Die Person selbst hat keine Erfahrung mit ihrer neuen Situation. Vorhandene negative Handlungsmuster sind wenig erfolgversprechend und müssen daher geändert werden. Diese Änderung bietet die Chance einer positiven Entwicklung.

(2) Die Menschen in der neuen Umgebung haben noch keine Erfahrungen mit dem Jugendlichen. Negative Einstellungen und Vorurteile liegen also noch nicht vor, und so werden sie unvoreingenommen, offen und freundlich mit dem Jugendlichen umgehen. Alte negative Zyklen aus Aggression oder Provokation durch den Jugendlichen, negativen Reaktionen durch Eltern oder Lehrer und einer Intensivierung der Aggressivität des Jugendlichen können dadurch unterbrochen werden.

13.2 Normbrechendes und kriminelles Verhalten

In den vergangenen Jahrzehnten ist ein deutlicher Anstieg der Jugendkriminalität in Deutschland ebenso wie in anderen europäischen Ländern zu verzeichnen, der nur teilweise auf eine verstärkte Bereitschaft der Opfer, Anzeige zu erstatten, zurückzuführen ist. Daneben ist von einem tatsächlichen Anstieg der Straftaten, insbesondere gegenüber Gleichaltrigen, auszugehen (Pfeiffer, 1997).

13.2.1 Begriffsbestimmung

Normverstöße und Delinquenz. Was unterscheidet denn nun normbrechendes von kriminellem oder delinquentem Verhalten? In jeder Gesellschaft existieren Normen und Regeln, die von der Mehrheit der Bevölkerung geteilt werden. Ein Verstoß gegen diese Normen wird als normbrechendes Verhalten bezeichnet. Auch Delinquenz beinhaltet Normverstöße. Allerdings widerspricht das Verhalten in diesem Fall nicht informellen Normen, sondern den Gesetzen des Landes.

Strafmündigkeit. Aus der Abgrenzung von normbrechendem und kriminellem Verhalten wird deutlich, dass ein und dasselbe Verhalten (z.B. Rauchen in der Öffentlichkeit) in unterschiedlichen Altersgruppen auch verschiedene Bedeutungen haben. Unabhängig vom Tatbestand sind Kinder und Jugendliche unter 14 Jahren in Deutschland nicht strafmündig (§19 StGB). Ihr Verhalten kann daher nicht als kriminell oder delinquent bezeichnet werden. Darüber hinaus gibt es so genannte Statusdelikte: nicht die Handlung an sich verstößt gegen geltende Gesetze. Vielmehr ist sie nur für eine bestimmte Gruppe der Bevölkerung nicht legal. Beispielsweise ist es Jugendlichen unter 16 Jahren in Deutschland verboten zu rauchen. Älteren Jugendlichen und Erwachsenen dagegen ist dieses Verhalten erlaubt. Gewalt- (z.B. Körperverletzung, Totschlag), Eigentums- (z.B. Diebstahl) und Drogendelikte (z.B. Besitz, Konsum oder Verkauf von Heroin) dagegen werden in allen Altersgruppen juristisch verfolgt, sofern der Täter strafmündig ist (Greve, 2002).

Besonderheiten im Jugendstrafrecht. Für Jugendliche zwischen 14 und 18 Jahren gelten andere Rechtsvorschriften als für Erwachsene. Heranwachsende Straftäter zwischen 18 und 21 Jahren können in Abhängigkeit von ihrem Entwicklungsstand nach dem Jugend- oder dem allgemeinen Strafrecht behandelt werden. Das Jugendstrafrecht kommt dann zur Anwendung, wenn die Persönlichkeit des Täters als „jugendlich" beurteilt wird, oder seine Tat eine „Jugendverfehlung" ist (§105 JGG).

Abgesehen von Unterschieden im Strafmaß gibt es zwei gravierende Unterschiede zwischen dem Jugend- und dem allgemeinen Strafrecht.

(1) Im Jugendstrafrecht werden Strafen ausdrücklich dadurch legitimiert, dass sie einen erzieherischen Wert haben. Haftstrafen für Jugendliche sollen also eine erfolgreiche Wiedereingliederung in die Gesellschaft bewirken. Daher werden in Strafrechtsprozessen mit Jugendlichen nur selten Haftstrafen verhängt. Häufiger werden die jugendliche Täter zu sozialen Diensten (z.B. in Krankenhäusern, Behinderteneinrichtungen) verpflichtet. Hier steht die Idee der Wendepunkte im Vordergrund. In dieser neuen Situation müssen die Jugendlichen sich an bestimmte Regeln halten und ihre Aufgaben erfüllen (ansonsten kann eine Haftstrafe drohen). Sie bietet ihnen also die Chance, neue Kompetenzen aufzubauen (§18 JGG). Im allgemeinen Strafrecht dagegen können Haft- oder Geldstrafen auch im engeren Sinne als Strafe für eine bestimmte Handlung verhängt werden.

(2) Im Gegensatz zum allgemeinen Strafrecht ist das Jugendstrafrecht nicht tat- sondern täterorientiert. Was ist damit gemeint? Bei Erwachsenen richtet sich die Strafe ausschließlich nach der Schwere der Tat oder der Häufigkeit krimineller Handlungen. Im Jugendstrafrecht dagegen wird den Richtern ein größerer Entscheidungsspielraum zugestanden. Über den Straftatbestand hinaus sollen die familiäre und schulische Situation des Jugendlichen, seine Bereitschaft zu einer professionellen Beratung oder Therapie beim Strafmaß berücksichtigt werden (Greve, 2002).

Exkurs: Das Selbstwertgefühl jugendlicher inhaftierter Straftäter

Im Alltag wird häufig die Annahme vertreten, dass der Selbstwert von Gefängnisinsassen sinkt. So konnten Grob et al. (1989) nachweisen, dass straffällige Jugendliche in Erziehungsinstitutionen ein geringeres Selbstwertgefühl haben als nicht delinquente Jugendliche. Die Studien, die sich explizit mit der Veränderung des Selbstwertes im Gefängnis beschäftigt haben, kommen zu widersprüchlichen Ergebnissen: In einigen sinkt der Selbstwert, in anderen bleibt er über die gesamte Strafdauer stabil und in einer dritten Gruppe von Untersuchungen wurde eine positive Veränderung des Selbstwertgefühls nachgewiesen.

Werner Greve und Dirk Enzmann (2003) untersuchten zwischen 1998 und 2000 wiederholt jugendliche Straftäter, die in dieser Zeit eine Jugendhaftstrafe verbüßten. Es handelte sich um Jugendliche und junge Männer im Alter von 14 bis 24 Jahren (Altersdurchschnitt: 20 Jahre), deren Strafdauer durchschnittlich 15 Monate betrug. Das Ziel der Autoren war es, das Selbstwertgefühl der Jugendliche über den Verlauf des Gefängnisaufenthaltes zu erfassen. Daher befragten sie die Jugendlichen zu Beginn ihrer Strafe, zwei Monate nach der ersten Befragung und kurz vor ihrer Entlassung.

Hypothese. Der Studie von Greve und Enzmann lag die Hypothese zugrunde, dass die Veränderung des Selbstwertes im Gefängnis abhängig ist von der Art und Weise, wie die Jugendlichen Probleme und Hindernisse in ihrem Leben bewältigen. Sie bezogen sich dabei auf die Unterscheidung von assimilativen und akkomodativen Strategien der aktuellen Lebensbewältigung (s.u., Brandtstädter & Renner, 1990). Die Basishypothese der Untersuchung besagt, dass eine hohe Tendenz zur akkomodativen Bewältigung (z.B. „Bei schweren Rückschlägen wende ich mich schnell neuen Aufgaben zu.") mit einem höheren Selbstwert (z.B. „Ich denke, dass es viel gibt, worauf ich stolz sein kann.") im Gefängnis einhergehen sollte.

Assimilative Formen der Bewältigung sind dadurch gekennzeichnet, dass die Person versucht, aktiv ihre Umgebung zu beeinflussen, um dadurch ihre Probleme zu bewältigen. Diese Tendenz ist zunächst die häufigste Reaktion auf Belastungssituationen.

Akkomodative Stategien. Wenn jedoch die äußeren Bedingungen nicht veränderbar sind, so kann die Person akkomodative Bewältigungsstrategien einsetzen. Akkomodation meint eine Umdeutung der Situation, eine Reduzierung der eigenen Wünsche und Ansprüche, um dadurch die Umstände besser akzeptieren zu können. Welche dieser Formen angewendet wird, ist jedoch nicht nur von der jeweiligen Situation abhängig. Vielmehr unterscheiden sich Menschen darin, wie sehr sie assimilative oder akkomodative Bewältigungsmechanismen nutzen. Da das Gefängnis eine Umgebung darstellt, in der die Häftlinge ihre Situation faktisch kaum beeinflussen können, sollten diejenigen, die aufgrund ihrer Persönlichkeit zu akkomodativen Formen der Stressbewältigung neigen, weniger unter der Haftstrafe leiden als andere Jugendliche.

Ergebnisse. Die Analyse der Daten bestätigt diese Hypothese: Bei allen jugendlichen Gefängnisinsassen steigt der Selbstwert im Verlauf der Haftstrafe. Diese positive Veränderung beginnt jedoch bei denjenigen früher, die eine starke Tendenz zur akkomodativen Bewältigung haben. Sie ist bei ihnen auch stärker ausgeprägt als bei den Jugendlichen mit geringem Ausmaß an Akkomodation (s. Abb. 13.1).

Fazit. Wie ist dieses Ergebnis nun zu interpretieren? Greve und Enzmann warnen vor der Schlussfolgerung, dass die Daten eine Rechtfertigung für den Einsatz von Gefängnisaufenthalten als Strafe für Jugenddelikte darstellen können. Vielmehr streben sie eine weniger globale Diskussion über Chancen und Risiken von Jugendhaftstrafen an. Die Effekte, die das Gefängnis auf die Jugendlichen hat, werden

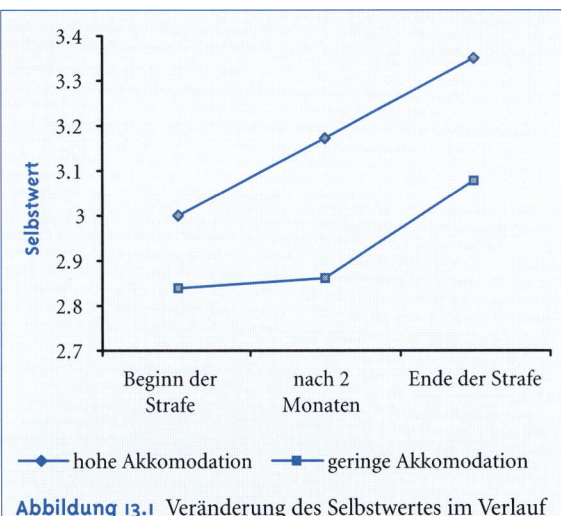

durch die Persönlichkeitseigenschaften der jungen Häftlinge beeinflusst. Ihr Selbstwert leidet offensichtlich über die Zeitdauer des Gefängnisaufenthaltes nicht unter den Bedingungen der Haft. Da die Jugendlichen jedoch erst bei Beginn der Haftstrafe das erste Mal interviewt wurden, ist keine Aussage darüber möglich, ob ihr Selbstwert vor Beginn der Gefängnisstrafe beispielsweise durch die Straftat, die Anklage oder die Verurteilung beeinträchtigt wurde.

Abbildung 13.1 Veränderung des Selbstwertes im Verlauf eines Gefängnisaufenthaltes (Greve & Enzmann, 2003)

13.2.2 Kriminalität und Lebensalter

Eine Erklärung für den typischen Anstieg normbrechenden Verhaltens im Jugendalter bietet Moffitt (1993). Sie unterscheidet zwei Typen delinquenter Jugendlicher.

Jugendelinquente. Zahlreiche Jugendliche verstoßen zeitlich begrenzt im Jugendalter gegen geltende Normen und Gesetze, sie werden daher als Jugenddelinquente bezeichnet. Da viele Jugendliche dieser Gruppe angehören, gilt Jugenddelinquenz als normales Entwicklungsphänomen (Montada, 2002).

Persistent Delinquente. Die zweite, deutlich kleinere Gruppe dagegen fällt schon in früher Kindheit, aber auch über die Jugend hinaus durch antisoziales und kriminelles Verhalten auf. Sie sind die persistent Delinquenten. Sie verstoßen kontinuierlich gegen verschiedene Normen und Gesetze. (Diese Unterscheidung hat Loeber bereits 1982 mit den Begriffen chronische versus nicht-chronische Delinquente beschrieben.) Allerdings ändern sich die konkreten Formen der Normverstöße und der Delinquenz im Verlauf der Entwicklung. Wir sprechen daher von einer heterotypen Kontinuität des antisozialen Verhaltens (Loeber, 1990): Im Vorschulalter fallen die Kinder durch ihr schwieriges Temperament,

Hyperaktivität und Aggressivität auf. Sie ziehen sich von Gleichaltrigen zurück und sind daher im Grundschulalter nicht gut in das soziale Netz in ihrer Klasse eingebunden. Schulische Probleme kommen hinzu. Mit dem Übergang ins Jugendalter suchen sie verstärkt Kontakte zu anderen normbrechenden Jugendlichen und es steigt die Wahrscheinlichkeit, dass sie wiederholt kriminell werden.

Auch andere Studien bestätigten die Annahme zweier Typen von delinquenten Jugendlichen: Loeber (1982) und Sullivan (1996) konnten nachweisen, dass diejenigen, die auch über die Jugend hinaus noch delinquentes Verhalten zeigen, mehrheitlich bereits in der Kindheit durch Verhaltensprobleme aufgefallen sind. Diese Gruppe zeigt auch in der Jugend häufiger delinquentes Verhalten als andere Jugendliche (Barnett et al., 1989).

Erklärung der Entstehung von Delinquenz

Persistent Delinquente. Die Ursachen für die persistente Delinquenz liegen in der Kombination aus einer neuropsychologischen Fehlfunktion im Nervensystem des Kindes und nachteiligen Umgebungsfaktoren und Interaktionsmustern. Die Gründe für dieses Problemverhalten liegen also zeitlich weit zurück (Moffitt, 1993).

Jugenddelinquente. Das antisoziale Verhalten der Jugenddelinquenten dagegen erklärt Moffitt (1993) über zeitnahe Faktoren. Die Jugenddelinquenten beginnen, das Verhalten der persistent delinquenten Jugendlichen zu imitieren, weil diese im Gegensatz zu der großen Gruppe der übrigen Jugendlichen keine Kluft zwischen der biologischen Reife und der fehlenden sozialen Reife erleben. Was ist damit gemeint? Bereits mit zwölf Jahren hat die Mehrzahl der Jugendlichen (v.a. der Mädchen) die Pubertät und damit ihre biologische Reife erreicht. In sozialer Hinsicht dagegen werden ihnen viele Privilegien von Erwachsenen (z.B. wählen, Alkohol trinken, Auto fahren, sexuelle Kontakte) erst deutlich später zugestanden. Es entsteht also eine Kluft zwischen körperlicher Reife einerseits und sozialer Reife andererseits. Dementsprechend kann das Fahren eines Autos ohne Fahrerlaubnis oder eine Schwangerschaft für verschiedene Jugendliche als Symbol von Reife gelten – schließlich ist der Besitz eines Autos oder eine Schwangerschaft mit Verantwortung verbunden und erst bei Erwachsenen „üblich". Im Jugendalter handelt es sich dagegen um Normverstöße, die von den Jugendlichen selbst als Zeichen des Erwachsenenstatus betrachtet und daher positiv bewertet werden. Erst mit zunehmendem Alter verfügen die Jugendlichen vermehrt über legitime Ausdrucksformen ihres Erwachsenenstatus (z.B. dürfen sie mit 18 Jahren wählen oder die Führerscheinprüfung ablegen), während zugleich die Konsequenzen delinquenten Verhaltens nicht mehr als Belohnung, sondern als Bedrohung wahrgenommen werden. Die Jugendlichen werden sich nun bewusst, dass illegale Handlungen ihre beruflichen Perspektiven negativ beeinflussen können. So lässt sich der Abfall delinquenten Verhaltens ab etwa 17 Jahren erklären. Die Jugendlichen können nun wieder ihre Fähigkeiten und Fertigkeiten, die sie in der Kindheit erworben haben, einsetzen, um einen angesehenen Beruf zu erlangen oder einen Lebenspartner zu finden.

Die Annahme eines umgekehrt u-förmigen Verlaufs der Delinquenz für die Mehrheit der Jugendlichen vom frühen Jugendalter bis ins frühe Erwachsenenalter konnte durch andere Untersuchungen empirisch unterstützt werden (Blumstein & Cohen, 1987; Overbeek et al., 2001).

> **Risiken der Jugenddelinquenz**
> Obwohl die auf das Jugendalter begrenzte Delinquenz also als normales Entwicklungsphänomen zu betrachten ist, birgt sie dennoch Risiken für die weitere Entwicklung des Jugendlichen. „Es kann in dieser Periode Entwicklungsunfälle geben, die dann die Rückkehr in gesellschaftlich anerkannte Bahnen erschweren: Das Ausprobieren von Drogen kann zur Abhängigkeit führen, die strafrechtliche Verfolgung zu Stigmatisierungen ..." (Montada, 2002, S. 867). Jugenddelinquenz ist also durchaus normal, aber keineswegs immer harmlos.

13.2.3 Risiko- und Schutzfaktoren

Insbesondere die persistent-delinquenten Jugendlichen werden nicht nur in ihrer eigenen weiteren Entwicklung beeinträchtigt, sie gefährden auch ihre Mitmenschen. Es ist daher wichtig, zu wissen, welche Merkmale das Risiko der persistenten Delinquenz erhöhen. Wenn diese bekannt sind, können gezielte Präventionsmaßnahmen frühzeitig ansetzen.

Sozioökonomischer Status

Es sind insbesondere Jugendliche aus Familien mit geringem sozioökonomischen Status, die normbrechendes Verhalten zeigen (Pagani et al., 1999; Pfeiffer, 1997; Pfeiffer & Wetzels, 1999; Stouthamer-Loeber et al., 2002;).

Schulart. Auch die Art der besuchten Schule spielt eine Rolle: Hauptschüler zeigen etwa doppelt so oft abweichendes Verhalten wie Realschüler oder Gymnasiasten (Georg & Lange, 1999). Aber warum spielt der sozioökonomische Status eine derart wichtige Rolle? Es bieten sich zwei mögliche Erklärungen an:

(1) die Theorie der relativen Benachteiligung und

(2) die Annahme unterschiedlicher Möglichkeiten zu einer „erfolgreichen" kriminellen Karriere.

Theorie der relativen Benachteiligung. Jugendliche aus ärmeren Stadtteilen sehen ständig den Wohlstand anderer. Gleichzeitig erleben sie im Alltag, dass sie selbst diesen Wohlstand nicht erreichen können. Sie sind daher mit ihrer eigenen Situation unzufrieden und über diese frustriert. Die Frustration wiederum erhöht die Wahrscheinlichkeit delinquenten Verhaltens. Demnach ist also nicht Armut an sich, sondern die Ungleichheit innerhalb einer Gesellschaft Ursache für delinquentes Verhalten (Blau & Blau, 1982). Wenn behauptet wird, dass alle die gleichen Chancen haben, dieses in der Realität aber nicht zutrifft, führt die Ungleichheit zu noch stärkerer Frustration (James, 1995).

Annahme unterschiedlicher Möglichkeiten. Cloward und Ohlin (1960) gehen davon aus, dass nicht nur der Zugang zu legalen Mitteln der Erreichung gesellschaftlicher Ziele schichtspezifisch unterschiedlich ist. Es ist unumstritten, dass wohlhabende Eltern eher in der Lage sind, ihren Kindern eine lange Ausbildung zu finanzieren, als Eltern mit geringem Einkommen. Damit ebnen sie ihren Kindern den Weg zu einer erfolgreichen beruflichen Karriere, Ansehen und finanzieller Sicherheit. Aber auch die Möglichkeit einer „erfolgreichen" kriminellen Karriere hat nicht jeder. Diese Möglichkeit bietet sich insbesondere den Jugendlichen, die in einer von Kriminalität geprägten Umgebung aufwachsen. Dort werden „erfolgreiche" Kriminelle hoch geachtet, viele Jugendliche schließen sich einer Gang an und lernen dort kriminelle Fertigkeiten und Verhaltensweisen. Somit beginnt ihr Übergang in die Kriminalität mit einer kriminellen „Ausbildung" (vgl. auch Yoshikawa, 1994).

Familie

Loeber und Stouthamer-Loeber (1986) unterscheiden vier Kategorien von familiären Problemen, die delinquentes und aggressives Verhalten fördern:

(1) starke Konflikte der Eltern oder zwischen Eltern und Kindern,

(2) Trennung bzw. Scheidung der Eltern,

(3) Vernachlässigung, inkonsistente Erziehungspraktiken oder körperliche Strafen sowie

(4) delinquentes und aggressives Verhalten der Eltern.

Insgesamt ist erst das Zusammentreffen mehrerer familiärer Risikofaktoren mit einer tatsächlichen Steigerung normbrechenden Verhaltens verbunden. Ein einzelner dieser Faktoren dagegen beeinflusst es kaum (Florsheim et al., 1998; Loeber, 1990).

Gleichaltrige

Auch Gleichaltrige haben einen großen Einfluss auf die Delinquenz eines Jugendlichen. Kriminalität bei Jugendlichen findet häufig in kleinen Gruppen statt (Reiss, 1988). Dementsprechend zeigen Jugendliche häufiger delinquentes Verhalten, wenn sie mit anderen delinquenten Jugendlichen befreundet sind (Crosnoe, 2002; Garnier & Stein, 2002; Stouthamer-Loeber et al., 2002). Allerdings ist zu berücksichtigen, dass Jugendliche, die bereits als Kinder durch aggressives und impulsives Verhalten aufgefallen sind, auch verstärkt Kontakte zu normbrechenden Gruppen suchen. Es ist also keineswegs so, dass die Jugendlichen passiv dem Einfluss ihrer Gleichaltrigen ausgesetzt sind. Vielmehr suchen sie aktiv Freunde, die ihnen ähnlich sind (Loeber, 1990).

Individuum

Auf der individuellen Ebene sind biologische und psychologische Einflussfaktoren zu unterscheiden.

Biologische Ebene – Geschlecht. Jungen und Männer verstoßen häufiger gegen Normen als Mädchen und Frauen (Crosnoe, 2002; James, 1995; Vitaro et al., 2001). Gründe hierfür können in unterschiedlichen Erziehungserfahrungen, im Hormonstatus sowie in der körperlichen Entwicklung liegen. Mädchen werden strenger kontrolliert als Jungen und neigen daher auch weniger zu Normbrüchen (Farrington, 1992). Darüber hinaus lernen sie, dass sie einer Beziehung schaden könnten, wenn sie ihren Ärger offen zeigen, während Jungen der Ausdruck von Ärger erlaubt wird (Campbell, 1995; Kavanagh & Hops, 1994). Mädchen werden also so erzogen, dass sie normbrechendes Verhalten als Ausdruck mangelnder Selbstkontrolle betrachten. Jungen dagegen sehen es als angemessene Art des Macht- und Statusgewinns (Messerschmidt, 1993). Die Geschlechtsunterschiede sind jedoch bereichsspezifisch verschieden: Während Diebstahl und Gewalttätigkeit sowie Alkoholholkonsum insbesondere bei männlichen Jugendlichen auftreten, sind Prostitution und Medikamentenmissbrauch mädchenspezifische Verhaltensweisen (Albrecht & Howe, 1992).

Psychologische Ebene. Ein schwieriges Temperament im Kleinkindalter, geringe Intelligenz (Yoshikawa, 1994), mangelnde soziale Kompetenz (Loeber, 1990) und fehlende Selbstkontrolle (Crosnoe, 2002; James, 1995; Vitaro et al., 2001) erhöhen das Ausmaß normbrechenden Verhaltens.

13.3 Aggression und Gewalt

Insgesamt ist nur eine kleine Gruppe von Jugendlichen stark gewalttätig. Allerdings werden derartige Einzelfälle in den Medien immer publikumswirksam dargestellt. Dadurch entsteht der Eindruck, dass Jugendgewalt einen „Bedrohungsfaktor der öffentlichen Sicherheit" darstellt (Sturzbecher et al., 2001, S. 249). Dabei wird übersehen, dass auch die Brutalität erwachsener Gewalttäter gestiegen ist. Gewalt ist also kein reines Jugendphänomen. Damit soll die Bedeutung der Jugendgewalt keineswegs heruntergespielt werden. Mit Sturzbecher und Kollegen (2001, S. 249) betrachten wir Gewalt als „zivilisatorischen Tiefpunkt", den es zu verstehen und soweit wie möglich zu verhindern gilt.

Formen aggressiven Verhaltens

Wenn wir im Alltag von Gewalt und Aggression bei Jugendlichen sprechen, denken wir meist an kleinere oder größere Schlägereien. Aber es gibt sehr unterschiedliche Formen von Gewalt.

Körperliche vs. verbale Gewalt. Körperliche Gewalt zielt darauf ab, den Gegner oder das Opfer physisch zu verletzen. Facetten von körperlicher Gewalt sind beispielsweise Schläge oder Tritte. Verbale Gewalt dagegen äußert sich in Beleidigungen oder Drohungen. Das Opfer trägt also keine körperlichen Schäden davon, wird aber durch die Beleidigungen psychisch verletzt oder durch Drohungen eingeschüchtert.

Externalisierende vs. Autoaggression. Gewalttätiges Verhalten, das sich gegen andere Menschen richtet, wird als externalisierende Gewalt bezeichnet. Aggression kann sich jedoch auch gegen die eigene Person richten. In diesem Fall sprechen wir von Autoaggression. Diese Form der Aggression berücksichtigen wir in diesem Kapitel nicht.

Direkte vs. indirekte Gewalt. Wenn ein Schüler einen Klassenkameraden nicht mag, so kann er ihn schlagen, beleidigen, treten usw. Hier haben wir es mit direkter Gewalt zu tun. Indirekte Gewalt dagegen liegt dann vor, wenn der Schüler seinen Mitschüler nicht selber angreift. Er kann beispielsweise Gerüchte über ihn verbreiten, so dass andere Klassenkameraden sich gegen den Mitschüler stellen, ihn beleidigen oder körperlich angreifen.

13.3.1 Entwicklung aggressiven Verhaltens im Jugendalter

Entwicklungsverlauf

Die verschiedenen Formen von aggressivem und gewalttätigem Verhalten steigen zunächst im Laufe der Entwicklung an.

Leichtere Formen von Aggression (z.B. andere ärgern) treten bereits im Vorschulalter auf und werden bis ins Jugendalter kontinuierlich häufiger.

Kämpfe. Körperliche Kämpfe treten meist erstmals im Übergang von der Kindheit in die Pubertät (also im Alter von etwa zehn Jahren) auf. Aber bereits mit 14 bis 16 Jahren setzt ein deutlicher Rückgang ein.

Schwere Gewalttaten (z.B. Angriffe, sexuelle Gewalt oder Gewalt unter Verwendung von Waffen) treten etwas später als Kämpfe auf. Hier ist ein Anstieg bis zum Alter von 15 bis 17 Jahren zu verzeichnen. Danach lässt auch die Häufigkeit dieser Formen von Gewalt wieder nach. Der Verlauf der schweren Gewalt ist also vergleichbar mit der Entwicklung delinquenten Verhaltens (Loeber & Hay, 1997). Auch die Gewaltakzeptanz, Gewaltbereitschaft und das gewalttätige Handeln insgesamt nehmen im Alter von 12 bis 18 Jahren kontinuierlich ab (Sturzbecher et al., 2001).

Stabilität

Gewalttätiges Verhalten gilt als relativ stabil. Verschiedenen Studien zufolge entspricht das Ausmaß der Stabilität in etwa der Stabilität von Intelligenz. Allerdings gibt es hier große Unterschiede (Loeber & Hay, 1997):

▶ Die Aggressivität ist bei Mädchen stabiler als bei Jungen.

▶ Das Ausmaß an gewalttätigem Verhalten verändert sich relativ deutlich bis zum Jugendalter. Danach jedoch ist die Stabilität größer.

▶ Insbesondere in den Extremgruppen – also bei den gar nicht aggressiven und den stark gewalttätigen Kindern und Jugendlichen – konnte eine hohe Stabilität nachgewiesen werden. Die Veränderungen bei den „durchschnittlichen" Jugendlichen dagegen sind teilweise beträchtlich.

Unsichere Vorhersagen gewalttätigen Verhaltens. Insbesondere ist es nicht möglich, aufgrund der frühkindlichen Aggressivität die spätere Gewaltbereitschaft und Gewalttätigkeit vorherzusagen. Nicht jedes aggressive Kind bleibt aggressiv. Allerdings gilt durchaus die umgekehrte Aussage: Die große Mehrheit der gewalttätigen Jugendlichen ist bereits vorher durch aggressives Verhalten aufgefallen (Loeber & Hay, 1997). Es können somit drei Gruppen von aggressiven und gewalttätigen Menschen unterschieden werden (Loeber & Stouthamer-Loeber, 1998):

Andauernd aggressive Personen sind solche, die bereits in der Kindheit aggressiv sind und bei denen das Ausmaß an Aggression bis ins Jugendalter deutlich ansteigt. Auch der Schweregrad der Gewalt nimmt zu. Diese Gruppe neigt auch im Erwachsenenalter noch zu Aggressionen.

Zeitlich begrenzt aggressive Personen fallen ebenfalls bereits in der Kindheit durch Aggression auf. Allerdings tritt bei ihnen eine deutliche Reduzierung – entweder noch im Verlauf der Kindheit oder im späten Jugendalter – auf. Es ist allerdings noch unklar, ob diese Reduzierung dauerhaft oder zeitlich begrenzt ist (Loeber & Hay, 1997).

Spät beginnende aggressive Personen sind eher selten (etwa ein Sechstel aller aggressiven Menschen). Sie sind in ihrer Kindheit und frühen Jugend völlig unauffällig und verhalten sich erst ab dem späten Jugend- oder Erwachsenenalter gewalttätig. Loeber und Hay (1997) bezeichnen diese Gruppe auch als überkontrollierte Täter. Über einen langen Zeitraum können sie ihre aggressiven Impulse unterdrücken und verhalten sich häufig übermäßig angepasst. Erst wenn ihre Frustration oder ihr Ärger allzu stark wird, gelingt die Unterdrückung der Aggressionen nicht mehr. Der aufgestaute Ärger der letzten Monate oder Jahre kann sich dann in einer – für die Umwelt überraschenden – Gewalttat entladen.

13.3.2 Risikofaktoren

Individuelle Faktoren

Die Risikofaktoren für die Entwicklung gewalttätigen Verhaltens stimmen weitgehend mit denen für Delinquenz überein.

Geschlecht. Gewaltakzeptanz, Gewaltbereitschaft und Gewalttätigkeit sind über das gesamte Jugendalter bei Jungen stärker ausgeprägt als bei Mädchen (Sturzbecher et al., 2001). Allerdings gilt dies nur für den Einsatz körperlicher Gewalt. Mädchen dagegen setzen verbale oder Beziehungsgewalt häufiger ein als Jungen. Sie verbreiten Gerüchte über Personen, die sie nicht mögen. So werden diese isoliert und ihre Beziehungen zu

Mitschülern dadurch zerstört (Crick, 1997; Crick et al., 1996; Björkqvist et al., 1992).

Psychologische Faktoren. Neben dem Geschlecht gibt es auch individuelle psychologische Faktoren, die Aggression fördern. Aggressives Verhalten tritt besonders häufig auf, wenn die Jugendlichen als Kleinkinder ein schwieriges Temperament hatten, unterdurchschnittlich intelligent oder hyperaktiv sind (Yoshikawa, 1994).

Soziale Kompetenz. Auch die soziale Kompetenz spielt eine entscheidende Rolle. Jugendliche, denen angemessene Strategien zur Lösung von Konflikten fehlen und die ein Problem nur aus ihrer eigenen Perspektive betrachten können, sind häufiger gewalttätig als sozial kompetente Jugendliche. Nicht nur die soziale Kompetenz, sondern auch die Wahrnehmung sozialer Situationen beeinflusst die Aggressivität. Einige Menschen nehmen ihre Mitmenschen besonders häufig als ablehnend und feindselig wahr. Diese Kinder und Jugendlichen reagieren auf die wahrgenommene Ablehnung durch andere aggressiv (Loeber & Hay, 1997). So kann sich leicht ein Teufelskreis entwickeln: Wenn ich jemandem helfen möchte, der mein Verhalten jedoch falsch interpretiert und aggressiv reagiert, werde ich mich ihm gegenüber in Zukunft tatsächlich feindseliger verhalten.

Familiäre Risiken

Körperliche Misshandlungen durch die Eltern – auch als Strafen für Prügeleien – fördern die Aggressivität und Gewalttätigkeit von Kindern und Jugendlichen. Der Einfluss auf Aggression ist sogar noch größer als der Einfluss auf normbrechendes Verhalten (Sturzbecher et al., 2001; Yoshikawa, 1994). Intensive Diskussionen über Gewalt und deren Folgen für Täter und Opfer dagegen können die Aggressivität der Jugendlichen reduzieren (Sturzbecher et al., 2001).

Schulische Faktoren

Lehrer reagieren auf Prügeleien auf dem Schulhof meist, indem sie die Schüler ausschimpfen oder notfalls mit körperlichem Einsatz trennen. Damit ist die aktuelle Gewalttätigkeit zwar beendet, aber eine langfristige Veränderung tritt nicht ein. Im schulischen Rahmen haben sich moderate Bestrafungen (z.B. Information der Eltern, Sonderaufgaben in den Pausen) als effektives Mittel gegen Gewalt erwiesen: nur wenn die Schüler persönliche Konsequenzen spüren, werden sie in Zukunft weniger gewalttätig sein (Sturzbecher et al., 2001).

> **!** Insgesamt ist normbrechendes, delinquentes, aggressives oder gewalttätiges Verhalten ein Risikofaktor für die weitere Entwicklung, wenn es
> ▶ häufig,
> ▶ stark ausgeprägt,
> ▶ in vielfältigen Formen,
> ▶ in unterschiedlichen Kontexten und
> ▶ bereits in jungen Jahren auftritt.

13.3.3 Bullying – Gewalt an Schulen

Die Begriffe „Bullying" und „Gewalt an Schulen" sollen hier keineswegs als gleichbedeutend verstanden werden.

> **Bullying** bezeichnet regelmäßige körperliche oder verbale Gewaltanwendung einer Gruppe von Kindern oder Jugendlichen, die sich gezielt gegen einen einzelnen Gleichaltrigen richten. Das Opfer erlebt sich selbst aufgrund der Überzahl der Täter als wehrlos.

Obwohl Bullying ein aktuelles Thema in der psychologischen Gewaltforschung ist (z.B. Alsaker & Olweus, 2002), stammt die Bezeichnung bereits aus den 1920er-Jahren (Lochner, 1927). Zwar tritt Bullying insbesondere im schulischen Kontext auf, aber Gewalt an Schulen kann nicht auf diese Form der Aggression eingeschränkt werden. Weniger systematische Facetten von körperlicher und verbaler Aggression treten dort ebenfalls auf.

Häufigkeit von Gewalt an Schulen

Psychische Gewalt kommt an Schulen sehr viel häufiger vor als körperliche Gewalt. Mehr als 50% der Schüler geben jeweils an, andere Schüler zu hänseln, mit gemeinen Ausdrücken zu beschimpfen oder im Unterricht zu ärgern. Immerhin noch 31% der Schüler geben zu, sich mit anderen zu prügeln, während alle übrigen Formen körperlicher Gewalt von höchstens 20% der Schüler angewendet werden (Holtappels & Meier, 1997). Dieses in Westdeutschland nachgewiesene Muster gilt vergleichbar auch in Ostdeutschland (Schubarth, 1997).

Alltägliche Strategien von Schülern zum Umgang mit Gewalt in der Schule

Im Alltag reagieren Schüler auf Beleidigungen, Rempeleien und andere Formen von Gewalt oft mit passiv-vermeidenden Strategien. Sie versuchen, dem Angreifer aus dem Weg zu gehen oder sich nichts anmerken zu lassen. Damit entziehen sie sich der unangenehmen Situation, ohne diese zu verstärken. Andererseits können sie so auch keine dauerhafte Reduzierung erreichen. Mit Beschimpfungen reagieren Schüler vor allem auf Beleidigungen. Diese verbal-aggressive Strategie verschafft ihnen zwar kurzfristige Befriedigung, kann jedoch zu einer Eskalation des Konfliktes führen. Eine positive Strategie, die ebenfalls von vielen Schülern eingesetzt wird, ist die Nachfrage, warum der andere sich gewalttätig verhält. Insgesamt reagieren Schüler vor allem verbal auf Aggressionen anderer. Selten dagegen versuchen Jugendliche sich körperlich zu wehren oder die Situation zu lösen, indem sie Verstärkung holen oder den Klassenlehrer ansprechen (Mohr & Becker, 1997).

13.4 Reduzierung von Gewalt und Delinquenz

Die vielfältigen Ursachen für dauerhafte Gewalt und Delinquenz verdeutlichen, dass einfache Programme oft zu kurz greifen. Vielmehr ist es notwendig, auf mehreren Ebenen anzusetzen: auf der gesellschaftlich-sozialpolitischen, der familiären und der individuellen Ebene.

Gesellschaftliche Ebene

Sozialpolitische Veränderungen können dazu beitragen, die Perspektiven benachteiligter Jugendlicher zu fördern. Eine stärkere Unterstützung einkommensschwacher Familien mit Kindern kann dazu beitragen, dass die Kinder und Jugendlichen mit mehr Optimismus in die Zukunft blicken. Gezielte Unterstützung bei schulischen Schwierigkeiten und eine bessere finanzielle Förderung während der Ausbildung können dazu beitragen, dass auch sozial schwache Jugendlichen den Einstieg in die Berufstätigkeit erfolgreich bewältigen. Delinquenz wäre dann nicht mehr eine Alternative für die Erreichung gesellschaftlicher Ziele.

Familiäre Ebene

Familiäre Hilfen wie beispielsweise Erziehungsberatungsstellen sollten ihre Angebote durch mehr Öffentlichkeitsarbeit der breiten Masse der Bevölkerung darstellen. In entsprechenden Elterngruppen oder Familienberatungen können dann gemeinsam mit den Betroffenen Konfliktlösungsstrategien entwickelt werden. Den Eltern wird so der Raum gegeben, über ihre Probleme mit den Kindern zu sprechen. Die Berater können dann nicht nur negatives Erziehungsverhalten (z.B. körperliche Strafen) kritisieren, sondern auch positive Alternativen (z.B. gemeinsame Gespräche) aufzeigen. Bei diesen Hilfen ist es natürlich wichtig, dass sie von den Betroffenen frühzeitig in Anspruch genommen werden. Wenn sich erst einmal ein Teufelskreis aus Problemverhalten der Kinder und Jugendlichen und negativen Reaktionen der Eltern aufgebaut hat, sind die Erfolgsaussichten solcher „sanften" Maßnahmen geringer. In extremen Fällen (z.B. bei wiederholter oder dauerhafter Vernachlässigung oder Misshandlung der Kinder) kann es für die weitere Entwicklung der Kinder und Jugendlichen besser sein, diese – zumindest zeitweise – aus ihren Familien herauszuholen und ihnen damit neue, positive Entwicklungsmöglichkeiten zu bieten.

Individuelle Ebene

Insbesondere die sozialen Kompetenzen der Kinder und Jugendlichen können gefördert werden. Eine frühzeitige Einbindung in verschiedene Sport- oder Freizeitgruppen kann dabei ebenso wirksam sein wie gezielte Trainingsprogramme zur Steigerung der sozialen Kompetenz (z.B. Petermann & Petermann, 2001). In den Schulen können die sozialen Fertigkeiten durch häufige Gruppenarbeiten, gemeinsam erarbeitete Klassenregeln oder Streitschlichterprogramme verbessert werden. Im Rahmen von Streitschlichterprogrammen erlernen einige Schüler Fertigkeiten zur Vermittlung bei Streitigkeiten. Diese können sie dann in den Klassen oder während der Pause bei Konflikten zwischen ihren Kameraden einsetzen. Vermittlung durch Gleichaltrige ist oftmals effektiver als das Einschreiten Erwachsener, weil keine Machtbarrieren vorliegen, und sie dieselbe Sprache sprechen (z.B. Cortines, 1996).

Zusammenfassung

▶ Normverstöße, Gewalt und delinquentes Verhalten nehmen im Jugendalter zu.

▶ Man muss zwischen Jugenddelinquenten und persistent Delinquenten unterscheiden.

▶ Die Risikofaktoren liegen auf individueller, familiärer und gesellschaftlicher Ebene.

▶ Auf diesen Ebenen können ebenfalls Präventionsprogramme ansetzen.

Weiterführende Literatur

Campbell, A. (1995). Zornige Frauen, wütende Männer. Wie das Geschlecht unser Aggressionsverhalten beeinflusst. Frankfurt am Main: Fischer.
Dieses Buch bietet einen guten Überblick über geschlechtsspezifische Unterschiede in der Aggressivität und Gewalttätigkeit.

Jessor, R. (1998). New perspectives on adolescent risk behavior. Cambridge: University Press.
Dieses Buch stellt in übersichtlicher Form verschiedene Facetten jugendlichen Risikoverhaltens dar.

Petermann, F. & Petermann, U. (2001). Training mit aggressiven Kindern (10. Aufl.). Weinheim: Beltz PVU.
Dieses Buch beinhaltet ein aktuelles und umfassendes Training zur Reduzierung von Gewalt bei Kindern.

14 Entwicklungsprobleme II: Alkohol- und Drogenkonsum

Erwachsene dürfen rauchen und Bier trinken, Kinder nicht. Jugendliche kommen in der Familie, auf Partys und in der Disco in Kontakt mit Alkohol, Zigaretten und oft auch mit illegalen Drogen. Wie lernen die Jugendlichen einen „vernünftigen" Umgang mit diesen jederzeit verfügbaren Drogen? Wie viel wird eigentlich tatsächlich konsumiert? Welche Jugendlichen sind besonders gefährdet, in Missbrauch und Abhängigkeit abzugleiten? Und wie sehen Präventionsprogramme aus?

Normal und trotzdem problematisch. Alkohol und Zigaretten werden im Alltag von zahlreichen Menschen konsumiert. Auch „weiche" illegale Drogen wie Marihuana sind keineswegs selten. Das Jugendalter ist die Zeit, in der die meisten Menschen erstmals mit unterschiedlichen Drogen in Kontakt kommen und mit ihnen experimentieren (Kaplow et al., 2002). So gesehen ist es normal, dass Jugendliche Drogen ausprobieren. Diese Normalität darf jedoch nicht über die Gefahren hinwegtäuschen: Das Ausprobieren illegaler Drogen und der Konsum von Alkohol und Nikotin können zur Gewöhnung und schließlich in die Abhängigkeit führen (Hurrelmann, 1997). Die Mehrheit der Jugendlichen probiert beispielsweise bereits im Alter von 13;6 Jahren zum ersten Mal eine Zigarette (Bundeszentrale für gesundheitliche Aufklärung, 2001).

Der Umgang mit Drogen als Entwicklungsaufgabe. Wenn jemand überhaupt Alkohol, Zigaretten oder andere Drogen konsumiert, dann beginnt er damit im Jugendalter. Nur wenige Erwachsene probieren diese Substanzen zum ersten Mal (Robins, 1995). Da Alkohol und Nikotin primär Erwachsenen vorbehalten sind, wird der Konsum oftmals als Zeichen des Erwachsenenstatus betrachtet.

Trotz des verbreiteten Konsums wird nur ein geringer Anteil der Jugendlichen später drogenabhängig. Wenn ein Übergang in die Abhängigkeit erfolgt, dann durchschnittlich mit etwa 20 Jahren (Habermas, 2002). Der „richtige" Umgang mit Drogen kann also durchaus als eine Entwicklungsaufgabe des Jugendalters betrachtet werden. Menschen, die den Konsum von Alkohol im Jugendalter rigide verweigern, laufen sogar häufiger Gefahr, später abhängig zu werden, als die Jugendlichen, die gelegentlich Alkohol konsumieren (Shedler & Block, 1990).

Widersprüchliche Botschaften. Die Bewältigung dieser Entwicklungsaufgabe wird jedoch durch die widersprüchlichen Botschaften aus der Gesellschaft zu diesem Thema erschwert: Einerseits ist es in vielen Situationen sozial angemessen, „etwas" zu trinken, andererseits wird es abgelehnt, wenn jemand „zu viel" trinkt. Einerseits werben bekannte Sportler für die Aktion „Keine Macht den Drogen", andererseits feiern sie Siege und Meisterschaften öffentlich mit Champagner und Bier. Diese gegensätzlichen Verhaltensweisen sowie der fließende Übergang vom angemessenen Konsum zur Sucht erfordern von den Jugendlichen ein hohes Ausmaß an Selbstkontrolle im Umgang mit Drogen (Steinberg, 1996).

Drogenkonsum ist selbstschädigendes Verhalten. Zwar sind der frühzeitige Konsum von Alkohol und Zigaretten sowie die Verwendung illegaler Drogen Formen von delinquentem Verhalten, aber im Gegensatz zu anderen Arten der Delinquenz ist der Drogenkonsum nicht gegen andere, sondern nach innen gerichtet und beeinträchtigt vor allem das eigene Leben. Ziel ist dabei die Beeinflussung der eigenen Befindlichkeit, in eine bessere Stimmung zu kommen oder dem eigenen Leben zu entfliehen (Hurrelmann, 1997).

Jugendliche müssen einen verantwortungsvollen Umgang mit Drogen erlernen

14.1 Konsum, Missbrauch und Abhängigkeit

Es ist notwendig, drei verschiedene Formen des Drogengebrauchs zu unterscheiden: Konsum, Missbrauch und Abhängigkeit (Habermas, 2002).

Konsum

Der Konsum von legalen Drogen (d.h. von Nikotin und Alkohol) ist gesellschaftlich weit verbreitet. Zu vielen Anlässen (z.B. Feiern jeder Art) kann das Trinken von Alkohol sogar erwünscht sein. Bei anderen Drogen (z.B. Kokain) dagegen wird auch der gelegentliche Konsum gesellschaftlich nicht geschätzt, oder er ist sogar illegal.

Missbrauch

Ein Missbrauch von Drogen liegt dann vor, wenn der Konsum so häufig und regelmäßig stattfindet, dass dadurch die psychische oder körperliche Gesundheit sowie soziale Beziehungen gefährdet werden. Der Missbrauch von Drogen beeinträchtigt die weitere Entwicklung des Menschen.

Abhängigkeit

Die Abhängigkeit von Drogen ist dadurch gekennzeichnet, dass der Drogenkonsum wichtiger wird als andere Lebensbereiche.

Zentraler Lebensinhalt. Das Denken der abhängigen Person dreht sich in erster Linie darum, wie und wann sie sich die nächste Flasche Alkohol, die nächste Zigarette oder den nächsten „Schuss" organisieren kann.

Toleranzsteigerung. Darüber hinaus ist Abhängigkeit durch eine steigende Toleranz gekennzeichnet. Das bedeutet, dass man eine immer größere Menge der Droge konsumieren muss, um eine bestimmte Wirkung (beispielsweise den Alkoholrausch) zu erzielen.

Entzugssymptome. Außerdem treten körperliche Entzugssymptome (z.B. Zittern) auf, wenn die abhängige Person längere Zeit keine Drogen konsumiert hat.

Diagnostik

Missbrauch und Abhängigkeit von Drogen werden – wie andere psychische Erkrankungen auch – auf der Basis des DSM-IV (Task Force on DSM-

IV, 1994) oder ICD-10 (World Health Organization, 1994) diagnostiziert. Während dem ICD-10 eine eher medizinische Ausrichtung zugrunde liegt, handelt es sich beim DSM-IV um ein eher psychologisch orientiertes Manual zur Klassifikation psychischer Störungen. Daher werden wir hier und in den folgenden Kapiteln die diagnostischen Kriterien für die jeweiligen Störungen auf der Basis des DSM-IV darstellen (s. folgenden Kasten).

Diagnostische Kriterien für Substanzmissbrauch (DSM-IV)

Substanzmissbrauch wird dann diagnostiziert, wenn mindestens eines der folgenden Merkmale über einen Zeitraum von zwölf Monaten gegeben ist:

(a) Wiederholter Substanzgebrauch, der dazu führt, dass zentrale Rollenanforderungen im Beruf, in der Schule oder zu Hause nicht erfüllt werden können (z.B. wiederholtes Fehlen oder schlechte Leistungen im Beruf oder in der Schule, die mit dem Substanzgebrauch zusammenhängen).

(b) Wiederholter Substanzgebrauch in Situationen, in denen er zu physischen Beeinträchtigungen führt (z.B. Autofahren unter dem Einfluss der Substanz).

(c) Wiederholte, substanzbezogene rechtliche Probleme (z.B. Verhaftung aufgrund von Verhaltensauffälligkeiten, die durch die Substanz verursacht wurden).

(d) Anhaltender Substanzgebrauch trotz dauerhafter oder wiederholter sozialer Probleme, die durch den Konsum der Substanz ausgelöst oder verstärkt wurden (z.B. Streitigkeiten mit dem Ehepartner über die Folgen der Vergiftung).

Diagnostische Kriterien für Substanzabhängigkeit

Substanzabhängigkeit wird dann diagnostiziert, wenn über einen Zeitraum von zwölf Monaten mindestens drei der folgenden Symptome auftreten:

(a) Toleranz, die definiert wird als

▶ Bedürfnis nach steigender Menge der Substanz, um den gewünschten Effekt zu erzielen oder

▶ deutlich verringerter Effekt der Substanz, wenn dauerhaft dieselbe Menge konsumiert wird.

(b) Sozialer Rückzug

(c) Der Patient konsumiert mehr von der Substanz, als er sich vorgenommen hat oder konsumiert sie über einen längeren Zeitraum als beabsichtigt.

(d) Dauerhafter Wunsch oder erfolglose Versuche, die Menge des Konsums zu reduzieren.

(e) Ein großer Teil der Zeit wird auf Aktivitäten verwendet, die der Beschaffung der Substanz dienen, auf den Konsum der Substanz oder auf die Erholung von der Wirkung der Substanz.

(f) Wichtige soziale, berufliche oder Freizeitaktivitäten werden zugunsten des Substanzkonsums aufgegeben oder reduziert.

(g) Fortgesetzter Substanzkonsum, obwohl erkannt wurde, dass ein dauerhaftes oder wiederkehrendes physisches oder psychisches Problem vorliegt, das durch die Substanz verursacht oder verstärkt wird.

14.2 Verbreitung von Alkohol- und Drogenkonsum

Der Drogenkonsum Jugendlicher wird seit 1973 in regelmäßigen Abständen von der Bundeszentrale für gesundheitliche Aufklärung erfragt. Unterschieden werden dabei der Konsum von Alkohol, Nikotin und illegalen Drogen. Die Daten des letzten Berichts von 2001 sind in den folgenden Abschnitten zusammengefasst.

14.2.1 Alkoholkonsum Jugendlicher

Altersunterschiede

Ältere Jugendliche konsumieren häufiger alkoholische Getränke und nehmen größere Mengen zu sich als jüngere.

Häufigkeit. Während nur 1% der 12- bis 13-Jährigen mindestens einmal pro Woche Alkohol trinkt, sind es 16% der 14- bis 15-Jährigen und über 37% der älteren Jugendlichen (s. Abb. 14.1). Auf der anderen Seite trinken 85% der 12- bis 13-Jährigen, 50% der 14- bis 15-Jährigen, aber nur 21% der älteren Jugendlichen selten oder nie Alkohol.

Menge. Ebenso deutliche altersabhängige Veränderungen gibt es bei der Menge reinen Alkohols, die durchschnittlich pro Woche konsumiert wird. 12- bis 13-Jährige trinken durchschnittlich 1,7 g reinen Alkohol, 14- bis 15-Jährige 27,0 g und ältere Jugendliche deutlich über 60,0 g. Die Altersstufe von 14 bis 15 Jahren kann also als Übergang zwischen (fast) fehlendem und regelmäßigem Alkoholkonsum betrachtet werden. Somit ist es auch nicht verwunderlich, dass die 16- und 17-Jährigen innerhalb eines Jahres besonders häufig einen Alkoholrausch erlebt haben.

Geschlechtsunterschiede

Alkohol wird zwar auch von Mädchen konsumiert, aber insgesamt trinken Jungen häufiger und mehr Alkohol als Mädchen. 12- bis 25-jährige Jungen und junge Männer trinken durchschnittlich 77 g reinen Alkohol pro Woche, Mädchen und junge Frauen dagegen 29 g. Auch die Häufigkeit des Alkoholkonsums spiegelt diesen Unterschied wider. Mädchen trinken zwar etwas mehr Wein als Jungen, aber Jungen trinken wesentlich häufiger Bier und etwas häufiger alkoholische Mixgetränke sowie Spirituosen.

Historische Trends

Der Alkoholkonsum Jugendlicher ist in den alten Bundesländern seit 1973 kontinuierlich zurückgegangen. Für ostdeutsche Jugendliche liegen vergleichbare Daten erst seit 1993 vor. In diesem Zeitraum zeigt sich eine deutliche Reduzierung des Alkoholkonsums für west- und ostdeutsche Jugendliche. Während in den 1970er-Jahren noch etwa die Hälfte der Jugendlichen regelmäßig Bier getrunken hat, waren es 2001 nicht einmal mehr ein Viertel. Vergleichbar ist der Anteil der regelmäßigen Weintrinker von 25% auf unter 10% gefallen und der Anteil derjenigen, die regelmäßig Spirituosen konsumieren, von 20% auf 5%. Die Veränderungen des Trinkverhaltens in den verschiedenen Altersgruppen wird leider erst ab 1993 berichtet. Dabei fällt auf, dass insbesondere ältere Jugendliche weniger Alkohol trinken. Bei den jüngeren dagegen ist der Anteil derjenigen, die regelmäßig Alkohol trinken stabil (s. Abb. 14.2).

14.2.2 Rauchverhalten Jugendlicher

Altersunterschiede

Rauchen ist weniger verbreitet als der Konsum von Alkohol. Allerdings bildet auch hier die Altersgruppe der 14- bis 15-Jährigen den Übergang von Nichtrauchern zu Rauchern. 10% der 12- bis 13-Jährigen, 29% der 14- bis 15-Jährigen und etwa die Hälfte der älteren Jugendlichen bezeichnet sich als ständigen oder Gelegenheitsraucher (s. Abb. 14.3). Selbst bei den jüngsten

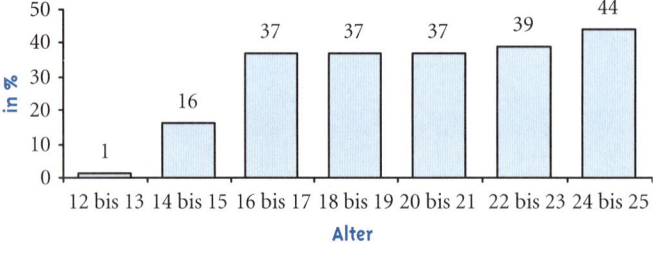

Abbildung 14.1. Regelmäßiger Alkoholkonsum der 12- bis 25-Jährigen

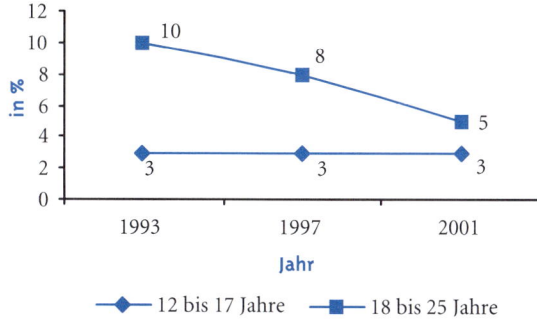

Abbildung 14.2. Regelmäßiger Spirituosenkonsum im Zeitverlauf

25-Jährige) in diesem Zeitraum. Bei den jüngeren Jugendlichen dagegen (12- bis 17-Jährige) konnte sogar ein leichter Anstieg nachgewiesen werden. Während 1993 noch 20% dieser Jugendlichen geraucht hat, waren es 2001 immerhin 28%.

14.2.3 Konsum illegaler Drogen im Jugendalter

Altersunterschiede

Verglichen mit Alkohol und Nikotin konsumieren deutlich weniger Jugendliche illegale Drogen. 26% der 12- bis 25-Jährigen haben Cannabis zumindest einmal probiert. Immerhin knapp 5% haben bereits Ecstasy, Amphetamine, LSD und Kokain genommen und weniger als 1% Heroin und Crack. Die Jugendlichen, die bereits illegale Drogen probiert haben, tun dies durchschnittlich mit 16;6 Jahren (Cannabis) bzw. 18;6 Jahren (Kokain). Regelmäßig konsumieren lediglich 2% der 12- bis 17-Jährigen und 4% der 18- bis 25-Jährigen illegale Drogen. Geschlechtsunterschiede werden in dem aktuellen Bericht nicht dargestellt, da nur wenige Jugendliche überhaupt illegale Drogen gebrauchen.

Rauchern, also bei den 12- bis 13-Jährigen, raucht fast die Hälfte mindestens fünf Zigaretten pro Tag. Beim Rauchen lässt sich also ebenso wie beim Alkoholkonsum feststellen, dass die Mehrheit der Jugendlichen bereits vor ihrem 16. Geburtstag mit der Droge experimentieren. Sie probieren diese also schon aus, bevor es ihnen nach dem Jugendschutzgesetz erlaubt ist.

Geschlechtsunterschiede

Jungen und Mädchen rauchen etwa gleich häufig und ähnlich intensiv.

Historische Trends

Wie beim Alkoholkonsum ist auch der Anteil der Raucher bei den Jugendlichen zurückgegangen. Insbesondere im Verlauf der 1970er-Jahre reduzierte sich die Zahl der Raucher. Während 1973 noch fast 60% der 12- bis 25-Jährigen rauchten, waren es 1979 nur noch 44%. Seit Anfang der 1990er-Jahre dagegen gibt es kaum noch Veränderungen. Kontinuierlich rauchten fast 50% der älteren Jugendlichen und jungen Erwachsenen (18- bis

Historische Trends

Der Anteil der Jugendlichen, die mindestens einmal in ihrem Leben illegale Drogen konsumiert haben, ist zwischen 1973 und 1989 mit knapp 20% stabil geblieben. Danach finden wir einen Anstieg auf 28% im Jahre 2001. Der Anteil der zum Zeitpunkt der jeweiligen Befragung aktuellen Konsumenten lag zwischen 1973 und 1989 konstant bei etwa 5% der Jugendlichen. Er verdoppelte sich bis 1997 auf 10% und fiel danach bis 2001 wieder auf 5% zurück.

Abbildung 14.3. Anteil der Raucher unter den 12- bis 25-Jährigen

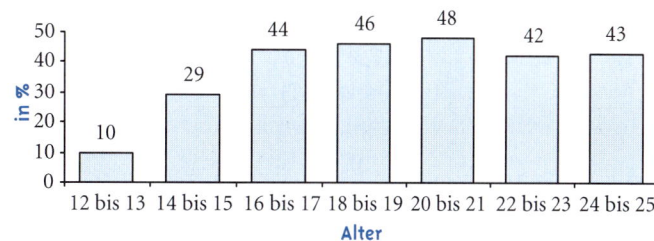

14.3 Risikofaktoren und Entwicklungsmechanismen

Aus den Daten der Bundeszentrale für gesundheitliche Aufklärung (2001) ist zu erkennen, dass insbesondere der Konsum von Alkohol und Nikotin im Jugendalter weit verbreitet ist. Illegale Drogen werden zwar nur von wenigen Jugendlichen probiert oder regelmäßig konsumiert, stellen aber dennoch eine Gefährdung für die weitere Entwicklung dar. Risikofaktoren sind hier daher keineswegs einheitlich zu betrachten: Einige begünstigen lediglich den Drogenkonsum, andere erhöhen das Missbrauchs- und Abhängigkeitsrisiko (Habermas, 2002). Aber wieso beschäftigen wir uns überhaupt mit den Risikofaktoren? Nur wenn diese bekannt sind, können gefährdete Kinder und Jugendliche frühzeitig erkannt werden. Dadurch sind gezielte Maßnahmen zur Prävention möglich. Auch für die Behandlung von Drogenmissbrauch oder -abhängigkeit müssen die Einflussbereiche bekannt sein. Ein reiner Entzug bringt nur selten langfristige Therapieerfolge. Vielmehr ist es notwendig, so weit wie möglich die Risikofaktoren zu beseitigen oder die Betroffenen zumindest so zu stärken, dass sie diese Probleme bewältigen können.

14.3.1 Risikofaktoren für den Drogenkonsum

Ein Zeichen von Erwachsen-Sein. Die Tatsache, dass der Konsum von Alkohol, Nikotin und anderen Drogen gerade im Jugendalter beginnt, ist zumindest teilweise auf die Entwicklungsaufgaben der Jugendlichen zurückzuführen. Sie müssen sich von ihren Eltern lösen, ihre eigene Identität aufbauen, ihre berufliche Laufbahn vorbereiten und Beziehungen zu Gleichaltrigen entwickeln. Es handelt sich also um Aufgaben, die die Jugendlichen auf ein eigenständiges Leben als Erwachsene vorbereiten sollen. Damit gewinnt der Status „erwachsen zu sein" eine große Bedeutung. Der Konsum von Alkohol und Zigaretten gilt in unserer Gesellschaft als Privileg der Erwachsenen und

damit als ein Symbol des Erwachsen-Seins. Daher werden diese Verhaltensweisen – auch wenn sie ungesund sind und den meisten Jugendlichen zunächst nicht besonders viel Freude bereiten – von Jugendlichen als besonders cool und reizvoll eingeschätzt (Habermas, 2002). Unabhängig von der Art der konsumierten Droge können familiäre Risikofaktoren und Einflüsse durch Gleichaltrige unterschieden werden (Tarter et al., 1999).

Familiäre Faktoren. Jugendliche, deren Eltern nur wenig über sie wissen, die also von ihren Eltern nur unzureichend beaufsichtigt werden, nehmen häufiger Drogen als Jugendliche, die von ihren Eltern in angemessener Art und Weise kontrolliert werden.

Gleichaltrige. Ihren ersten Kontakt zu Drogen bekommen Jugendliche meist durch Gleichaltrige. In der Clique oder im Verein werden ihnen zum ersten Mal Alkohol, Zigaretten oder auch illegale Drogen angeboten. Der Mechanismus, der hinter dem Einfluss der Gleichaltrigen steht, ist jedoch noch unklar: Ist es tatsächlich der Druck der Gleichaltrigen, der den Jugendlichen antreibt, Drogen zu probieren? Oder ist es vielmehr so, dass Jugendliche, die bereits die Tendenz haben, Normen zu verletzen, sich gezielt Freunde aussuchen, die trinken, rauchen oder andere Drogen nehmen? Diese Fragen sind bis heute noch nicht geklärt worden, aber vermutlich spielen beide Mechanismen eine Rolle (Tarter et al., 1999).

14.3.2 Risikofaktoren für Drogenmissbrauch und -abhängigkeit

Insgesamt können drei Einflussbereiche unterschieden werden, die das Risiko für Missbrauch oder Abhängigkeit von legalen wie illegalen Drogen steigern: genetische, individuelle und familiäre Risiken.

(1) Genetische Risiken
Insbesondere für Alkoholismus, aber auch für andere Formen der Drogenabhängigkeit ist eine hohe Erblichkeit nachgewiesen worden. Obwohl auch hier der exakte Mechanismus noch nicht endgültig geklärt ist, scheint die Dopamin-Regulation eine entscheidende Rolle zu spielen (Tarter et al., 1999).

(2) Individuelle Risiken

Viele der individuellen Risiken für Drogenmissbrauch und -abhängigkeit erhöhen auch die Wahrscheinlichkeit von Delinquenz (vgl. Kap. 13).

Geschlecht. Männliche Jugendliche konsumieren nicht nur mehr und häufiger Alkohol als Mädchen, sie sind auch in der Gruppe der delinquenten sowie der drogenabhängigen Jugendlichen besonders häufig zu finden (Kaplow et al., 2002; Robins & McEvoy, 1990).

Temperament. Darüber hinaus tritt diese Form des Problemverhaltens insbesondere bei Jugendlichen auf, die als Kinder ein schwieriges Temperament hatten, leicht zu irritieren, impulsiv und besonders aggressiv waren (Robins & McEvoy, 1990; Tarter et al., 1999).

Kognitive Faktoren. Kognitive Fähigkeiten spielen ebenfalls eine Rolle: Wenig intelligente Jugendliche mit unzureichenden Problemlösungsfertigkeiten neigen besonders stark dazu, Drogen zu missbrauchen oder von ihnen abhängig zu werden (Kaplow et al., 2002; Robins & McEvoy, 1990; Tarter et al., 1999).

Sozioökonomischer Status. Dieser steigert das Risiko, delinquent zu werden und fördert einen frühzeitigen Drogenkonsum, der wiederum das Abhängigkeitsrisiko erhöht (Kaplow et al., 2002).

Psychische Störungen. Neben den Merkmalen, die auch für andere Problemverhaltensweisen von Bedeutung sind, existieren jedoch auch Risikofaktoren, die speziell für die Entwicklung von Missbrauchs- und Abhängigkeitssymptomen bedeutsam sind. Es handelt sich hierbei um Angststörungen und Depressionen. Jugendliche, bei denen diese Störungen diagnostiziert wurden, werden häufiger drogenabhängig als Jugendliche, die an anderen psychischen Störungen erkrankt oder psychisch gesund sind (Tarter et al., 1999).

„Türöffner"-Funktion. Das Risiko, sog. harte Drogen zu konsumieren, ist besonders hoch bei Jugendlichen, die zuvor bereits in größeren Mengen Alkohol, Nikotin oder Marihuana zu sich genommen haben. Daher werden diese „weichen Drogen" auch als gateway-drugs (wörtlich übersetzt also „Türöffner-Drogen") bezeichnet (Stein-berg, 1996; Tarter et al., 1999). Die Tatsache, dass fast alle Konsumenten harter Drogen zuvor weiche Drogen konsumiert haben, bedeutet jedoch nicht, dass alle Jugendlichen, die weiche Drogen nehmen, später auch zu harten Drogen greifen. Im Gegenteil, der Anteil der Jugendlichen, der regelmäßig Alkohol trinkt, raucht und Marihuana zumindest einmal probiert hat, ist deutlich höher als der Anteil, der harte Drogen regelmäßig konsumiert oder auch nur mit ihnen experimentiert (Bundeszentrale für gesundheitliche Aufklärung, 2001).

Familiäre Risiken

Häufige, harte Bestrafungen und ein autoritärer Erziehungsstil der Eltern erhöhen das Risiko, dass der Jugendliche Drogen missbraucht oder von ihnen abhängig wird (Kaplow et al., 2002; Tarter et al., 1999).

Drogenkonsum der Eltern. Andere Risiken dagegen erhöhen wiederum spezifisch die Wahrscheinlichkeit des Drogenmissbrauchs: Wenn Eltern selbst viel Alkohol trinken oder andere Drogen konsumieren oder eine positive Haltung gegenüber Drogen vertreten, so werden die Jugendlichen ebenfalls mehr Drogen konsumieren und damit häufiger von ihnen abhängig werden (Kaplow et al., 2002; Habermas, 2002). Besonders interessant ist der Zusammenhang zwischen dem Verhalten der Eltern und dem der Jugendlichen jedoch beim Rauchen. Wenn werdende Mütter während der Schwangerschaft rauchen, so erhöht dieses Verhalten das Risiko, dass ihre Kinder später ebenfalls rauchen. Das weitere Rauchverhalten der Eltern – also das Rauchverhalten des Vaters oder der Mutter nach der Geburt des Kindes – dagegen beeinflusst den Nikotinkonsum ihrer Kinder kaum (Kandel, 1998).

14.4 Konsequenzen für die psychosoziale Entwicklung

Drogenkonsum. Der gelegentliche Konsum „weicher Drogen" beeinträchtigt die weitere Entwicklung nicht. Kurzfristig kann er zu einer besseren Integration in die Gruppe der Gleichaltrigen führen und damit sogar positive Auswirkungen haben. Jugendliche, die mit Drogen lediglich experimentieren, sind psychisch besonders stark und haben sichere soziale Beziehungen. Diese besondere Stärke fällt nicht nur in Abgrenzung von den häufigen Konsumenten auf. Sie bleibt auch bestehen, wenn man die Experimentierer mit den vollständig drogenabstinenten Jugendlichen vergleicht (Shedler & Block, 1990).

Drogenmissbrauch oder -abhängigkeit dagegen beeinträchtigt die aktuelle und die langfristige Lebensqualität. Häufiger Drogenkonsum führt dazu, dass die Gesundheit gefährdet wird. Dies gilt für Jugendliche noch stärker als für Erwachsene, da bei ihnen auch geringe Dosierungen – die für Erwachsene harmlos sind – schädlich sein können (Fischer, 2002; Hurrelmann, 1997). Außerdem sind diese Jugendlichen besonders häufig sozial isoliert, reagieren impulsiver als andere Jugendliche, sind unzufrieden mit ihrem Leben und erbringen schlechte Schulleistungen (Shedler & Block, 1990). Je häufiger ein Jugendlicher Drogen konsumiert, desto

▶ negativer ist seine Einstellung zum Leben,
▶ geringer ist seine Lebensfreude und
▶ negativer nimmt er seinen eigenen Körper wahr (Borer, 1999).

14.5 Prävention

In der Literatur über Prävention von Drogenkonsum oder anderen psychischen Krankheiten werden prinzipiell drei Ansatzpunkte berücksichtigt: primäre, sekundäre und tertiäre Prävention.

Zielgruppen

Schulklassen sind häufig die Zielgruppe von Präventionsprogrammen. Dieses Vorgehen bietet den Vorteil, dass gleichzeitig eine große Gruppe von Jugendlichen angesprochen wird. Außerdem wird so auch das Verhalten der Gleichaltrigen beein-

Primäre Prävention zielt darauf ab, problematische Verhaltensweisen (z.B. Konsum von Alkohol) gar nicht erst auftreten zu lassen. Zumindest aber soll im Drogenbereich der Zeitpunkt des Erstkontakts möglichst weit aufgeschoben werden. Bei der primären Prävention geht es also darum, Probleme im Vorfeld zu vermeiden.

Sekundäre Prävention dagegen soll verhindern, dass Risikoverhaltensweisen tatsächlich in eine Gefährdung des Jugendlichen münden. Ziel ist es also, dass Jugendliche, die bereits Alkohol oder andere Drogen konsumieren, nicht von diesen abhängig werden.

Tertiäre Prävention wird auch als Rückfallprävention bezeichnet. Jugendliche oder Erwachsene, die bereits drogenabhängig sind, sollen nach dem Entzug so gestärkt werden, dass sie in zukünftigen schwierigen Situationen nicht erneut zur Flasche oder Zigarette greifen (Caplan, 1964).

flusst, die ja ihrerseits das Konsumverhalten des Einzelnen mit bestimmen (Fischer, 2002).

Familien. Der Nachteil schulischer Programme liegt darin, dass andere wichtige Personen – insbesondere die Familie – nicht berücksichtigt werden. Ein zentrales Hindernis ist hier vor allem der hohe Aufwand, der nötig wäre, um viele Familien zu erreichen. Aber auch auf Seiten der Familien selbst gibt es Hindernisse für die Teilnahme an Präventionsprogrammen. Unkenntnis über Angebote für erzieherische Hilfen und hohe Beanspruchung durch viele Kinder können Eltern davon abhalten, an familiären Präventionsprogrammen teilzunehmen (Spoth et al., 2000).

Methoden der Drogenprävention

Politische Ansätze. Gesetzliche Verbote allein reichen nicht aus, um Jugendliche von Drogen fern zu halten. Es kann nicht gelingen, Drogen vollständig vom Markt zu verbannen und dadurch deren Gebrauch zu unterbinden. Allerdings können von staatlicher Seite durch entsprechende Steuern die Preise für Alkohol und Zigaretten erhöht werden. Dieses Vorgehen wird zwar von den Konsumenten stets heftig kritisiert, hat sich aber als erfolgreiche Methode zur Reduzierung des Drogenkonsums bei Jugendlichen erwiesen (Grossman et al., 1994). Leider berichten die Autoren jedoch nicht, ob dadurch Alkohol- und Zigarettendiebstahl oder andere Formen der Kriminalität zur Finanzierung des Drogenkonsums zugenommen haben.

Psychologische Ansätze. Politische und juristische Methoden reichen also nicht aus, um den Drogenkonsum von Jugendlichen zu verhindern oder zumindest zu reduzieren. Daher sind psychologische Maßnahmen nötig. Wir unterscheiden dabei Methoden der Wissensvermittlung, affektive Strategien, den Aufbau alternativer Verhaltensweisen und die Förderung von Lebenskompetenzen (zum Überblick Fischer, 2002; Fischer et al., 2002).

Wissensvermittlung. Einige Präventionsprogramme basieren auf der Annahme, dass der Drogenkonsum durch das Wissen über die damit verbunden Risiken und Gefährdungen reduziert werden kann. Die Jugendlichen lernen beispielsweise, dass Rauchen das Risiko von Krebs oder Herzerkrankungen erhöht oder dass Alkohol die Wahrnehmungs- und Reaktionsfähigkeit reduziert und Lebererkrankungen fördert. Methoden der Wissensvermittlung können Vorträge, Diskussionsrunden mit Experten, Artikel oder Bücher, Informationsstände oder entsprechend inhaltlich ausgestaltete Theaterstücke oder Filme sein.

Affektive Strategien dagegen versuchen gezielt, die Jugendlichen zu schockieren und ihnen Angst vor den möglichen Konsequenzen des Drogenkonsums zu machen. Diese Strategien arbeiten insbesondere mit realistischen – teilweise aber auch reißerischen – Bildern von Tumoren, Raucherbeinen oder einer Alkoholikerleber. Es geht also nicht mehr darum, den Jugendlichen Wissen über die möglichen Folgen zu vermitteln, sondern sie durch Angst am Drogenkonsum zu hindern.

Mangelnde Wirksamkeit. Diese beiden Ansätze haben sich in verschiedenen Studien als nicht besonders wirksam erwiesen (zum Überblick: Tobler & Stratton, 1997). Die mangelnde Wirksamkeit könnte darauf zurückzuführen sein, dass Informationen allein auch die Neugier einiger Teilnehmer angeregt haben, so dass sie bald im Anschluss an das Programm Drogen probiert haben. Bei den affektiven Strategien ist eine mögliche Erklärung für die geringen Effekte, dass die Jugendlichen auf die Bilder nicht unbedingt mit Angst reagiert haben. Der unmittelbare Anblick hat sie zwar vielleicht erschreckt, aber um sich das nicht anmerken zu lassen, haben sie das Ganze humorvoll heruntergespielt.

Aufbau alternativer Verhaltensweisen. Bereits zu Beginn der 1970er-Jahre erkannte Dohner (1972), dass die beiden traditionellen Ansätze zur Drogenprävention nicht ausreichen. Er stellte heraus, dass der Konsum von Drogen dazu dient, bestimmte Bedürfnisse (z.B. nach Aufmerksamkeit, Spannung und Spaß) zu befriedigen. Seine logische Schlussfolgerung bestand darin, den Jugendlichen andere Aktivitäten anzubieten, die ebenfalls auf diese Bedürfnisse ausgerichtet waren. Beispiele sind Theaterprojekte, Out-door-Erlebnisse (z.B. Kajaktour, Klettergarten), Spiel- und Sportangebote und ähnliches.

Förderung von Lebenskompetenzen. Besonders umfassend sind Trainingsprogramme, die nicht ausschließlich auf die Reduzierung des Drogenkonsums abzielen. Sie wollen die sozialen Kompetenzen, Problemlösungs- und Stressbewältigungsstrategien der Kinder und Jugendlichen fördern, um dadurch indirekt deren Drogenkonsum zu senken. Hinter diesen Programmen steht die Annahme, dass Kinder und Jugendliche, die mit ihren Mitmenschen gut zurecht kommen, die selbstbewusst und kontaktfreudig sind, Probleme lösen können und über Strategien zur Stressbewältigung verfügen, seltener zu Drogen greifen als Kinder, die diese Fertigkeiten nicht haben (Botvin, 1983, 1998; Jerusalem & Mittag, 1997; Petermann et al., 1997). Dieser Ansatz hat sich – verglichen mit den anderen Methoden – als besonders effektiv erwiesen. Insbesondere die Einstellung zu Drogen, Strategien zur Drogenablehnung und der selbstberichtete Drogenkonsum werden durch Präventionsansätze zur Vermittlung grundlegender Lebenskompetenzen stärker beeinflusst als durch Wissensvermittlung oder affektive Methoden. Im Hinblick auf die Wissenssteigerung und die Förderung des Wohlbefindens der Kinder und Jugendlichen unterscheiden sich die verschiedenen Präventionsmethoden nicht (Tobler & Stratton, 1997).

Alkohol- und
Drogenkonsum

14

Exkurs: Das Präventionsprogramm zur Förderung der Lebenskompetenzen

Das Präventionsprogramm zur Förderung der Lebenskompetenzen wurde seit den 1980er-Jahren insbesondere von Botvin und seinen Kollegen in den USA entwickelt und optimiert (Botvin, 1980, 1998; Botvin et al., 1990). Erst in den 1990er-Jahren wurde dieser Ansatz verstärkt auch in Deutschland umgesetzt (Jerusalem & Mittag, 1997; Petermann et al., 1997). Es handelt sich um ein Trainingsprogramm, das in der Schule mit allen Schülern einer Klasse innerhalb von etwa 15 Unterrichtsstunden durchgeführt werden kann und vom Lehrer oder von älteren Schülern geleitet wird. Die Zielgruppe sind Jugendliche in unterschiedlichen Altersstufen von etwa 12 bis 18 Jahren. Es lassen sich drei zentrale Zielbereiche unterscheiden:

▶ persönliche Fähigkeiten im Umgang mit sich selbst,
▶ soziale Fähigkeiten und
▶ mit dem Substanzgebrauch verbundenes Wissen.

Persönliche Fähigkeiten im Umgang mit sich selbst. Diese umfassen Problemlösungs- und Entscheidungsstrategien, Medienkompetenz, Strategien zum Umgang mit Angst, Ärger und Frustration sowie Fertigkeiten zur Selbstverstärkung. Um diese Kompetenzen zu erwerben, lernen die Schüler beispielsweise

▶ Probleme aus unterschiedlichen Perspektiven zu betrachten,
▶ in Stresssituationen Entspannungstechniken einzusetzen und
▶ Ursachen für Misserfolge nicht nur in mangelnder Begabung zu suchen.

Die verschiedenen Fertigkeiten und Strategien werden den Schülern im Rahmen des Trainings nicht nur erklärt, sondern sie können diese in Gruppendiskussionen, Rollenspielen und anderen praktischen Übungen verhaltensnah lernen. Durch die Förderung der selbstbezogenen Kompetenzen sollen die Schüler in die Lage versetzt werden, alltägliche Schwierigkeiten selbständig zu lösen. Diese positiven Erfahrungen wiederum sollen ihr Selbstwertgefühl steigern und damit die Gefahr reduzieren, dass sie aufgrund von Frustration und Konflikten Alkohol oder andere Drogen konsumieren.

Persönliche Fähigkeiten in sozialen Interaktionen. Das sind kommunikative Kompetenzen, allgemeine soziale Fähigkeiten, Fähigkeiten zur Aufbau und zur Aufrecherhaltung gegengeschlechtlicher Beziehungen sowie Wissen über die Wirkung nonverbaler Signale (z.B. Blickkontakt, Körperhaltung). Die Schüler erlernen beispielsweise Strategien, um mit anderen Jungen und Mädchen in Kontakt zu kommen oder Möglichkeiten zum verbalen Ausdruck von Ärger, damit aggressive Reaktionen überflüssig werden. Mit Hilfe dieser Kompetenzen sollen die Jugendlichen beim Aufbau befriedigender, sozialer Kontakte unterstützt werden, so dass sie sich nicht aus Angst vor Isolation delinquenten Jugendlichen anschließen oder ihre Schüchternheit durch ausgiebigen Alkoholkonsum überspielen.

Mit dem Substanzgebrauch verbundenes Wissen bezieht sich auf die realistische Information über die Verbreitung von Drogen sowie deren Kurz- und Langzeitwirkung. Außerdem sollen die Jugendlichen Wissen über die Wirkung von Zigaretten- und Alkoholwerbung erwerben und Ablehnungsstrategien erlernen, die ihnen dabei helfen, dem sozialen Druck in Richtung Drogenkonsum zu widerstehen. Die Information über die Anzahl von Erwachsenen und Jugendlichen, die verschiedene Drogen konsumieren, soll falsche Erwartungen über die Norm des Substanzgebrauchs korrigieren. Typischerweise wird der Anteil derer, die rauchen oder regelmäßig Alkohol trinken, zu hoch eingeschätzt. Durch eine entsprechende Korrektur der Annahmen kann der normative Druck zum Konsum von Alkohol und anderen Drogen reduziert werden. Ziel dieser Einheit ist es also, die Jugendlichen mit dem Wissen und den Verhaltensstrategien auszustatten, damit sie „nein" sagen können, wenn ihnen Drogen angeboten werden.

Ergebnisse. Im amerikanischen Raum hat dieses Training beeindruckende Erfolge erzielt: Das Wissen der Jugendlichen wurde verbessert, ihr Selbstwert und ihre sozialen Kontakte wurden gefördert, sie standen Drogenkonsum ablehnend gegenüber, und das tatsächliche Verhalten im Umgang mit Alkohol und anderen Drogen konnte positiv beeinflusst werden (Botvin, 1996; Botvin et al., 1990; Tobler & Stratton, 1997). In Deutschland dagegen waren die Effekte deutlich geringer (Jerusalem & Mittag, 1997; Petermann et al., 1997; zum Überblick: Schmitt-Rodermund, 1999): Das Wissen und die Einstellung der Jugendlichen konnte ebenfalls positiv beeinflusst werden, aber auf der Verhaltensebene zeigte das Training nur bei den Jugendlichen Erfolge, die aufgrund ihrer Persönlichkeit und ihrer familiären Situation ein besonders hohes Risiko für Drogenmissbrauch oder -abhängigkeit aufwiesen. Dabei ist allerdings zu berücksichtigen, dass Jugendliche in Deutschland früher erste Alkohol- und Zigarettenerfahrungen machen als amerikanische Jugendliche. Möglicherweise ist das Training also nicht weniger effektiv, sondern lediglich zu spät eingesetzt worden. Außerdem ist zu beachten, dass amerikanische Jugendliche mehr Zeit in der Schule verbringen als deutsche Jugendliche, während deutsche Schüler mehr Zeit mit ihren Eltern verbringen als amerikanische. Daher ist der Einfluss der Schule auf das Verhalten der Jugendlichen in Deutschland geringer als in den USA. Es wäre daher zu überdenken, rein schulische Präventionsprogramme durch eine Einbindung der Eltern zu ergänzen, um dadurch die Wirksamkeit zu erhöhen (Schmidt-Rodermund, 1999).

Zusammenfassung

▶ Besonders Alkohol- und Nikotinkonsum gelten als Zeichen des Erwachsen-Seins und sind deshalb attraktiv für Jugendliche. Deshalb ist es eine Entwicklungsaufgabe des Jugendalters, den angemessenen Umgang mit diesen Drogen zu lernen.

▶ Alkoholkonsum ist weiter verbreitet als Nikotinkonsum, illegale Drogen werden nur von einer kleinen Zahl Jugendlicher genommen.

▶ Die Risikofaktoren liegen v.a. auf persönlicher und familiärer Ebene. Auch die Präventionsprogramme setzen auf der persönlichen Ebene an.

Weiterführende Literatur

Kaplow, J., Curran, P. J., Dodge, K. A. & The Conduct Problems Prevention Research Group (2002). Child, parent, and peer predictors of early-onset substance use: A multisite longitudinal study. Journal of Abnormal Child Psychology, 30, 199–216.
Dieser Artikel bietet einen umfassenden Überblick über Risikofaktoren für den frühen Beginn von Alkohol- und Drogenkonsum.
Petermann, H., Müller, H., Kersch, B. & Röhr, M. (1997). Erwachsen werden ohne Drogen. Ergebnisse schulischer Drogenprävention. Weinheim: Juventa.
Dieses Buch bietet einen guten und leicht verständlichen Einblick in Programme zur Drogenprävention im Jugendalter.

15 Entwicklungsprobleme III: Essstörungen

In der Pubertät bekommen Mädchen weibliche Rundungen, die doch deutlich anders sind als der kindliche Körper. Manchen fällt es schwer, diese neuen Formen zu akzeptieren, zumal die in den Medien gezeigten Vorbilder meist superdünn sind. Wenn dann noch andere Schwierigkeiten dazukommen, entwickeln manche Mädchen Essstörungen. Bei Jungen tritt dieses Phänomen eher selten auf.

„Seit sich Prinzessin Diana 1993 anlässlich der ersten Internationalen Konferenz für Essstörungen in London öffentlich zu ihrem Leiden an der Bulimie bekannt hat, sind Essstörungen salonfähig geworden. Hoffähig waren sie bereits früher.

Bereits Ende des letzten Jahrhunderts machte Kaiserin Elisabeth von Österreich öffentlich, dass ihr Hauptinteresse dem schwindenden Umfang ihrer Taille gelte" (Toman, 1999, S. 6). Obwohl Essstörungen als Erkrankung der westlichen Kultur im 20. Jahrhundert gelten, gab es bereits in früheren Zeiten Menschen, die wir aus heutiger Perspektive als essgestört bezeichnen würden. Damals jedoch existierte dieses Krankheitsbild noch nicht, so dass eine entsprechende Diagnose und Therapie ausblieb.

Essstörungen sind jugendtypische Erkrankungen. Warum beschäftigen wir uns mit diesem Thema? Essstörungen treten erstmalig bei Jugendlichen auf und zwar vor allem bei Mädchen. Anorexia nervosa (Magersucht) und Bulimia ner-

Eine fehlende Akzeptanz des eigenen Körpers kann zu einem verzerrten Körperselbstbild und zu Essstörungen führen

vosa beginnen meist im frühen bzw. späten Jugendalter. Lediglich Adipositas (Fettleibigkeit) ist keine jugendtypische Essstörung. Von der Fettleibigkeit sind zwar zunehmend mehr Kinder und Jugendliche betroffen, ihren Höhepunkt hat sie allerdings in der Altersgruppe der 45- bis 64-Jährigen (Krüger et al., 2001). Deshalb wird diese Form der Essstörung hier auch nicht weiter dargestellt.

Bevor wir uns den einzelnen Formen von Essstörungen widmen, sind jedoch noch zwei allgemeine Unterscheidungen zu beachten.

(1) Nahrungsverweigerung im Kleinkindalter oder auch das gelegentliche Probieren nichtessbarer Materialien (z.B. Blumenerde, Gras) sind keine Vorläufer von klinischen Essstörungen wie Anorexia nervosa und Bulimia nervosa. Sie unterscheiden sich von diesen eindeutig dadurch, dass sie nicht gezielt eine Kontrolle oder Reduzierung des Körpergewichts bewirken sollen. Risikofaktoren für Essstörungen, die bereits in der Kindheit auftreten, sind vielmehr überangepasstes Verhalten, ein geringes Selbstwertgefühl, hohe Ansprüche an die eigene Leistung sowie übermäßige Selbstkritik (Habermas, 2002).

(2) Andererseits dienen verschiedene Diäten der bewussten Gewichtsregulation. Häufige oder extreme Diäten können zwar durchaus ein Risikofaktor für die Entstehung von Essstörungen sein, sie sind jedoch keineswegs als Vorläufer zu betrachten, die quasi automatisch in einer Erkrankung münden (Habermas, 2002; Steiner et al., 1995).

15.1 „Normales" Diätverhalten von Jugendlichen

Aus der Perspektive der Evolutionsbiologie ist der Mensch darauf programmiert, trotz Lebensmittelknappheit zu überleben. Über Jahrtausende gab es für die Mehrheit der Bevölkerung keinen Lebensmittelüberfluss. Deshalb ist der Körper des Menschen darauf trainiert, eher zu viel als zu wenig zu essen und in „guten Zeiten" Fettreserven

für zukünftige Phasen des Mangels aufzubauen. Diese Situation hat sich spätestens nach dem 2. Weltkrieg für die Menschen in westlichen Industrienationen grundlegend geändert. Wir leben heute in einer Überflussgesellschaft, in der es leicht wäre, sich gesund zu ernähren. Aber wir sind evolutionär nicht darauf „programmiert", dies auch zu tun. Daher haben viele im Alltag Probleme beim Umgang mit dem Überfluss, die sich einerseits in Übergewicht, andererseits aber – aufgrund des schlanken Schönheitsideals – auch in kollektiven Diäten ausdrücken (Pudel, 2001).

Körperselbstbild und Diät. Diesem Schlankheitsideal stehen bei Mädchen die körperlichen Veränderungen während der Pubertät entgegen, in der sie zunehmen und der Körperfettanteil steigt (vgl. Kap. 4). Es ist daher nicht verwunderlich, dass viele Mädchen während der Pubertät unzufrieden mit ihrem Körper sind, sich zu dick fühlen und – mehr oder weniger systematisch – abnehmen wollen. Etwa zwei Drittel der Mädchen möchte gerne weniger wiegen (Hein et al., 1998). Auch wenn nur die normal- und untergewichtigen Mädchen berücksichtigt werden, sind ebenfalls 40–60 % der Meinung, dass sie zu schwer sind (Flechtner et al., 1995; Kabera, 1999, zitiert nach Krüger et al., 2001). Etwa die Hälfte der Mädchen gibt sogar an, wirkliche Probleme mit ihrem Gewicht zu haben – bei den Jungen machen nur 4 % diese Aussage (Hein et al., 1998). Diese Unzufriedenheit mit dem eigenen Körper spiegelt sich auch im Verhalten der Mädchen wider: Die Hälfte von ihnen hat im Jugendalter bereits mindestens eine Diät gemacht (Kabera, 1999; Steiner et al., 1995). Allerdings verstehen verschiedene Mädchen durchaus etwas Unterschiedliches unter „Diät halten". Wenn sie nicht danach gefragt werden, ob sie eine Diät machen, sondern ihre Essgewohnheiten angeben sollen, so unterscheiden sich diejenigen, die nach eigenen Angaben Diät halten, kaum von den anderen Jugendlichen (Steiner et al., 1995).

Der Jojo-Effekt. Diejenigen, die eine Diät machen, sind meist schnell frustriert: Zunächst nehmen sie innerhalb weniger Tage deutlich ab. Bald jedoch bleibt eine weitere Gewichtsreduktion aus. Die Jugendlichen brechen darauf hin die Diät ab, und das Gewicht steigt rasch wieder an. Dieser Jojo-Effekt ist leicht zu erklären: Die Reduzierung der Nahrungsmittelzufuhr – das Grundprinzip jeder Diät – führt zunächst zu einem raschen Verlust von Proteinen und Wasser. Dieser Verlust zeigt sich beim regelmäßigen Wiegen schnell in einer Gewichtsreduktion. Fett wird jedoch auf diese Art und Weise nicht verloren. Nach einigen Tagen sind so viele Proteine und Wasser ausgeschieden worden, dass eine weitere Reduzierung nicht möglich ist. Erst nach einer längeren Zeit der Stagnation baut der Körper seine Fettreserven ab. Über Tage oder Wochen verändert sich das Gewicht überhaupt nicht. In dieser Phase brechen viele Menschen die Diät wieder ab. Der vorherige Verlust an Proteinen und Wasser wird ebenso rasch wieder aufgefüllt, wie er zuvor abgebaut wurde, so dass das Gewicht wieder ansteigt. Gleichzeitig „trainieren" Diäten den Körper auf Lebensmittelknappheit. Dadurch wird der Stoffwechsel so angeregt, dass auch aus geringen Nahrungsmengen die größtmögliche Fettmenge im Körper eingelagert wird. Außerdem führt die Nahrungsmittelreduzierung zu einer gestörten Wahrnehmung des Sättigungsgefühls. Dieser Mechanismus erklärt den häufig zu beobachtenden Anstieg des Körpergewichts – inbesondere des Körperfettanteils – über das Ausgangsgewicht vor der Diät hinaus (Pudel, 1995). Da der Körperfettanteil wiederum für Gewichtssorgen und den Beginn einer Diät verantwortlich ist (Halpern et al., 1999), kann durch eine erstmalige Diät ein Teufelskreis aus „Diät – Abbruch – Steigerung des Körperfettanteils – erneuter Diät" ausgelöst werden.

Die Minnesota-Studie. Eine umfassende – allerdings aus heutiger Perspektive ethisch nicht vertretbare – Studie über Auswirkungen der Nahrungsmittelknappheit wurde bereits in den Jahren 1944 bis 1946 durchgeführt (Keys et al., 1950). 36 junge, gesunde Wehrdienstverweigerer nahmen anstelle eines Gefängnisaufenthaltes für sechs Monate die Teilnahme an einem „Hunger-Camp" auf sich. Ziel der Studie war es, die kurz- und langfristigen Auswirkungen einer zeitlich be-

grenzten Mangelernährung zu untersuchen. Dabei wurden sowohl physiologische als auch psychologische Folgen berücksichtigt. In dieser Zeitspanne wurde die übliche Nahrungsmenge um 50 % reduziert – also eine Menge, die der typischen FdH-Diät („Friss' die Hälfte") entspricht. Auf der körperlichen Ebene führte diese Nahrungsmittelknappheit zu Gewichtsverlusten von etwa 25 %, zu reduzierter Atem- und Herzfrequenz und zu einer Absenkung der Körpertemperatur. Daneben zeigten die Männer zahlreiche bulimische Symptome (Heißhungerattacken, Störung des Sättigungsgefühls, starke Hungergefühle auch nach großen Mahlzeiten, Probleme bei der Beendigung der Nahrungsaufnahme) und emotionale Beeinträchtigungen (Stimmungsschwankungen, Depressionen, Reizbarkeit, Wutausbrüche, Angst, Apathie). Auch auf der sozialen (sozialer Rückzug, Isolation, reduziertes sexuelles Interesse, Auflösung von Beziehungen) und kognitiven Ebene (Verringerung der Konzentration, Aufmerksamkeit, Entscheidungsfreudigkeit und Urteilsfähigkeit) wurden zahlreiche negative Veränderungen sichtbar. Diese Studie macht deutlich, dass restriktive Diäten zahlreiche negative Konsequenzen – insbesondere die Entwicklung von Essstörungen – nach sich ziehen können.

15.2 Anorexia nervosa (Magersucht)

Das Krankheitsbild der Anorexia nervosa wurde erstmals durch Laségue und Gull am Ende des 19. Jahrhunderts beschrieben. Von ihnen stammt auch die noch heute gültige Krankheitsbezeichnung.

15.2.1 Epidemiologie

Je nachdem welche Bezugsgruppe (z.B. Gesamtbevölkerung oder nur Mädchen und junge Frauen) gewählt wird, schwanken die Angaben über die Verbreitung von Anorexia nervosa stark. Von der am stärksten betroffenen Gruppe – jugendliche Mädchen und junge Frauen – erkran-

Exkurs: Geschlechtsunterschiede in Gewicht, Körpererleben und Essverhalten

Barbara Buddeberg-Fischer (2000) untersuchte zwischen 1993 und 1996 das Körpergewicht, Körpererleben und Essverhalten von insgesamt 2.000 Jugendlichen im Alter von 14 bis 19 Jahren. Aus den Daten des Körpergewichts und der Körpergröße berechnete sie für jeden Jugendlichen den Body-Mass-Index (BMI), um die Jugendlichen in unter-, normal- und übergewichtige Mädchen und Jungen zu unterteilen. Der BMI wird berechnet, indem das Körpergewicht (in kg) durch die quadrierte Körpergröße (in m) geteilt wird (BMI = kg : m^2).

Je nach Alter und Geschlecht hat ein und derselbe BMI allerdings eine andere Bedeutung, d.h. die Grenzen für Unter-, Normal- und Übergewicht sind bei Mädchen anders als bei Jungen und unterscheiden sich außerdem in verschiedenen Altersgruppen.

Gewichtsverteilung. Der größte Teil der von Buddeberg-Fischer untersuchten Jugendlichen war normalgewichtig, etwa jeder fünfte hingegen wurde als übergewichtig klassifiziert und fast jeder zehnte als untergewichtig (s. Abb. 15.1). Die Verteilung auf die drei Gewichtsgruppen war für Jungen und Mädchen sowie für Jugendliche in unterschiedlichen Altersgruppen vergleichbar.

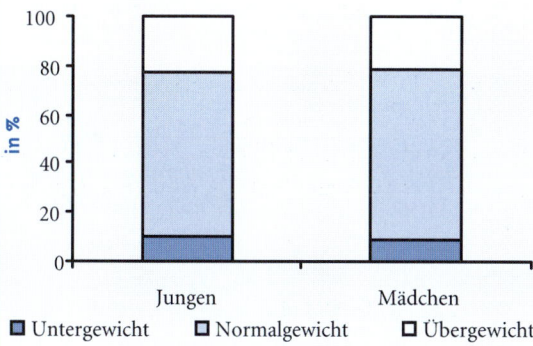

Abbildung 15.1. Gewichtsverteilung der Jungen und Mädchen (modifiziert nach Buddeberg-Fischer, 2000)

Körperwahrnehmung. Deutliche Geschlechtsunterschiede zeigten sich in der Körperwahrnehmung. Mädchen empfanden ihr Gewicht im Vergleich zu Jungen seltener als „genau richtig" oder als „zu gering". Statt dessen erlebten sie sich fast dreimal so häufig wie Jungen als zu dick (s. Abb. 15.2). Daher überrascht es auch nicht, dass nur 7,4 % der Mädchen sich körperlich attraktiv fanden – verglichen mit 18 % der Jungen.

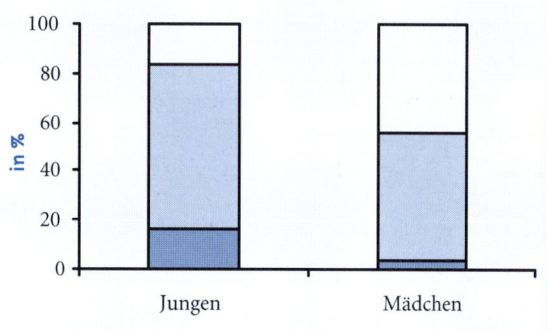

Abbildung 15.2. Körperwahrnehmung der Jungen und Mädchen (modifiziert nach Buddeberg-Fischer, 2000)

Essverhalten. Mit Hilfe des Eating-Attitude-Tests (Garner et al., 1982) befragte die Autorin die Jungen und Mädchen über ihr Diätverhalten (z.B. „Ich vermeide Speisen, die Zucker enthalten."), bulimische Symptome (z.B. absichtliches Erbrechen nach dem Essen) und Selbstkontrolle beim Essen (z.B. „Ich vermeide es zu essen, wenn ich hungrig bin."). Auf der Basis dieser Skala unterteilte Buddeberg-Fischer die Jugendlichen danach, ob sie ein geringes, mittleres oder hohes Risiko für die Entwicklung einer Essstörung hatten. Zwar haben die meisten Mädchen nur ein geringes Risiko, aber insgesamt weisen deutlich mehr Mädchen als Jungen ein mittleres oder hohes Risiko für die Entwicklung einer Essstörung auf (s. Abb. 15.3). Die Geschlechtsunterschiede sind bei der Frage nach Diäten besonders groß. Junge Männer gaben fast nie an, dass sie überhaupt Diät halten, aber fast 25 % der Mädchen reduzierte ihre Nahrungsaufnahme zumindest tageweise, 13,5 % hielten immerhin eine Woche bis zu einem Monat lang Diät. Über ein ganzes Jahr lang machten 3,4 % der Mädchen eine Diät.

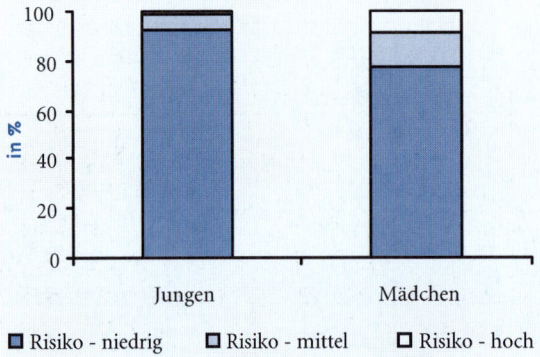

Störungen im Essverhalten traten bei Mädchen insbesondere dann auf, wenn sie unter besonderen Belastungen litten: Mädchen aßen mehr, wenn sie sich gestresst oder alleine fühlten oder wenn sie besorgt waren. Bei Jungen dagegen hatten Belastungen keinen Einfluss auf das Essverhalten.

Fazit. Mädchen sind mit ihrem Körper weniger zufrieden als Jungen, obwohl sie unter objektiven Kriterien genauso häufig normalgewichtig sind. Das Essverhalten der Mädchen ist kritischer als das der Jungen, insbesondere wenn sie unter besonderen Belastungen leiden. Vor dem Hintergrund dieser Ergebnisse ist es nicht überraschend, dass Mädchen häufiger an Essstörungen erkranken als Jungen.

ken 0,5–1 % an Anorexia nervosa. Während dieser Anteil seit den 1930er-Jahren für junge Frauen deutlich angestiegen ist, traten bei Männern und älteren Frauen keine gravierenden Veränderungen auf (Lucas et al., 1991). Betroffen sind vor allem weibliche Jugendliche aus der oberen Mittel- und der Oberschicht, die sich durch gute Intelligenzwerte auszeichnen (Krüger et al., 2001). Über 95 % der Erkrankten sind weiblich. In den letzten Jahren sind zwar gerade bei den jüngeren Patienten auch immer mehr Jungen zu finden (Hauser-Schmid, 1993), aber insgesamt sind die geschlechtsspezifischen Unterschiede seit den 1930er-Jahren weitgehend unverändert geblieben (Lucas et al., 1991). Das Ersterkrankungsalter schwankt zwischen 12 und 17 Jahren (Hauser-Schmid, 1993), mit einem ersten Höhepunkt bei den 14-Jährigen. Nach dem Eintritt ins Erwachsenenalter erkranken nur noch sehr wenige Menschen an Anorexia nervosa.

15.2.2 Symptome

Ein zentrales Problem für die Behandlung von Anorexie-Patientinnen ist darin zu sehen, dass sie sich selbst auch bei eindeutigen Symptomen

Diagnostische Kriterien für Anorexia nervosa (DSM-IV)

(a) Körpergewicht unterschreitet ein minimales Normalgewicht, das dem Alter und der Körpergröße angemessen ist (d.h. das Gewicht liegt mehr als 15 % unter diesem Gewicht, oder der Gewichtszuwachs beträgt während der Wachstumsperiode weniger als 85 % der zu erwartenden Zunahme)

(b) Trotz des Untergewichts besteht eine intensive Angst, zuzunehmen oder dick zu werden.

(c) Körperschemastörung (d.h. der eigene Körper wird dicker wahrgenommen, als er tatsächlich ist), das Selbstwertgefühl basiert überwiegend auf dem Körpergewicht bzw. der eigenen Figur oder Verleugnung der Gefährdung durch das eigene geringe Körpergewicht

(d) Hormonelle Störung (Amenorrhoe), die durch ein Ausbleiben von mindestens drei aufeinanderfolgenden Menstruationszyklen gekennzeichnet ist.

(s. Kasten) nicht als krank wahrnehmen (Hauser-Schmid, 1993).

Neben diesen diagnostischen Kriterien ist bei älteren Jugendlichen und jungen Erwachsenen häufig das Sexualverhalten stark eingeschränkt (Hauser-Schmid, 1993).

15.2.3 Erklärungsmodelle

Das Modell von Karren

Verschiedene Autoren haben in ihren Erklärungsmodellen zur Entwicklung von Essstörungen einzelne Einflussfaktoren berücksichtigt, zahlreiche andere Bereiche hingegen vernachlässigt. Für die Erklärung von Anorexia nervosa ist es jedoch wichtig, ein umfassendes Modell zu entwickeln, das alle wesentlichen Risiken berücksichtigt. Ein solches Modell hat Karren (1986) vorgelegt. Er berücksichtigt soziokulturelle, familiäre, innerpsychische und biologische Faktoren. In jedem dieser Einflussbereiche werden prädisponierende, auslösende und aufrechterhaltende Bedingungen unterschieden.

Prädisponierende Bedingungen können als allgemeine Risikofaktoren bezeichnet werden, die jedoch allein nicht ausreichen, um die Krankheit auszulösen. Dazu sind zusätzlich die auslösenden Bedingungen nötig. Nachdem die Erkrankung aufgetreten ist, wird sie durch aufrechterhaltende Bedingungen chronifiziert. Diese verschiedenen Entwicklungsbedingungen wollen wir nun kurz vorstellen, da Präventions- und Behandlungsansätze nur dann erfolgreich sein können, wenn sie diese Faktoren berücksichtigen.

Soziokulturelle Faktoren. Allgemeine, soziokulturelle Risikofaktoren sind die stärkere Industrialisierung und Verstädterung, das Schlankheitsideal der Mittel- und Oberschicht – das nur knapp über der Grenze zur Unterernährung liegt (Pudel, 2001; Steiger & Stotland, 1995) – die Konsum- und Leistungsorientierung der westlichen Industrienationen sowie die teilweise widersprüchlichen Erwartungen der Gesellschaft – insbesondere an Mädchen und Frauen. Als auslösende Bedingungen betrachtet er die verlängerte Ausbildungszeit und

die damit einhergehende längere Abhängigkeit von den Eltern. Diese Aspekte können eine bestehende Krankheit auch aufrechterhalten (Karren, 1986).

Familiäre Faktoren. Prädisponierende familiäre Bedingungen sind starre Familienstrukturen, gestörte Beziehungen innerhalb der Familie (insbesondere zwischen Mutter und Tochter), Vermeidung von Konflikten, ein übermäßiges Harmoniebedürfnis und eingeschränkter Ausdruck von Gefühlen. Wenn in derartigen Familien zusätzlich die Interaktionen zwischen Eltern und Kind nicht altersgerecht sind und insbesondere die Autonomieentwicklung der Jugendlichen eingeschränkt ist, können diese beiden Faktoren eine Anorexia nervosa auslösen. Bestehende Krankheiten werden durch diese Verhaltensmuster sowie durch eine abwehrende Haltung gegenüber Helfern aufrechterhalten (Karren, 1986).

Innerpsychische Faktoren. Innerpsychische prädisponierende Bedingungen sind eine ungenügende Identitätsentwicklung, ein geringes Selbstwertgefühl, extremer Ehrgeiz und mangelnde Flexibilität im Umgang mit Problemen und Schwierigkeiten. Jugendliche mit diesen Merkmalen werden mit größerer Wahrscheinlichkeit an Anorexia nervosa erkranken, wenn sie während der Pubertät Schwierigkeiten mit der Bewältigung ihrer körperlichen und sexuellen Entwicklung haben oder der Ablösung vom Elternhaus mit widersprüchlichen Gefühlen begegnen. Eine so ausgelöste Essstörung wird insbesondere dadurch aufrechterhalten, dass die Patientin ihre Krankheit nicht als Krankheit wahrnimmt. Aber auch die Fixierung auf die Sonderstellung, die sie aufgrund der Symptome in der Familie einnimmt und der Selbstwertverlust in Folge von sozialer Isolation und einem körperlichen Entwicklungsrückstand begünstigen die Chronifizierung der Krankheit (Karren, 1986). Weitere Risikofaktoren im Bereich der Persönlichkeit des Jugendlichen sind Angst, Perfektionismus und übermäßige Angepasstheit (Steiner et al., 1995).

Biologische Faktoren. Weibliches Geschlecht sowie eine besonders frühe Pubertätsentwicklung betrachtet Karren als allgemeine biologische Risikofaktoren. Die körperliche Reifung und dabei insbesondere die Entwicklung der Geschlechtsmerkmale wiederum können eine Anorexia nervosa auslösen. Aufrechterhalten wird die Krankheit aus biologischer Perspektive durch die körperlichen Folgen der Unterernährung. Dieser letzte Punkt spielt auch auf der psychischen Ebene eine Rolle: Die körperlichen Folgen – nämlich die Aufrechterhaltung oder Wiederherstellung der jungenhaften, kindlichen Figur – werden von den Patientinnen angestrebt und daher positiv bewertet.

Nachteile des Modells. In diesem Modell bleibt die Bedeutung der einzelnen Bedingungen offen. Es ist zwar nicht wahrscheinlich, dass ein Jugendlicher eine Anorexia nervosa entwickelt, wenn lediglich die prädisponierenden und auslösenden Bedingungen einer Dimension auf ihn zutreffen. Es ist aber andererseits auch nicht notwendig, dass alle prädisponierenden und auslösenden Bedingungen gegeben sind, damit eine Essstörung auftritt (Hauser-Schmid, 1993).

Psychodynamisches Modell

Ein weiteres zentrales Erklärungsmodell ist der psychodynamische Ansatz von Selvini-Palazzoli (1982). Demzufolge tritt Anorexie insbesondere bei den Jugendlichen auf, bei denen der Ablösungsprozess von den Eltern nur eingeschränkt stattfindet. Trotz des Wunsches nach Autonomie sind sie nicht in der Lage, ihr Leben nach eigenen Interessen selbstbestimmt zu gestalten. Das Verhältnis zu ihren Eltern ist vielmehr durch starke Abhängigkeit gekennzeichnet, so dass auch andere Entwicklungsprozesse nicht altersgerecht ablaufen: Die Identitätsentwicklung verläuft verzögert, Kontakte zu Gleichaltrigen beiderlei Geschlechts erfolgen gar nicht oder erst deutlich später als bei anderen Jugendlichen.

Hungern als Ausdruck von Autonomie. Das Bedürfnis nach Autonomie wird daher in einem anderen Bereich, in dem die Jugendlichen weniger Widerstand erfahren, ausgelebt: beim Essen. Die Anorexie-Patientinnen betrachten ihre scheinbare Freiheit von dem Bedürfnis zu essen als Anzeichen von Autonomie und empfinden es als Belohnung, nicht zu essen. Dadurch entsteht eine paradoxe

Situation. Zum einen demonstrieren anorektische Jugendliche Kontrolle über ihren Körper und sind in der Tat diesbezüglich autonom: Sie führen den Eltern eindrücklich vor Augen, dass sie sich selbst in Griff haben. Zum anderen wächst gerade deswegen die – berechtigte – Sorge der Eltern um die Gesundheit und Entwicklung des Kindes. Die Eltern versuchen mit allen Mitteln in das Essverhalten einzugreifen und entlassen dadurch das Kind nicht in die Autonomie.

15.2.4 Prognose

Prognosen über den Krankheitsverlauf liegen insbesondere aus der Therapieforschung vor. Der Verlauf einer nicht therapierten Anorexia nervosa ist daher kaum vorherzusagen. In einzelnen Studien wurden bei 20–30 % der Patientinnen Spontanheilungen beobachtet (Krüger et al., 2001). Allerdings blieben bei allen Betroffenen dauerhafte körperliche Schäden zurück. Die Angaben über die Erfolge der einzelnen Therapieansätze variieren je nach eingesetzter Methode, Dauer der Therapie und der Zeitspanne bis zur erneuten Untersuchung der ehemaligen Patientinnen nach Beendigung der Therapie. Bei 50–60 % der Patientinnen liegen auch nach zwei bis sieben Jahren das Gewicht und Essverhalten im Normalbereich. Bei weiteren 25–35 % treten dauerhaft deutliche Verbesserungen auf. 10–20 % dagegen bleiben deutlich untergewichtig oder entwickeln eine andere Essstörung und etwa 5 % der Erkrankten sterben innerhalb der ersten Jahre an den Folgen der Unterernährung (Fichter & Quadflieg, 1999; Hauser-Schmid, 1993; Krüger et al., 2001). Diese Daten gelten nicht nur für Deutschland, sondern wurden auch in anderen Ländern bestätigt (Steinhausen et al., 2000).

Mortalität. Eine höhere Todesrate wurde lediglich in der Studie von Löwe et al. (2001) nachgewiesen. Sie konnten die Patientinnen über 21 Jahre nach Beendigung der Therapie untersuchen. Innerhalb dieser Zeitspanne waren 16 % der Betroffenen an Folgen der Anorexie verstorben. Besonders ungünstig ist die Prognose bei denen, die vor der The rapie bereits lange erkrankt waren, deren Ausgangsgewicht besonders gering war, die als eine Maßnahme der Gewichtsreduzierung regelmäßig erbrochen haben und deren familiäre und sonstige soziale Beziehungen gestört waren. Auch diejenigen, die an anderen psychischen Störungen erkranken, erleben besonders häufig keinen langfristigen Therapieerfolg (Fichter & Quadflieg, 1995; Löwe et al., 2001).

15.3 Bulimia nervosa

Bulimie bedeutet wörtlich „Ochsenhunger" (Danzer, 1996) und wird im Alltag auch als Ess-Brech-Sucht bezeichnet. Dieser Begriff ist jedoch keine korrekte Beschreibung des Krankheitsbildes, da nicht alle Patienten versuchen, ihre Essanfälle durch Erbrechen auszugleichen. Alternative Gegenmaßnahmen können auch der Missbrauch von Abführmitteln, extreme körperliche Anstrengung oder anschließende Fastenperioden sein.

15.3.1 Epidemiologie

Probleme bei der Erfassung der Auftretenshäufigkeit sind für Bulimie genauso gegeben wie für Anorexia nervosa. Auch hier stellt sich die Frage der Bezugsgruppe. Insgesamt ist davon auszugehen, dass etwa 1 % der Bevölkerung betroffen ist (Habermas, 2002), bei den 18- bis 35-jährigen Frauen sind es immerhin 5 % (Danzer, 1996). Während die Medien einen Anstieg der Anzahl der Erkrankten suggerieren, lässt sich dieser empirisch nicht feststellen. Im Gegenteil, seit Beginn der 1990er-Jahre konnte eine Reduzierung vieler Bulimie-Symptome (Essanfälle mittleren Ausmaßes, Gebrauch von Abführmitteln und Appetitzüglern, regelmäßige Gewichtskontrolle und reduziertes Essen) bei Frauen nachgewiesen werden (Westenhoefer, 2001). Auch Bulimiepatienten sind überwiegend weiblich. Im Gegensatz zu Anorexie beginnen die meisten Erkrankungen jedoch erst im späten Jugendalter mit 17 bis 18 Jahren (Habermas, 2002).

15.3.2 Symptome

Im DSM-IV werden zwei zentrale Symptome für Bulimia nervosa angegeben. Zum einen erleben die Patienten sich häufig wiederholende Heißhungeranfälle, in denen sie die Kontrolle über ihr Essverhalten verlieren. Als zweites Symptom zeigen sich extreme Versuche, ihr Körpergewicht zu kontrollieren. Methoden sind hier beispielsweise starkes Fasten (auch Null-Diäten), bewusst herbeigeführtes Erbrechen, extreme sportliche Aktivität sowie der Missbrauch von Abführmitteln (vgl. folgenden Kasten).

In Abgrenzung zur Anorexia nervosa streben Bulimie-Patientinnen also nicht danach, extrem

---

Diagnostische Kriterien für Bulimia nervosa (DSM-IV)

(a) Wiederholte Essanfälle, die dadurch gekennzeichnet sind,
  – dass der Patient innerhalb einer festgelegten Zeitspanne eine Nahrungsmenge zu sich nimmt, die deutlich größer ist als die Menge, die andere Menschen in einer vergleichbaren Zeit unter vergleichbaren Bedingungen konsumieren und
  – dass der Patient während dieser Episoden sein Essverhalten nicht kontrollieren kann.

(b) Wiederholte, unangemessene Methoden zur Kompensation der Essanfälle, um eine Gewichtszunahme zu verhindern (z.B. Erbrechen, Missbrauch von Abführmitteln, extremes Fasten oder extreme sportliche Betätigung).

(c) Die Essanfälle und das kompensatorische Verhalten treten über einen Zeitraum von drei Monaten mindestens zweimal pro Woche auf.

(d) Das Selbstwertgefühl wird stark durch die Figur und das Körpergewicht beeinflusst.

(e) Diese Störungen im Essverhalten treten nicht ausschließlich während anorektischer Episoden auf.

---

dünn zu sein. Vielmehr wollen sie ihren Körper dem sozial geteilten Idealbild entsprechend formen. Da sie jeden Essanfall als Ausdruck des eigenen Versagens erleben, stehen sie unter einem starken Leidensdruck und nehmen ihr Essverhalten durchaus als Krankheit wahr. Allerdings bemühen sie sich, ihre Erkrankung vor anderen zu verbergen, was ihnen relativ gut gelingt, da sie zwar schlank, aber nicht extrem dünn sind, weniger stark sozial eingeschränkt leben und durchaus sexuelle Beziehungen aufnehmen (Habermas, 2002).

15.3.3 Risikofaktoren

Anders als im Bereich der Anorexie liegt in der Literatur bislang kein umfassendes Modell zur Beschreibung der prädisponierenden, auslösenden und aufrechterhaltenden Bedingungen auf unterschiedlichen Ebenen vor. Es beschäftigen sich auch vergleichsweise wenige Studien überhaupt mit möglichen Einflussfaktoren.

Auf der soziokulturellen Ebene ist das westliche Schönheitsideal ein Risikofaktor.

Familiäre Ebene. Die Interaktionsmuster von Familien mit Bulimie-Patientinnen sind deutlich anders als bei Anorexie-Patientinnen. Während magersüchtige Jugendliche in übermäßig harmonischen Familien aufwachsen, in denen ihnen wenig Autonomie zugestanden wird, sind die Familien von Bulimie-Patientinnen durch ein besonders hohes Ausmaß an Konflikten und die Unterdrückung von Gefühlen gekennzeichnet. Für die Behandlung von Essstörungen bedeutet das, dass auf der Ebene der Familie nicht die Autonomieentwicklung der Jugendlichen, sondern vielmehr die Kommunikations- und Konfliktlösungsfertigkeiten gefördert werden müssen (Steiger & Stotland, 1995). Bulimie-Patientinnen fühlen sich von ihren Eltern häufig vernachlässigt und abgelehnt. Ihre Eltern legen besonders großen Wert auf gutes Aussehen, Gewicht und Diät (Steiner et al., 1995).

Persönlichkeitsfaktoren. Jugendliche, die an Bulimie erkranken, waren häufiger als andere Jugendliche in früheren Jahren magersüchtig

(Danzer, 1996; Fichter & Quadflieg, 1996). Außerdem leiden sie oft unter depressiver Stimmung und starken Stimmungsschwankungen (Steiner et al., 1995).

Auch wenn über die allgemeinen Einflussfaktoren wenig bekannt ist, so liegt doch eine differenzierte Studie darüber vor, inwieweit sich die besonders früh an Bulimie erkrankten Jugendlichen (Durchschnittsalter: 11 Jahre) von den später erkrankten (Durchschnittsalter: 18 Jahre) unterscheiden. Diejenigen, die bei Beginn der Bulimia nervosa noch sehr jung waren,

► haben auch besonders frühzeitig erste Diätversuche unternommen,
► haben vorher häufiger unter Übergewicht gelitten,
► wuchsen häufiger mit anderen essgestörten Familienmitgliedern auf,
► wurden von ihren Eltern weniger gut beaufsichtigt (Schmidt et al., 1995).

15.3.4 Prognose

Todesfälle treten als Konsequenz einer Bulimie-Erkrankung nicht auf. Im Anschluss an eine Therapie können langfristig etwa 50 % der Patientinnen als geheilt betrachtet werden. Bei 30 % wechseln symptomfreie und bulimische Perioden. 20 % der Erkrankten leiden weiterhin an Bulimie (Fairburn et al., 2000; Fichter & Quadflieg, 1999). Während der Übergang von Anorexie zu Bulimie durchaus nicht selten ist (22 %), konnte der umgekehrte Weg nur bei 3 % der Patientinnen nachgewiesen werden (Fichter & Quadflieg, 1996). Insbesondere aufgrund der fehlenden Mortalität ist die Prognose für den Verlauf von Bulimie – verglichen mit dem von Anorexie – etwas besser zu bewerten (Fichter & Quadflieg, 1999). Allerdings gibt es auch hier zahlreiche Risikofaktoren, die einen negativen Therapieverlauf begünstigen. Patientinnen, die zusätzlich alkoholabhängig bzw. depressiv sind oder versucht haben, Selbstmord zu begehen, bleiben häufig trotz einer Therapie bulimisch (Fichter & Quadflieg, 1995).

15.4 Prävention und Behandlung von Essstörungen

15.4.1 Prävention

Da die Erkrankung an Essstörungen gerade im Jugendalter besonders häufig ist, sollten Präventionsprogramme bereits frühzeitig beginnen. Ein entsprechendes Programm für 11- bis 12-Jährige haben Dannigkeit et al. (2002) entwickelt. Dieses Gruppentraining kann aufgrund seiner kurzen Dauer von fünf Stunden sehr gut auch in Schulen durchgeführt werden. Mit dem Programm sollen insgesamt drei Ziele erreicht werden:

(1) Erkennen, dass Schönheitsideale subjektiv verschieden sind,
(2) Vermittlung von Wissen über gesunde Ernährung, Diäten und Essstörungen und
(3) Förderung von Problemlösungsfertigkeiten und der sozialen Kompetenz.

Rahmenbedingungen. Das Training wird – mit Ausnahme der Bausteine zur Erreichung des dritten Zieles – in geschlechtsgemischten Gruppen durchgeführt. Zwar sind überwiegend Mädchen von Essstörungen betroffen, aber deren Körperselbstbild und -zufriedenheit wird auch durch die Interaktionen mit Jungen beeinflusst. Zudem sind bei jüngeren Jugendlichen auch vermehrt Jungen direkt von Essstörungen betroffen.

Methoden. Um die ersten beiden Ziele des Trainings zu erreichen, werden vor allem kurze Vorträge und Gruppendiskussionen eingesetzt. Dabei wird den Teilnehmern vermittelt, dass Medienbilder – die extreme Schlankheit als Ideal propagieren – nie die Realität abbilden, sondern immer konstruiert sind. Außerdem werden sie über gesunde Ernährung und Symptome von Essstörungen informiert. Am Ende dieser Informations- und Diskussionsphase steht eine Genussübung, in der die Teilnehmer ein Stück Schokolade zunächst schnell und dann bewusst langsam essen sollen. Anschließend findet ein Austausch über die jeweiligen Empfindungen statt. Ziel ist es, den Jugendlichen die Erfahrung zu vermitteln, dass eine ausgewogene Ernährung zwar wichtig ist, sie aber dennoch nicht auf Genuss verzichten müssen.

Der dritte Themenbereich, also die Förderung von Problemlösungsstrategien und sozialer Kompetenz findet dann für Jungen und Mädchen getrennt statt. In beiden Gruppen werden die bisherigen theoretischen Inhalte mit Hilfe eines Fallbeispiels verdeutlicht. Es handelt sich dabei jeweils um einen gleichgeschlechtlichen essgestörten Jugendlichen, der Probleme mit seiner Familie und Freunden hat. Die Teilnehmer erarbeiten nun für den Jugendlichen aus dem Fallbeispiel verschiedene Verhaltensmöglichkeiten im Umgang mit diesen Problemen. Sie wählen gemeinsam das ihrer Meinung nach beste Handlungsmuster aus und üben es in Rollenspielen ein. So können die Jugendlichen ihre eigenen Einflussmöglichkeiten ausprobieren.

Den Abschluss des Trainings bildet ein Erfahrungsaustausch über die Pubertätsentwicklung, über Figurprobleme, Diätversuche und Probleme in Interaktionen mit Eltern, Lehrern und gleich- sowie gegengeschlechtlichen Gleichaltrigen. Dieser Austausch zeigt den Teilnehmern, dass sie mit ihren Sorgen und Problemen nicht allein sind, sondern dass die Mehrheit ihrer Klassenkameraden mit ähnlichen Schwierigkeiten konfrontiert ist.

Wirksamkeit. Leider ist dieses Training noch so neu, dass bisher keine Aussagen über die langfristige Wirkung auf die Entwicklung von Essstörungen gemacht werden können. Allerdings wurde in abschließenden Tests nachgewiesen, dass sich zumindest das Wissen der Jugendlichen über Schönheitsideale, Ernährung und Essstörungen deutlich verbessert hat. Um die langfristige Wirksamkeit dieses Präventionsprogramms zu steigern, könnte es sinnvoll sein, im Abstand von einigen Monaten immer wieder kurze „Auffrischungsstunden" mit den Teilnehmern durchzuführen (Dannigkeit et al., 2002).

Der Vorteil von Präventionsprogrammen wie diesem ist nicht nur darin zu sehen, dass sie bereits das Erkrankungsrisiko senken, bevor eine Essstörung auftritt. Im Gegensatz zur therapeutischen Behandlung von Essstörung können sie auch von psychologischen Laien durchgeführt werden, die im Alltag mit den Jugendlichen arbeiten (beispielsweise Erzieher, Lehrer oder Leiter von Jugendgruppen). Bei der Selbsterfahrung ist allerdings darauf zu achten, dass ein Vertrauensverhältnis zwischen den Teilnehmern und dem Leiter besteht und dieser nicht selber als problematischer Interaktionspartner wahrgenommen wird.

15.4.2 Behandlung

Therapeutische Methoden zur Behandlung von Anorexie und Bulimie basieren meist auf kognitiv-verhaltenstherapeutischen Ansätzen. Die Behandlung von Essstörungen wird dann als erfolgreich bezeichnet, wenn die Symptome der Patientin deutlich reduziert werden. Eine erfolgreiche Behandlung von Essstörungen kann außerdem das Ausmaß depressiver Stimmung verringern (Herpertz-Dahlmann & Remschmidt, 1995).

Als Beispiel für die Behandlung werden wir den Ansatz des Therapiezentrums für Essstörungen des Max-Planck-Instituts München vorstellen (Gerlinghoff et al., 1998).

Rahmenbedingungen. Die Therapie findet in einer Tagesklinik statt, in der sich die Patienten täglich von 8:00 bis 16:30 Uhr aufhalten. Die Behandlungsdauer schwankt zwar stark, beträgt aber durchschnittlich 13 Wochen. An der Behandlung nehmen Anorexie- und Bulimie-Patientinnen teil, wobei der überwiegende Teil Anfang 20 ist. Weniger als 3 % der Teilnehmer sind Männer.

Ziele. Das primäre Behandlungsziel besteht natürlich darin, die Symptome der Essstörung zu reduzieren. Darüber hinaus sollen die untergewichtigen Patientinnen lernen, eine Steigerung des Körpergewichts positiv zu beurteilen. Bei allen Patientinnen werden außerdem berufsrelevante Kompetenzen gefördert.

Methoden. Neben der Wissensvermittlung sind gemeinsames Kochen und Essen sowie die Verstärkung von Gewichtszunahme zentrale Therapiebausteine. Um die eigene Körperwahrnehmung zu fördern, sehen die Patientinnen Videoaufzeichnungen ihrer eigenen Person, erlernen Entspannungstechniken und werden sich durch Bewegung und Tanz ihres Körpers bewusst. Ebenso wie in dem Präventionsprogramm werden mit den Patientinnen Alternativen zu ihrem Verhalten in schwierigen Situationen (z.B. in der Familie oder in anderen Beziehungen) entwickelt. Darüber hinaus werden sie bei der Planung ihrer beruflichen Laufbahn unterstützt und beraten und nehmen an einem Training zur Förderung ihrer Selbstsicherheit teil. So wird ihre berufliche Zukunftsperspektive verbessert.

Zusätzlich zu den Patientinnen selbst werden auch ihre Familien regelmäßig mit in die Behandlung einbezogen. Es gibt spezielle Gruppen für Angehörige, in denen diese über Essstörungen informiert werden und die Bedeutung von Familie, Trennung und Autonomie für die Erkrankungen diskutieren. Zu einigen Gelegenheiten werden die Familien durch die Patienten zu einem gemeinsamen Essen eingeladen.

Wirksamkeit. Bei den meisten Patientinnen treten deutliche Verbesserungen im Verlauf der Therapie auf (je nach Symptom zwischen 74 % und 100 %). Die untergewichtigen Patienten nehmen an Gewicht zu, das Essverhalten insgesamt entwickelt sich in Richtung einer gesunden und ausgewogenen Ernährung, Maßnahmen zur Gewichtsreduktion (Diät, Erbrechen, Gebrauch von Abführmitteln) werden reduziert und die Einstellung zum eigenen Körper wird positiv beeinflusst. Besonders erfreulich ist dabei die langfristige Wirksamkeit der Therapie. Auch durchschnittlich 17 Monate nach der Entlassung aus der Tagesklinik bleiben diese positiven Veränderungen erhalten. Die Einstellung zum eigenen Körper hat sich sogar über die Therapie hinaus weiter verbessert (Gerlinghoff et al., 1998).

Weitere Informationen zu Behandlungsmöglichkeiten, Selbsthilfegruppen und Beratungsstellen im Bereich der Essstörungen sind im Internet unter www.hungrig-online.de zu finden.

Zusammenfassung

▶ Anorexia und Bulimia nervosa sind Erkrankungen, die im Jugendalter auftreten. Meistens sind Mädchen und junge Frauen davon betroffen.

▶ Verschiedene gesellschaftliche, körperliche, familiäre und persönliche Faktoren begünstigen die Entwicklung einer Essstörung.

▶ Anorexien müssen unbedingt behandelt werden, da sie schwere gesundheitliche Folgen, die bis zum Tod reichen können, nach sich ziehen.

Weiterführende Literatur

Buddeberg-Fischer, B. (2000). Früherkennung und Prävention von Essstörungen – Essverhalten und Körpererleben von Jugendlichen. Stuttgart: Schattauer.

G. Reich, G. & Cierpka, M. (2001). Psychotherapie der Essstörungen. Krankheitsmodelle und Therapiepraxis – störungsspezifisch und schulenübergreifend. Stuttgart: Thieme.

Beide Bücher bieten einen leicht verständlichen und umfassenden Einblick in die Verbreitung und Entstehungsbedingungen von Essstörungen. Während der Fokus im erstgenannten Buch auf der Prävention von Essstörungen liegt, ist das zweite eher auf die Behandlung von Essstörungen ausgerichtet.

16 Entwicklungsprobleme IV: Depression und Angst

Schon vor über 200 Jahren löste die Selbsttötung von Goethes literarischer Figur Werther eine Suizidwelle unter jungen Erwachsenen aus. Solchen dramatischen Ereignissen gehen häufig psychische Störungen wie Depression und Angst voraus. Wie häufig sind diese Störungen im Jugendalter? Wie kann man ihnen vorbeugen und wie muss man sie behandeln?

Affektive Störungen – also Beeinträchtigungen im Bereich der Gefühle und Stimmung – galten im Jugendalter bis in die 1960er-Jahre als „normal". Solange das Jugendalter als „Sturm-und-Drang-Zeit" betrachtet wurde, gingen Ärzte und Psychologen davon aus, dass extreme Stimmungsschwankungen oder auch lange andauernde Niedergeschlagenheit nicht ungewöhnlich seien. Mit dem Übergang ins Erwachsenenalter – so wurde vermutet – würden sich diese Probleme von selbst wieder legen (Petersen et al., 1993). Die Forschung zeichnet jedoch ein anderes Bild: Die große Mehrheit der Jugendlichen erlebt in diesem Lebensabschnitt zwar stärkere Stimmungsschwankungen als in anderen Phasen, extreme Formen oder dauerhafte Niedergeschlagenheit jedoch betreffen nur eine kleine Minderheit (z.B. Douvan & Adelson, 1966; Offer, 1969). Später wurde außerdem der Nachweis erbracht, dass depressive Jugendliche mit großer Wahrscheinlichkeit auch als Erwachsene an Depressionen oder anderen psychischen Störungen erkranken (Rutter et al., 1976; Weiner & DelGaudio, 1976). Seither werden Depressionen auch im Jugendalter als psychische Störung anerkannt und behandelt.

Im Gegensatz zur Depression wurden Angststörungen im Jugendalter schon länger als ernsthafte Erkrankung betrachtet. Depression und Angst behandeln wir in diesem Kapitel gemeinsam, da beide auch im Lebensalltag häufig gemeinsam auftreten.

16.1 Depression

Bei der Beschäftigung mit dem Thema „Depression im Jugendalter" ergibt sich ein zentrales Problem: Der Begriff Depression wird in der Entwicklungspsychologie durchaus nicht immer so eng umgrenzt wie in der klinischen Psychologie. Vielmehr sind drei unterschiedliche Formen von Depression zu unterscheiden (Diekstra, 1995; Petersen et al., 1993):

(1) depressive Stimmung,
(2) depressives Syndrom und
(3) klinische Depression.

Diese drei Begriffe bezeichnen Depressionen unterschiedlichen Schweregrades, wobei es durchaus zu Überlappungen kommen kann. Es ist also nicht immer eindeutig feststellbar, ob ein Jugendlicher

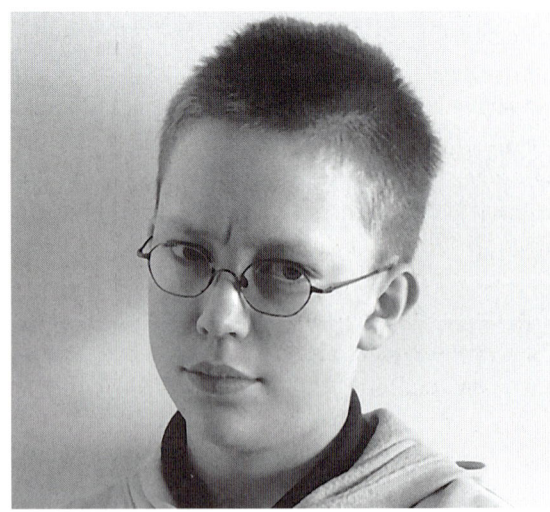

Seit den 1960er-Jahren gelten affektive Störungen im Kindes- und Jugendalter als Krankheiten

„nur" unter depressiver Stimmung oder an einem depressiven Syndrom leidet. Bei allen drei Form sind das emotionale Befinden des Jugendlichen und – zumindest teilweise – auch seine sozialen Interaktionen beeinträchtigt (Compas et al., 1998).

Depressive Stimmung

Kennzeichen. Viele Menschen sind gelegentlich über eine unterschiedlich lange Zeitspanne unglücklich und bedrückt. Dieses kann sich durch traurige Mimik, reduzierte Aktivität, Verlangsamung der Körperfunktionen und einen zeitlich begrenzten sozialen Rückzug äußern (Shafii & Shafii, 1992). Aufgrund der weiten Verbreitung (etwa 35 % der Jugendlichen sind davon betroffen) sind Phasen der depressiven Stimmung im Alltag als normal zu betrachten. Es handelt sich dabei keinesfalls um eine Störung. Ganz im Gegenteil: In bestimmten Situationen kann depressive Stimmung sogar eine angemessene Reaktion sein, die verhindert, dass in aussichtslosen Situationen unnötig weitere Energie verbraucht wird (Nesse, 2000; Shafii & Shafii, 1992).

Geschlecht. Insgesamt leiden Mädchen häufiger unter depressiver Stimmung als Jungen. Dieser Unterschied gilt vor allem bei älteren Jugendlichen, da die Entwicklung von Jungen und Mädchen unterschiedlich verläuft. Ältere Jungen sind seltener traurig und unglücklich als jüngere; bei Mädchen dagegen tritt keine altersabhängige Veränderung auf (Petersen et al., 1993).

Negative Lebensereignisse. Einen stärkeren Einfluss auf die depressive Stimmung als das Geschlecht oder Alter haben negative Lebensereignisse. Während Jugendliche innerhalb von zwei Jahren bis zu drei negative Lebensereignisse gut bewältigen können, steigt ihre depressive Stimmung deutlich an, wenn sie mit vier oder mehr belastenden Ereignissen konfrontiert werden (vgl. Abb. 16.1). Zwar steigt die depressive Stimmung der Jugendlichen auch dann nicht unbedingt auf ein klinisches Niveau, aber die Unterschiede zu den Jugendlichen, die keine oder wenige negative Lebensereignisse erlebt haben, sind doch deutlich (Grob, 1997).

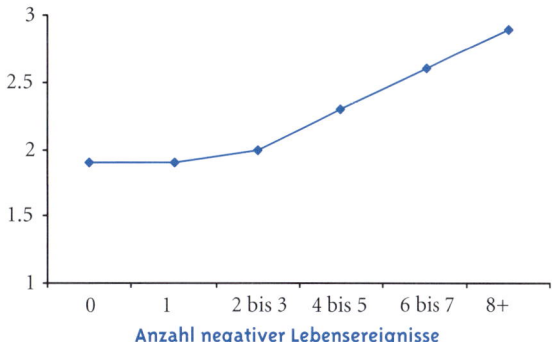

Abbildung 16.1. Die Veränderung der depressiven Stimmung in Abhängigkeit von der Anzahl negativer Lebensereignisse

Depressives Syndrom

Jugendliche mit einem depressiven Syndrom zeigen Symptome von Angststörungen und klinischen Depressionen. Allerdings sind diese nicht so umfangreich, dass sie bereits als solche diagnostiziert werden. Die Jugendlichen fühlen sich einsam, weinen häufiger als andere, sind anderen Menschen gegenüber misstrauisch, leiden unter Schuldgefühlen und einem geringen Selbstwertgefühl, haben große Angst, etwas falsch zu machen, fühlen sich ungeliebt, sind häufig nervös und misstrauisch (Petersen et al., 1993).

Klinische Depression

In den beiden geläufigen Diagnosesystemen für psychische Störungen (DSM-IV oder ICD-10) werden drei Formen von klinischen Depressionen unterschieden:
(1) Major Depression,
(2) dysthyme Störung und
(3) nicht näher bezeichnete Depression.

Diese Formen der Depression sind – im Gegensatz zur depressiven Stimmung und zum depressiven Syndrom – keine angemessenen Reaktionen auf eine bestimmte Situation. Vielmehr sind sie auf eine gestörte Emotionsregulation zurückzuführen (Nesse, 2000). Um diese Formen der Depression soll es im weiteren Verlauf dieses Kapitels gehen.

> **Diagnostische Kriterien für eine Major Depression (DSM-IV)**
>
> (a) Eine Major Depression wird dann diagnostiziert, wenn der Patient über einen Zeitraum von zwei Wochen unter mindestens fünf der folgenden Symptome leidet. Mindestens eines davon ist (i) depressive Stimmung oder (ii) Interessenverlust.
> - Der Patient leidet die meiste Zeit des Tages an fast allen Tagen unter depressiver Stimmung. Bei Kindern und Jugendlichen kann es sich alternativ auch um Reizbarkeit handeln.
> - Deutlich reduziertes Interesse oder Spaß an allen oder fast allen Aktivitäten über die meiste Zeit des Tages an fast allen Tagen.
> - Deutlicher Gewichtsverlust oder Appetitverlust; bei Kindern und Jugendlichen kann es sich auch um eine deutlich reduzierte Gewichtszunahme handeln.
> - Schlaflosigkeit oder vermehrter Schlaf
> - Psychomotorische Unruhe oder Verlangsamung
>
> - Müdigkeit bzw. Energieverlust
> - Gefühle von Wertlosigkeit oder unangemessene Schuldgefühle
> - Verminderte Denk-, Konzentrations- oder Entscheidungsfähigkeit
> - Wiederkehrende Gedanken an den Tod
>
> (b) Die Symptome führen zu klinisch relevanter Belastung oder Beeinträchtigung der sozialen, beruflichen oder sonstigen Funktionsfähigkeit.
>
> (c) Die Symptome sind nicht auf direkte physiologische Effekte von Substanzgebrauch oder medizinischen Bedingungen zurückzuführen.
>
> (d) Die Symptome können nicht durch Trauer (z.B. in Folge des Todes einer nahe stehenden Person) erklärt werden, d.h. nach einem Todesfall müssen die Symptome länger als zwei Monate auftreten.

16.1.1 Definition und Klassifikation der klinischen Depression

Major Depression

Eine Major Depression wird dann diagnostiziert, wenn der Patient bereits eine oder mehrere depressive Episoden mit einer Dauer von mindestens zwei Wochen erlebt hat. An fast allen Tagen muss er in dieser Zeit unter depressiver Verstimmung und/oder vermindertem Interesse an allen oder fast allen Tätigkeiten gelitten haben.

> **Diagnostische Kriterien für eine Dysthyme Störung (DSM-IV)**
>
> (a) An mehr als der Hälfte der Tage über einen Zeitraum von zwei Jahren leidet der Patient die meiste Zeit des Tages unter depressiver Stimmung. Bei Kindern und Jugendlichen kann alternativ auch Reizbarkeit auftreten. Bei ihnen ist außerdem eine Dauer von einem Jahr ausreichend.
>
> (b) Während der depressiven Episoden liegen mindestens zwei weitere Symptome vor:
> - Appetitlosigkeit oder gesteigerter Appetit
> - Schlaflosigkeit oder vermehrter Schlaf
> - Energiemangel oder Erschöpfung
> - Geringes Selbstwertgefühl
>
> - Verminderte Konzentrations- oder Entscheidungsfähigkeit
> - Gefühl der Hoffnungslosigkeit
>
> (c) Über den Zeitraum von zwei Jahren (bzw. einem Jahr für Kinder und Jugendliche) war der Patient nie länger als zwei Monate symptomfrei.
>
> (d) Während der zwei Jahre (bzw. einem Jahr für Kinder und Jugendliche) wurde keine Major Depression diagnostiziert.
>
> (e) Nie zuvor wurde eine andere affektive Störung diagnostiziert.

Je nach Anzahl und Intensität der vorliegenden Symptome können leichte, mittlere und schwere Episoden unterschieden werden (Groen & Petermann, 1998).

Dysthyme Störung

Die dysthyme Störung ist eine weniger schwere, aber länger andauernde Form der klinischen Depression. Wenn der Patient über einen Zeitraum von mehr als einem Jahr an mindestens der Hälfte der Tage unter depressiver Stimmung und mindestens zwei der folgenden Symptome leidet, dann wird eine dysthyme Störung diagnostiziert.

Nicht näher bezeichnete depressive Störung

Wenn eine depressive Symptomatik vorliegt, die regelmäßig wiederkehrt, aber in Dauer und Intensität nicht der Major Depression oder der dysthymen Störung entspricht, so wird diese als „nicht näher bezeichnete depressive Störung" diagnostiziert (DSM-IV).

Jugendspezifische Symptome

Zusätzlich zu den gerade beschriebenen diagnostischen Kriterien für klinische Depressionen können im Jugendalter spezifische Symptome auftreten, die in anderen Altersgruppen nicht – oder nur selten – zu beobachten sind (Shafii & Shafii, 1992):

▶ extreme Stimmungsschwankungen,
▶ verzögerter Pubertätsbeginn,
▶ Unfähigkeit zum abstrakten Denken und schlechte Schulleistungen,
▶ antisoziales Verhalten auch bei vorher unauffälligen Jugendlichen und
▶ Verzögerung der für das Jugendalter typischen Gewichtszunahme.

16.1.2 Epidemiologie

Prävalenz

Die Angaben über die Häufigkeit depressiver Erkrankungen im Jugendalter schwanken deutlich. Diese Unterschiede sind auf verschiedene Ursachen zurückzuführen. Zum einen ist zwischen Lebenszeitprävalenz und Punktprävalenz zu unterscheiden. Die Lebenszeitprävalenz gibt an, welcher Anteil der Jugendlichen überhaupt schon einmal an einer klinischen Depression erkrankt war. Die Punktprävalenz dagegen berücksichtigt nur die zum Zeitpunkt der Befragung aktuellen Störungen. Daher ist es nicht verwunderlich, dass die Punktprävalenz (7 %, Petersen et al., 1993) geringer ist als die Lebenszeitprävalenz (10–15 %, Cicchetti & Toth, 1998). Zum anderen ist die befragte Stichprobe zu berücksichtigen. Repräsentative Stichproben geben das Erkrankungsrisiko für die allgemeine Bevölkerung an. Klinische Stichproben dagegen liefern einen Hinweis darauf, wie häufig eine bestimmte psychische Erkrankung im Verhältnis zu anderen Störungen auftritt. Während die Punktprävalenz für repräsentative Stichproben 7 % beträgt, liegt sie in klinischen Stichproben bei 42 %. Von den psychiatrisch behandelten Jugendlichen leidet also fast die Hälfte an einer depressiven Störung (Petersen et al., 1993).

Alter

Häufigkeit. Die Häufigkeit klinischer Depressionen steigt sowohl vom Kindes- zum Jugendalter (Harrington, 1993; Merikangas & Angst, 1995) als auch im Verlauf des Jugendalters. Von den 11-jährigen Jugendlichen erkranken jährlich etwa 2 %

an Depressionen. Bis zum 21. Lebensjahr steigt der Anteil kontinuierlich auf knapp 19% an (Feehan et al., 1994; Newman et al., 1996).

Ursachen. Eine Ursache für die steigende Häufigkeit von Depressionen während der Pubertät könnte die körperliche Veränderung sein. Insbesondere Mädchen empfinden diese Veränderungen häufig als Belastung und sind unglücklich darüber (vgl. Kap. 4). Eine andere Erklärung berücksichtigt eher die Veränderung der familiären Situation. Soziale Unterstützung durch die Eltern stellt eine wichtige Ressource zur Bewältigung von Stress und Problemen dar. Andererseits distanzieren sich die Jugendlichen mit zunehmendem Alter immer stärker von ihren Eltern, so dass sie sich mit ihren Schwierigkeiten und Sorgen häufiger allein fühlen als Kinder (vgl. Kap. 6). Die steigenden Belastungen und die reduzierten Ressourcen könnten daher den beobachteten Anstieg depressiver Erkrankungen im Jugendalter erklären (Feehan et al., 1994; Newman et al., 1996).

Geschlecht

Auch die Befundlage hinsichtlich der Geschlechtsunterschiede bei klinischen Depressionen ist eindeutig. Ab dem frühem Jugendalter sind etwa doppelt so viele Mädchen wie Jungen betroffen. Im Kindesalter dagegen sind beide Geschlechter in ähnlichem Ausmaß betroffen (Cicchetti & Toth, 1998; Essau et al., 1998; Harrington, 1993; Nolen-Hoeksema & Girgus, 1994). Merikangas und Angst (1995) konnten sogar einen entgegengesetzten Unterschied bei Kindern nachweisen: Bis zum Alter von 12 Jahren leiden demnach etwas mehr Jungen als Mädchen an klinischen Depressionen. Während also noch nicht eindeutig geklärt ist, ob im Kindesalter Geschlechtsunterschiede in der Häufigkeit depressiver Störungen auftreten, sind die Befunde für das Jugendalter eindeutig.

Ursachen für Geschlechtsunterschiede. Aber warum leiden Mädchen während und nach der Pubertät häufiger unter klinischen Depressionen als Jungen? Petersen und Kollegen (1993) bieten zwei Erklärungen an. Zum einen leiden Mädchen während der Pubertät stärker unter den körperlichen Veränderung als Jungen. Ihr Körperselbstbild und Selbstwertgefühl sind weniger positiv. Diese Veränderungen stellen also eine größere Belastung für sie dar, die dann zu depressiver Stimmung oder eben auch zu einer klinischen Depression führen kann. Zum anderen wenden Mädchen und Jungen unterschiedliche Strategien zur Bewältigung von Problemen und Belastungen an. Jungen neigen dazu, sich von Schwierigkeiten abzulenken und können ihre Stimmung dadurch wieder verbessern. Mädchen dagegen tendieren eher dazu, über ihre Probleme und die daraus resultierende Belastung zu grübeln. Dadurch steigern sie sich in ihre depressive Stimmung immer weiter hinein.

Komorbidität

Klinische Depressionen treten häufig gemeinsam mit anderen psychischen Störungen auf. Da jedoch in den verschiedenen Studien Depressionen unterschiedlichen Schweregrades berücksichtigt wurden, variieren die konkreten Angaben zwischen 40% und 75%. Insbesondere Angststörungen und Depressionen werden häufig gemeinsam diagnostiziert. Außerdem leiden depressive Patienten häufig zusätzlich unter Störungen des Sozialverhaltens, Essstörungen und Alkohol- oder Drogenabhängigkeit (Cicchetti & Toth, 1998; Merikangas & Angst, 1995; Petersen et al., 1993; von Aster et al., 2000). Ein gemeinsames Auftreten dieser Störungen bedeutet jedoch nicht zwangsläufig, dass eine Störung die andere ausgelöst hat. Da die komorbiden Störungen häufig gleichzeitig diagnostiziert werden, können keine Aussagen über Ursache und Wirkung gemacht werden (Petersen et al., 1993). Unabhängig davon dürfen in der Behandlung von Depressionen die jeweiligen zusätzlichen Erkrankungen nicht vernachlässigt werden.

16.1.3 Prognose

Dauer

Depressionen im Jugendalter sind also keine kurze Störung des Gefühlslebens, die mit dem

Übergang zum Erwachsenenalter quasi automatisch geheilt wird (Shafii & Shafii, 1992). Vielmehr sind Depressionen verhältnismäßig lang andauernde Erkrankungen mit einem hohen Risiko der Chronifizierung. Die akute depressive Phase einer Major Depression dauert sieben bis neun Monate. Die vergleichsweise etwas weniger schwere dysthyme Störung erstreckt sich sogar über etwa vier Jahre. Diese Zeitspannen stellen jedoch eher eine Unterschätzung der Krankheitsdauer dar – schließlich ist aufgrund der Chronifizierung das Rückfallrisiko entsprechend hoch (Cicchetti & Toth, 1998).

Rückfallrisiko

Bei Depressionen ist die Wahrscheinlichkeit eines Rückfalls besonders hoch. Mehr als die Hälfte der Patienten, die an einer Major Depression erkranken, erleiden nach ihrer Therapie erneute depressive Phasen. Innerhalb eines Jahres werden 47 %, innerhalb von zwei Jahren 69 % und innerhalb von fünf Jahren sogar 72 % der Patienten rückfällig (Emslie et al., 1997; von Aster et al., 2000). Von den Patienten, die ursprünglich aufgrund einer dysthymen Störung behandelt wurden, erkranken drei Viertel innerhalb von neun Monaten an einer Major Depression (Kovacs et al., 1994).

Rückfallursachen. Worin unterscheiden sich die langfristig geheilten von den rückfälligen Patienten? Das Risiko eines Rückfalls ist besonders hoch, wenn die erste depressive Phase besonders lange gedauert hat, die Depression in einem frühen Alter aufgetreten ist (Lewinsohn et al., 1994), die sozialen Beziehungen des Patienten problematisch sind (Goodyer et al., 1997) und komorbide Störungen vorliegen (Merikangas & Angst, 1995; Shafii & Shafii, 1992). Außerdem neigen gerade Patienten aus unteren sozialen Schichten zu einer Chronifizierung (McCauley et al., 1993). Diese Aspekte sind im Rahmen der Behandlung von Depressionen unbedingt mit zu berücksichtigen: Die Behandlung sollte möglichst frühzeitig beginnen, so dass die erste depressive Episode innerhalb einer möglichst kurzen Zeitspanne beendet wird. Darüber hinaus ist es notwendig, mögliche

Probleme im sozialen Umfeld des Patienten sowie komorbide Störungen zu erkennen und ebenfalls zu behandeln. So kann das Risiko einer Chronifizierung der klinischen Depression deutlich reduziert werden.

Psychosoziale Beeinträchtigungen

Menschen, die an Depressionen erkrankt sind, leiden häufig nicht nur unter dieser Störung. Vielmehr können dadurch weitere psychosoziale Beeinträchtigungen ausgelöst werden. Depressive Menschen haben mehr Probleme in sozialen Beziehungen, ein geringes Selbstwertgefühl und schulische Schwierigkeiten (Compas et al., 1998; von Aster et al., 2000). Außerdem haben sie einen negativen Attributionsstil, d.h., sie führen Erfolge auf Zufall oder Glück zurück und sehen eine mangelnde Begabung als Ursache für Misserfolge. Sie erleben sich selbst also als hilflos und glauben nicht, dass sie ihr Leben durch eigene Anstrengung beeinflussen können (Nolen-Hoeksema et al., 1992). Aufgrund der hohen Wahrscheinlichkeit einer Chronifizierung der Depression, haben depressive Jugendliche auch als Erwachsene ein erhöhtes Risiko, an psychischen Störungen zu erkranken (Compas et al., 1998; Petersen et al., 1993; Shafii & Shafii, 1992; von Aster et al., 2000).

Suizid

Selbstmord ist – in der gesamten Bevölkerung – im späten Jugend- und frühen Erwachsenenalter nach Unfällen die zweihäufigste Todesursache (Hurrelmann, 1997). Die Gefahr eines Selbstmordversuchs ist bei depressiven Patienten deutlich größer als in der übrigen Bevölkerung (Diekstra, 1995). Wenn wir uns mit dem Thema Suizid beschäftigen, ist es notwendig zwischen Selbstmordgedanken, Selbstmordversuchen und Selbstmord zu unterscheiden (Diekstra, 1995).

Selbstmordgedanken werden in der Literatur sehr weit definiert. Gelegentliche, flüchtige Ideen, dass das Leben sinnlos ist, werden ebenso als Selbstmordgedanken gewertet wie konkrete Handlungspläne und ständige Gedanken an Selbstmord. Demnach sind Selbstmordgedanken im Jugendalter relativ häufig, wobei sie von Mädchen häufiger geäußert werden als von Jungen. Flüchtige Gedanken an Selbstmord haben bis zu 35 % der Jugendlichen, konkrete Vorstellungen über einen Selbstmord immerhin noch 15 %.

Selbstmordversuche. Selbstmordversuche umfassen sowohl Selbstmordgesten als auch ernsthafte, aber erfolglose Versuche der Selbsttötung (Diekstra, 1995). Nicht immer streben die Jugendlichen, die einen Selbstmordversuch begehen, tatsächlich den eigenen Tod an. Vielmehr kann ein Selbstmordversuch auch ein Hilferuf an die soziale Umwelt sein, ein deutliches Signal, dass der Jugendliche schwerwiegende Probleme mit seinem Leben hat (Hurrelmann, 1995). Andererseits werden lebensbedrohliche Konsequenzen, die sich aus gewohnheitsmäßigen Verhaltensweisen ergeben (z.B. der Konsum einer Überdosis an Drogen) nach Diekstra (1995) nicht als Selbstmordversuch betrachtet. Selbstmordgesten sind ebenfalls weit verbreitet und bei etwa 20 % der Jugendlichen zu beobachten. Immerhin noch zwei Prozent versuchen ernsthaft, sich selbst zu töten. Auch Selbstmordversuche werden häufiger von Mädchen als von Jungen begangen.

Selbstmord. Von Selbstmord dagegen spricht Diekstra (1995) nur dann, wenn der Tod infolge einer Handlung eintritt, bei der das Opfer diesen vorhersehen konnte. Dabei muss auch hier der eigene Tod nicht unbedingt das Ziel der Handlung sein. Vielmehr wird auch gefährliches Risikoverhalten (z.B. S-Bahn-Surfen) mit Todesfolge als Selbstmord betrachtet. Außerdem ist indirekter Selbstmord zu berücksichtigen. Von indirektem Selbstmord sprechen wir dann, wenn eine dritte Person ursächlich an dem Tod beteiligt war, diesen jedoch nicht zu verantworten hat (z.B. wenn das Opfer vor einen fahrenden Zug gesprungen ist). Etwa 0,04–0,2 % der Jugendlichen begehen tatsächlich Selbstmord. Während Selbstmordgedanken und -versuche bei Mädchen häufiger vorkommen, ist die Selbstmordrate bei Jungen höher. Derartige Schätzungen sind jedoch immer vorsichtig zu interpretieren, da entsprechende Statistiken zahlreiche Lücken aufweisen.

Bei gefährlichem Risikoverhalten ist nicht immer eindeutig zu entscheiden, ob das Opfer sich der Todesfolge bewusst war. Außerdem ist es durchaus wahrscheinlich, dass einige Unfälle in der Realität direkter oder indirekter Selbstmord waren.

Schwierige Abgrenzung. Diese drei Formen von suizidalem Verhalten sind nicht strikt voneinander getrennt. Vielmehr ist davon auszugehen, dass sie einen Pfad von den Selbstmordgedanken über den Selbstmordversuch bis zum Selbstmord bilden. Das bedeutet zwar, dass jeder, der versucht, sich selbst zu töten, zuvor Selbstmordgedanken hatte. Der umgekehrte Schluss, dass (fast) jeder, der Selbstmordgedanken hat, auch einen Selbstmordversuch begeht, ist jedoch nicht zulässig. Bereits aus den Häufigkeitsschätzungen wird deutlich, dass Selbstmordgedanken sehr viel weiter verbreitet sind als Selbstmordversuche, während diese wiederum häufiger vorkommen als Selbstmord (Diekstra, 1995).

Risikofaktoren. Über 90 % aller Selbstmordversuche werden von Patienten mit psychischen Störungen, vor allem mit Depressionen, begangen. Daher ist eine psychische Erkrankung der zentrale Faktor, der das Risiko eines Suizids erhöht (Compas et al., 1998; Merikangas & Angst, 1995; Shaffer et al., 1996). Weitere Risikofaktoren für Selbstmordversuche sind der Verlust wichtiger Bezugspersonen, Suizid in der Familie, soziale Isolation, delinquentes Verhalten, Alkohol- oder Drogenmissbrauch sowie Gefühle der Überforderung (z.B. in der Schule oder im Beruf) (von Aster et al., 2000). Vordergründige Motive, die Jugendliche für Selbstmordversuche angeben, erscheinen dagegen häufig banal: eine schlechte Klassenarbeit oder Konflikte mit den Eltern. Diese Motive sind jedoch in der Regel nicht der tatsächliche Grund für den Selbstmordversuch. Vielmehr handelt es sich dabei meist um den Auslöser, den berühmten „Tropfen, der das Fass zum Überlaufen bringt" (Hurrelmann, 1997).

Selbstmordsignale. Die meisten Selbstmordversuche – 70–80 % – werden vorher angekündigt. Auch diese Zahl deutet darauf hin, dass Selbstmordversuche häufig eine extreme Form des Hilferufes sind, und die eigene Tötung nicht tatsächliches Ziel der Handlung ist (von Aster et al., 2000). Aber wie sehen derartige Ankündigungen aus? Und wie sollten Bezugspersonen darauf reagieren? Diese Fragen lassen sich nicht allgemeingültig beantworten. Die Probleme der Jugendlichen und auch ihre Reaktionen auf gut gemeinte Hilfsangebote sind sehr unterschiedlich. Dennoch gibt Steinberg (1996) einige Hinweise für diese Fragen.

Selbstmordversuche können am besten verhindert werden, wenn schon frühzeitig die Warnsignale oder Selbstmordgedanken erkannt werden. Dabei ist selbstverständlich zu berücksichtigen, dass leichte Formen dieser Signale (z.B. sinkende Schulnoten) im Jugendalter durchaus nicht ungewöhnlich sind. Als frühe Hinweise nennt Steinberg (1996):

▶ direkte Drohung mit Selbstmord oder Formulierungen wie „Ich wünschte, ich wäre tot.", oder „Meiner Familie würde es besser gehen, wenn ich nicht da wäre",
▶ vorherige Selbstmordversuche,
▶ häufige Beschäftigung mit dem Tod (z.B. in Musik, Kunst oder persönliche Aufzeichnungen),
▶ Verlust eines Familienmitgliedes, Haustieres oder Partners durch Tod oder Trennung,
▶ gravierende Veränderung des familiären Umfeldes (z.B. durch Arbeitslosigkeit, schwere Krankheit, Umzug oder Scheidung),
▶ Schlaf- oder Essstörungen,
▶ drastisch sinkende Schulnoten und nachlassendes schulisches Interesse,
▶ deutliche Verhaltensänderungen,
▶ starker Ausdruck von Hilflosigkeit und Hoffnungslosigkeit,
▶ Rückzug von der Familie und Freunden,
▶ persönlich wertvolle Gegenstände werden abgegeben und
▶ Serie von Unfällen oder Risikoverhalten.

Reaktionen auf Selbstmordsignale. Es ist jedoch nach Steinberg (1996) nicht ausreichend, derartige Verhaltensweisen oder Veränderungen als Selbstmordsignal zu erkennen. Vielmehr ist es notwendig, „richtig" darauf zu reagieren. Reaktionen, die das tatsächliche Selbstmordrisiko senken können, sind:

▶ direkte, aber ruhige Frage, ob der Jugendliche darüber nachdenkt, sich selbst zu verletzen.
▶ Ernsthaftigkeit des Vorhabens durch Fragen über Gefühle und das Ausmaß der Selbstmordgedanken klären. Wenn die Pläne sehr konkret sind oder der Jugendliche über entsprechende Hilfsmittel (Seil, Schusswaffe o.ä.) verfügt, sollte er nicht mehr allein gelassen werden. Professionelle Hilfe ist hier notwendig.
▶ zuhören und unterstützen ohne falsche Versicherungen („Es wird doch alles wieder gut.").
▶ Den Jugendlichen ermutigen, professionelle Hilfe zu suchen und ihn dabei unterstützen.

Keinesfalls sollten derartige Signale ignoriert oder Gespräche abgelehnt werden, und auch wenn der Jugendliche sich in Behandlung befindet, benötigt er weiterhin die Unterstützung von persönlichen Bezugspersonen.

16.1.4 Risikofaktoren

Nachdem wir uns nun ausführlicher mit einer besonders gravierenden möglichen Konsequenz von klinischen Depressionen befasst haben, beschäftigen wir uns nun mit den Risikofaktoren der Depression selbst. Dabei unterscheiden Cicchetti und Toth (1998) vier Ebenen:

(1) individuelle Merkmale oder Ereignisse im Verlauf der persönlichen Entwicklung (ontogenetische Entwicklung),
(2) Mikrosystem,
(3) Exosystem und
(4) Makrosystem.

Ontongenetische Entwicklung

Säuglingsalter. Ob physiologische Störungen (z.B. im Hormonhaushalt) die Ausbildung von Depressionen begünstigen, ist bis heute noch nicht geklärt (Merikangas & Angst, 1995; Petersen et al., 1993). Aber depressive Jugendliche und Erwachsene zeigen schon als Neugeborene Schwierigkeiten, ihre physiologischen Prozesse im Gleichgewicht zu halten. Sie reagieren auf Belastungssituationen zwar nicht wesentlich stärker als andere Säuglinge, können sich aber weniger gut beruhigen (Cicchetti & Toth, 1998). Auch auf der psychologischen Ebene unterscheiden sich depressive Menschen bereits im Säuglingsalter. Ihr Gefühlsausdruck ist weniger gut differenziert als der von anderen Säuglingen. Da dies insbesondere für Kinder von depressiven Eltern gilt, könnte die dauerhaft traurige und bedrückte Mimik der Eltern eine Ursache für diesen Unterschied darstellen (Cicchetti & Toth, 1998).

Jugend- und Erwachsenenalter. Im Jugend- und Erwachsenenalter haben Patienten mit klinischer Depression ein negativeres Selbstbild, einen geringeren Selbstwert und sind ängstlicher als gesunde Personen (Cicchetti & Toth, 1998; Petersen et al., 1993). Darüber hinaus neigen sie zu Hilflosigkeit und überhöhten Ansprüchen an die eigene Leistung. Wenn sie diesen Ansprüchen dann nicht gerecht werden können, verschlechtern sich das Selbstbild und Selbstwertgefühl noch weiter (Cicchetti & Toth, 1998). Für die Prävention von Depressionen bedeutet das, dass es notwendig ist, Kindern liebevolle Wertschätzung und Anerkennung entgegenzubringen, um dadurch ihr Selbstbild und Selbstwertgefühl positiv zu beeinflussen.

Mikrosystem

Als Mikrosystem betrachten Cicchetti und Toth (1998) das direkte Umfeld der Kinder und Jugendlichen – also die Familie.

Genetische Faktoren. Wenn die Eltern an klinischen Depressionen leiden, so erhöht dies das Erkrankungsrisiko der Kinder deutlich (Harrington, 1993; Merikangas & Angst, 1995; Petersen et al., 1993; von Aster et al., 2000). Aber auch eine elterliche Angststörung oder Alkohol- bzw. Drogenmissbrauch sind Risikofaktoren für die Entwicklung einer depressiven Erkrankung der Kinder und Jugendlichen (Cicchetti & Toth, 1998). Diese familiäre Häufung von Depressionen spricht dafür, dass genetische Faktoren eine wichtige Rolle für die Entwicklung der Störung spielen. Es konnte jedoch noch nicht nachgewiesen werden, welche Chromosome oder Gene für die Entwicklung von Depressionen „verantwortlich" sind (Cicchetti & Toth, 1998; Merikangas & Angst, 1995; Petersen et al., 1993).

Elterliche Interaktion. Es bietet sich jedoch auch eine alternative Erklärung der familiären Häufung von klinischen Depressionen an. Coyne (1976) konnte bereits in den 1970er-Jahren nachweisen, dass nicht depressive Menschen nach Gesprächen und Interaktionen mit depressiven Patienten selber verstärkt depressive Symptome zeigen. Wenn sich derartige Mechanismen bereits

---

Exkurs: Depression und Attributionsstil im Jugendalter

Susan Nolen-Hoeksema, Joan Girgus und Martin Seligman (1992) untersuchten Kinder und jüngere Jugendliche vom dritten bis zum Beginn ihres siebten Schuljahres. Die Kinder wurden in Abständen von jeweils einem halben Jahr befragt. 168 Kinder nahmen an allen Testzeitpunkten teil. Durch die langfristige Begleitung der Kinder konnten die Autoren die Ursachen- und Wirkungszusammenhänge zwischen dem Attributionsstil der Kinder, belastenden Lebensereignissen und Depression analysieren.

Fragestellung. In ihrer Studie beschäftigten sie sich mit zwei zentralen Fragestellungen:

(1) Sind ein negativer Attributionsstil und/ oder belastende Lebensereignisse Ursachen von Depressionen bei Kindern und Jugendlichen?

(2) Beeinträchtigt eine depressive Episode den Attributionsstil der Kinder und Jugendlichen dauerhaft?

Die unterschiedlichen Daten wurden von den Schülern jeweils mit Hilfe von Fragebögen erhoben. Je nach Klassenstufe wurden 5–11% der befragten Kinder und Jugendlichen von den Autoren als depressiv klassifiziert.

Ergebnisse. Zur Beantwortung der ersten Frage wurden die Depression zu einem früheren Zeitpunkt, die Lebensereignisse und der Attributionsstil genutzt, um die spätere Depression vorherzusagen. Die Ergebnisse waren sehr eindeutig. Der beste Prädiktor für das Ausmaß an Depression zu einem bestimmten Zeitpunkt ist die Depressivität zu einem früheren Zeitpunkt. Kinder und Jugendliche, die bereits zu früheren Messzeitpunkten vergleichsweise stark depressiv waren, sind es auch zu späteren Zeitpunkten. Auch eine Belastung durch negative Lebensereignisse (z.B. Trennung der Eltern) steigert das Depressionsrisiko. Der Attributionsstil dagegen hat bei Kindern kaum einen Einfluss auf ihre Depressivität. Erst bei den Jugendlichen gewinnt er an Bedeutung: Jugendliche, die zu Beginn des fünften Schuljahrs eigene Erfolge auf äußere Bedingungen, Misserfolge aber auf mangelnde Begabung zurückführten, waren ein bzw. zwei Jahre später stärker depressiv als Jugendliche mit einem positiven Attributionsstil.

Die Analysen zur Beantwortung der zweiten Frage ähnelten dem Vorgehen bei der ersten Frage. Allerdings wurden hier die früheren Depressionswerte der Kinder und Jugendlichen als Prädiktoren berücksichtigt, mit deren Hilfe die Autoren Veränderungen im Attributionsstil vorhersagen wollten. Die Daten bestätigten die Annahme der Autoren: Der Attributionsstil der Kinder und Jugendlichen entwickelt sich in der Folge einer Depression negativ. Sie begründen Erfolge seltener mit eigener Anstrengung oder

Begabung, sondern vermehrt mit Glück oder der Leichtigkeit der Aufgaben. Andererseits führen sie Misserfolge stärker auf mangelnde Begabung und seltener auf Zufall oder mangelnde Anstrengung zurück. Auch im weiteren Entwicklungsverlauf bleibt dieser Nachteil gegenüber nicht depressiven Schülern bestehen.

Fazit. Negative Lebensereignisse und – zumindest bei Jugendlichen – ein negativer Attributionsstil sind als Ursachen für Depressionen zu betrachten. Aber es gilt auch umgekehrt, dass depressive Episoden den Attributionsstil von Kindern und Jugendlichen negativ beeinflussen. Diese Beeinträchtigung bleibt auch nach einer akuten Depression erhalten. Wir haben es hier also mit einem Teufelskreis zu tun: Ein negativer Attributionsstil ist eine Ursache für die Entstehung von Depressionen im Kindes- und Jugendalter; die Depression wiederum verstärkt die negative Entwicklung des Attributionsstils der Schüler.

Für die Prävention von Depressionen lässt sich aus diesen Ergebnissen ableiten, dass Eltern und Lehrer die Kinder bei Erfolgen ausdrücklich für ihre Begabung und Anstrengung loben sollten. Im Falle von Misserfolgen sollten sie die Kinder anregen, sich beim nächsten Mal mehr anzustrengen und ihnen keinesfalls vorwerfen, dass sie dumm oder unbegabt seien. Dadurch kann auch bei den Kindern ein positives Attributionsmuster gefördert werden, so dass die Entwicklung eines Risikofaktors für Depressivität verhindert wird.

nach relativ kurzen Interaktionen von wenigen Minuten zeigen, so ist durchaus anzunehmen, dass dieser Mechanismus sich auch auf die Entwicklung der Kinder von depressiven Eltern auswirkt. Außerdem unterscheiden sich depressive von gesunden Eltern in ihren Interaktionen mit den Kindern: Sie gehen weniger sensibel auf die emotionalen Bedürfnisse der Kinder ein, sind im Hinblick auf Regeln und Strafen weniger konse-

quent und berichten über stärkere eheliche Konflikte (Petersen et al., 1993).

Negative Lebensereignisse. Neben der elterlichen Depressivität sind auch negative Lebensereignisse – insbesondere der Verlust von bedeutsamen Bezugspersonen (z.B. aufgrund von Tod oder Scheidung) – als Risikofaktoren zu berücksichtigen. Sie erhöhen die alltäglichen Belastungen, die ein Jugendlicher bewältigen muss und somit die

Wahrscheinlichkeit einer klinischen Depression (Petersen et al., 1993; von Aster et al., 2000).

Fazit. Aus diesen Befunden über die familiären Risikofaktoren wird zweierlei deutlich. Erstens ist es notwendig, auch die Kinder von depressiven Eltern in die Therapie mit einzubeziehen, um so die Mechanismen, die eine familiäre Häufung herbeiführen, zu unterbrechen. Zweitens benötigen Kinder und Jugendliche in schwierigen Lebenssituationen eine besondere Unterstützung durch Eltern und andere Bezugspersonen.

Exosystem

Als Exosystem wird die etwas weitere Umwelt der Kinder und Jugendlichen betrachtet, also Schule und Nachbarschaft. Geringe Schulleistung und fehlende unterstützende Institutionen in der näheren Umgebung, die bei der Bewältigung von Problemen wichtige Hilfe leisten könnten, sind hier die zentralen Risikofaktoren (Cicchetti & Toth, 1998). Außerdem werden klinische Depressionen insbesondere durch fehlende oder unbefriedigende Kontakte zu Gleichaltrigen und soziale Isolation gefördert (Petersen et al., 1993). Es sollte daher sicher gestellt werden, dass Beratungszentren und andere Hilfsangebote problemlos von möglichen Betroffenen erreicht werden können. In der Schule dagegen können gemeinschaftsfördernde Projekte sowie die gezielte Unterstützung und Einbindung schwächerer Kinder bei der Prävention von Depressionen helfen.

Makrosystem

Die Ebene des Makrosystems schließlich ist die Gesellschaft. Selbstverständlich ist es hier kaum möglich, einzelne Risikofaktoren (z.B. Ausmaß an Mitbestimmung, Lebensstandard usw.) isoliert zu untersuchen. Daher liegen auch kaum Befunde zu gesellschaftlichen Risiken vor. Ein Ergebnis jedoch hat sich immer wieder gezeigt, wie Cicchetti und Toth (1998) zusammenfassen: Rasante gesellschaftliche Veränderungen, die mit einem Verlust traditioneller Bindungen und Werte einhergehen, erhöhen das Depressionsrisiko.

16.1.5 Prävention und Behandlung von klinischen Depressionen

Prävention

Wir haben bereits im Abschnitt über familiäre Risikofaktoren darauf hingewiesen, dass Jugendliche mit einem depressiven Elternteil mit höherer Wahrscheinlichkeit an einer klinischen Depression erkranken. Insbesondere diese Jugendlichen sollten daher frühzeitig an Trainingsprogrammen teilnehmen, die ihr Erkrankungsrisiko senken. Als erfolgreich haben sich dabei Trainings zur Förderung von sozialen Kompetenzen und Problemlösungsfähigkeiten erwiesen. Jugendliche mit depressiven Eltern, die im Alltag kompetent mit anderen Personen, Konflikten und Problemen umgehen können, erkranken seltener an einer klinischen Depression als andere Jugendliche mit depressiven Eltern (Petersen et al., 1993).

Medikamentöse Therapie

Aus medizinischer Sicht können Depressionen mit verschiedenen Antidepressiva behandelt werden. Diese zeigen bei Erwachsenen gute Resultate. Bei Jugendlichen dagegen ist die langfristige Wirksamkeit eher gering (Petersen et al., 1993). Dennoch ist auch bei Jugendlichen eine medikamentöse Therapie – ergänzend zu einer psychotherapeutischen Behandlung – angezeigt, wenn die Depression sehr schwerwiegend ist, eine akute Selbstmordgefahr besteht und/oder der Verlauf der Erkrankung aufgrund wiederholter depressiver Episoden zur Chronifizierung neigt (von Aster et al., 2000).

Kognitiv-verhaltenstherapeutische Methoden

Psychotherapeutische Ansätze zur Behandlung von depressiven Erkrankungen basieren in erster Linie auf kognitiv-verhaltenstherapeutischen Methoden. Mit der Therapie sollen folgende Ziele erreicht werden (Groen & Petermann, 1998; von Aster, 2000):

▶ Verständnis der eigenen depressiven Stimmung,
▶ Förderung der Problemlösungsfähigkeit, Selbstsicherheit und der sozialen Kompetenz,

- Abbau negativer Bewertungsmuster,
- Strukturierung des Alltags und Steigerung positiv bewerteter Tätigkeiten und Erfahrungen und
- Erfahrung von Erfolgserlebnissen im Alltag.

Psychotherapeutische Methoden, die diese Ziele anstreben, können auch langfristig eine Reduzierung der Symptome bewirken (Petersen et al., 1993).

Systemische Aspekte

Die Therapieerfolge können jedoch nur dann langfristig erhalten bleiben, wenn das Umfeld des depressiven Jugendlichen diesen unterstützt und die eigenen Verhaltensweisen kritisch hinterfragt. Die Familie ist bei Kindern und Jugendlichen die zentrale Lebensumwelt. Eine Einbindung der Familie und anderer wichtiger Bezugspersonen in die Therapie ist daher notwendig. Eltern – und auch Lehrer – müssen detailliert über die Erkrankung informiert werden. Dadurch können sie die Probleme des Jugendlichen verstehen und besser auf ihn eingehen (Petersen et al., 1993). Auch die Förderung von Konfliktlösungsstrategien bei den Jugendlichen hat langfristig nur wenig Aussicht auf Erfolge, wenn rigide bzw. autoritäre Strukturen innerhalb der Familie solche Prozesse verhindern. Ziel der Therapie sollte es daher stets sein, die Kommunikation innerhalb der Familie zu fördern. Aufgrund der hohen Bedeutung von alltäglichen Erfolgserlebnissen ist es außerdem wichtig, mögliche überhöhte Ansprüche von Eltern und Lehrern zu korrigieren, so dass die Jugendlichen nicht häufigen negativen Bewertungen durch andere ausgesetzt sind. Diese können auch eine sehr gute Therapie nahezu wirkungslos werden lassen (von Aster, 2000).

16.2 Angst

Es ist nicht ungewöhnlich, in verschiedenen alltäglichen Situationen Angst zu empfinden. Normale Angst, die in – mehr oder weniger stark – bedrohlichen Situationen auftritt, hat eine Alarmfunktion: Sie bereitet die Person auf mögliche Flucht- oder Verteidigungsreaktionen vor. Aber Angst kann auch übermäßig häufig und/oder intensiv erlebt werden. Derartige pathologische Ängste sind nicht an tatsächliche Bedrohungen gebunden, sondern treten unabhängig von einer realen Gefährdung auf und führen zu teilweise beträchtlichen Beeinträchtigungen im Alltag (Dozier et al., 1999). Angststörungen sind durch zwei allgemeine Merkmale gekennzeichnet:

(1) eine ungewöhnlich starke, situationsunangemessene Angst und
(2) ausgeprägtes Vermeidungsverhalten.

Die Symptome zeigen sich auf drei verschiedenen Ebenen (Hamm, 1997; Remschmidt, 2000).

(1) Das **Erleben** des Patienten wird durch Befürchtungen, Beeinträchtigungen und Überlegungen zur Vermeidung der gefürchteten Situation geprägt.
(2) Das **Verhalten** des Patienten zielt zunächst auf die Vermeidung der angstauslösenden Situationen (Flucht, Ausweichen). Wenn dies nicht möglich ist, so ist er zumindest bestrebt, sich im Falle eines Angstanfalls schnelle Hilfe zu sichern (Handy, um Therapeuten oder Bekannte anzurufen, Tabletten in Reichweite).
(3) Auf der **physiologischen Ebene** ist die Angststörung durch eine erhöhte Pulsfrequenz, Schweißausbrüche und Atembeschleunigung gekennzeichnet.

Die konkreten Symptome eines Patienten sind abhängig von der Art seiner Angststörung. Remschmidt (2000) unterscheidet vier Arten von Ängsten:

(1) Phobische Angstsyndrome,
(2) Panikattacken und Agoraphobie,
(3) Generalisierte Angststörungen und
(4) speziell im Kindes- und Jugendalter: Trennungsangst.

16.2.1 Symptome verschiedener Angststörungen

Phobische Angstsyndrome

Phobische Angstsyndrome lassen sich in zwei größere Kategorien einteilen: spezifische (oder monosymptomatische) Phobien und soziale Phobie.

Spezifische Phobien bezeichnen die Angst vor bestimmten Objekten oder Situationen (vgl. Kasten). Relativ häufig sind Tierphobien, Klaustrophobie (d.h. Angst vor engen, geschlossenen Räumen), Angst vor der Dunkelheit oder Höhenphobie. Von spezifischen Phobien sind überwiegend introvertierte, allgemein ängstliche und wenig durchsetzungsfähige Menschen betroffen. Mädchen leiden häufiger darunter als Jungen. Spezifische Phobien treten bereits im Kindesalter auf, können aber auch erst im Jugend- oder frühen Erwachsenenalter beginnen. Spezifische Ängste bil-

den sich nicht gegenüber beliebigen Objekten heraus. Es wird vielmehr eine evolutionäre „preparedness" angenommen. Das bedeutet, dass Menschen insbesondere Phobien gegenüber Objekten oder Situationen entwickeln, die in der Menschheitsgeschichte bedrohlich waren (z.B. Schlangen oder große Höhe). Obwohl im westlichen Europa deutlich mehr Menschen bei Verkehrsunfällen als aufgrund von Schlangenbissen sterben, sind Schlangenphobien nicht selten, „Autophobien" dagegen nicht bekannt. Entscheidend ist also nicht die aktuelle Bedrohlichkeit von Objekten oder Situationen, sondern deren frühere, länger andauernde Gefährlichkeit (Remschmidt, 2000).

Soziale Phobie. Menschen mit einer sozialen Phobie leiden unter der Sorge, dass sie sich in öffentlichen Situationen blamieren könnten, dass ihnen schwindelig wird, sie erbrechen müssen, ausgelacht werden oder – ganz allgemein – den Ansprüchen anderer nicht genügen (vgl. Kasten). Verbreitet sind Ängste vor Prüfungen, vor öffentlichen Reden oder Auftritten sowie vor Kontakten mit gegengeschlechtlichen Personen (Remschmidt, 2000). Soziale Phobien beginnen meist im Jugendalter und treten bei Jungen und Mädchen gleich häufig auf (Prins, 2001; Remschmidt, 2000). Auch generelle, nicht pathologische Sorgen, ob man den Ansprüchen anderer genügt, sind im Jugendalter weit verbreitet. Daher ist es auch nicht überraschend, dass soziale Phobien häufig erstmalig im Jugendalter auftreten (Westenberg et al., 2001).

Risikofaktoren für die Entwicklung einer sozialen Phobie sind eine frühe Neigung zu Zurückgezogenheit, Schüchternheit, ein geringes Selbstwertgefühl, Versagensängste und Furcht vor Kritik (Remschmidt, 2000). Ein zentrales Symptom von sozialen Phobien ist eine generelle soziale Ängstlichkeit. Diese ist durch exzessive Sorgen über Bewertungen durch andere und vermeidendes Sozialverhalten gekennzeichnet. Auch soziale Ängstlichkeit beginnt meist im Jugendalter, nimmt allerdings in dessen Verlauf wieder ab. Während die klinische Diagnose einer sozialen Phobie bei Mädchen und Jungen gleich häufig ist,

---

Diagnostische Kriterien für spezifische Angststörungen (DSM-IV)

(a) Dauerhafte, übertriebene oder unbegründete Angst vor einem bestimmten Objekt oder einer bestimmten Situation.

(b) Konfrontation mit dem gefürchteten Objekt bzw. der Situation führt nahezu unausweichlich zu Angstreaktionen, die die Form von situationsspezifischen Panikattacken haben können. Bei Kindern kann sich die Angst durch Weinen, Wutausbrüche, Erstarren oder Anklammern ausdrücken.

(c) Der Patient weiß, dass die Angst übertrieben oder unbegründet ist. Bei Kindern kann dieses Symptom jedoch fehlen.

(d) Die gefürchtete Situation wird vermieden oder mit extremer Angst und Belastung erlebt.

(e) Das Vermeidungsverhalten beeinträchtigt die alltäglichen Aufgaben, die berufliche oder schulische Leistung, soziale Aktivitäten oder Beziehungen. Das Wissen, an einer Phobie zu leiden, kann zu einer extremen Belastung führen.

(f) Bei Kindern und Jugendlichen unter 18 Jahren dauern diese Symptome mindestens sechs Monate.

(g) Die Angst, Panikattacken oder das Vermeidungsverhalten können nicht durch andere psychische Störungen erklärt werden.

Diagnostische Kriterien für soziale Phobie (DSM-IV)

(a) Dauerhafte Angst vor einer oder verschiedenen sozialen oder Leistungssituationen, in denen die Person mit unbekannten Personen zusammen ist oder deren Prüfung ausgesetzt ist. Der Patient fürchtet, dass er sich peinlich verhalten wird.

(b) Konfrontation mit der gefürchteten Situation führt nahezu unausweichlich zu Angstreaktionen, die die Form von situationsspezifischen Panikattacken haben können. Bei Kindern kann sich die Angst durch Weinen, Wutausbrüche, Erstarren oder Anklammern ausdrücken.

(c) Der Patient weiß, dass die Angst übertrieben oder unbegründet ist. Bei Kindern kann dieses Symptom jedoch fehlen.

(d) Die gefürchtete soziale oder Leistungssituation wird vermieden oder mit extremer Angst und Belastung erlebt.

(e) Das Vermeidungsverhalten beeinträchtigt die alltäglichen Aufgaben, die berufliche oder schulische Leistung, soziale Aktivitäten oder Beziehungen. Das Wissen, an einer sozialen Phobie zu leiden, kann zu einer extremen Belastung führen.

(f) Bei Kindern und Jugendlichen unter 18 Jahren dauern diese Symptome mindestens sechs Monate.

(g) Die Angst, Panikattacken oder das Vermeidungsverhalten kann nicht auf Substanzgebrauch, medizinische Bedingungen oder andere psychische Störungen zurückgeführt werden.

leiden Mädchen insgesamt stärker unter der weniger gravierenden sozialen Ängstlichkeit (La Greca, 2001). Soziale Phobien resultieren häufig in Einsamkeit und Isolation (Remschmidt, 2000).

Panikattacken und Agoraphobie

Panikattacken und Agoraphobie treten zwar häufig gemeinsam auf, aber dennoch wollen wir beide Störungen einzeln darstellen.

Panikattacken sind durch wiederholte, plötzlich auftretende Angstanfälle gekennzeichnet, die nicht durch bestimmte Objekte oder Situationen ausgelöst werden (Remschmidt, 2000; Schneider & Margraf, 1998). Die Patienten erleben während dieser Attacken Atemnot, Beklemmungsgefühle, Benommenheit, Unsicherheit oder Ohnmachtsgefühle, sie zittern und schwitzen (vgl. Kasten).

Risikofaktoren. Es ist noch unklar, welche Risikofaktoren zur Entstehung dieser Störung beitragen, aber ein genetischer Einfluss ist eher unwahrscheinlich. Vielmehr ist anzunehmen, dass bei den Patienten zunächst – aus welchen Gründen auch immer – einmalig die entsprechenden Symptome auftreten. Daraufhin entsteht bei den Patienten eine extreme Angst, dass sie diese Symptome erneut erleben könnten. Die daraus resultierende ständige Anspannung könnte zu weiteren Panikattacken führen (Remschmidt, 2000).

Diagnostische Kriterien für Panikattacken (DSM-IV)

Eine Panikattacke ist dadurch gekennzeichnet, dass über eine begrenzte Zeit intensive Angst erlebt wird. Während der Zeit leidet der Patient unter mindestens vier der folgenden Symptome, die ihren Höhepunkt innerhalb von zehn Minuten erreichen.

(a) Herzklopfen oder beschleunigter Puls
(b) Schwitzen
(c) Zittern
(d) Kurzatmigkeit oder Atemnot
(e) Gefühl des Erstickens
(f) Schmerzen in der Brust
(g) Übelkeit oder Magenschmerzen
(h) Schwindel, Unsicherheit, Verwirrung oder Ohnmachtsgefühl
(i) Realitätsverlust oder Depersonalisation
(j) Angst vor Kontrollverlust oder verrückt zu werden
(k) Todesängste
(l) Betäubungsgefühl
(m) Kälteschauer oder Hitzewallungen

Agoraphobie dagegen bezeichnet die Angst, in der Öffentlichkeit oder bei Menschenansammlungen an ganz unterschiedlichen Orten zu kollabieren oder im Falle von extremer Angst keine Fluchtmöglichkeit zu haben (vgl. Kasten). Eine Agoraphobie kann durch belastende Lebensereignisse ausgelöst werden (Remschmidt, 2000; Schneider & Margraf, 1998).

Diagnostische Kriterien für Agoraphobie (DSM-IV)

(a) Angst vor Plätzen oder Situationen, aus denen einen Flucht nicht möglich oder peinlich ist oder in denen keine Hilfe bereit steht, wenn man eine Panikattacke erleidet oder ähnliche Symptome auftreten. Typischerweise handelt es sich um Situationen, in denen man sich allein außerhalb des eigenen Hauses befindet, in einer Menschenmenge steht, sich auf einer Brücke aufhält oder mit dem Bus, Zug oder Auto fährt.

(b) Diese Situationen werden vermieden, nur in Begleitung aufgesucht, oder sie sind mit großer Angst vor einer Panikattacke verbunden.

(c) Die Angst und das Vermeidungsverhalten sind nicht auf eine andere psychische Störung zurückzuführen.

Panikstörungen und Agoraphobie beginnen meist im späten Jugend- oder frühen Erwachsenenalter. Aus entwicklungspsychologischer Sicht ist dieser Zeitpunkt nicht überraschend, da die beiden Erkrankungen typische Merkmale der starken Selbstaufmerksamkeit widerspiegeln, die für 17- bis 21-Jährige charakteristisch ist (Westenberg et al., 2001):

▶ Die starke Konzentration auf interne Zustände resultiert in einer Angst vor negativen Erlebnissen und Emotionen.

▶ Die Betonung persönlicher Standards ist als Ursache für Versagensängste zu sehen.

▶ Die Orientierung auf die Zukunft spiegelt sich in der Angst vor dem Nicht-Erreichen eigener Ziele.

▶ Der hohe Wert, der engen Beziehungen beigemessen wird, führt zu der Angst, diese zu verlieren.

Generalisierte Angststörungen

Generalisierte Angststörungen sind durch sog. frei flottierende Ängste gekennzeichnet. Es handelt sich dabei nicht um gravierende Angstanfälle, sondern um eine dauerhafte, ängstliche Grundbefindlichkeit, die über lange Zeiträume hinweg erhalten bleibt und in unterschiedlichen Situationen auftritt. Menschen mit einer generalisierten Angststörung leiden unter Muskelverspannungen, ständiger Nervosität, starkem Herzklopfen und Schwindelgefühlen (Remschmidt, 2000). Auch generalisierte Angst tritt häufig erstmals im Jugendalter auf (Westenberg et al., 2001).

Trennungsangst

Trennungsangst ist ein Phänomen das – auch unter der Bezeichnung „fremdeln" – bei Kleinkindern durchaus normal ist. Später jedoch beeinträchtigt die unrealistische Sorge um den Verlust der Bezugsperson die weitere Entwicklung des Kindes oder Jugendlichen. Aus Angst, der Mutter oder dem Vater könne etwas zustoßen, wollen sie nicht mehr in die Schule gehen und sind unfähig, kurze Zeiträume allein zu verbringen. In Trennungssituationen sind sie unglücklich, ziehen sich zurück, leiden unter massiven körperlichen Beschwerden oder versuchen, die Bezugsperson durch Wutausbrüche, Schreien oder Festklammern in ihrer Nähe zu halten. Besonders häufig tritt diese Störung bei Kindern und Jugendlichen auf, die im Kleinkindalter überbehütet wurden und eine allzu enge Bindung an eine einzelne Bezugsperson entwickelt haben (Remschmidt, 2000).

16.2.2 Risikofaktoren

Einige Faktoren, die das Risiko einer spezifischen Angststörung erhöhen, haben wir in den vorherigen Abschnitten bereits dargestellt. Darüber hinaus gibt es jedoch auch einige Persönlichkeitsmerkmale und Lebensbedingungen, die die Gefahr, überhaupt an einer Angststörung zu erkranken, erhöhen.

Individuum. Ängstliche Kinder und Jugendliche leiden häufig unter negativen Kognitionen: Sie haben viele negative Gedanken und Sorgen, konzentrieren ihre Aufmerksamkeit gezielt auf bedrohliche Ereignisse und erinnern sich auch besonders häufig an diese. Speziell für Kinder gilt außerdem, dass sie das Ausmaß an Bedrohung überschätzen, ihre eigenen Bewältigungsmöglichkeiten dagegen unterschätzen. Sie sehen keine Möglichkeit, bedrohliche Situationen zu kontrollieren, denken häufig über mögliche Katastrophen nach und führen Selbstgespräche mit negativem Inhalt (Prins, 2001). Im Jugendalter ist dagegen die Bedeutung von Essstörungen für die Entwicklung von Phobien nicht zu unterschätzen. Über 30% aller ehemaligen Anorexiepatienten erkranken später an Angststörungen (Herpertz-Dahlmann & Remschmidt, 1995).

Familie. Kinder mit depressiven Eltern entwickeln häufiger Angststörungen als Kinder und Jugendliche mit psychisch gesunden Eltern (Merikangas & Angst, 1995). Daher sind für Kinder depressiver Eltern Präventionsmaßnahmen auch im Hinblick auf Angststörungen nötig.

Gleichaltrige. Fehlende Akzeptanz in der Gruppe sowie fehlende enge Freundschaften erhöhen das Risiko der Erkrankung an einer Angststörung. Es ist allerdings zu berücksichtigen, dass bei sozialer Ängstlichkeit ein wechselseitiger Zusammenhang vorliegt: Kinder und Jugendliche, die in ihrer Klasse oder in anderen Gleichaltrigengruppen abgelehnt oder ignoriert werden, leiden aufgrund dieser Erfahrung häufiger an sozialer Ängstlichkeit als gut integrierte Kinder. Die soziale Ängstlichkeit wiederum beeinträchtigt ihre Möglichkeit, enge Freundschaften zu schließen (La Greca, 2001). Daher sollten für nicht integrierte Kinder und Jugendliche Präventionsprogramme zur Förderung ihrer sozialer Kompetenzen durchgeführt werden, um so die möglichen negativen Folgen der Isolation zu reduzieren.

16.2.3 Behandlung

Die Therapie von Angststörungen basiert auf kognitiven oder verhaltenstherapeutischen Methoden. Vier Verfahren, die häufig eingesetzt werden, sind die systematische Desensibilisierung (v.a. bei phobischen Angstsyndromen), Konfrontationstherapie (v.a. bei phobischen Angstsyndromen, sowie Panikattacken und Agoraphobie), kognitive Strategien (v.a. bei phobischen Angstsyndromen) und Entspannungsübungen (v.a. bei generalisierten Angststörungen) (Remschmidt, 2000).

Systematische Desensibilisierung. Das Verfahren wurde von Wolpe entwickelt und ist eine effektive Strategie zur Behandlung von phobischen Angstsyndromen. Das Prinzip der systematischen Desensibilisierung ist auf den ersten Blick einleuchtend: Der Patient wird schrittweise an das angstauslösende Objekt oder die entsprechende Situation herangeführt. Dazu ist es notwendig, zunächst eine Angsthierarchie zu erstellen: Der Patient ordnet verschiedene Situationen danach, wie stark sie bei ihm Angst auslösen (z.B. Vorstellung von einer Spinne – Bild von einer Spinne – Annäherung an eine Spinne auf mehrere Meter – Annäherung an eine Spinne auf wenige Zentimeter – Berührung der Spinne). Danach lernt er in verschiedenen Übungen Strategien zur Entspannung, die er während der Konfrontation einsetzen soll. Der zusätzliche Einsatz von Entspannungsverfahren basiert auf der Annahme, dass es nicht möglich ist, gleichzeitig entspannt zu sein und Angst zu erleben. Schließlich wird die Angsthierarchie bei gleichzeitiger Anwendung der Entspannungsstrategien abgearbeitet. Der Patient stellt sich das angstauslösende Objekt zunächst vor, betrachtet dann Bilder davon, nähert sich dem Objekt immer weiter an, bis er es abschließend ohne gravierende Angstempfindungen berühren kann. Der Vorteil dieses Vorgehens ist darin zu sehen, dass – aufgrund der schrittweisen Annäherung – nur wenige Patienten die Therapie abbrechen, so dass die Erfolgsquote insgesamt recht hoch ist (Remschmidt, 2000).

Konfrontationstherapie. In der Konfrontationstherapie dagegen wird der Patient relativ schnell den stark angstauslösenden Situationen ausgesetzt. Dabei werden seine üblichen Reaktionen – also alle Formen des Vermeidungsverhaltens – durch den Therapeuten verhindert. Es ist wichtig, den Patienten vor der Konfrontation darüber aufzuklären, dass diese für ihn sehr belastend sein wird, der Erfolg jedoch gerade durch diese Belastung eintritt. Daher darf die Dauer der Konfrontation nicht zu kurz gewählt sein. Sie sollte erst enden, wenn das Angstniveau deutlich gesunken ist. Günstig ist eine Mindestdauer von 60 Minuten. Ziel der Konfrontationstherapie ist es, die Angst zu reduzieren, indem sie ausgehalten wird. Dieses Verfahren bringt noch bessere Erfolge in der Behandlung von Angststörungen als die systematische Desensibilisierung. Aufgrund der großen Belastung brechen allerdings viele Patienten die Therapie ab (Remschmidt, 2000).

Kognitive Strategien der Angsttherapie umfassen zunächst einmal detaillierte Informationen über die jeweilige Angststörung sowie über die damit verbundenen Symptome und verzerrten Kognitionen. Darüber hinaus kann die Angst durch Problemlösungs- und Selbstsicherheitstrainings reduziert werden. Kognitive Methoden bieten sich insbesondere als Ergänzung zu den beiden vorher dargestellten Formen der Verhaltenstherapie an. Als eigenständige Form der Angsttherapie werden sie dagegen eher selten eingesetzt (Remschmidt, 2000). Insbesondere Problemlösungs- und Selbstsicherheitstrainings können auch der Prävention von Angststörungen dienen.

Entspannungsübungen. Bewährte Formen der gezielten Entspannung sind das autogene Training sowie die progressive Muskelentspannung. Beim autogenen Training muss der Patient sich auf der Basis von verbalen Anweisungen des Therapeuten auf einzelne Muskelgruppen konzentrieren und diese entspannen. Im Rahmen der progressiven Muskelentspannung soll dem Patienten das Erleben der Entspannung dadurch erleichtert werden, dass er die jeweiligen Muskelgruppen zuvor stark anspannt. Beispielsweise könnte er aufgefordert werden, die Hand fest zu einer Faust zu ballen, die Anspannung einige Sekunden zu halten und die Hand danach vollständig zu entspannen. Diese Entspannungsübungen werden häufig im Rahmen der systematischen Desensibilisierung eingesetzt, damit der Patient sich während der angstauslösenden Situation leichter entspannen kann (Remschmidt, 2000).

Zusammenfassung

▶ Depressionen und Angststörungen sind klinisch relevante Störungen, die bereits im Kindes- und Jugendalter auftreten können.

▶ Eine Behandlung ist unbedingt notwendig, um Schule und Ausbildung nicht zu gefährden und einer Chronifizierung im Erwachsenenalter vorzubeugen.

▶ Für die Behandlung von Depressionen gibt es effektive medikamentöse und verhaltenstherapeutische Ansätze, Angststörungen werden vor allem verhaltenstherapeutisch behandelt.

Weiterführende Literatur

Cicchetti, D. & Toth, S. L. (1998). The development of depression in children and adolescents. American Psychologist, 53, 221–241.
  Dieser Artikel bietet einen Überblick über Risikofaktoren, Merkmale und Verbreitung von Depressionen bei Kindern und Jugendlichen.

Hamm, A. (1997). Furcht und Phobien. Psychophysiologische Grundlagen und klinische Anwendungen. Göttingen: Hogrefe.
  Dieses Lehrbuch bietet einen umfassenden Einstieg in klinische Angststörungen. Es werden unterschiedliche Altersgruppen berücksichtigt und Implikationen für Therapieansätze dargestellt.

17 Entwicklungspfade von der Kindheit ins Erwachsenenalter

Bisher befassten wir uns vorwiegend mit Entwicklungsaufgaben des Jugendalters – beispielsweise mit den körperlichen Veränderungen in der Pubertät und der Einstellung gegenüber dem eigenen Körper, mit Freundschaftsbeziehungen oder auch mit der Bedeutung der eigenen Identität. In diesem Kapitel werden größere Entwicklungszeiträume betrachtet:.

▶ Führt eine glückliche Kindheit zu einer glücklichen Jugend und zu einem glücklichen Erwachsenenalter?

▶ Gibt es diskontinuierliche Entwicklungspfade? Führen negative, schwer belastende Ereignisse in der Kindheit zwangsläufig zu Schwierigkeiten im jungen Erwachsenenalter?

Untersuchung von Entwicklungspfaden. Fundiertes psychologisches Wissen zu Entwicklungspfaden liefern so genannte prospektive Langzeituntersuchungen. Hierbei werden einzelne Personen erstmals zu einem frühen Lebenszeitpunkt und dann bis ins junge Erwachsenenalter wiederholt befragt. Darüber hinaus gibt es drei weitere Forschungsbereiche, aus denen Wissen über Entwicklungspfade abgeleitet werden kann.

(1) Negative kritische Lebensereignisse (z.B. Tod der Eltern, Erleben eines Gewaltverbrechens),

(2) Risikokonstellationen in einzelnen Lebensphasen (z.B. schwierige Geburt oder problematische Mutter-Kind-Beziehung) und

(3) soziale Benachteiligung (z.B. Finanzknappheit oder Bildungsprobleme in der Familie).

Menschen werden auf ihrem Entwicklungspfad von der Kindheit bis ins hohe Alter mit verschiedenen Entwicklungsaufgaben konfrontiert

17.1 Entwicklungsengpässe und -mechanismen: Grundprinzipien

17.1.1 Anforderungen, Ressourcen und Funktionsfähigkeit

Für die Lebensbewältigung sind drei Aspekte entscheidend (Lazarus & Folkman, 1984): Anforderungen, Ressourcen und Funktionsfähigkeit (vgl. Kap. 12). Sind die aktuellen Anforderungen höher als die zu Verfügung stehenden Ressourcen, ist die psychologische Funktionsfähigkeit einer Person beeinträchtigt, die Person ist überfordert. Eine dauerhafte Überforderung führt zu einer nicht optimalen oder sogar problematischen Entwicklung.

Soziale Benachteiligung. Mit den Faktoren Anforderungen, Ressourcen und der Funktionsfähigkeit lassen sich auch die Auswirkungen von Entwicklungsmöglichkeiten und Entwicklungsengpässen erklären. Beispielsweise kann soziale Benachteiligung als unzureichende Entwicklungsmöglichkeit im Sinne fehlender Ressourcen aufgefasst werden. Fehlen dauerhaft Entwicklungsmöglichkeiten in wichtigen Lebensbereichen, kann dies das Leben und die Entwicklung des Einzelnen beeinträchtigen und langfristige, negative Konsequenzen nach sich ziehen. Wichtig ist die Unterscheidung zwischen objektiven Entwicklungsbedingungen und daraus resultierenden psychologischen Problemen. Das Zusammenwirken von Anforderungen und Ressourcen ist zentral, um die Auswirkungen von sozialer Benachteiligung auf die Funktionsfähigkeit zu verstehen. Sozial benachteiligte Kinder und Jugendliche verfügen über weniger Ressourcen als andere Personen. Daher ist ihre Chance reduziert, die alltäglichen Anforderungen zu bewältigen, und ihre psychologische Funktionsfähigkeit kann beeinträchtigt werden (Grob et al., 2003).

17.1.2 Risiko- und Schutzfaktoren für Entwicklung

Ein umfassendes Modell, das verschiedene Risiko- und Schutzfaktoren für die individuelle Entwicklung berücksichtigt, stammt von Jessor (1992). Schutzfaktoren sind persönliche, soziale oder institutionelle Ressourcen. Diese fördern eine positive Entwicklung, obwohl verschiedene Risikofaktoren vorhanden sind (Garmezy, 1985; Rutter, 1990). Schutzfaktoren sind eng mit dem Konzept der Resilienz (Widerstandsfähigkeit) verbunden, auf das wir später eingehen werden (vgl. Kap. 17.3.1).

Bereiche. Jessor unterscheidet fünf verschiedene Bereiche, in denen jeweils Risiko- und Schutzfaktoren auftreten können.

(1a) Biologische Risikofaktoren (z.B. Alkoholismus in der Familie),

(1b) Biologische Schutzfaktoren (z.B. Gesundheit).

(2a) Risikofaktoren der sozialen Umwelt (z.B. Armut oder Benachteiligung aufgrund einer bestimmten ethnischen Zugehörigkeit),

(2b) Schutzfaktoren der sozialen Umwelt (z.B. gute Qualität der Schule, enger Zusammenhalt in der Familie oder Kontakte zu Erwachsenen, die sich für die Bedürfnisse der Kinder und Jugendlichen interessieren).

(3a) Risikofaktoren der wahrgenommenen Umwelt (z.B. Modelle für normbrechendes Verhalten in der näheren Umgebung wie beispielsweise straffällige Eltern),

(3b) Schutzfaktoren der wahrgenommenen Umwelt (z.B. Modelle für angemessenes und kompetentes Verhalten sowie eine Ablehnung von Devianz in der Familie, Nachbarschaft und im Freundeskreis).

(4a) Risikofaktoren der Persönlichkeitseigenschaften (z.B. negative Zukunftsperspektive oder ein geringer Selbstwert),

(4b) Schutzfaktoren der Persönlichkeitseigenschaften (z.B. Ablehnung von Devianz oder angemessene Leistungsorientierung).

(5a) Risikofaktoren des Verhaltens (z.B. problematisches Trinkverhalten und eine negative Arbeitshaltung in der Schule),

(5b) Schutzfaktoren des Verhaltens (z.B. Einbindung in kirchliche, schulische oder andere Kinder- und Jugendgruppen).

Risikoverhalten. Als Risikoverhalten bezeichnet Jessor Problemverhalten (z.B. Drogenkonsum, Delinquenz; vgl. Kap. 13 und 14), gesundheitsgefährdendes Verhalten (z.B. ungesunde Ernährung, Tabakkonsum; vgl. Kap. 12 und 14) und schulisches Verhalten (z.B. Schwänzen, Schulabbruch; vgl. Kap. 9). Langfristige Konsequenzen dieses Verhaltens sind

▶ Gefährdung der Gesundheit (z.B. häufige Erkrankungen, geringe körperliche Fitness; vgl. Kap. 12),

▶ Übernahme nicht akzeptierter sozialer Rollen (z.B. „Schulversager", „Krimineller"),

▶ negative Persönlichkeitsentwicklung (z.B. negatives Selbstkonzept, Depression; vgl. Kap. 5 und 16) und

▶ mangelnde Vorbereitung auf den Erwachsenenstatus (z.B. geringe berufsrelevante Fertigkeiten, Arbeitslosigkeit, fehlende Motivation; vgl. Kap. 9).

Person und Umwelt. Das Modell von Jessor berücksichtigt die Bedeutung einzelner ausgewählter Persönlichkeits- oder Umweltmerkmale für die Entwicklung. In der Forschung spricht man deswegen von einem variablenorientierten Ansatz, der auf der Annahme basiert, dass einzelne Faktoren – oder Variablen – die zukünftige Entwicklung maßgeblich beeinflussen. Es können aber auch personenbezogene Variablenkonstellationen die Entwicklung nachhaltig beeinflussen. In diesem Fall sprechen wir von einer personenorientierten Forschung.

17.1.3 Personenorientierte Forschung zur sozialen Benachteiligung

In der personenorientierten Forschung werden nicht einzelne Eigenschaften berücksichtigt, sondern möglichst viele Merkmale der Person erfasst. Die Personen werden dann auf der Basis dieser Merkmale so in Gruppen eingeteilt, dass die Mitglieder einer Gruppe sich in möglichst vielen Eigenschaften ähneln. Ein Kennzeichen der Gruppen ist, dass die Persönlichkeitsprofile der Mitglieder übereinstimmen. Welche Gruppen von Personen bergen nun ein besonders hohes Risiko für eine negative Entwicklung, d.h. welche Kinder und Jugendlichen sind im entwicklungspsychologischen Sinne als benachteiligt zu bezeichnen? Zu diesem Zweck stellen wir exemplarisch zwei Studien vor, die sich jeweils mit der Frage beschäftigen, wie die kindliche Persönlichkeit die weitere Entwicklung beeinflusst.

Aufbrausende, schüchterne und abhängige Kinder

Caspi und Mitarbeiter (1990) analysierten die Daten der Berkeley Guidance Studie neu. Ihre Ergebnisse beziehen sich auf Männer, die 1928 oder 1929 geboren wurden und von denen Informationen aus der Kindheit und dem Erwachsenenalter vorliegen. Im Kindesalter wurden die Mütter der Männer über das Interaktionsverhalten ihrer Kinder befragt. Auf der Basis dieser Informationen konnten die Kinder in drei Gruppen unterteilt werden.

(1) Aufbrausende Kinder, die bei Frustrationen oder gegenüber Autoritätspersonen mit Temperamentsausbrüchen reagierten,

(2) schüchterne Kinder, die ihre Gefühle nicht zeigten und in sozialen Situationen – insbesondere Fremden gegenüber – sehr unsicher waren und

(3) abhängige Kinder, die übermäßig stark nach Aufmerksamkeit, Zustimmung und Hilfe suchten.

Die drei Gruppen von Kindern unterschieden sich in ihrer weiteren Entwicklung deutlich.

Aufbrausende Kinder. Aufbrausende Mittelschichtkinder brachen häufiger die Schule ab als andere Mittelschichtkinder, waren im Alter von 20 bis 30 Jahren besonders unkontrolliert, irritierbar, launisch und weniger ehrgeizig. Bis zum Alter von 40 bis 50 Jahren erlebten viele von ihnen einen sozialen Abstieg. Aufbrausende Kinder aus der Arbeiterschicht waren dagegen nicht von einem sozialen Abstieg betroffen. In ihrer

Entwicklung unterschieden sie sich nicht von anderen Kindern ihrer Herkunft. Für die ehemals aufbrausenden Kinder galt, dass sie sich als Erwachsene im Erziehungsverhalten gegenüber eigenen Kindern nicht von anderen Erwachsenen unterschieden. Besonders viele aufbrausende Kinder wurden geschieden.

Schüchterne Kinder. Schüchterne Kinder waren als Erwachsene stärker über die unterschiedlichen Anforderungen besorgt, denen sie gerecht werden mussten. Sie zogen sich bei Frustrationen zurück und waren wenig selbstsicher. Viele erlebten typische biographische Übergänge (z.B. Berufseintritt, Heirat, Vaterschaft) in einem späteren Lebensalter als andere Erwachsene. Die Stabilität und Zufriedenheit in der Ehe sowie der Erziehungsstil gegenüber den eigenen Kindern unterschied sich nicht von anderen Gruppen.

Abhängige Kinder. Ehemals abhängige Kinder waren als Erwachsene besonders ruhig, warmherzig, einfühlsam und konnten gut mit Unsicherheit umgehen. Sie waren im Vergleich zu anderen Erwachsenen eher bereit, bei Schwierigkeiten um Hilfe zu bitten. Das Alter, in dem sie die biographischen Übergänge erlebten, entsprach den gesellschaftlichen Erwartungen und ihre Ehen waren besonders harmonisch und endeten selten in Scheidung. Im beruflichen Status unterschieden sie sich nicht von anderen Erwachsenen.

Ausmaß an Anpassungsproblemen im Jugendalter

Anpassungsprobleme. Mitte der 1960er-Jahre begann die Langzeitstudie von Magnusson und Bergman (1990). Sie untersuchten Jugendliche, die zu diesem Zeitpunkt die sechste Klasse besuchten und begleiteten ihre weitere Entwicklung. Ziel der Studie war es, das Risiko für spätere Straffälligkeit, Alkoholmissbrauch und psychiatrische Behandlung von angepassten und nicht angepassten Kindern zu untersuchen. Dazu erfassten sie bei den Schülern sechs Formen von Anpassungsproblemen.

(1) Aggressivität,
(2) motorische Unruhe,
(3) mangelnde Konzentration,
(4) mangelnde Motivation,
(5) „Underachievement" (d.h. ihre Schulleistung war schlechter, als aufgrund ihrer Intelligenz zu erwarten wäre) und
(6) schlechte Beziehungen zu Gleichaltrigen.

Auf der Basis dieser Informationen unterteilten die Autoren die Kinder in eine Gruppe ohne Anpassungsprobleme, eine Gruppe mit einzelnen Anpassungsproblemen und eine Gruppe mit vielfältigen Anpassungsproblemen.

Weitere Entwicklung. Im Alter von 23 Jahren waren die meisten Kinder ohne sowie mit einzelnen Anpassungsproblemen nicht straffällig, alkoholabhängig oder in psychiatrischer Behandlung. Aber diejenigen, die bereits im frühen Jugendalter durch vielfältige Anpassungsprobleme aufgefallen waren, hatten ein um das 5,5- bis 20-fache erhöhtes Risiko, straffällig, alkoholabhängig oder in psychiatrischer Behandlung zu sein.

> **!** Einzelne Probleme im Jugendalter beeinträchtigen die weitere Entwicklung kaum. Aber Jugendliche mit vielfältigen Anpassungsproblemen sind ohne eine frühzeitige Intervention in ihrer weiteren Entwicklung stark gefährdet.

17.1.4 Entwicklungsprinzipien und Wendepunkte

Entwicklungsprinzipien

Verschiedene Formen und Aspekte von Benachteiligung beeinflussen die individuelle Entwicklung, und zwar auf der Basis von vier Entwicklungsprinzipien nach Rutter (1994) (vgl. Kap. 13).

(1) **Frühere Erlebnisse und Verhaltensweisen beeinflussen späteres Erleben und Verhalten.** Kinder und Jugendliche, die aufgrund ihrer Herkunft sozial benachteiligt sind, haben bereits frühzeitig weniger Entwicklungschancen als andere Kinder. Daher können sie verschiedene Kompetenzen, die für die alltägli-

che Lebensbewältigung notwendig sind, nicht optimal aufbauen. Diese frühen Defizite wiederum können langfristig in einem geringen Bildungsniveau, einem hohen Risiko, arbeitslos oder delinquent zu werden, resultieren (vgl. Kap. 9 und 13).

(2) **Akzentuierungsprinzip.** Sozial benachteiligte Kinder und Jugendliche unterscheiden sich insbesondere in belastenden Situationen von anderen Gleichaltrigen. Ganz besonders bei großer Belastung fehlen die Ressourcen, um die zusätzlichen Herausforderungen zu bewältigen.

(3) **Stabilisierung des Selbstkonzepts.** Im Laufe des Jugendalters stabilisiert sich das Selbstbild der Jugendlichen. Wenn benachteiligte Jugendliche ein negatives Selbstkonzept entwickelt haben und sich selbst wenig zutrauen, so kann diese Haltung ihre weiteren Anstrengungen zur Bewältigung der verschiedenen alltäglichen Anforderungen reduzieren (vgl. Kap. 5).

(4) **Umgebungsspezifität der Entwicklung.** Dennoch bedeutet soziale Benachteiligung keinesfalls, dass diese Kinder und Jugendlichen ab einem bestimmten Alter keine Chance mehr auf eine positive Veränderung ihrer Entwicklung haben. Da die Entwicklung durch die jeweilige Umgebung beeinflusst wird, können Wendepunkterfahrungen auch dann noch positive Wirkungen haben, wenn die Jugendlichen aufgrund ihrer bisherigen Lebenserfahrungen bereits ein stabiles negatives Selbstkonzept aufgebaut haben (vgl. Kap. 13).

Wendepunkte

> **DEFINITION**
>
> **Wendepunkte** holen eine Person aus der bisherigen Umgebung heraus und stellen neue Anforderungen, die diese Person nur bewältigen kann, indem sie neue Verhaltensweisen aufbaut. Wendepunkte sind Ereignisse, welche die Möglichkeiten oder Lebenssituation der Person verändern (Caspi & Moffitt, 1993; Pickles & Rutter, 1991; Rutter, 1996).

Längerer Prozess. Ein Wendepunkt ist nicht ein einzelnes Ereignis, sondern eine Kette von Ereignissen, die dazu führt, dass die Richtung des bisherigen Entwicklungspfades verändert werden kann. Die Person kann einige dieser Situationen selbst auslösen. Wendepunkterfahrungen sind länger anhaltende Prozesse und in der Regel keine dramatischen Veränderungen zu einem bestimmten Zeitpunkt (Pickles & Rutter, 1991). Sie treten besonders häufig im Übergang vom Jugend- zum jungen Erwachsenenalter auf. Entscheidungen für einen bestimmten Beruf oder ein Studium, der Aufbau einer stabilen Partnerschaft oder ein Umzug in eine andere Stadt finden in dieser Lebensphase bei besonders vielen Heranwachsenden statt (Pickles & Rutter, 1991; vgl. Kap. 3).

Individuelle Auswirkungen. Ein und dasselbe Ereignis kann sich bei verschiedenen Menschen durchaus unterschiedlich auswirken – und zwar in Abhängigkeit von der Qualität und dem Zeitpunkt des Ereignisses sowie von den Eigenschaften der betroffenen Person (Pickles & Rutter, 1991). Beispielsweise ist zu vermuten, dass sich eine langfristige partnerschaftliche Bindung bei verschiedenen Menschen unterschiedlich aus-

> **BEISPIEL**
>
> Es gibt den Befund, dass frühentwickelte Mädchen häufiger die Schule abbrechen. Ein direkter Effekt läge dann vor, wenn die Frühentwicklung (als Wendepunkt) den Schulabbruch verursachen würde. Tatsächlich jedoch kommen solche Effekte oft nur indirekt zustande (Pickles & Rutter, 1991). So konnten Magnusson und Mitarbeiter (1986) aufzeigen, dass frühentwickelte Mädchen nur dann mit größerer Wahrscheinlichkeit als andere Mädchen die Schule abbrechen, wenn sie verstärkt Kontakte zu und Freundschaften mit älteren Jugendlichen pflegen. Frühentwickelte Mädchen, die ihre Zeit weiterhin überwiegend mit gleichaltrigen Jugendlichen verbringen, sind in dieser Hinsicht nicht besonders gefährdet (vgl. Kap. 4).

Exkurs: Frühkindliche Interventionsprogramme zur Förderung benachteiligter Kinder

Immer wieder wurde festgestellt, dass gute frühkindliche Entwicklungsbedingungen die weitere Entwicklung positiv beeinflussen bzw. verschiedene Risikofaktoren die zukünftige Entwicklung beeinträchtigen können. Auf dem Hintergrund dieses Wissens wurden in den letzten Jahren verschiedene Programme entwickelt, die bereits in den ersten Lebensjahren oder sogar Lebensmonaten gefährdete Kinder fördern können. Diese Programme sind häufig komplex aufgebaut und werden laufend verbessert (Ramey & Landesman Ramey, 1998). Sie basieren auf zwei Annahmen.

(1) Die Entwicklung des Menschen wird nicht ausschließlich durch seine genetische Veranlagung determiniert. Auch die Umwelt spielt eine gravierende Rolle für die Entwicklung des Kindes (Shore, 1997).

(2) In den frühen Lebensjahren sind die Unterschiede zwischen benachteiligten und anderen Kindern geringer als in späteren Jahren. Daher sind die Defizite bei jüngeren benachteiligten Kindern geringer als bei älteren (Ramey & Landesman Ramey, 1998).

Ziele und Vorgehen. Dementsprechend ist es das Ziel frühkindlicher Interventionsprogramme, Entwicklungsrückstände von benachteiligten Kindern zu verhindern, um dadurch deren intellektuelle Entwicklung, Schulfähigkeit und Schulleistung zu fördern. Da mangelnde Schulleistungen, häufiges Sitzenbleiben oder Sonderschulzuweisungen ihrerseits Risikofaktoren für Teenagerschwangerschaften, Delinquenz und Arbeitslosigkeit darstellen, kann eine frühzeitige Intervention auch die Wahrscheinlichkeit dieser Entwicklungsprobleme reduzieren. In einem ersten Schritt werden stets die individuellen und familiären Stärken und Schwächen analysiert, im zweiten Schritt werden dann möglichst frühzeitig darauf abgestimmte Hilfen bereit gestellt. Diese streben nach Ramey und Landesman Ramey (1998) die Förderung von

sechs Aspekten an, die eine zentrale Rolle für eine optimale Entwicklung spielen.

(1) Förderung des Erkundungsverhalten beim Kind,
(2) Förderung grundlegender kognitiver Kompetenzen,
(3) Förderung sozialer Kompetenzen,
(4) Erkunden von und Freude an neuen Kompetenzen,
(5) Schutz vor unangemessenen Strafen und
(6) Förderung der Kommunikation in der Familie.

Das Abecedarian Programm. Eines dieser Programme ist das Abecedarian Programm von Craig Ramey und Kollegen (z.B. Ramey et al., 1981; Ramey & Campbell, 1991; Ramey et al., 1998). Im Rahmen dieses Programms wird die Entwicklung der Kinder bereits ab einem Alter von sechs Wochen durch verschiedene pädagogische Spiele gefördert. Ziel des Programms ist es, die Intelligenzentwicklung zu fördern und dadurch späteres Schulversagen zu vermeiden. An diesem Programm nahmen 111 Kinder teil, die alle bestimmte Risiken für ihre weitere Entwicklung aufwiesen (z.B. geringes Bildungsniveau der Eltern, ältere Geschwister mit Schulproblemen, geringe Intelligenz der Eltern, schwierige finanzielle Lage). Die Kinder wurden über 15 Jahre begleitet, nur 18 haben das Programm abgebrochen. Die übrigen Kinder verteilten sich gleichmäßig auf eine Kontroll- und eine Trainingsgruppe. Alle Kinder wurden regelmäßig kinderärztlich untersucht, erhielten bei Bedarf eine psychologische Therapie, Beratung und Unterstützung für eine gesunde Ernährung sowie familiäre Unterstützung durch Sozialarbeiter. Mit den Kindern aus der Trainingsgruppe wurden zusätzlich pädagogische Spiele (Starling & Lewis, 1981) gespielt. Es sollte speziell der positive Effekt der pädagogischen Förderung nachgewiesen werden. Dieser sollte über die Wirkung anderer unterstützender Maßnahmen hinausgehen. Außerdem wurde nach dem Schuleintritt der Kinder mit den Eltern von jeweils der Hälfte der Kinder beider Gruppen ein Training durchgeführt. Dieses Training sollte die Eltern in die Lage versetzen, die weitere schulische und intellektuelle Entwicklung ihrer Kinder zu fördern.

Ergebnisse. Die von Ramey und Kollegen berichteten Ergebnisse belegen die Wirkung des Abecedarian Programms in beeindruckender Art und Weise. Die Kinder in der Trainingsgruppe waren den anderen Kindern bereits ab dem zweiten Lebensjahr in der intellektuellen Entwicklung überlegen. Ab einem Alter von

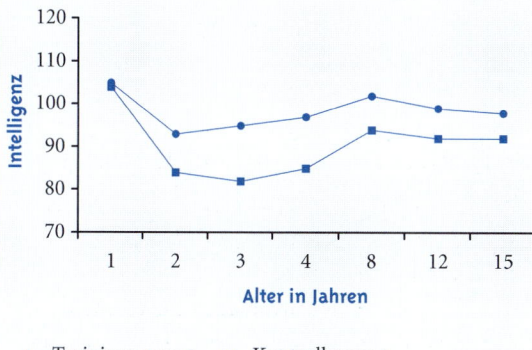

Abbildung 17.1. Intellektuelle Entwicklung der Trainings- und der Kontrollgruppe (nach Ramey et al., 1998). Die Intelligenz wurde im Alter von einem bis vier Jahren mit Hilfe der Bayley-Skalen und dem Stanford-Binet-Test erfasst. Ab einem Alter von acht Jahren wurde der Hamburg-Wechsler-Intelligenztest für Kinder eingesetzt.

acht Jahren konnte die Kontrollgruppe zwar einen Teil dieses Unterschiedes wieder ausgleichen, aber die Überlegenheit der Trainingsgruppe blieb bis zum Alter von 15 Jahren erhalten (vgl. Abb. 17.1). Im Alter von 8–15 Jahren waren auch die Lese- und Mathematikkenntnisse der trainierten Kinder deutlich höher als die Leistungen der Kinder, die im Vorschulalter nicht gefördert wurden. Zudem mussten die Kinder, die am Abecedarian Programm teilgenommen hatten, seltener ein Schuljahr wiederholen oder eine Sonderschule besuchen als die anderen Kinder.

Das Elterntraining, das im Schulalter der Kinder begann, hatte dagegen kaum einen Effekt: Die Intelligenz und Mathematikleistung der Kinder wurde durch dieses Programm nicht gefördert. Es konnte lediglich eine positive Wirkung auf die Leseleistung nachgewiesen werden – allerdings nur bei den Kindern, die auch bereits am Vorschulprogramm teilgenommen hatten.

Fazit. Interventionsprogramme, die bereits in der frühesten Kindheit beginnen, beeinflussen die intellektuelle und schulische Entwicklung von benachteiligten Kindern nachhaltig positiv. Frühe Interventionsprogramme haben eine positivere Wirkung als solche, die erst in den Schuljahren einsetzen. Frühe Interventionen haben positive Effekte bis ins Jugendalter.

wirkt je nach Charakteristika des Partners, Alter bei der Eheschließung und den eigenen sozialen Kompetenzen. Außerdem haben viele Wendepunktereignisse nur auf den ersten Blick direkte Auswirkungen auf das zukünftige Leben. Analysiert man die Zusammenhänge näher, findet man häufig ergänzende Faktoren, welche die Auswirkungen beeinflussen. Somit wirkt sich der Wendepunkt indirekt auf den weiteren Entwicklungverlauf aus.

17.2 Persönlichkeitsentwicklung über die Lebensspanne

Persönlichkeitspsychologie. Entwicklungsmöglichkeiten und Entwicklungsengpässe kann man unter der Perspektive des Individuums mit all seinen Facetten betrachten. Diese Perspektive wird insbesondere in der Persönlichkeitspsychologie vertreten (für einen Überblick: siehe Asendorpf,

1999). Die Persönlichkeitspsychologie beschäftigt sich vorwiegend mit folgenden Fragen:

(1) Wieso ist eine Person genau so, wie sie ist?

(2) Inwiefern ähneln und unterscheiden sich verschiedene Menschen in spezifischen Verhaltens- und Erlebensweisen?

(3) Wieso kämpfen einige Menschen im Verlaufe ihres Lebens immer wieder mit ähnlichen Problemen und zerbrechen mitunter an diesen, während andere Menschen ganz ähnliche Problemlagen als Herausforderung wahrnehmen und dabei sogar neue Fähigkeiten entwickeln?

Der Mensch wird dabei als eine organisierte Ganzheit gesehen.

> **DEFINITION**
>
> **Persönlichkeit** ist die Struktur jener Charakteristika einer Person, die für ein konsistentes Muster bei der Wahrnehmung von Gefühlen, im Denken und Verhalten verantwortlich ist. Persönlichkeit ist das gebündelte Wissen über sich selbst. Es fügt die Wahrnehmung, die Gefühle, das Denken und das Verhalten zusammen und gibt der Person die Gewissheit der Einzigartigkeit und Ganzheit.

In der Frage, wie sich die Persönlichkeit entwickelt und insbesondere, wie es zu unterschiedlichen Ausprägungen in der Persönlichkeitsentwicklung kommt, stehen sich zwei große Theoriefamilien gegenüber. Zum einen die Vertreter der genetischen Determinierung der Persönlichkeit und zum anderen die Vertreter der Umweltdeterminierung. In der Literatur wird die Debatte unter dem Stichwort „Nature – Nurture" besprochen.

17.2.1 Genetische Determinierung der Persönlichkeitsentwicklung

Ausmaß der Determinierung. Die Vertreter der genetischen Determinierung berufen sich häufig darauf, dass die Persönlichkeit ein Erbe der Evolution sei. Der Mensch teile seinen genetischen

Pool zu einem überwiegenden Teil mit demjenigen verwandter Spezies und deshalb gleichen sich beispielsweise soziale Verhaltensweisen, Altruismus, Elternschaft, das Erleben und Zeigen von Gefühlen zwischen den Menschen hochgradig (Buss, 1991). Andere gehen einen Schritt weiter und behaupten, dass genetische Faktoren den Großteil der Persönlichkeit ausmachen (Plomin & Caspi, 1999). Es liegen aber ebenso Belege dafür vor, dass genetische Faktoren nicht für alle Persönlichkeitskonzepte schlechthin eine gleichermaßen zentrale Rolle spielen. So sind genetische Faktoren beispielsweise für Intelligenz und Temperament wichtiger als für Werthaltungen und Zielkonstellationen (Bartels et al., 2002; Tesser, 1993).

Zwillingsstudien. Eine typische Forschungsstrategie für die Untersuchung des genetischen Einflusses auf verschiedene Persönlichkeitsvariablen sind Zwillingsstudien. Bei diesen Studien werden eineiige und zweieiige Zwillinge miteinander verglichen. Während die Gene der eineiigen Zwillinge vollständig identisch sind, beträgt die genetische Ähnlichkeit zweieiiger Zwillinge lediglich 50 %. Wenn die Umwelteinflüsse für beide Gruppen vergleichbar sind und die eineiigen Zwillinge einander in ihrem Verhalten und ihrer Persönlichkeit mehr ähneln als zweieiige Zwillinge, so ist davon auszugehen, dass diese Ähnlichkeit genetisch bedingt ist. In einigen Studien wird zusätzlich versucht, die Stärke des Umwelteinflusses abzuschätzen, indem Zwillinge miteinander verglichen werden, die zusammen oder getrennt voneinander aufgewachsen sind.

Adoptionsstudien. Eine zweite Forschungstradition, um die genetische Determinierung der Persönlichkeit zu untersuchen, sind Adoptionsstudien. Hier werden genetisch verwandte und nicht verwandte Kinder einer Familie miteinander verglichen. Zugrunde liegt die Annahme, dass die Umwelteinflüsse für die verwandten und nicht verwandten Kinder einer Familie vergleichbar sind. Der genetische Einfluss auf ein Merkmal ist besonders groß, wenn die verwandten Geschwister – deren Gene ja zu 50 % übereinstimmen –

einander ähnlicher sind als die nicht verwandten Geschwister.

Intelligenz und Extraversion. Im Rahmen von beiden Forschungsstrategien konnten teilweise beeindruckende Effekte nachgewiesen werden. Unterschiede in der Intelligenz und auch in Persönlichkeitseigenschaften – insbesondere in der Extraversion – sind zu einem großen Teil auf genetische Einflüsse zurückzuführen (Bartels et al., 2002; Rose et al., 1988). Aber es wäre falsch, aus diesen Befunden die Konsequenz zu ziehen, dass die Umwelt in diesen Bereichen keinen Einfluss hat. Die genetische Ausstattung bildet quasi einen Rahmen, innerhalb dessen sich durchaus gravierende Unterschiede zwischen Individuen entwickeln können. Auch eineiige Zwillinge, deren Gene vollständig identisch sind, können durchaus sehr unterschiedliche Lebensläufe haben. Diese Unterschiede wiederum lassen sich durch die Umwelteinflüsse erklären.

17.2.2 Umweltdeterminierung der Persönlichkeitsentwicklung

Kultur und Schicht. Vertreter der Umweltdeterminierung von Persönlichkeit führen in der Regel die Zugehörigkeit zu einer spezifischen Kultur als eine Ursache von Persönlichkeitsunterschieden an. Mitglieder derselben Kultur teilen spezifische Verhaltensweisen, wogegen sie sich von anderen Kulturen deutlich unterscheiden. In eine ähnliche Richtung weisen die Befunde über die Bedeutung der Zugehörigkeit zu einer bestimmten sozialen Schicht.

Einfluss der Familie. Den wohl wichtigsten Einflussfaktor auf die Entwicklung der Persönlichkeit stellt die Familie dar. Es wird traditionell davon ausgegangen, dass Eltern bestimmte Verhaltensweisen, Einstellungen und Werte an ihre Kinder weitergeben. Die Weitergabe von Persönlichkeitseigenschaften in der Familie kann auf drei Arten erfolgen (Collins et al., 2000).

(1) Eltern führen die Kinder wiederholt in bestimmte Situationen, die ein spezifisches Verhalten auslösen. Beispielsweise kann die Berücksichtigung der Stärken und Schwächen anderer dadurch gefördert werden, dass die Familie miteinander musiziert. Auch wenn die Beteiligten nicht über gleich gute musikalische Fähigkeiten verfügen, freuen sich alle über die gemeinsame Aktivität.

(2) Eltern stellen Rollenmodelle für ihre Kinder dar. Aufgrund der Identifikation mit den Eltern übernehmen die Kinder diese Rollen sowie das Selbstverständnis in diesen Rollen.

(3) Eltern entscheiden, welches Verhalten der Kinder sie belohnen oder bestrafen wollen und geben so ihre Persönlichkeit weiter.

Weitere Einflüsse. Aber wieso entwickeln sich Kinder derselben Familie unterschiedlich? Die Antwort ist darin zu suchen, dass Geschwister von den Eltern nicht unbedingt genau gleich erzogen werden. Außerdem halten sich die Kinder außerhalb der Familie in sehr verschiedenen Umgebungen auf, die wiederum die Persönlichkeit(-sentwicklung) der Kinder beeinflussen. Man denke an die Schule (vgl. Kap. 9), an den Einfluss von Freunden und Freundinnen (vgl. Kap. 7 und 8), Medien oder Freizeitaktivitäten (vgl. Kap. 10). Aber auch die Persönlichkeit des Kindes spielt eine Rolle. Es kommt ebenfalls vor, dass ältere Familiengenerationen etwas von den jüngeren übernehmen. Dies kann konkretes Wissen im Umgang mit neuen Medien sein, aber auch eine durch das Miterleben der Lebensgestaltung der Kinder ermöglichte Offenheit gegenüber neuen Erfahrungen. Insofern ist die Beeinflussung zwischen den Familienmitgliedern wechselseitig (Klewes, 1983; Lerner, 1982, 1986).

17.3 Wichtige Persönlichkeitsfaktoren für Entwicklungspfade

Big Five. In der Persönlichkeitspsychologie werden insbesondere die als „Big Five" bekannten Persönlichkeitsfaktoren berücksichtigt (z.B. McCrae & Costa, 1987, 1999).

(1) Neurotizismus (z.B. „Ich bin schnell beunruhigt."),

(2) Extraversion (z.B. „Ich habe gerne viele Leute um mich herum."),

(3) Offenheit für Erfahrung (z.B. „Ich bin sehr wissbegierig."),

(4) Verträglichkeit (z.B. „Die meisten Menschen, die ich kenne, mögen mich.") und

(5) Gewissenhaftigkeit (z.B. „Ich versuche, alle mir übertragenen Aufgaben sehr gewissenhaft zu erledigen.").

Allerdings werden diese Facetten der Persönlichkeit zumeist bei Erwachsenen untersucht. Persönlichkeitsfaktoren, die bereits im Kindes- und Jugendalter erfasst werden und für die weitere Entwicklung bedeutsam sind, sind Resilienz und Temperament.

17.3.1 Resilienz

Das Konzept der Resilienz (Widerstandsfähigkeit) ist in der Psychologie immer dann bedeutsam, wenn Kinder und Jugendliche Risikofaktoren oder Problemsituationen ausgesetzt sind. Eine bestimmte Gruppe von Jugendlichen zeichnet sich dadurch aus, dass sie trotz ungünstiger Rahmenbedingungen gut mit ihrem Leben zurecht kommt. Diese Kinder und Jugendlichen werden als resilient bezeichnet (Garmezy, 1994). Um das Konzept der Resilienz zu verdeutlichen, werden wir uns mit folgenden Fragestellungen befassen:

(1) Unterscheiden sich resiliente Jugendliche im Umgang mit Alltagsproblemen von anderen Jugendlichen?

(2) Glauben resiliente Jugendliche, sie hätten die Welt und sich selbst besser im Griff als andere Jugendliche?

Begriff. Unter Resilienz versteht man – in Anlehnung an die Physik – die Fähigkeit eines belasteten Organismus, seine ursprüngliche Form nach einer Beeinträchtigung durch äußere Kräfte wiederherzustellen. Während elastische Körper nach einer Außeneinwirkung ihre Ausgangsform wieder einnehmen, bleiben starre Körper entweder deformiert (z.B. der bleibende Lackschaden eines Autos nach dem Streifen eines Garagenpfeilers) oder verlieren ihre Form (z.B. die unzähligen Glasstücke einer zerbrochenen Vase).

DEFINITION

Resilienz bezeichnet in der Psychologie die Fähigkeit eines Menschen, sich von Schicksalsschlägen zu erholen und sich an veränderte Bedingungen anpassen zu können.

Historische Ursprünge. Die Resilienzforschung geht auf Emmy E. Werner und Ruth S. Smith (1982) zurück. Sie beobachteten, dass einige Kinder eine relativ unbeschwerte Kindheit und Jugend durchlebten und sich im Erwachsenenleben gut zurecht fanden, obwohl sie in extremer Armut aufwuchsen und ihre Eltern psychisch krank waren. Die Forscherinnen befragten 688 Jugendliche des Geburtsjahrgangs 1955 über einen Zeitraum von zwanzig Jahren. In dieser Gruppe gab es so genannte Risikokinder, die großem Stress wie Schwierigkeiten im Geburtsverlauf, Familieninstabilität, Armut und geringem Bildungsniveau der Eltern ausgesetzt waren und deren Eltern psychische Probleme aufwiesen. Etwa ein Drittel von ihnen entwickelte sich trotz der negativen Entwicklungsvoraussetzungen zu kompetenten jungen Erwachsenen, die einer regelmäßigen Arbeit nachgingen, gut bezahlt wurden, die Zukunft positiv sahen und insgesamt psychisch und physisch gesund waren. Diese Kinder wurden als unbesiegbar – oder resilient – bezeichnet.

Merkmale resilienter Kinder
Persönliche Faktoren und Umweltressourcen. Resiliente Kinder zeichnen sich durch Schutzfaktoren aus. Diese Faktoren reduzieren die Wahrscheinlichkeit einer negativen Entwicklung und psychischen Erkrankung in Folge von stressreichen Lebensereignissen. Als Schutzfaktoren werden in der Regel Umweltressourcen und persönliche Faktoren unterschieden.

Umweltressourcen

▸ soziale Unterstützung,

▸ enge Freundschaften und

▸ positives Erziehungsklima in der Familie, in dem die Interaktionen mit den Eltern überwiegend positiv bewertet werden, die Eltern ihren Kindern ausreichend Aufmerksamkeit schenken und die Kinder eine sichere Bindung an ihre Bezugspersonen aufbauen konnten (Werner, 1992; Werner & Smith, 1982).

Persönliche Faktoren

▸ ausgeglichenes Temperament,

▸ hohe Intelligenz,

▸ hoher Selbstwert,

▸ gute Bewältigungsstrategien,

▸ Autonomie und

▸ Fähigkeit, eigene Stärken zu erkennen und auszuschöpfen (Werner & Smith, 1982).

Bewältigungsstrategien. Die Bewältigungsstrategien sind dann als positiv und vielfältig zu bewerten, wenn die Kinder und Jugendlichen problem-, emotions- und ablenkungsorientierte Strategien beherrschen und verwenden (vgl. Kap. 12). Diese Kinder und Jugendlichen zeigen auch dann noch eine positive Entwicklung und ein hohes Wohlbefinden, wenn sie mit mehrfachen Belastungen konfrontiert werden. Resiliente Kinder können ihre eigenen Gedanken und Gefühle besser beeinflussen als andere belastete Kinder (Grob, 1997).

Resiliente, unter- und überkontrollierte Kinder. In der Münchener Längsschnittstudie wurden Kinder auf der Basis ihrer Persönlichkeitseigenschaften einer von drei Kategorien zugeordnet: resilient, unterkontrolliert und überkontrolliert (Asendorpf & van Aken, 1999). Resiliente Kinder waren selbstsicher, ausdrucksstark, energisch, aufmerksam, geschickt und neugierig. Unterkontrollierte Kinder dagegen wurden als impulsiv, selbstbezogen, lebhaft und unruhig beschrieben. Sie hatten Probleme bei der Akzep-

tanz von Grenzen und neigten dazu, bei Konflikten die Schuld auf andere zu schieben. Überkontrollierte Kinder waren sensibel, schüchtern, warmherzig, kooperativ, abhängig, rücksichtsvoll, hilfsbereit, gehorsam und vernünftig (vgl. auch Robins et al., 1996). Etwa die Hälfte der untersuchten Kinder wurden von den Autoren als resilient, jedes fünfte Kind als überkontrolliert und rund 30 % als unterkontrolliert klassifiziert.

Die Entwicklungsläufe der Kinder waren sehr unterschiedlich. Resiliente Kinder zeigten durchgängig besonders gute Schulleistungen und eine hohe Intelligenz. Insgesamt war ihr Entwicklungsverlauf unauffällig und angepasst. Die Schulleistungen und Intelligenzwerte der unterkontrollierten Kinder waren am geringsten von allen Gruppen. Außerdem wurden sie als besonders aggressiv beschrieben. Überkontrollierte Kinder waren erwartungsgemäß auch im Jugendalter eher schüchtern. Auffällig war die negative Entwicklung ihrer Schulleistungen und Intelligenz. Während ihre Leistungen im Kindesalter kaum schlechter waren als die der resilienten Kinder, sanken sie bis zum Beginn des Jugendalters deutlich ab – blieben den unterkontrollierten Kindern jedoch weiterhin überlegen (Asendorpf & van Aken, 1999).

> **!** Resilienz ist ein umfassendes Konzept, das verschiedene persönliche Faktoren und Umweltressourcen berücksichtigt.

17.3.2 Temperament

Stabil oder veränderbar? Ein in der Literatur wiederholt nachgewiesener wichtiger Einflussfaktor auf die Persönlichkeitsentwicklung ist das Temperament der Kinder. Als ein zentrales Element des Temperaments wurde zunächst die ab dem Neugeborenenalter – zumindest teilweise auch biologisch begründete – Stabilität betrachtet (Buss & Plomin, 1975; Gray, 1981). Später wurde dann herausgestellt, dass das Temperament eines Kindes nicht nur seine Entwicklung in anderen

Bereichen beeinflusst, sondern sich im Verlauf der Kindheit und Jugend selbst entwickeln kann (Goldsmith, 1996; Rothbart & Derryberry, 1981). Die Forschung bestätigt insgesamt, dass verschiedene Temperamentsmerkmale zwar sehr stabil sind, aber dennoch deutlichen Spielraum für Entwicklungsveränderungen offen lassen (Pedlow et al., 1993).

Temperamentsmerkmale. Rothbart und Bates (1998) unterscheiden vier verschiedene Merkmalsbereiche des Temperaments, die bereits bei Neugeborenen beobachtet werden können.

(1) Sensitivität gegenüber Reizen, d.h. Irritierbarkeit durch äußere Einflüsse sowie Möglichkeiten der Selbstberuhigung,

(2) positive Affekte im Gegensatz zu Schüchternheit und Gehemmtheit, d.h. Neugier und Interesse sowie eine positive Grundstimmung im Gegensatz zu Ängstlichkeit und Vermeidung,

(3) Aktivierungsniveau, d.h. Ausmaß an Aktivität und

(4) Aufmerksamkeit und Selbstregulation.

Mit diesen Temperamentsmerkmalen kommt ein Kind auf die Welt. Die Merkmale können die weitere Entwicklung des Kindes auf unterschiedliche Arten beeinflussen.

▶ **Direkte Einflüsse.** Die einzelnen Aspekte des Temperaments (z.B. Sensitivität gegenüber Reizen) wirken sich direkt auf die spätere Entwicklung (z.B. Ängstlichkeit im Grundschulalter) aus.

▶ **Indirekte Einflüsse.** Das Temperament beeinflusst, in welche Umgebung sich ein Kind begibt und wie die Bezugspersonen auf das Kind reagieren. Die soziale Umwelt ihrerseits beeinflusst die weitere Entwicklung des Kindes.

▶ **„Auffangen" negativer Umwelteinflüsse.** Ist das Kind in seiner sozialen Umwelt bestimmten Risikofaktoren ausgesetzt, kann ein ausgeglichenes Temperament deren negative Effekte reduzieren oder verhindern.

▶ **Zusammenspiel verschiedener Temperamentsmerkmale.** Eine Temperamentseigenschaft

schützt vor den möglichen negativen Konsequenzen einer anderen Temperamentseigenschaft. Beispielsweise wird ein impulsives Kind mit hoher Wahrscheinlichkeit nicht aggressiv, wenn es zusätzlich ängstlich ist.

Die drei letztgenannten Varianten sind empirisch kaum untersucht worden (Rothbart & Bates, 1998), so dass wir die direkten Effekte des Temperaments auf die weitere Entwicklung betrachten.

Sensitivität gegenüber Reizen. Die Sensitivität gegenüber Reizen oder Irritierbarkeit unterliegt in den ersten eineinhalb Lebensjahren starken Veränderungen. Danach jedoch bleibt sie vergleichsweise stabil (Riese, 1987). Dennoch lassen sich bereits im Verlauf des ersten Lebensjahres Effekte der Irritierbarkeit der Neugeborenen nachweisen. Neugeborene, die auf neue Reize besonders intensiv reagierten und sich nur schwer wieder beruhigen konnten, zeigten im Alter von neun Monaten eine vergleichsweise negative Grundstimmung (Matheny et al., 1985). Irritierbare Kleinkinder wiederum sind im Vorschulalter besonders ängstlich, schüchtern und traurig (Rothbart et al., 2000), und irritierbare Vorschulkinder erleben im Jugendalter besonders negative Emotionen (Caspi & Silva, 1995). Insgesamt wirkt sich also die Sensitivität gegenüber Reizen vor allem auf die emotionale Entwicklung aus.

Positive Affekte und Annäherungsverhalten. Diese Merkmale bleiben bereits ab einem Alter von drei Monaten sehr stabil (Rothbart, 1988; Rothbart et al., 2000). Neugierige Kinder, die ein hohes Maß an Annäherungsverhalten zeigen (d.h. die fremde Umgebungen erkunden und auch Kontakt zu fremden Personen suchen) sind im Alter von 18 Jahren zwar besonders impulsiv, aber auch sozial kompetent. Gehemmte Kinder dagegen zeigen auch im Übergang vom Jugend- zum Erwachsenenalter noch Vermeidungsverhalten, besonders wenig Aggression und verfügen über geringe soziale Kompetenzen (Caspi & Silva, 1995). Im Unterschied zu ihren Gleichaltrigen neigen sie als Jugendliche stärker zu internalisierendem Problemverhalten (z.B. Drogenmissbrauch, Depression und Angst; vgl. Kap. 14 und 16) (Biederman et al., 1990). Jugendliche, die als Kinder bereits vielfältige negative Emotionen erlebt und ausgedrückt haben, fallen auf durch internalisierendes und externalisierendes Problemverhalten (z.B. Gewalt oder Delinquenz; vgl. Kap. 13) (Bates et al., 1991).

Aktivierungsniveau. Das Aktivierungsniveau der Kinder verändert sich im ersten Lebensjahr noch deutlich, bleibt danach jedoch relativ stabil (Buss & Plomin, 1975). Im Schulalter sind die Kinder, die im Kleinkindalter durch ein hohes Aktivierungsniveau aufgefallen sind, noch immer aktiver als andere Gleichaltrige und sind außerdem besonders extravertiert und gesellig (Rothbart et al., 2000).

Aufmerksamkeit und Selbstregulation. Beide Merkmale weisen im ersten Lebensjahr noch starke Schwankungen auf (Rothbart et al., 1994). Eine mangelhafte Selbstregulation im Säuglingsalter erhöht – insbesondere bei irritierbaren Kindern – das Risiko von negativen Emotionen (Caspi & Silva, 1995) und externalisierendem Problemverhalten im Jugendalter (Caspi et al., 1995).

Temperamentskonstellationen

Dimensionen des Temperaments. In den 1950er-Jahren begann die Forschungsarbeit von Alexander Thomas und Stella Chess (1977), die 141 Kinder in verschiedene Temperamentstypen einteilten und deren Entwicklung bis zum Alter von 17 Jahren verfolgten. Mit Hilfe von Elterninterviews wurden bereits für die neugeborenen Kinder deren Aktivität, Regelmäßigkeit der biologischen Funktionen, Anpassungsfähigkeit, Annäherung versus Rückzug bei neuen Reizen, sensorische Empfindlichkeit, Reaktionsintensität, Stimmungslage, Ablenkbarkeit und Aufmerksamkeit erfasst. Diese einzelnen Facetten des kindlichen Temperaments werden auch heute noch als geläufige Dimensionen dieses Konzepts betrachtet (Rothbart & Bates, 1998).

Temperamentstypen. Auf der Basis der Elterninterviews teilten die Forscher zwei Drittel der Kinder einer von drei Kategorien zu: einfaches,

schwieriges und langsam auftauendes Temperament. Die übrigen Kinder ließen sich aufgrund ihrer individuellen Muster keiner dieser Gruppen zuordnen und konnten auch nicht zu einer weiteren Gruppe zusammengefasst werden.

▶ **Einfaches Temperament.** Die Mehrheit der Kinder (40 %) hatte ein einfaches Temperament. Ihre biologischen Funktionen waren regelmäßig, neuen Reizen näherten sie sich neugierig, sie konnten sich an Veränderungen anpassen und ihre Stimmungslage wurde als überwiegend positiv beschrieben.

▶ **Schwieriges Temperament.** Das Temperament von jedem zehnten Kind in der Studie wurde als schwierig eingestuft. Die biologischen Funktionen dieser Kinder waren unregelmäßig, vor neuen Reizen zogen sie sich zurück, sie konnten sich nur schlecht an Veränderungen anpassen und ihre Stimmung war häufig negativ. Die Eltern berichteten, dass sie mit ihren Kindern bereits im Säuglingsalter zahlreiche Schwierigkeiten hatten und 71 % dieser Kinder entwickelten bis zum 17. Lebensjahr eine psychische Störung.

▶ **Langsam auftauendes Temperament.** 15 % der Kinder wurden der Gruppe mit einem langsam auftauenden Temperament zugeordnet. Ihre biologischen Funktionen waren regelmäßig. Vor neuen Reizen zogen sie sich zunächst zurück, näherten sich ihnen jedoch bei wiederholtem Kontakt zögerlich. Diese Kinder zeigten gemäßigte positive und negative Reaktionen und hatten insbesondere dann Schwierigkeiten, wenn von ihnen eine rasche Anpassung an eine neue Umgebung erwartet wurde (z.B. beim Schuleintritt). Die Hälfte der Kinder dieser Gruppe entwickelte später eine psychische Störung.

Dunedin Study. Eine neuere Längsschnittstudie, die sich mit verschiedenen Temperamentskonstellationen und der Entwicklung der Kinder mit unterschiedlichem Temperament beschäftigt, ist die Dunedin Study. Im Rahmen dieser Studie wurden Kinder, die Anfang der 1970er-Jahre geboren wurden, ab einem Alter von drei Jahren wiederholt untersucht (für eine Übersicht: s. Silva & Stanton, 1996).

Temperamentstypen. Neben physiologischen Informationen wurden Daten aus psychologischen Tests und psychiatrischen Interviews gewonnen. Die Einteilung der dreijährigen Kinder in drei Temperamentstypen wurde auf der Basis einer systematischen Verhaltensbeobachtung vorgenommen. Dabei kristallisierten sich drei Typen von Kindern heraus.

▶ **Angepasster Typ.** Diese Kinder verfügten über eine angemessene Selbstkontrolle, waren selbstbewusst und kompetent im Umgang mit fremden Menschen.

▶ **Unterkontrollierter Typ.** Diese Kinder waren impulsiv, ruhelos und durch negative und stark schwankende Gefühle zu charakterisieren.

▶ **Gehemmter Typ.** Diese Kinder waren schüchtern und schweigsam. Sie konnten durch Fremde leicht aus der Fassung gebracht werden.

Die große Mehrheit der Kinder wurde als angepasst klassifiziert (405 Kinder), während vergleichsweise wenig Kinder als unterkontrolliert (106 Kinder) oder gehemmt (80 Kinder) eingeschätzt wurden.

Entwicklungspfade. Während die Entwicklung der angepassten Kinder weiterhin positiv verlief, fielen die unterkontrollierten Kinder im Jugendalter vermehrt durch externalisierendes Problemverhalten (z.B. Delinquenz, Aggressivität) auf. Im Erwachsenenalter waren die ehemals unterkontrollierten Kinder häufiger als alle anderen von starken familiären Konflikten, Arbeitslosigkeit und Drogenabhängigkeit betroffen und häufiger in kriminelle Aktivitäten verwickelt. Sie begingen mehr Selbstmordversuche als die ehemals angepassten Kinder. Die gehemmten Kinder fielen im Jugendalter besonders häufig durch internalisierende Probleme (z.B. Angst, Depression) auf. Sie litten außerdem auch im Erwachsenenalter häufiger unter Depressionen als die anderen Gruppen, begingen mehr Selbstmordversuche als die ehemals angepassten Kinder und nahmen bei Proble-

men weniger soziale Unterstützung wahr (Caspi, 2000).

Das Konzept der Passung

Passung Umwelt – Individuum. Die Ursache, dass sich psychische Störungen bei Kindern mit problematischen Temperamentskonstellationen häufen, liegt jedoch nicht ausschließlich auf der Seite des Kindes. Vielmehr ist die Passung zwischen den Eigenschaften, Erwartungen und Anforderungen der Umwelt einerseits und den Möglichkeiten, Fähigkeiten und Verhaltensstilen des Individuums andererseits bedeutsam. Eine gute Passung zwischen Umwelt und Individuum ermöglicht eine optimale, positiv fortschreitende Entwicklung, eine schlechte Passung resultiert in einer gestörten Entwicklung (Thomas & Chess, 1977).

Verbessern der Passung. Um die Passung zwischen Umwelt und Kind bei Kindern mit einem schwierigen Temperament zu verbessern, haben sich Elternberatungen bewährt. Dabei werden die Eltern über Temperamentsunterschiede und die Idee der Passung informiert. So lernen die Eltern, dass eigene negative Reaktionen auf das Kind dessen Verhalten aufrecht erhalten oder sogar verstärken können. Die Eltern besonders aktiver und reizbarer Säuglinge profitieren von dieser Beratung und entwickeln ein besseres Verständnis für das Verhalten ihres Kindes. Sie akzeptieren ihr Kind, fühlen sich in ihrer Rolle als Erzieher selbstsicherer und kompetenter und haben eine bessere Beziehung zu ihrem Kind als die Eltern anderer Kinder mit schwierigem Temperament (Rosen et al., 1996).

Fazit

Welche Schlussfolgerungen können wir ziehen? Negative Startbedingungen müssen nicht zwangsweise auch zu einer negativen Entwicklung führen. Auch benachteiligte Kinder und Jugendliche können sich zu kompetenten und erfolgreichen Erwachsenen entwickeln, und zwar durch den Aufbau von persönlichen Schutzfaktoren (ausgeglichenes Temperament, hohe Intelligenz, positives Selbstwertgefühl, gute und vielfältige Bewältigungsstrategien, Autonomie sowie die Fähigkeit, eigene Stärken zu nutzen) und die Ausschöpfung von Umweltressourcen (soziale Unterstützung, enge Freundschaften und ein positives Familienklima).

Temperamentsmerkmale des Kindes lösen bestimmte Reaktionen bei anderen Personen aus, die psychische Probleme fördern oder verhindern können (Quinton et al., 1993). So kann beispielsweise eine vergleichsweise strenge elterliche Kontrolle von Kindern mit schwierigem Temperament die Entwicklung externalisierender Probleme deutlich reduzieren (Bates et al., 1998). Außerdem unterstützt eine hohe Responsivität der Mutter – d.h. eine umfassende Wahrnehmung, korrekte Interpretation und schnelle und angemessene Reaktion auf das Verhalten des Säuglings oder Kleinkindes – eine positive Entwicklung des Kindes. Diese Faktoren spielen insbesondere dann eine Rolle, wenn sich familiäre Risikofaktoren häufen (z.B. geringes Einkommen und Bildungsniveau, psychische Erkrankungen oder Suchtverhalten in der Familie) (Wakschlag & Hans, 1999). Die Persönlichkeitsentwicklung des Kindes wird also nicht nur durch dessen Temperament und Resilienz, sondern ebenso durch Umweltmerkmale beeinflusst.

Zusammenfassung

▶ Im psychologischen Sinne ist soziale Benachteiligung als Mangel an Entwicklungsmöglichkeiten zu betrachten, der den Lebenslauf beeinträchtigen kann.
▶ Die individuelle Entwicklung wird durch verschiedene Risiko- und Schutzfaktoren beeinflusst.
▶ Wendepunkte ermöglichen eine gravierende Veränderung im Lebenslauf.
▶ Die Persönlichkeit eines Menschen wird durch genetische Faktoren und Umweltmerkmale beeinflusst.
▶ Resiliente Kinder entwickeln sich trotz vielfältiger Belastungen positiv.
▶ Eine gute Passung zwischen dem Temperament eines Kindes und den Anforderungen der Umwelt fördert eine gesunde Entwicklung.

Weiterführende Literatur

Crane, J. (1998). Social programs that work. New York: Russell Sage.
Dieses Buch bietet einen verständlichen Überblick über verschiedene erfolgreiche Präventions- und Interventionsstrategien für Kinder und Jugendliche.
Rutter, M. & Hay, D. (1994). Development through life. London: Blackwell.
Dieses Buch bietet einen Einblick in das Konzept der (Persönlichkeits-)Entwicklung über die Lebensspanne.

Literatur

Adamson, L., Hartman, S.G. & Lyxell, B. (1999). Adolescent identity – a qualitative approach: Self-concept, existential questions and adult contacts. Scandinavian Journal of Psychology, 40, 21–31.

Agrawal, K.L. & Pande, S.K. (1997). Influence of parental encouragement on educational achievement of students. Indian Journal of Psychometry and Education, 28, 59–661.

Albrecht, G. & Howe, C.W. (1992). Soziale Schicht und Delinquenz: Verwischte Spuren oder falsche Fährte? Kölner Zeitschrift für Soziologie und Sozialpsychologie, 44, 697–730.

Alsaker, F.D. (1992). Pubertal timing, overweight, and psychosocial adjustment. Journal of Early Adolescence, 12, 396–419.

Alsaker, F.D. (2000). The development of a depressive personality orientation: The role of the individual. In W.J. Perrig & A. Grob (Eds.), Control of human behaviour, mental processes and consciousness (pp. 345–359). Hillsdale: Lawrence Erlbaum.

Alsaker, F.D. & Flammer, A. (1999). Time use by adolescents in an international perspective. II: The case of necessary activities. In F.D. Alsaker, A. Flammer & Euronet (Eds.), The adolescent experience. European and American adolescents in the 1990s (pp. 61–83). Mahwah: Lawrence Erlbaum.

Alsaker, F.D. & Olweus, D. (2002). Stability and change in global self-esteem and self-related affect. In T.M. Brinthaupt & R.P. Lipka (Eds.), Understanding early adolescent self and identity: Applications and interventions (pp. 193–223). Albany: State University of New York Press.

Amato, P.R. (1993). Children's adjustment after divorce: Theories, hypotheses, and empirical support. Journal of Marriage and the Family, 55, 23–38.

Amato, P.R. & Booth, A. (1996). A prospective study of divorce and parent-child relationships. Journal of Marriage and the Family, 58, 356–365.

Aquilino, W.S. (2002). From adolescent to young adult: A prospective study of parent-child relations during the transition to adulthood. Journal of Marriage and the Family, 59, 670–686.

Aquilino, W.S. & Supple, A.J. (2001). Long-term effects of parenting practices during adolescence on well-being outcomes in young adulthood. Journal of Family Issues, 22, 289–308.

Archer, S.L. (1993). Identity status in early and middle adolescents: Scoring criteria. In J.E. Marcia, A.S. Waterman, D.R. Matteson, S.L. Archer & J.L. Orlofsky (Eds.), Ego identity. A handbook for psychosocial research (pp. 177–204). New York: Springer.

Ariès, P. (1975). Geschichte der Kindheit. München: Carl Hanser Verlag.

Arnett, J. (1992). Reckless behavior in adolescence: A developmental perspective. Developmental Review, 12, 339–373.

Asendorpf, J. (1999). Psychologie der Persönlichkeit. Berlin: Springer.

Asendorpf, J. & van Aken, M.A.G. (1999). Resilient, overcontrolled, and undercontrolled personality prototypes in childhood: Replicability, predictive power, and the trait-type issue. Journal of Personality and Social Psychology, 77, 815–832.

Aunola, K., Stattin, H. & Nurmi, J.E. (2000). Parenting styles and adolescents' achievement strategies. Journal of Adolescence, 23, 205–222.

Baacke, D. (1994). Die 13- bis 18-jährigen. Weinheim: Beltz.

Baacke, D. (1999). Jugend und Jugendkulturen: Darstellung und Deutung. Weinheim: Juventa.

Bagwell, C.L., Coie, J.D., Terry, R.A. & Lochman, J.E. (2000). Peer clique participation and social status in preadolescence. Merril-Palmer Quarterly, 46, 280–305.

Baltes, P.B. (1979). Life-span developmental psychology: Some converging observations on history and theory. In P.B. Baltes, O.G. Brim (Eds.), Life-span development and behavior (pp. 256–279). New York: Academic Press.

Baltes, P.B. (1983). Life-span development psychology: Observations on history and theory revisited. In R.M. Lerner (Ed.), Developmental psychology: Historical and philosophical perspectives (pp. 79–111). Hillsdale: Lawrence Erlbaum.

Baltes, P.B. (1990). Entwicklungspsychologie der Lebensspanne: Theoretische Leitsätze. Psychologische Rundschau, 41, 1–24.

Barber, B.K. & Olsen, J.A. (1997). Socialization in context: Connection, regulation, and autonomy in the family, school, and neighborhood, and with peers. Journal of Adolescent Research, 12, 287–315.

Barber, B.K., Olsen, J.A. & Shagle, S. (1994). Associations between parental psychological and behavioral control and youth internalized and externalized behaviors. Child Development, 65, 1120–1136.

Barker, R.G. (1968). Ecological psychology: Concepts and methods for studying the environment of human behavior. Stanford, CA: Stanford University Press.

Barnett, A., Blumstein, A. & Farrington, D.P. (1989). A prospective test of a criminal career model. Criminology, 27, 373–388.

Bartels, M., Rietveld, M.J.H., van Baal, G.C.M. & Boomsma, D.I. (2002). Genetic and environmental influences on the development of intelligence. Behavior Genetics, 32, 237–249.

Bartle, L.P. & Malkin, M.J. (2000). The motivation to move. Parks and Recreation, 18, 28–36.

Bartle-Haring, S. (1997). The relationships among parent-adolescent differentiation, sex role orientation and identity development in late adolescence and early adulthood. Journal of Adolescence, 20, 553–565.

Bates, J.E., Bayles, K., Bennet, D.S., Ridge, B. & Brown, M.M. (1991). Origins of externalizing behavior problems at eight years of age. In D. Pepler & K. Rubin (Eds.), Development and treatment of childhood aggression (pp. 93–120). Hillsdale: Lawrence Erlbaum.

Bates, J.E., Pettit, G., Dodge, K. & Ridge, B. (1998). Interaction of temperamental resistance to control and restrictive parenting in the development of externalizing behavior. Developmental Psychology, 34, 982–995.

Baumeister, R.F. & Muraven, M. (1996). Identity as an adaptation to social, cultural, and historical context. Journal of Adolescence, 19, 405–416.

Baumrind, D. (1991). Parenting styles and adolescent development. In R.M. Lerner, A.C. Petersen, J. Brooks-Gunn (Eds.), Encyclopedia of adolescence, Vol. 2 (pp. 746–758). New York: Garland.

Bayley, N. (1949). Consistency and variability in the growth of intelligence from birth to 18 years. Journal of Genetic Psychology, 75, 165–196.

Bayley, N. (1969). Bayley Scales of Infant Development. New York: The Psychological Corporation.

Becker, M.H. (1974). The health belief model and personal health behavior. Health Education Monograph, 2, 324–508.

Beck-Gernsheim, E. (1990). The changing duties of parents: From education to bio-engineering? International Social Science Journal, 42, 451–463.

Bell, S. & Coleman, S. (1999). The anthropology of friendship: Enduring themes and future possibilities. In S. Bell & S. Coleman (Eds.), The anthropology of friendship (pp. 1–19). Oxford: Berg.

Benson, P.L., Sharma, A.R. & Roehlkepartain, E.C. (1994). Growing up adopted: A portrait of adolescents and their families. Minneapolis: Search Institute.

Berger, R.P., Grob, A. & Flammer, A. (1999). Gender-role orientation and social expectations regarding female adolescents' coping with developmental tasks. Swiss Journal of Psychology, 58, 273–286.

Berndt, T.J., Hawkins, J.A. & Jiao, Z. (1999). Influences of friends and friendships on adjustment to Junior High School. Merrill-Palmer Quarterly, 45, 13–41.

Berndt, T.J. & Perry, T.B. (1990). Distinctive features and effects of early adolescent friendships. In R. Montemayor, G.R. Adams & T.P. Gullotta (Eds.), From childhood to adolescence. A transitional period? (pp. 269–287). Newbury Park: Sage.

Berndt, T.J. & Savin-Williams, R.C. (1993). Peer relations and friendships. In P.H. Tolan & A.K. Cohen (Eds.), Handbook of clinical research and practice with adolescents (pp. 203–220). New York: John Wiley & Sons.

Berry, J.W. (1991). Refugee adaptation in settlement countries: An overview with an emphasis on primary prevention. In F.L. Ahearn & J.L. Athey (Eds.), Refugee children: Theory, research, and services (pp. 20–38). Baltimore: John Hopkins University Press.

Berzonsky, M.D. (1993). A constructivist view of identity development: People as postpositivist self-theorists. In J. Kroger (Ed.), Discussions on ego identity (pp. 169–203). New Jersey: Lawrence Erlbaum.

Beyers, W. & Goossens, L. (1999). Emotional autonomy, psychosocial adjustment and parenting: Interactions, moderating and mediating effects. Journal of Adolescence, 22, 753–769.

Biederman, J., Rosenbaum, J.F., Hirshfeld, D.R., Faraone, S.V., Bolduc, E.A., Gersten, M., Meminger, S.R., Kagan, J., Snidman, N. & Reznick, S. (1990). Psychiatric correlates of behavioral inhibition in young children of parents with and without psychiatric disorders. Archives of General Psychiatry, 47, 21–26.

Binet, A. & Simon, T. (1907). La mesure du developement de l'intelligence chez les jeunes enfants. Paris: Colin.

Birbaumer, N. & Schmidt, R.F. (1999). Biologische Psychologie. Berlin: Springer.

Björkqvist, K., Lagerspetz, K.M.J. & Kaukiainen, A. (1992). Do girls manipulate and boys fight? Developmental trends in regard to direct and indirect aggression. Aggressive Behavior, 18, 117–127.

Blau, J.R. & Blau, P.M. (1982). The cost of inequality: Metropolitan structure and violent crime. American Sociological Review, 47, 114–129.

Blumstein, A. & Cohen, J. (1987). Characterizing criminal careers. Science, 237, 985–991.

Bodmer, N. (1997). Befindlichkeit Jugendlicher aus verschiedenen Familienstrukturen in der Schweiz. In A. Grob (Hrsg.), Kinder und Jugendliche heute: belastet – überlastet? (S. 91–110). Chur: Rüegger.

Bodmer Grob, N.M. (2001). Psychosoziales Befinden und Ressourcen-Nutzung Jugendlicher verschiedener Familientypen. Bern: Inaugural Dissertation der Universität Bern.

Bogenschneider, K. (1997). Parental involvement in adolescent schooling: A proximal process with transcontextual validity. Journal of Marriage and the Family, 59, 718–733.

Borer, K. (1999). Alkoholkonsum als Belastungsfaktor im Kindes- und Jugendalter. Bern: Unveröffentlichte Lizentiatsarbeit.

Borke, H. (1975). Piaget's mountains revisited: Changes in the egocentric landscape. Developmental Psychology, 11, 240–243.

Bosma, H.A. (1992). Identity in adolescence: Managing commitments. In G.R. Adams, T.P. Gullotta & R. Montemayor (Eds.), Adolescent identity formation. Advances in adolescent development (Vol. 4, pp. 91–121). Thousand Oaks: Sage.

Botvin, G.J. (1983). Life skills training: Teachers manual. New York: Smithfield Press.

Botvin, G.J. (1998). Preventing adolescent drug abuse through life skills training: Theory, methods and effectiveness. In J. Crane (Ed.), Social programs that work (pp. 225–257). New York: Russell Sage Foundation.

Botvin, G.J., Baker, E., Dusenbury, L., Tortu, S. & Botvin, E.M. (1990). Preventing adolescent drug abuse through a multimodal cognitive-behavioral approach: Results of a 3-year study. Journal of Consulting and Clinical Psychology, 58, 437–446.

Boveja, M.E. (1998). Parenting styles and adolescents' learning strategies in the urban community. Journal of Multicultural Counseling and Development, 26, 110–119.

Bowker, A., Bukowski, W.M., Hymel, S. & Sippola, L.K. (2000). Coping with daily hassles in the peer group during early adolescence: Variations as a function of peer experience. Journal of Research on Adolescence, 10, 211–243.

Bowlby, J. (1969). Attachment and loss: Vol. I. Attachment. New York: Basic Books.

Boyatzis, C.J., Baloff, P. & Durieux, C. (1998). Effects of perceived attractiveness and academic success on early adolescent peer popularity. The Journal of Genetic Psychology, 159, 337–344.

Brandtstädter, J. (1984). Personal and social control over development: Some implications of an action perspective in life-span developmental psychology. In P.B. Baltes & O.G. Brim (Eds.), Life-span development and behavior (vol. 6; pp. 1–32). New York: Academic Press.

Brandtstädter, J. (1985). Entwicklungsberatung unter dem Aspekt der Lebensspanne: Zum Aufbau eines entwicklungspsychologischen Anwendungskonzeptes. In J. Brandtstädter & H. Gräser (Hrsg.), Entwicklungsberatung unter dem Aspekt der Lebensspanne (S. 1–15). Göttingen: Hogrefe

Brandtstädter, J. & Renner, G. (1990). Tenacious goal pursuit and flexible goal adjustment: Explication and age-related analysis of assimilative and accomodative strategies of coping. Psychology and Aging, 5, 58–67.

Brickenkamp, R. (1997). Handbuch psychologischer und pädagogischer Tests (2. überarb. Aufl.). Göttingen: Hogrefe.

Brodzinsky, D.M., Schechter, D. & Brodzinsky, A.B. (1986). Children's knowledge of adoption. In R.D. Ashmore & D.M. Brodzinsky (Eds.), Thinking about the family: Views of parents and children (pp. 205–232). Hillsdale: Lawrence Erlbaum.

Bronfenbrenner, U. (1979). The ecology of human development: Experiments by nature and by design. Cambridge: Harvard University Press.

Brooks-Gunn, J. & Furstenberg, F.F. (1989). Adolescent sexual behavior. American Psychologist, 44, 249–257.

Brooks-Gunn, J. & Warren, M.P. (1988a). The psychological significance of secondary sexual characteristics in nine- to eleven-year old girls. Child Development, 59, 1061–1069.

Brooks-Gunn, J. & Warren, M.P. (1988b). Mother-daughter differences in menarcheal age in adolescent dancers and nondancers. Annals of Human Biology, 60, 35–43.

Brooks-Gunn, J. & Warren, M.P. (1989). Biological contributions to negative affect in young girls. Child Development, 60, 40–55.

Brown, B.B. (1990). Peer groups and peer culture. In S.S. Feldman & G. Elliott (Eds.), At the threshold: The developing adolescent (pp. 171–196). Cambridge: Cambridge University Press.

Buchanan, C.M., Maccoby, E.E. & Dornbusch, S.N. (1992). Adolescents and their families after divorce: Three residential arrangements compared. Journal of Research on Adolescence, 2, 261–291.

Buddeberg-Fischer, B. (2000). Früherkennung und Prävention von Essstörungen – Essverhalten und Körpererleben von Jugendlichen. Stuttgart: Schattauer.

Bühler, C. & Hetzer, H. (1932). Entwicklungstests vom 1. bis 6. Lebensjahr. Leipzig: Barth.

Bühler, C. & Hetzer, H. (1961). Kleinkindertests. München: Barth.

Buhrmester, D. & Furman, W. (1987). The development of companionship and intimacy. Child Development, 58, 1101–1113.

Bulcroft, R. (1991). The value of physical change in adolescence: Consequences for the parent-adolescent exchange relationship. Journal of Youth and Adolescence, 20, 89–105.

Bundesministerium für Bildung und Forschung (2001). Grund- und Strukturdaten 2000/2001. Bonn: BMBF Publik.

Literatur

Bundeszentrale für gesundheitliche Aufklärung (2001). Die Drogenaffinität Jugendlicher in der Bundesrepublik Deutschland 2001. Köln: Bundeszentrale für gesundheitliche Aufklärung.

Buss, A.H. & Plomin, R. (1975). A temperament theory of personality development. New York. Wiley.

Buss, D.M. (1991). Evolutionary personality psychology. Annual Review of Psychology. 42, 459–491.

Buss, D.M. & Schmitt, D.P. (1993). Sexual Strategies Theory: An evolutionary perspective on human mating. Psychological Review, 100, 204–232.

Butz, P. & Boehnke, K. (1999). Problemverhalten im Kontext familiärer Veränderung durch Trennung und neue Partnerschaft der Eltern. In S. Walper & B. Schwarz (Hrsg.), Was wird aus den Kindern? Chancen und Risiken für die Entwicklung von Kindern aus Trennungs- und Stieffamilien (S. 171–189). Weinheim: Juventa.

Caffery, T. & Erdman, P. (2000). Conceptualizing parent-adolescent conflict: Applications from systems and attachment theories. The Family Journal: Counseling and Therapy for Couples and Families, 8, 14–21.

Cameron, J. & Pierce, W.D. (1994). Reinforcement, reward, and intrinsic motivation: A meta-analysis. Review of Educational Research, 64, 363–423.

Cameron, J. & Pierce, W.D. (1996). The debate about rewards and intrinsic motivation: Protests and accusations do not alter results. Review of Educational Research, 66, 39–51.

Campbell, A. (1995). Zornige Frauen, wütende Männer. Wie das Geschlecht unser Aggressionsverhalten beeinflusst. Frankfurt am Main: Fischer.

Campbell, E. & Jones, E. (1994). Psychological well-being in wheelchair sport participants and nonparticipants. Adapted Physical Activity Quarterly, 11, 404–415.

Caplan, G. (1964). Principles of preventive psychiatry. New York: Basic Books.

Caspi, A. (2000). The child is the father of the man: Personality continuities from childhood to adulthood. Journal of Personality and Social Psychology, 78, 158–172.

Caspi, A., Elder, G.H. & Herbener, E.S. (1990). Childhood personality and the prediction of life-course patterns. In N.S. Robins & M. Rutter (Eds.), Straight and devious pathways from childhood to adulthood (pp. 13–35). New York: Cambridge University Press.

Caspi, A., Henry, B., McGee, R.O., Moffitt, T.E. & Silva, P.A. (1995). Temperamental origins of child and adolescent behavior problems: From age three to age fifteen. Child Development, 66, 55–68.

Caspi, A. & Moffitt, T.E. (1991). Individual differences are accentuated during periods of change: The sample case of girls at puberty. Journal of Personality and Social Psychology, 61, 157–168.

Caspi, A. & Moffitt, T.E. (1993). When do individual differences matter? A paradoxical theory of personality. Psychological Inquiry, 4, 247–271.

Caspi, A. & Silva, P.A. (1995). Temperamental qualities at age three predict personality traits in young adulthood: Longitudinal evidence from a birth cohort. Child Development, 66, 486–498.

Centers, R. (1975). Sexual attraction and love: An instrumental theory. Springfield: C.C. Thomas.

Cicchetti, D. & Toth, S.L. (1998). The development of depression in children and adolescents. American Psychologist, 53, 221–241.

Cloward, R.A. & Ohlin, L.E. (1960). Delinquency and opportunity: A theory of delinquent gangs. Glencoe: Free Press.

Cohane, G.H. & Pope Jr, H.G. (2001). Body image in boys: A review of the literature. International Journal of Eating Disorders, 29, 373–379.

Colarossi, L.G. & Eccles, J.S. (2000). A prospective study of adolescents' peer support: Gender differences and the influence of parental relationships. Journal of Youth and Adolescence, 29, 661–678.

Collins, W.A., Maccoby, E.E., Steinberg, L., Hetherington, E.M. & Bornstein, M.H. (2000). Contemporary research on parenting: The case for nature and nurture. American Psychologist, 55, 218–232.

Compas, B.E., Connor, J.K. & Hinden, B.R. (1998). New perspectives on depression during adolescence. In R. Jessor (Ed.), New perspectives on adolescent risk behavior (pp. 319–362). Cambridge: Cambridge University Press.

Cooley, C.H. (1902). Human nature and the social order. New York: Charles Scribner's Sons.

Cornilßen, W. (2002). Freizeit – freie Zeit für junge Frauen und Männer? In W. Cornilßen, M. Gille, H. Knothe, P. Meier, H. Queisser & M. Stürzer (Hrsg.), Junge Frauen – junge Männer. Daten zur Lebensführung und Chancengleichheit. Eine sekundäranalytische Auswertung (S. 135–204). Opladen: Leske + Budrich.

Cortines, R.C. (1996). The New York City Board of Education and violence prevention. In A.M. Hoffman (Ed.), Schools, violence, and society (pp. 265–273). Westport: Praeger.

Côté, J.E. & Levine, C.G. (2000). Attitude versus aptitude: Is intelligence or motivation more important for positive higher-educational outcomes? Journal of Adolescent Research, 15, 58–80.

Cotterell, J. (1996). Social networks and social influences in adolescence. London: Routledge.

Covington, M.V. (1999). Caring about learning: The nature and nurturing of subject-matter appreciation. Educational Psychologist, 34, 127–136.

Coyne, J.C. (1976). Depression and the response of others. Journal of Abnormal Psychology, 85, 186–193.

Crick, N.R. (1997). Engagement in gender normative versus nonnormative forms of aggression: Links to social-psychological adjustment. Developmental Psychology, 33, 610–617.

Crick, N.R., Bigbee, M.A. & Howes, C. (1996). Gender differences in children's normative beliefs about aggression: How do I hurt thee? Let me count the ways. Child Development, 67, 1003–1014.

Crosnoe, R. (2002). High school curriculum track and adolescent association with delinquent friends. Journal of Adolescencent Research, 17, 143–167.

Csikszentmihalyi, M. & Larson, R. (1984). Being adolescent. Conflict and growth in the teenage years. New York: Basic Books.

Dannigkeit, N., Köster, G. & Tuschen-Caffier, B. (2002). Prävention von Essstörungen – Ein Trainingsprogramm für Schulen. In B. Röhrle (Hrsg.), Prävention und Gesundheitsförderung. (Band 2, S. 150–171). Tübingen: dgvt-Verlag.

Danzer, G. (1996). Die Bulimia nervosa als „klassische Krankheit" der junge Adoleszenten des ausgehenden 20. Jahrhunderts. psychomed, 8, 212–214.

Dearborn, W.F. & Rothney, J.W.M. (1941). Predicting the child's development. Cambride, MA: University Press.

Deci, E.L. & Ryan, R.M. (1994). Promoting self-determined education. Scandinavian Journal of Educational Research, 38, 3–14.

Dekovic, M., Noom, M. & Meeus, W. (1997). Expectations regarding development during adolescence: Parental and adolescent perceptions. Journal of Youth and Adolescence, 2, 253–272.

Diekmann, A. & Engelhardt, H. (1995). Die soziale Vererbung des Ehescheidungsrisikos. Eine empirische Untersuchung der Transmissionshypothese mit dem deutschen Familiensurvey. Zeitschrift für Soziologie, 24, 215–228.

Diekstra, R.F.W. (1995). Depression and suicidal behaviors in adolescence: Sociocultural and time trends. In M. Rutter (Ed.), Psychosocial disturbances in young people. Challenges for prevention (pp. 212–243). Cambridge: Cambridge University Press.

Diener, E. (1984). Subjective well-being. Psychological Bulletin, 95, 542–575.

Diener, E. & Suh, E.M. (1997). Measuring quality of life: Economic, social, and subjective indicators. Social Indicators Research, 40, 189–216.

Dodge, K.A. (1993). Social-cognitive mechanisms in the development of conduct disorders and depression. Annual Review of Psychology, 44, 559–584.

Dohner, A. (1972). Alternatives to drugs – A new approach to drug education. Journal of Drug Education, 2, 3–22.

Dornbusch, S.M., Carlsmith, J.M., Bushwall, S.J., Ritter, P.L., Leiderman, H., Hastorf, A.H. & Gross, R.T. (1985). Single parents, extended households, and the control of adolescents. Child Development, 56, 326–341.

Douvan, E.A. & Adelson, J. (1966). The adolescent experience. New York: Wiley.

Dozier, M., Stovall, K.C. & Albus, K.E. (1999). Attachment and psychopathology in adulthood. In J. Cassidy & P.R. Shaver (Eds.), Handbook of attachment. Theory, research and clinical applications (pp. 497–519). New York: Guilford.

Dreher, E. & Dreher M. (1985). Entwicklungsaufgaben im Jugendalter: Bedeutsamkeit und Bewältigungskonzepte. In D. Liepmann, A. Stiksrud (Hrsg.), Entwicklungsaufgaben und Bewältigungsprobleme in der Adoleszenz (S. 56–70). Göttingen: Hogrefe.

Dreyer, P.H. (1994). Designing curricular identity interventions for secondary schools. In S.L. Archer (Ed.), Interventions for adolescent identity development (pp. 121–140). Thousand Oaks: Sage.

Duke-Duncan, P.M., Ritter, P., Dornbusch, S.M., Gross, R.T. & Carsmith, J.M. (1985). The effects of pubertal timing on body image, school behavior and deviance. Journal of Youth and adolescence, 14, 227–235.

Dunkel, C.S. (2000). Possible selves as a mechanism for identity exploration. Journal of Adolescence, 23, 519–529.

Dunkel, C.S. & Anthis, K.S. (2001). The role of possible selves in identity formation: A short-term longitudinal study. Journal of Adolescence, 24, 765–776.

Dunn, J. (1993). Young children's close relationships. Newbury Park: Sage.

Dunphy, D.C. (1963). The social structure of urban adolescent peer groups. Sociometry, 26, 230–246.

Eiser, E. (1992). Psychological consequences of chronic disease in children. In S. Maes, H. Leventhal & M. Johnston (Eds.), International review of health psychology (Vol. 1, pp. 145–166). New York: Wiley.

Elder, G.H. (1974a). Children of the Great Depression. Chicago: University of Chicago Press.

Elder, G.H. (1974b). Historical change in life patterns and personality. In P.B. Baltes & O.G. Brim (Eds.), Life-span development and behavior (vol. 2; pp. 118–162). New York: Academic Press.

Elder, G.H. & Caspi, A. (1990). Studying lives in a changing society: Sociological and personological explorations. In A.I. Rabin, R.A. Zucker, R.A. Emmons & S. Frank (Eds.), Studying persons in context (pp. 201–247). New York: Springer.

Elkind, D. (1980). Egozentrismus in der Adoleszenz. In R. Döbert, J. Habermas & G. Nunner-Winkler (Hrsg.), Entwicklung des Ichs (S. 170–178). Königstein: Anton Hain Meisenheim.

Elkind, D. (1990). Total verwirrt. Teenager in der Krise. Bergisch-Gladbach: Bastei-Lübbe.

Emslie, G.J., Rush, A.J., Weinberg, W.A., Gullion, C.M., Rintelmann, J. & Hughes, C.W. (1997). Recurrence of major depressive disorders in hospitalized children and adolescents. Journal of the American Academy of Child and Adolescent Psychiatry, 36, 785–792.

England, E.M. & Petro, K.D. (1998). Middle school students' perceptions of peer groups: Relative judgments about group characteristics. Journal of Early Adolescence, 18, 349–373.

Ennett, S.T. & Bauman, K.E. (1996). Adolescent social networks: School, demographic, and longitudinal considerations. Journal of Adolescent Research, 11, 194–215.

Erikson, E.H. (1968). Identity, youth, and crisis. London: Faber & Faber.

Erikson, E.H. (1973; Orig. 1959). Identität und Lebenszyklus. Frankfurt: Suhrkamp.

Essau, C.A., Karpinski, N.A., Petermann, F. & Conradt, J. (1998). Häufigkeit und Komorbidität psychischer Störungen bei Jugendlichen: Ergebnisse der Bremer Jugendstudie. Zeitschrift für Klinische Psychologie, Psychiatrie und Psychotherapie, 46, 105–124.

Ewert, O.M. (1983). Entwicklungspsychologie des Jugendalters. Stuttgart: Kohlhammer.

Fairburn, C.G., Cooper, Z., Doll, H.A., Norman, P. & O'Connor, M. (2000). The natural course of Bulimia nervosa and binge eating disorder in young women. Archives of General Psychiatry, 57, 659–665.

Farrington, D.P. (1992). Juvenile delinquency. In J.C. Coleman (Ed.), The school years (pp. 123–163). London: Routledge.

Farrington, D.P. (1995). The twelveth jack tizard memorial lecture. The development of offending and antisocial behavior from childhood. Journal of Child Psychology and Psychiatry, 360, 929–964.

Fauber, R., Forehand, R., McCombs Thomas, A. & Wierson, M. (1990). A mediational model of the impact of marital conflict on adolescent adjustment in intact and divorced familie: The role of dirupted parenting. Child Development, 61, 1112–1123.

Feehan, M., McGee, R., Raja, S.N. & Williams, S.W. (1994). DSM-III-R disorders in New Zealand 18-year-olds. Australian and New Zealand Journal of Psychiatry, 28, 87–99.

Felder, W. (1997). Wie gesund sind unsere Jugendlichen? In A. Grob (Hrsg.), Kinder und Jugendliche heute: belastet – überlastet? (S. 111–128). Chur, Rüegger.

Fend, H. (1991). Entwicklungspsychologie der Adoleszenz in der Moderne, Band 2: Identitätsentwicklung in der Adoleszenz. Lebensentwürfe, Selbstfindung und Weltaneignung in beruflichen, familiären und politisch-weltanschaulichen Bereichen. Bern: Hans Huber.

Fend, H. (1998a). Eltern und Freunde. Soziale Entwicklung im Jugendalter. Bern: Hans Huber.

Fend, H. (1998b). Entwicklungspsychologie der Adoleszenz der Moderne. Band 5: Eltern und Freunde – Soziale Entwicklung im Jugendalter. Bern: Huber.

Fend, H. (2000). Entwicklungspsychologie des Jugendalters. Ein Lehrbuch für pädagogische und psychologische Berufe. Opladen: Leske + Budrich.

Fergusson, D.M. & Horwood, L.J. (1999). Prospective childhood predictors of deviant peer affiliations in adolescence. Journal fo Child Psychology and Psychiatry and Allied Disciplines, 40, 581–592.

Ferring, D. & Filipp, S.-H. (1997). Retrospektive Bewertungen des eigenen Lebens: Der Lebenszufriedenheits-Graph. Zeitschrift für Entwicklungspsychologie und Pädagogische Psychologie, 29, 83–95.

Fichter, M.M. & Quadflieg, N. (1995). Comparative studies on the course of eating disorders in adolescents and adults. Is age at onset a predictor of outcome? In H.-C. Steinhausen (Ed.), Eating disorders in adolescence (pp. 301–337). Berlin: de Gruyter.

Fichter, M.M. & Quadflieg, N. (1996). Course and two-year outcome in anorexic and bulimic adolescents. Journal of Youth and Adolescence, 25, 545–562.

Fichter, M.M. & Quadflieg, N. (1999). Six-year course and outcome of Anorexia nervosa. International Journal of Eating disorders, 26, 359–385.

Filipp, S.-H. (1996). Wie schön war doch die Jugendzeit – Lebensrückschau im Alter. In R. Schumann-Hengsteler & H.M. Trautner (Hrsg.), Entwicklung im Jugendalter (S. 217–238). Göttingen: Hogrefe.

Fine, G.A., Mortimer, J.T. & Roberts, D.F. (1990). Leisure, work, and the mass media. In S.S. Feldman & G.R. Elliott (Eds.), At the threshold: The developing adolescent (pp. 225–252). Cambridge: Harvard University Press.

Fischer, A. (2000). Jugend und Politik. In A. Fischer, Y. Fritzsche, W. Fuchs-Heinritz & R. Münchmeier (Hrsg.), Jugend 2000. 13. Shell Jugendstudie (S. 261–282). Opladen: Leske + Budrich.

Fischer, U.C., Michaelis, T. & Krieger, W. (2002). Gemeindenahe primäre Prävention von Drogenmissbrauch und Sucht. In B. Köhler (Hrsg.), Prävention und Gesundheitsförderung Band 2 (S. 285–325). Tübingen: dgvt-Verlag.

Fischer, V. (2002). Prävention von Sucht und Drogengebrauch. Ergebnisse und Probleme der Suchtprävention. In B. Köhler (Hrsg.), Prävention und Gesundheitsförderung Band 2 (S. 237–259). Tübingen: dgvt-Verlag.

Flammer, A. (1988). Entwicklungstheorien. Psychologische Theorien der menschlichen Entwicklung. Bern: Huber.

Flammer, A. (1990). Erfahrung der eigenen Wirksamkeit. Bern: Huber.

Flammer, A. & Alsaker, F.D. (2002). Entwicklungspsychologie der Adoleszenz. Die Erschließung innerer und äußerer Welten im Jugendalter. Bern: Hans Huber.

Flammer, A., Alsaker, F.D. & Noack, P. (1999). Time use by adolescents in an international perspective. I: The case of leisure activities. In F.D. Alsaker & A. Flammer (Eds.), The adolescent experience. European and American adolescents in the 1990s (pp. 33–60). Mahwah: Lawrence Erlbaum.

Flammer, A., Grob, A. & Alsaker, F.D. (1997). Belastungen von Schülerinnen und Schülern: Das Zusammenwirken von Anforderungen, Ressourcen und Funktionsfähigkeit. In A. Grob (Hrsg.), Kinder und Jugendliche heute: belastet – überlastet (S. 189–198). Zürich: Rüegger.

Flammer, A., Grob, A. & Lüthi, R. (1989). Swiss adolescents' attribution of control. In J.P. Forgas & J.M. Innes (Eds.), Recent advances in social psychology: An international perspective (pp. 81–94). Amsterdam: Elsevier Science.

Flammer, A. & Tschanz, U. (1997). Ein typischer Schülertag. In A. Grob (Hrsg.), Kinder und Jugendliche heute: belastet – überlastet? (S. -). Chur: Verlag Rüegger.

Flannery, D.J., Rowe, D.C. & Gulley, B.C. (1993). Impact of pubertal status, timing, and age on adolescent sexual experience and delinquency. Journal of Adolescent Research, 8, 21–40.

Flechtner, H., Eltze, C. & Lehmkuhl, G. (1995). How specific are body image disturbances in patients with Anorexia nervosa? In H.-C. Steinhausen (Ed.), Eating disorders in adolescence (pp. 145–160). Berlin: de Gruyter.

Florsheim, P., Tolan, P. & Gorman-Smith, D. (1998). Family relationships, parenting practices, the availability of male family members, and the behavior of inner-city boys in single-mother and two-parent families. Child Development, 69, 1437–1447.

Freud, S. (1933). Neue Folge der Vorlesungen zur Einführung in die Psychoanalyse. Wien: Psychoanalytischer Verlag.

Friedman, L.J. (2001). Erik Erikson on identity, generativity, and pseudospeciation: A biographer's perspective. Psychoanalysis and History, 3, 179–192.

Fritzsche, Y. (2000a). Die quantitative Studie: Stichprobenstruktur und Feldarbeit. In A. Fischer, Y. Fritzsche, W. Fuchs-Heinritz & R. Münchmeier (Hrsg.), Jugend 2000. 13. Shell Jugendstudie. Band 1 (S. 349–378). Opladen: Leske + Budrich.

Fritzsche, Y. (2000b). Moderne Orientierungsmuster: Inflation am „Wertehimmel". In Deutsche Shell (Hrsg.), Jugend 2000. 13. Shell Jugendstudie (Band 1, S. 93–156). Opladen: Leske + Budrich.

Fritzsche, Y. (2000c). Modernes Leben: Gewandelt, vernetzt und verkabelt. In Deutsche Shell (Hrsg.), Jugend 2000. 13. Shell Jugendstudie (S. 181–219). Opladen: Leske + Budrich.

Fuchs-Heinritz, W. (2000a). Lebensentwürfe: Eindrücke aus dem qualitativen Material. In A. Fischer, Y. Fritzsche, W. Fuchs-Heinritz & R. Münchmeier (Hrsg.), Jugend 2000. 13. Shell Jugendstudie. Band 2 (S. 371–395.). Opladen: Leske + Budrich.

Fuchs-Heinritz, W. (2000b). Religion. In Deutsche Shell (Hrsg.), Jugend 2000. 13. Shell Jugendstudie (S. 157–180). Opladen: Leske + Budrich.

Fuchs-Heinritz, W. (2000c). Zukunftsorientierungen und Verhältnis zu den Eltern. In Deutsche Shell (Hrsg.), Jugend 2000. 13. Shell Jugendstudie (Band 1, S. 23–92). Opladen: Leske + Budrich.

Furman, W. & Buhrmester, D. (1992). Age and sex differences in perceptions of networks of personal relationships. Child Development, 63, 103–115.

Furman, W. & Robbins, P. (1985). What's the point? Issues in the selection of treatment objectives. In B.H. Schneider, K.H. Rudin & J.E. Ledingham (Eds.), Children's peer relations: Issues in assessment and intervention (pp. 41–54). New York: Springer.

Furstenberg, F.F. (1990). Divorce and the American family. Annual Reviews of Sociology, 16, 379–403.

Gable, K.A. & Kearney, K. (1998). Promoting reasonable perspectives of body weight: Issues for school counselors. Professional School Counseling, 1, 32–35.

Garmezy, N. (1985). Stress resistant children: The search for protective factors. In J. Stevenson, Jr. (Ed.), Recent research in developmental psychopathology (pp. 213–233). Oxford: Pergamon Press.

Garner, D.M., Olmsted, M.P., Bohr, Y. & Garfinkel, P.E. (1982). The Eating Attitudes Test: Psychometric features and clinical correlates. Psychological Medicine, 12, 871–878.

Garnier, H.E. & Stein, J.A. (2002). An 18-year model of family and peer effects on adolescent drug use and delinquency. Journal of Youth and Adolescence, 31, 45–56.

Gensicke, T. (2002). Individualität und Sicherheit in neuer Synthese? Wertorientierungen und gesellschaftliche Aktivität. In Deutsche Shell (Hrsg.), Jugend 2002. 14. Shell Jugendstudie (S. 139–212). Opladen: Leske + Budrich.

Georg, W. & Lange, A. (1999). „Soziales Kapital" in Familien: Einflüsse auf Delinquenz und Schulleistung. In R.K. Silbereisen & J. Zinnecker (Hrsg.), Entwicklung im sozialen Wandel (S. 289–297). Weinheim: Beltz PVU.

Gerlinghoff, M., Backmund, H. & Franzen, U. (1998). Evaluation of a day treatment programme for eating disorders. European Eating Disorders Review, 6, 96–106.

Literatur

Gesell, A. (1940). The first five years of life. New York: Harper.

Gesell, A. & Ilg, F.L. (1946). The child from five to ten. New York: Harper.

Gesell, A., Ilg, F.L. & Ames, L.B. (1956). The years from ten to sixteen. New York: Harper.

Goldsmith, H.H. (1996). Studying temperament via construction of the Toddler Behavior Assessment Questionnaire. Child Development, 67, 218–235.

Goldstein, B. (1976). Introduction to human sexuality. Belmont: Star.

Goodyer, I.M., Herbert, J., Tamplin, A., Secher, S.M. & Pearson, J. (1997). Short-term outcome of major depression II: Life events, family dysfunctioning, and friendship difficulties as predictors of persistent disorders. Journal of the American Academy of Child and Adolescent Psychiatry, 36, 474–480.

Graber, J.A., Lewinson, P.M., Seeley, J.R. & Brooks-Gunn, J. (1997). Is psychopathology associated with the timing of pubertal development? Journal of the American Academy of Child and Adolescent Psychiatry, 36, 1768–1776.

Gray, J.A. (1981). A critique of Eysenck's theory of personality. In H.J. Eysenck (Ed.), A model for personality (pp. 246–276). Berlin: Springer.

Greve, W. (2002). Die Bedeutung der Entwicklungspsychologie im Strafrechtssystem. In R. Oerter & L. Montada (Hrsg.), Entwicklungspsychologie (S. 885–892). Weinheim: Beltz PVU.

Greve, W. & Enzmann, D. (2003). Self-esteem maintenance among incarcerated young males: Stabilisation through accomodative processes. International Journal of Behavioral Development, 27, 12–20.

Grob, A. (1991). Der Einfluss bedeutsamer Lebensereignisse auf das Wohlbefinden un die bereichsspezifische Kontrollmeinung von Jugendlichen. Schweizerische Zeitschrift für Psychologie, 50, 48–63.

Grob, A. (1995). Subjective well-being and significant life-events across the life span. Swiss Journal of Psychology, 54, 3–18.

Grob, A. (1996). Entwicklung und Regulation des subjektiven Wohlbefindens. Habilitationsschrift Philosophisch-historische Fakultät der Universität Bern.

Grob, A. (1997a). Kinder und Jugendliche heute: belastet – überlastet? Zürich: Rüegger.

Grob, A. (1997b). Stressresistente Kinder und Jugendliche. In A. Grob (Hrsg.), Kinder und Jugendliche heute: belastet – überlastet? Beschreibung des Alltags von Schülerinnen und Schülern in der Schweiz und in Norwegen (S. 149–167). Zürich: Rüegger.

Grob, A. (1998). Emotion regulation during childhood and adolescence. Philosophisch-historische Fakultät der Universität Bern.

Grob, A. (2000). Dynamics of perceived control across adolescence and adulthood. In W.J. Perrig & A. Grob (Eds.), Control of human behavior, mental processes, and awareness (pp. 325–344). New York: Lawrence Erlbaum.

Grob, A. & Flammer, A. (1997). Der Berner Jugendlängsschnitt: Design und ausgewählte Resultate. Zeitschrift für Sozialisationsforschung und Erziehungssoziologie, 17, 244–255.

Grob, A., Flammer, A., Kaiser, F.G. & Lüthi, R. (1989). Wohlbefinden und Kontrolle bei jugendlichen Delinquenten und Nicht-Delinquenten. Schweizerische Zeitschrift für Psychologie, 48, 75–85.

Grob, A., Flammer, A. & Rhyn, H. (1995). Entwicklungsaufgaben als soziale Normsetzung: Reaktionen Erwachsener auf Lösungsmodi von Entwicklungsaufgaben Jugendlicher. Zeitschrift für Sozialisationsforschung und Erziehungssoziologie, 15, 45–62.

Grob, A., Flammer, A. & Wearing, A.J. (1995). Adolescents' perceived control: Domain specificity, Expectation, and appraisal. Journal of Adolescence, 18, 403–425.

Grob, A., Jaschinski, U. & Winkler, B. (2003a). Improving learning and professional perspectives of socially disadvantaged youth by peer-tutoring. Final report to Jacobs Foundation, Zürich.

Grob, A., Jaschinski, U. & Winkler, B. (in Druck). Socially disadvantaged youth: A developmental view. In P. Attewell & N. Seel (Eds.). Bridging the digital divide: Disadvantaged teens and information technology. Münster: Waxmann.

Grob, A., Krings, F. & Bangerter, A. (2001). Life markers in biographical narratives of people from three cohorts: A life span perspective in its historical context. Human Development, 44, 171–190.

Grob, A., Little, T.D. & Wanner, B. (1999). Control judgements across the lifespan. International Journal of Behavioral Development, 23, 833–854.

Grob, A., Lüthi, R., Kaiser, F.-G., Flammer, A., Mackinnon, A. & Wearing, A.-J. (1991). Berner Fragebogen zum Wohlbefinden Jugendlicher (BFW). Diagnostica, 37, 66–75.

Groen, G. & Petermann, F. (1998). Depression. In F. Petermann, M. Kusch & K. Niebank (Hrsg.), Entwicklungspsychopathologie. Ein Lehrbuch (S. 327–361). Weinheim: Beltz PVU.

Grossman, M., Chaloupka, F., Saffer, H. & Laixuthai, A. (1994). Effects of alcohol price policy on youth: A summary of economic research. Journal of Research on Adolescence, 4, 347–364.

Grotevant, H.D. (1993). The integrative nature of identity: Bringing soloists to sing in the choir. In J. Kroger (Ed.), Discussions on ego identity (pp. 121–146). New Jersey: Lawrence Erlbaum.

Grotpeter, J.K. & Crick, N.R. (1996). Relational aggression, overt aggression, and friendship. Child Development, 67, 2328–2338.

Gruber, S. (1999). Verbreitung und Entwicklung nichtehelicher Lebensgemeinschaften im früheren Bundesgebiet und in den neuen Ländern im Spiegel amtlicher Statistik. In T. Klein & W. Lauterbach (Hrsg.), Nichteheliche Lebensgemeinschaften. Analysen zum Wandel partnerschaftlicher Lebensformen (S. 95–112). Opladen: Leske + Budrich.

Habermas, T. (2002). Substanzenmissbrauch und Ess-Störungen. In R. Oerter & L. Montada (Hrsg.), Entwicklungspsychologie (S. 847–858). Weinheim: Beltz PVU.

Hagan, J. & McCarthy, B. (1992). Streetlife and delinquency. British Journal of Sociology, 43, 533–561.

Haisch, J. (2002). Gesundheitsförderung durch Public Health und Gesundheitspsychologie. In B. Röhrle (Hrsg.), Prävention und Gesundheitsförderung (Band 2, S. 75–88). Tübingen: dgvt-Verlag.

Halpern, C.T., Udry, J.R., Campbell, B. & Suchindran, C. (1999). Effects of body fat on weight concerns, dating, and sexual activity: A longitudinal analysis of black and white adolescent girls. Developmental Psychology, 35, 721–736.

Hamm, A. (1997). Furcht und Phobien. Psychophysiologische Grundlagen und klinische Anwendungen. Göttingen: Hogrefe.

Hareven, T.K. (1995). Historical perspectives on the family and aging. In R. Blieszner & V.H. Bedford (Eds.), Handbook of aging and the family (pp. 13–31). Westport: Greenwood.

Harrington, R. (1993). Depressive disorder in childhood and adolescence. Chichester: Wiley.

Hartup, W.W. (1992). Friendships and their developmental significance. In H. McGurk (Ed.), Childhood social development: Contemporary perspectives (pp. 175–205). Hove: Lawrence Erlbaum.

Hartup, W.W. (1999). Constraints on peer socialization: Let me count the ways. Merril-Palmer Quarterly, 45, 172–183.

Hatzichristou, C. & Hopf, D. (1996). A multiperspective comparison of peer sociometric status groups in childhood and adolescence. Child Development, 67, 1085–1102.

Hauser-Schmid, P. (1993). Anorexia nervosa. Eine Literaturübersicht und Katamnesestudie zu stationären jugendpsychiatrischen Behandlungen an der Kinderklinik des Kantonsspitals Aarau und am Wildermeth Kinderspital in Biel. Medizinische Fakultät der Universität Bern: Unveröffentlichte Dissertation.

Hautmann, C. (2000). Altersunterschiede im Essverhalten und Wohlbefinden bei Jugendlichen: Reanalyse einer interkulturellen Längsschnittuntersuchung. Bonn: Unveröffentlichte Diplomarbeit.

Havighurst, R.J. (1952; orig. 1948). Developmental tasks and education. New York: McKay.

Hayward, C., Killen, J. & Taylor, C. (1994). Timing of puberty and the onset of psychiatric symptoms. San Diego: Vortrag auf dem Biennial Meeting of the Society for Research on Adolescence.

Heaven, P.C.L. (2001). The social psychology of adolescence. Basingstoke: Palgrave.

Hein, J., Neumärker, K.-J. & Neumärker, U. (1998). Untersuchungen zum Essverhalten in einer unselektierten Schülerpopulation der 7. bis 10. Klasse einer Berliner Schule. Zeitschrift für Kinder- und Jugendpsychiatrie, 26, 21–33.

Helmke, A. & Weintert, F.E. (1998). Bedingungsfaktoren schulischer Leistung. In F.E. Weinert (Hrsg.), Enzyklopädie der Psychologie: Psychologie des Unterrichts und der Schule (S. 71–176). Göttingen: Hogrefe.

Hendershott, A.B. (1989). Residential mobility, social support, and adolescent self-concept. Adolescence, 24, 217–232.

Hendry, L.B., Glendinning, A., Shucksmith, J., Love, J. & Scotte, J. (1994). The developmental context of adolescent life-styles. In R.K. Silbereisen & E. Todt (Eds.), Adolescence in context. The interplay of family, school, peers, and work in adjustment (pp. 66–81). New York: Springer.

Hernandez, D.J. (1993). America's children: Resources from family, government, and the economy. New York: Russell Sage Foundation.

Herpertz-Dahlmann, B. & Remschmidt, H. (1995). Anorexia nervosa and depression: Results of a longitudinal study. In H.-C. Steinhausen (Ed.), Eating disorders in adolescence (pp. 127–144). Berlin: de Gruyter.

Herrnstein, R.J. & Murray, C. (1994). The Bell curve. Intelligence and class structure in American life. New York: Free Press.

Herzberg, I., Hössl, A. & Lipski, J. (1995). Freizeiträume für Schulkinder in den neuen Bundesländern. Ergebnisse einer Regionalstudie 1992–1995, München: Verlag Deutsches Jugendinstitut.

Hetherington, E.M. (1991). Families, lies and videotapes. Journal of Research on Adolescence, 1, 323–348.

Hirschi, T. & Hindelang, M.J. (1977). Intelligence and delinquency: A revisionist review. American Sociological Review, 42, 571–587.

Holtappels, H.G. & Meier, U. (1997). Gewalt an Schulen. Erscheinungsformen von Schülergewalt und Einflüsse des Schulklimas. Die Deutsche Schule, 89, 50–62.

Hoopes, J.L. (1990). Adoption and identity formation. In D.M. Brodzinsky & M.D. Schechter (Eds.), The psychology of adoption (pp. 144–166). New York: Oxford University Press. http://www.aidshilfe.de

Huesmann, L.R., Eron, L.D. & Yarmel, P.W. (1987). Intellectual functioning and aggression. Journal of Personality and Social Psychology, 52, 232–240.

Hullen, G. (1998). Scheidungskinder – oder: Die Transmission des Scheidungsrisikos. Zeitschrift für Bevölkerungswissenschaft, 23, 19–38.

Hurrelmann, K. (1990). Parents, peers, teachers, and other significant partners in adolescence. International Journal of Adolescence and Youth, 2, 211–230.

Hurrelmann, K. (1997). Lebensphase Jugend. Eine Einführung in die sozialwissenschaftliche Jugendforschung (5. Auflage). Weinheim: Juventa.

Huston, A.C. & Alvarez, M. (1990). The socialization context of gender role development in early adolescence. In R.M. Montemayor, G.R. Adams & T.P. Gullotta (Eds.), From childhood to adolescence: A transitional period? (pp. 156–179). Newbury Park: Sage.

Ianni, F.A.J. (1989). The search for structure. A report on American youth today. New York: Free Press.

Imhof, A.E. (1986). Life-course patterns of women and their husbands: 16th to 20th century. In A.B. Sorensen, F.E. Weinert & L.R. Sherrod (Eds.), Human development and the life course: Multidisciplinary persepctives (pp. 247–270). Hillsdale: Lawrence Erlbaum.

Jacobson, K.C. & Crockett, L.J. (2000). Parental monitoring and adolescent adjustment: An ecological perspective. Journal of Research on Adolescence, 10, 65–97.

Jagacinski, C.M. (1992). The effects of task involvement and ego involvement on achievement-related cognitions and behaviors. In D.H. Schunk & J.L. Meece (Eds.), Student perceptions in the classroom (pp. 307–326). Hillsdale: Lawrence Erlbaum.

Jakobsen, R. (1997). Stages of progression in noncoital sexual interactions among young adolescents: an application of the Mokken Scale Analysis. International Journal of Behavioral Development, 21, 537–553.

James, O. (1995). Juvenile violence in a winner-loser culture: Socio-economic and familial origins of the rise of violence against the person. London: Free Association Books.

Jerusalem, M. & Mittag, W. (1997). Schulische Gesundheitsförderung: Differentielle Wirkungen eines Interventionsprogrammes. Unterrichtswissenschaft, 25, 133–149.

Jessor, R. (1992). Risk behavior in adolescence: A psychosocial framework for understanding and action. In D.E. Rogers & E. Ginzburg (Eds.), Adolescents at risk: Medical and social perspectives (pp. 19–34). Boulder: Westview Press.

Jessor, R. & Jessor, S.L. (1977). Problem behavior and psychosocial development: A longitudinal study of youth. New York: Academic Press.

Johnson, K.A. & Klaas, S.J. (1997). Recreation issues and trends in pediatric spinal cord injury. Top Spinal Cord Injury Rehabilitation, 3, 79–84.

Jones, H.E. (1958). Consistency and change in early maturity. Vita Humana, 1, 43–51.

Jones, S.S., Collins, D. & Hong, H.W. (1991). An audience effect on smile production in 10-month-old infants. Psychological Science, 2, 45–49.

Jung, C.G. (1978). Die Ehe als psychologische Beziehung. In C.G. Jung (Hrsg.), Über die Entwicklung der Persönlichkeit (Gesammelte Werke, Band 7) (S. 215–227). Olten: Walter Verlag.

Kabera, (1999). Essstörungen in Europa – Erhebung zum Präventionsbedarf. Kassel: Abschlussbericct einer von der Europäischen Kommission geförderten Studie.

Kaelble, H. (1997). Der Wandel der Erwerbsstruktur in Europa im 19. und 20. Jahrhundert. Historical Social Research, 22, 5–28.

Kagan, J. & Moss, H.A. (1962). Birth to maturity. New York: Wiley.

Kandel, D.B. (1998). Persistent themes and new perspectives on adolescent substance use: A lifespan perspective. In R. Jessor (Ed.), New perspectives on adolescent risk behavior (pp. 43–89). Cambridge: Cambridge University Press.

Kaplow, J., Curran, P.J., Dodge, K.A. & The Conduct Problems Prevention Research Group (2002). Child, parent, and peer predictors of early-onset substance use: A multisite longitudinal study. Journal of Abnormal Child Psychology, 30, 199–216.

Karren, U. (1986). Die Psychologie der Magersucht. Erklärung und Behandlung von Bulimia nervosa. Bern: Verlag Hans Huber.

Kaslow, F. (2001). Spaltungen: Familien in der Scheidung. In S. Walper & R. Pekrun (Hrsg.), Familien und Entwicklung: Aktuelle Perspektiven der Familienpsychologie (S. 444–473). Bern: Hogrefe.

Katchadourian, H. (1990). Sexuality. In S. Feldman & G. Elliott (Eds.), At the threshold: The developing adolescent (pp. 330–351). Cambridge: Harvard University Press.

Kavanagh, K. & Hops, H. (1994). Good girls? Bad boys? Gender and development as contexts for diagnosis and treatment. In T.H. Ollendick & R.J. Prinz (Eds.), Advances in clinical child psychology, Vol. 16 (pp. 45–79). New York: Plenum Press.

Kazak, A.E. & Meadows, A.T. (1989). Families of young adolescents who have survived cancer: Social-emotional adjustment, adaptability, and social support. Journal of Pediatric Psychology, 14, 175–191.

Keating, D. (1990). Adolescent thinking. In S. Feldman & G. Elliott (Eds.), At the threshold: The developing adolescent (pp. 54–89). Cambridge: Harvard University Press.

Kerpelmann, J.L., Pittman, J.F. & Lamke, L.K. (1997). Toward a microprocess perspective on adolescent identity development: An identity control theory approach. Journal of Adolescent Research, 12, 325–346.

Kerr, M., Stattin, H. & Trost, K. (1999). To know you is to trust you: Parents' trust is rooted in child disclosure of information. Journal of Adolescence, 22, 737–752.

Keys, A., Brozek, J., Henschel, A., Mickelsen, O. & Taylor, H.L. (1950). The biology of human starvation (Vol. 1 & 2). Oxford: University of Minnesota Press.

Kirchler, E. (1989). Zufriedenheit unterm gemeinsamen Dach. Gruppendynamik, 20, 75–94.

Kirshnit, C.E., Ham, M. & Richards, M.H. (1989). The sporting life: Athletic activities during early adolescence. Journal of Youth and Adolescence, 18, 601–615.

Klein, R. (1991). Modelle der Partnerwahl. In M. Amelang, H.-J. Ahrens & H.W. Bierhoff (Hrsg.), Partnerwahl und Partnerschaft (S. 31–65). Göttingen: Hogrefe.

Klewes, J. (1983). Retroaktive Sozialisation: Einflüsse Jugendlicher auf ihre Eltern. Weinheim: Beltz.

Kluge, N. (1998). Sexualverhalten Jugendlicher heute. Ergebnisse einer repräsentativen Jugend- und Elternstudie über Verhalten und Einstellungen zur Sexualität. Weinheim: Juventa.

Knox, D., Zusman, M.E., McGinty, K. & Gescheidler, J. (2001). Deception of parents during adolescence. Adolescence, 36, 611–614.

Kohlberg, L. (1966). A cognitive-developmental analysis of children's sex-role concepts and attitudes. In E.E. Maccoby (Ed.), The development of sex differences (pp. 82–173). Stanford: Standford University Press.

Kohli, M. (1985). Die Institutionalisierung des Lebenslaufes. Kölner Zeitschrift für Soziologie und Sozialpsychologie, 37, 1–29.

Kohli, M. (1986). Social organization and subjective construction of the life course. In A.B. Sørensen, F.E. Weinert & L.R. Sherrod (Eds.), Human development and the life course: Multidisciplinary perspectives (pp. 271–292). Hillsdale: Lawrence Erlbaum.

Kohli, M. & Meyer, J.W. (1986). Social structure and social construction of life stages. Human Development, 29, 145–149.

Köller, O. & Baumert, J. (1998). Ein deutsches Instrument zur Erfassung von Zielorientierungen bei Schülerinnen und Schülern. Diagnostica, 44, 173–181.

Kounin, J.S. (1976). Techniken der Klassenführung. Bern: Hans Huber.

Kovacs, M., Akiskal, H.S., Gatsonis, C. & Parrone, P. (1994). Childhood-onset dysthymic disorder: Clinical features and prospective naturalistic outcome. Archives of General Psychiatry, 51, 365–374.

Kramer, J. (1972). Kramer-Test. Solothurn: Antonius.

Krappmann, L. (1993). Entwicklungsfördernde Aspekte in den Freundschaften von Kindern und Jugendlichen. Gruppendynamik, 24, 119–129.

Krappmann, L. & Oswald, H. (1995). Sozialisation in Familie und Gleichaltrigenwelt. Zeitschrift für Sozialisationsforschung und Erziehungssoziologie, 10, 147–162.

Kroger, J. (2000). Identity development. Adolescence through adulthood. Thousand Oaks: Sage Publications.

Kroger, J. & Green, K. (1996). Events associated with identity status change. Journal of Adolescence, 19, 477–490.

Krüger, C., Reich, G., Buchheim, P. & Cierpka, M. (2001). Essstörungen und Adipositas: Epidemiologie – Diagnostik – Verläufe. In G. Reich & M. Cierpka (Hrsg.), Psychotherapie der Essstörungen. Krankheitsmodelle und Therapiepraxis – störungsspezifisch und schulenübergreifend (S. 24–42). Stuttgart: Thieme.

Kurdek, L. & Fine, M. (1994). Family acceptance and family control as predictors of adjustment in young adolescents: Linear, curvilinear, or interactive effects. Child Development, 65, 1137–1146.

La Greca, A.M. (2001). Friends or foes? Peer influences on anxiety among children and adolescents. In W.K. Silverman & S. Treffer (Eds.), Anxiety disorders in children and adolescents. Research, assessment, and intervention (pp. 159–186). Cambridge: Cambridge University Press.

Laible, D.J., Carlo, G. & Raffaelli, M. (2000). The differential relations of parent and peer attachment to adolescent adjustment. Journal of Youth and Adolescence, 29, 45–59.

Lamb, M.E.(1987). Influence of the child on marital quality and family interaction during the prenatal, perinatal and infancy period. In R.M. Lerner & G.B. Spanier (Eds.), Child influences on marital and family interaction: A life-span perspective (pp.137- 163). New York: Academic Press.

Lange, E. (1997). Jugendkonsum im Wandel. Konsummuster, Freizeitverhalten, soziale Milieus und Kaufsucht 1990 und 1996. Opladen: Leske + Budrich.

Langfeld, H.P. & Tent, L. (1999). Pädagogisch-psychologische Diagnostik. Band 2. Anwendungsbereiche und Praxisfelder. Göttingen: Hogrefe.

Langlois, J.H. & Downs, A.C. (1980). Mothers, fathers, and peers as socialization agents for sex-typed play behavior in young children. Child Development, 51, 1237–1247.

Lanz, M. & Rosnati, R. (2002). Adolescents' and young adults' construction of the future: Effects of family relations, self-esteem, and sense of coherence. In J. Trempala & L.-E. Malmberg (Eds.), Adolescents' future-orientation. Theory and research (pp. 17–34). Frankfurt am Main: Peter Lang.

Larson, R. (1994). Youth organizations, hobbies and sports as developmental contexts. In R.K. Silbereisen & E. Todt (Eds.), Adolescence in context. The interplay of family, school, peers, and work in adjustment (pp. 46–65). New York: Springer.

Larson, R., Kubey, R. & Colletti, J. (1989). Changing channels: Early adolescent media choices and shifting investment in family and friends. Journal of Youth and Adolescence, 18, 584–600.

Larson, R.W., Richards, M.H., Moneta, G., Holmbeck, G. & Duckett, E. (1996). Changes in adolescents' daily interactions with their families from ages 10 to 18: Disengagement and transformation. Developmental Psychology, 32, 744–754.

Lau, T. (1992). Die heiligen Narren. Punk 1976–1986. Berlin: de Gruyter.

Laursen, B., Hartup, W.W. & Koplas, A.L. (1996). Towards understanding peer conflict. Merril-Palmer Quarterly, 42, 76–102.

Lawrence, R. (1985). School performance, containment theory, and delinquent behavior. Youth and Society, 17, 65–95.

Lazarus, R.S. & Folkman, S. (1984). Stress, appraisal, and coping. New York: Springer.

Lehr, U. (1971). Vorstellungen vom Glück in verschiedenen Lebensaltern. In H. Kindler (Hrsg.), Anatomie des Glücks (S. 86). Köln: Kiepenheuer und Witsch.

Lenz, K. (1997). Ehe? Familie? – beides, eines oder keines? Lebensformen im Umbruch. In L. Böhnisch & K. Lenz (Hrsg.), Familien: Eine interdisziplinäre Einführung (S. 181–198). Weinheim: Juventa.

Lerner, R.M. (1982). Children and adolescents as producers of their own development. Developmental Review, 2, 342–370.

Lerner, R.M. (1984). Jugendliche als Produzenten ihrer eigenen Entwicklung. In E. Olbrich, E. Todt (Hrsg.), Probleme des Jugendalters (S. 69–87). Neuere Sichtweisen. Berlin: Springer.

Lerner, R.M. (1986). Concepts and theories of human development. New York: Random House.

Lewin, K., Lippitt, R. & White, R.K. (1939). Patterns of aggressive behavior in experimentally created "social climates". Journal of Social Psychology, 10, 271–299.

Lewinsohn, P.M., Rohde, P. & Hautzinger, M. (1994). Kognitive Verhaltenstherapie depressiver Störungen im Jugendalter. Forschungsergebnisse und Behandlungsempfehlungen. Psychotherapeut, 39, 353–359.

Lochner, L. (1927). Schultypen des Kindes. Heimatbildung, 8, 245.

Loeber, R. (1982). The stability of antisocial and delinquent child behavior: A review. Child Development, 53, 1431–1446.

Loeber, R. (1990). Development and risk factors of juvenile antisocial behavior and delinquency. Clinical Psychology Review, 10, 1–41.

Loeber, R. & Hay, D. (1997). Key issues in the development of aggression and violence from childhood to early adulthood. Annual Review of Psychology, 48, 371–410.

Loeber, R. & Stouthamer-Loeber, M. (1986). Family factors as correlates and predictors of juvenile conduct problems and delinquency. In M. Tonry & N. Morris (Eds.), Crime and justice. An annual review of research. Vol. 7 (pp. 29–149). Chicago: The University of Chicago Press.

Loeber, R. & Stouthamer-Loeber, M. (1998). Development of juvenile aggression and violence. Some common misconceptions and controversies. American Psychologist, 53, 242–259.

Löwe, B., Zipfel, S., Buchholz, C., Dupont, Y., Reas, D.L. & Herzog, W. (2001). Long-term outcome of Anorexia nervosa in a prospective 21-year follow-up study. Psychological Medicine, 31, 881–890.

Lucas, A.R., Beard, M., O'Fallon, W.M. & Kurland, L.T. (1991). 50-year trends in the incidence of Anorexia nervosa in Rochester, Minn.: A population-based study. American Journal of Psychiatry, 148, 917–922.

Luthar, S.S. & McMahon, T.J. (1996). Peer reputation among inner-city adolescents: Structure and correlates. Journal of Research on Adolescence, 6, 581–603.

Lynam, D., Moffitt, T.E. & Stouthamer-Loeber, M. (1993). Explaining the relation between IQ and delinquency: Class, race, test motivation, school failure, or self-control? Journal of Abnormal Psychology, 102, 187–196.

Maccoby, E. & Martin, J. (1983). Socialization in the context of the family: Parent-child interaction. In E.M. Hetherington (Ed.), Handbook of child psychology: Socialization, personality, and social development (Vol. 4, pp. 1–101) New York: Wiley.

Magnusson, D. & Bergman, L.R. (1990). A pattern approach to the study of pathways from childhood to adulthood. In N.S. Robins & M. Rutter (Eds.), Straight and devious pathways from childhood to adulthood (pp. 101–115). New York: Cambridge University Press.

Magnusson, D., Stattin, H. & Allen, V. (1986). Differential maturation among girls and its relation to social adjustment in a longitudinal perspective. In P. Baltes, D. Featherman & R. Lerner (Eds.), Life span development and behavior (Vol. 7, pp. 135–172). Hillsdale: Lawrence Erlbaum.

Malmberg, L.-E. (2002). Adolescents' biased means and future expectations. In J. Trempala & L.-E. Malmberg (Eds.), Adolescents' future-orientation. Theory and research (pp. 79–98). Frankfurt am Main: Peter Lang.

Marcia, J.E. (1980). Identity in adolescence. In J. Adelson (Ed.), Handbook of adolescent psychology (pp. 310–395). New York: Wiley.

Marcia, J.E. (1989). Identity diffusion differentiated. In M.A. Luszcz & T. Nettelbeck (Eds.), Psychological development: Perspectives across the life-span (pp. 289–294). North-Holland: Elsevier.

Marcia, J.E. & Archer, S.L. (1993). Identity status in late adolescents: Scoring criteria. In J.E. Marcia, A.S. Waterman, D.R. Matteson, S.L. Archer & J.L. Orlofsky (Eds.), Ego identity. A handbook for psychosocial research (pp. 205–240). New York: Springer.

Matheny, A.P., Riese, M.L. & Wilson, R.S. (1985). Rudiments of infant temperament: Newborn to nine months. Developmental Psychology, 21, 486–494.

McCabe, M.P. & Ricciardelli, L.A. (2001). Parent, peer, and media influences on body image and strategies to both increase and decrease body size among adolescent boys and girls. Adolescence, 36, 225–240.

McCauley, E., Myers, K., Mitchell, J., Calderon, R., Schloredt, K. & Treder, R. (1993). Depression in young people: Initial presentation and clinical course. Journal of the American Academy of Child and Adolescent Psychiatry, 32, 714–722.

McClun, L.A. & Merrell, K.W. (1998). Relationship of perceived parenting styles, locus of control orientation, and self-concept among junior high age students. Psychology in the Schools, 35, 381–390.

McCrae, R.R. & Costa, P.T. (1987). Validation of the five-factor model of personality across instruments and observers. Journal of Personality and Social Psychology, 52, 81–90.

McCrae, R.R. & Costa, P.T. (1999). A five-factor theory of personality. In L.A. Pervin & O.P. John (Eds.), Handbook of personality: Theory and research (pp. 139–153). New York: Guilford.

McGee, Z.T. & Baker, S.R. (2002). Impact of violence on problem behavior among adolescents. Journal of Contemporary Criminal Justice, 18, 74–93.

McRobbie, C.J. & Fraser, B.J. (1993). Associatives between student outcomes and psychosocial science environment. Journal of Educational Research, 87, 78–85.

Medienpädagogischer Forschungsverbund Südwest (2001). JIM 2001: Jugend, Information und (Multi-) Media. http://www.mpfs.de/projekte/jim-pm.pdf. Zugriff am 28.05.2002.

Meeus, W. (1996). Studies on identity development in adolescence: An overview of research and some new data. Journal of Youth and Adolescence, 25, 569–598.

Meeus, W. & Dekovic, M. (1996). Unemployment, psychological well-being and identity development in adolescence. In M.P.M. de Goede, P.M. de Klaver, J.A.C. van Ophem, C.H.A. Verhaar & A. de Vries (Eds.), Youth: Unemployment, identity and policy (pp. 49–63). Aldershot: Avebury.

Meeus, W., Iedema, J., Helsen, M. & Vollebergh, W. (1999). Patterns of adolescent identity development: Review of literature and longitudinal analysis. Developmental Review, 19, 419–461.

Meeus, W., Iedema, J. & Vollebergh, W. (1999). Identity formation re-revisited: A rejoinder to Waterman on developmental and cross-cultural issues. Developmental Review, 19, 480–496.

Menard, S. & Morse, B.J. (1984). A structuralist critique of the IQ-delinquency hypothesis: Theory and evidence. American Journal of Sociology, 89, 1347–1378.

Mendelson, B.K., Mendelson, M.J. & White, D.R. (2001). Body-esteem scale for adolescents and adults. Journal of Personality Assessment, 76, 90–106.

Merikangas, K.R. & Angst, J. (1995). The challenge of depressive disorders in adolescence. In M. Rutter (Ed.), Psychosocial disturbances in young people. Challenges for prevention (pp. 131–165). Cambridge: Cambridge University Press.

Merten, R. (1994). Haben Kinder und Jugendliche keine Werte mehr? Zur moralischen Sozialisation. Neue Sammlung, 34, 233–246.

Messerschmidt, J.W. (1993). Masculinities and crime: Critique and reconceptualization of theory. Lanham: Rowman & Littlefield.

Millstein, S.G. & Litt, I.F. (1990). Adolescent health. In S.S. Feldman & G.R. Elliott (Eds.), At the threshold: The developing adolescent (pp. 431–456). Cambridge: Harvard University Press.

Moffitt, T.E. (1993). Adolescence-limited and life-course-persitent antisocial behavior: A developmental taxonomy. Psychological Review, 100, 674–701.

Mohr, A. & Becker, P. (1997). Strategien von Schülerinnen und Schülern im Umgang mit Gewalt in der Schule. Empirische Pädagogik, 11, 351–367.

Montada, L. (2002). Delinquenz. In R. Oerter & L. Montada (Hrsg.), Entwicklungspsychologie (S. 859–873). Weinheim: Beltz PVU.

Mounts, N.S. (2001). Young adolescents' perceptions of parental management of peer relationships. Journal of Early Adolescence, 21, 92–122.

Müller-Wiegand, I. (1998). Zeigt mir, was Ihr könnt! Punks in der Jugendarbeit. Praxisbeispiele aus Großbritannien und der Bundesrepublik. Opladen: Leske + Budrich

Münchmeier, R. (2000). Miteinander – Nebeneinander – Gegeneinander? Zum Verhältnis zwischen deutschen und ausländischen Jugendlichen. In Deutsche Shell (Hrsg.), Jugend 2000, Band 1 (S. 221–260). Opladen: Leske + Budrich.

Murstein, B.I. (1986). Paths to marriage. Beverly Hills: Sage.

National Center of Health Statistics (2000). 2 to 20 years: Stature-for-age and weight-for age percentiles. http://www.cdc.gov/growthcharts. Zugriff am 18.11.2002.

Nesse, R.M. (2000). Is depression an adaptation? Archives of General Psychiatry, 57, 14–20.

Neugarten, B.L. (1979). Time, age, and the life cycle. The American Journal of Psychiatry, 136, 887–894.

Newman, D.L., Moffitt, T.E., Caspi, A., Magdol, L. Silva, P.A. & Stanton, W.R. (1996). Psychiatric disorders in a birth cohort of young adults: Prevalence, comorbidity, clinical significance, and new case incidence from ages 11 to 21. Journal of Consulting and Clinical Psychology, 64, 552–562.

Nicholls, J.G. (1984). Achievement motivation: Conceptions of ability, subjective experience, task choice, and performance. Psychological Review, 91, 328–346.

Noack, P. (1990). Jugendentwicklung im Kontext. Zum aktiven Umgang mit sozialen Entwicklungsaufgaben in der Freizeit. München: PVU.

Noack, P. (1992). Allein zu zweit: Ein-Elternteil-Familien. In M. Hofer, E. Klein-Allermann & P. Noack (Hrsg.), Familienbeziehungen (S. 289–310). Göttingen: Hogrefe.

Noack, P. & Kracke, B. (1995). Jugendliche, Ausländer und Europa: Einstellungen in Abhängigkeit von globalen Werthaltungen und Schultyp. Psychologie in Erziehung und Unterricht, 42, 89–98.

Nolen-Hoeksema, S. & Girgus, J.S. (1994). The emergence of gender differences in depression during adolescence. Psychological Bulletin, 115, 424–443.

Nolen-Hoeksema, S., Girgus, J.S. & Seligman, M.E.P. (1992). Predictors and consequences of childhood depressive symptoms: A 5-year longitudinal study. Journal of Abnormal Psychology, 101, 405–422.

Nottelmann, E.D., Susman, E.J., Dorn, L.D., Inoff-Germain, G., Loriaux, D.L., Cutler, G.B. & Chrousos, G.P. (1987). Developmental processes in early adolescence. Journal of Adolescent Health Care, 8, 246–260.

Nurmi, J.-E. (1991). How do adolescents see their future? A review of the development of future orientation and planning. Developmental Review, 11, 1–59.

Nurmi, J.-E. (1993). Adolescent development in an age-graded context: The role of personal beliefs, goals, and strategies in the tackling of developmental tasks and standards. International Journal of Behavioral Development, 16, 169–189.

Nurmi, J.-E. (2002). An introduction: Thinking about, preparing for and negotiating the future. In J. Trempala & L.-E. Malmberg (Eds.), Adolescents future-orientation. Theory and research (pp. 9–14). Frankfurt am Main: Peter Lang.

Nurmi, J.-E., Seginer, R. & Poole, M.E. (1994). Searching for the future in different environments: A comparison of Australian, Finnish and Israeli adolescents' future orientations, explorations and commitments. In P. Noack, M. Hofer & J. Youniss (Eds.), Psychological responses to social change: Human development in changing environments (pp. 219–237). Oxford: Walter de Gruyter.

O'Dea, J.A. & Abraham, S. (1999). Association between self-concept and body weight, gender, and pubertal development among male and female adolescents. Adolescence, 34, 69–79.

OECD (2001). Lernen für das Leben. Erste Ergebnisse der internationalen Schulleistungsstudie PISA 2000. Paris: OECD.

Oerter, R. & Dreher, E. (1998). Jugendalter. In R. Oerter & L. Montada, L. (Hrsg.), Entwicklungspsychologie (S. 310–395). Weinheim: Beltz PVU.

Offer, D. (1969). The psychological world of the teenager. New York: Basic Books.

O'Koon, J. (1997). Attachment to parents and peers in late adolescence and their relationship with self-image. Adolescence , 32, 471–482.

Olbrich, E. (1995). Entwicklung im Erwachsenenalter. Würzburg: Ergon.

Olbrich, E. & Brüderl, L. (1998). Frühes Erwachsenenalter: Partnerwahl, Partnerschaft, Elternschaft. In R. Oerter & L. Montada (Hrsg.), Entwicklungspsychologie (S. 396–422). Weinheim: Beltz PVU.

Olweus, D. (1994). Annotation: Bullying at school: Basic facts and effects of a school based intervention program. Journal of Child Psychology and Psychiatry, 35, 1171–1190.

Onatsu-Arvilommi, T.P. & Nurmi, J.E. (1997). Family background and problems at school and in society: The role of family composition, emotional atmosphere and parental education. European Journal of Psychology of Education, 12, 315–330.

Oswald, H. (1992). Beziehungen zu Gleichaltrigen. In Jugendwerk der Deutschen Shell (Hrsg.), Jugend, 92. Band 2: Im Spiegel der Wissenschaften (S. 319–332). Opladen: Leske + Budrich.

Otto, L.B. & Atkinson, M.P. (1997). Parental involvement and adolescent development. Journal of Adolescent Research, 12, 68–89.

Overbeek, G., Vollebergh, W., Meeus, W., Engels, R. & Luijpers, E. (2001). Course, co-occurence, and longitudinal associations of emotional disturbance and delinquency from adolescence to young adulthood: A six-year three-wave study. Journal of Youth and Adolescence, 30, 401–426.

Pagani, L., Boulerice, B., Vitaro, F. & Tremblay, R.E. (1999). Effects of poverty on academic failure and delinquency in boys: A change and process model approach. Journal of Child Psychology and Psychiatry, 40, 1209–1219.

Paintal, H.K. & Pandey, N. (1996). A conflict-based study of attitudes of adolescents towards their parents – Implications for parental counselling. Indian Journal of Clinical Psychology, 23, 4–11.

Pastorino, E., Dunham, R.M., Kidwell, J., Bacho, R. & Lamborn, S.D. (1997). Domain-specific comparisons in identity development among college youth: Ideology and relationships. Adolescence, 32, 559–577.

Pedlow, R., Sanson, A.V., Prior, M. & Oberklaid, F. (1993). The stability of temperament from infancy to eight years. Developmental Psychology, 29, 998–1007.

Petermann, F. (1998). Aggressives Verhalten. In R. Oerter & L. Montada (Hrsg.), Entwicklungspsychologie (S. 1016–1023). Weinheim: Beltz PVU.

Petermann, H., Müller, H., Kersch, B. & Röhr, M. (1997). Erwachsen werden ohne Drogen. Ergebnisse schulischer Drogenprävention. Weinheim: Juventa.

Petermann, F. & Petermann, U. (2001). Training mit aggressiven Kindern. Weinheim: Beltz PVU.

Petermann, F. & Scheithauer, H. (1998). Aggressives und antisoziales Verhalten im Kindes- und Jugendalter. In F. Petermann, M. Kusch & K. Niebank (Hrsg.), Entwicklungspsychopathologie (S. 243–295). Weinheim: Beltz PVU.

Petersen, A.C., Compas, B.E., Brooks-Gunn, J., Stemmler, M., Ey, S. & Grant, K.E. (1993). Depression in adolescence. American Psychologist, 48, 155–158.

Pfeiffer, C. (1997). Juvenile crime and violence in European countries. Hannover: Forschungsbericht des Kriminologischen Forschungsinstituts Niedersachsen e.V.

Pfeiffer, C., Wetzels, P. & Enzmann, D. (1999). Innerfamiliäre Gewalt gegen Kinder und Jugendliche und ihre Auswirkungen. Hannover: Forschungsbericht des Kriminologischen Forschungsinstituts Niedersachsen e.V.

Piaget, J. (1936). La naissance de l'intelligence chez l'enfant. Neuchâtel: Delachaux & Niestlé.

Piaget, J. (1937). La construction du réel chez l'enfant. Neuchâtel: Delachaux & Niestlé.

Piaget, J. (1947). Psychologie de l'intelligence. Paris: Colin.

Piaget, J. (1973). Psychologie de l'enfant. Paris: PUF.

Piaget, J. & Inhelder, B. (1947). La représentation de l'espace chez l'enfant. Paris: Presses Universitaires de France.

Pickles, A. & Rutter, M. (1991). Statistical and conceptual models of "turning points" in developmental processes. In D. Magnusson, L.R. Bergman, G. Rudinger & B. Törestad (Eds.), Problems and methods in longitudinal research: Stability and change (pp. 133–165). New York: Cambridge University Press.

Pinquart, M. & Scrugies, D. (1999). Konflikte zwischen Heranwachsenden und ihren Eltern. In R.K. Silbereisen & J. Zinnecker (Hrsg.), Entwicklung im sozialen Wandel (S. 393–412). Weinheim: Beltz PVU.

Pintrich, P.R. & Schrauben, B. (1992). Students' motivational beliefs and their cognitive engagement in classroom academic tasks. In D.H. Schunk & J.L. Meece (Eds.), Student perceptions in the classroom (pp. 149–183). Hillsdale: Lawrence Erlbaum.

Plomin, R. & Caspi, A. (1999). Behavior genetics in personality. In L.A. Pervin & O.P. John (Eds.), Handbook of personality: Theory and research (pp. 251–276). New York: Guilford Press.

Poole, M.E. & Cooney, G.H. (1987). Orientations to the future: A comparison of adolescents in Australia and Singapore. Journal of Youth and Adolescence, 16, 129–151.

Prins, P.J.M. (2001). Affective and cognitive processes and the development and maintenance of anxiety and its disorders. In W.K. Silverman & S. Treffer (Eds.), Anxiety disorders in children and adolescents. Research, assessment, and intervention (pp. 23–44). Cambridge: Cambridge University Press.

Pudel, V. (2001). Ernährung – Gewicht – Diät. Die Mythen und die Fakten. In G. Reich und M. Cierpka (Hrsg.), Psychotherapie der Essstörungen. Krankheitsmodelle und Therapiepraxis – störungsspezifisch und schulenübergreifend (S. 1–23). Stuttgart: Thieme.

Quinton, D., Pickles, A., Maughan, B. & Rutter, M. (1993). Partners, peers, and pathways: Assortative pairing and continuities in conduct disorder. Development and Psychopathology, 5, 763–783.

Radziszewska, B., Richardson, J.L., Dent, C.W. & Flay, B.R. (1996). Parenting style and adolescent depressive symptoms, smoking, and academic achievement: Ethnic, gender, and SES differences. Journal of Behavioral Medicine, 19, 289–305.

Ramey, C.T. & Campbell, F.A. (1991). Poverty, early childhood education, and academic competence: The Abecedarian experiment. In A.C. Huston (Ed.), Children in poverty. Child development and public policy (pp. 190–221). Cambridge: Cambridge University Press.

Ramey, C.T., Campbell, F.A. & Blair, C. (1998). Enhancing the life course for high-risk children: Results from the Abecedarian Project. In J. Crane (Ed.), Social programs that work (pp. 163–183). New York: Russell Sage.

Ramey, C.T. & Landesman Ramey, S. (1998). Early intervention and early experience. American Psychologist, 53, 109–120.

Ramey, C.T., McGinness, G., Cross, L., Collier, A. & Barrier-Blackley, S. (1981). The Abecedarian approach to social competence: Cognitive and linguistic intervention for disadvantaged preschoolers. In K. Borman (Ed.), The social life of children in a changing society (pp. 145–174). Hillsdale: Lawrence Erlbaum.

Reiss Jr, A.J. (1988). Co-offending and criminal careers. In M. Tonry & N. Morris (Eds.), Crime and justice. A review of research. Vol. 10 (pp. 117–170). Chicago: The University of Chicago Press.

Reißig, M. (1985). Körperliche Entwicklung und Akzeleration Jugendlicher. Berlin: Volk und Gesundheit.

Remschmidt, H. (1992). Adoleszenz. Entwicklung und Entwicklungskrisen im Jugendalter. Stuttgart: Georg Thieme Verlag.

Remschmidt, H. (2000). Angstsyndrome und emotionale Störungen. In H. Remschmidt (Hrsg.), Kinder- und Jugendpsychiatrie (S. 207–221). Stuttgart: Thieme.

Rheinberg, F. (2001). Bezugsnormorientierung. In D.H. Rost (Hrsg.), Handwörterbuch Pädagogische Psychologie (S. 55–62). Weinheim: Beltz PVU.

Rheinberg, F., Bromme, R., Minsel, B., Winteler, A. & Weidenmann, B. (2001). Die Erziehenden und Lehrenden. In A. Krapp & B. Weidenmann (Hrsg.), Pädagogische Psychologie (S. 271–355). Weinheim: Beltz PVU.

Riese, M.L. (1987). Temperamental stability between neonatal period and 24 months. Developmental Psychology, 23, 216–222.

Robins, L.N. (1995). Sociocultural trends affecting the prevalence of adolescent problems. In M. Rutter (Eds.), Psychosocial disturbances in young people. Challenges for prevention (pp. 367–384). Cambridge: Cambridge University Press.

Robins, L.N. & McEvoy, L. (1990). Conduct problems ad predictors of substance abuse. In L.N. Robins & M. Rutter (Eds.), Straight and devious pathways from childhood to adulthood (pp. 182–204). New York: Cambridge University Press.

Robins, R.W., John, O.P., Caspi, A., Moffitt, T.E. & Stouthamer-Loeber, M. (1996). Resilient, overcontrolled, and undercontrolled boys: Three replicable personality types. Journal of Personality and Social Psychology, 70, 157–171,

Rodax, K. & Spitz, N. (1978). Sozialstatus und Schulerfolg. Heidelberg: Quelle & Meyer.

Rose, R.J., Koskenvuo, M., Kaprio, J., Sarna, S. & Langinvainio, H. (1988). Shared genes, shared experiences, and similarity of personality: Data from 14,288 adult Finnish co-twins. Journal of Personality and Social Psychology, 54, 161–171.

Rosen, D.L., Cameron, J. & Rice, D. (1996). The Temperament Program: A children's preventive mental health program. HMO Practice, 10, 140–142.

Rosenberg, M. (1979). Conceiving the self. New York: Basic Books.

Rosenblum, G.D. & Lewis, M. (1999). The realtions among body image, physical attractiveness, and body mass in adolescence. Child Development, 70, 50–64.

Rosenthal, D.A. & Smith, A.M.A. (1997). Adolescent sexual time tables. Journal of Youth and Adolescence, 26, 619–636.

Rothbart, M.K. (1988). Temperament and the development of inhibited approach. Child Development, 59, 1241–1250.

Rothbart, M.K., Ahadi, S.A. & Hershey, K.L. (1994). Temperament and social behavior in childhood. Merrill-Palmer Quarterly, 40, 21–39.

Rothbart, M.K. & Bates, J.E. (1998). Temperament. In W. Damon & N. Eisenberg (Eds.), Handbook of child psychology. Vol. 3: Social, emotional, and personality development (pp. 105–176). New York: Wiley.

Rothbart, M.K. & Derryberry, D. (1981). Development of individual differences in temperament. In M.E. Lamb & A.L. Brown (Eds.), Advances in developmental psychology (Vol. 1, pp. 37–86). Hillsdale: Lawrence Erlbaum.

Rothbart, M.K., Derryberry, D. & Hershey, K. (2000). Stability of temperament in childhood: Laboratory infant assessment to parent report at seven years. In V.J. Molfese & D.L. Molfese (Eds.), Temperament and personality development across the life span (pp. 85–119). Mahwah: Lawrence Erlbaum.

Rutter, M. (1987). Psychosocial resilience and protective mechanisms. American Journal of Orthopsychiatry, 57, 316–331.

Rutter, M. (1989). Pathways from childhood to adult life. Journal of Child Psychology and Psychiatry, 30, 23–51.

Rutter, M. (1990). Psychosocial resilience and protective mechanisms. In J. Rolf, A.S. Masten, D. Cicchetti, K.N. Nuechterlein & S. Weintraub (Eds.), Risk and protective factors in the development of psychopathology (pp. 181–214). Cambridge: Cambridge University Press.

Rutter, M. (1994). Continuities, transitions and turning points in development. In M. Rutter & D. Hay (Eds.), Development through life (pp. 1–25). London: Blackwell.

Rutter, M. (1996). Transitions and turning points in developmental psychopathology: As applied to the age span between childhood and mid-adulthood. International Journal of Behavioral Development, 19, 603–626.

Rutter, M., Graham, P., Chadwick, F. & Yule, W. (1976). Adolescent turmoil: Fact or fiction? Journal of Child Psychology and Psychiatry, 17, 35–56.

Ryan, A.M. (2001). The peer group as a context for the development of young adolescent motivation and achievement. Child Development, 72, 1135–1150.

Ryder, N. (1965). The cohort in the study of social change. American Sociological Review, 30, 843–861.

Salmela-Aro, K. (1992). Struggling with self: The personal projects of students seeking psychological counselling. Scandinavian Journal of Psychology, 33, 330–338.

Salmela-Aro, K. & Nurmi, J.-E. (1997). Goal contents, well-being, and life context during transition to university: A longitudinal study. International Journal of Behavioral Development, 220, 471–491.

Saxton, L. (1968). The individual, marriage, and the famiily. Belmont: Wadsworth.

Scaramella, L.V., Conger, R.D., Spoth, R. & Simons, R.L. (2002). Evaluation of a social contextual model of delinquency: A cross-study replication. Child Development, 73, 175–195.

Schatz-Bergfeld, M., Bruns, T. & Sesson, H. (1995). Jugend – Freizeit – Technik: Kompetenzerwerb Jugendlicher im alltäglichen Technikumgang. Frankfurt am Main: Peter Lang.

Schiefele, U. & Schreyer, I. (1994). Intrinsische Lernmotivation und Lernen – Ein Überblick zu Ergebnissen der Forschung. Zeitschrift für Pädagogische Psychologie, 8, 1–13.

Schlag, B. (1995). Lern- und Leistungsmotivation. Opladen: Leske + Budrich.

Schmidt, G., Klusmann, D. & Zeitzschel, U. (1992). Veränderungen der Jugendsexualität zwischen 1970 und 1990. Sexualforschung, 5, 191–218.

Schmidt, U., Tiller, J., Hodes, M. & Treasure, J. (1995). Risk factors for the development of early onset Bulimia nervosa. In H.-C. Steinhausen (Ed.), Eating disorders in adolescence (pp. 83–93). Berlin: de Gruyter.

Schmidt-Rodermund, E. (1999). Entwicklungsorientierte Prävention am Beispiel des Drogengebrauchs im Jugendalter. In R. Oerter, C. von Hagen, G. Röper & G. Noam (Hrsg.), Klinische Entwicklungspsychologie (S. 421–436). Weinheim: Beltz PVU.

Schmitz, K.H., Lytle, L.A., Phillips, G.A., Murray, D.M., Birnbaum, A.S. & Kubik, M.Y. (2002). Psychosocial correlates of physical activity and sedentary leisure habits in young adolescents: The Teens Eating for Energy and Nutrition at School Study. Preventive Medicine, 34, 266–278.

Schneewind, K. (1994). Enzyklopädie der Psychologie. Psychologie der Erziehung und Sozialisation. Göttingen: Hogrefe.

Schneider, S. & Margraf, J. (1998). Agoraphobie und Panikstörung. Göttingen: Hogrefe.

Schubarth, W. (1997). Gewaltphänomene aus der Sicht von Schülern und Lehrern. Eine empirische Studie an sächsischen Schulen. Die Deutsche Schule, 89, 63–76.

Schulenberg, J., Bachman, J.G., Johnston, L.D. & O'Malley, P.M. (1995). American adolescents' views on family and work: Historical trends from 1976–1992. In P. Noack, M. Hofer & J. Youniss (Eds.), Psychological responses to social change (pp. 37–64). Berlin: de Gruyter.

Schwab, J. & Stegmann, M. (1999). Die Windows-Generation. Profile, Chancen und Grenzen jugendlicher Computeraneignung. München: KoPäd.

Schwartz, S.H. & Bilsky, W. (1987). Toward a universal psychological structure of human values. Journal of Personality and Social Psychology, 53, 555–562.

Schwartz, S.H. & Bilsky, W. (1990). Toward a theory of the universal content and structure of values: Extensions and cross-cultural replications. Journal of Personality and Social Psychology, 58, 878–891.

Schwarz, B. & Silbereisen, R.K. (1999). Akzentuiert Scheidung der Eltern vorher bestehende Unterschiede? Aspekte des Selbst und Problemverhalten vor und nach der Trennung. In S. Walper & B. Schwarz (Hrsg.), Was wird aus den Kindern? Chancen und Risiken für die Entwicklung von Kindern aus Trennungs- und Stieffamilien (S. 23–48). Weinheim: Juventa.

Seiffge-Krenke, I. (1997). Wie verändern sich die familiären Beziehungen im Jugendalter? Diskrepanzen in der Einschätzung von Jugendlichen und ihren Eltern. Zeitschrift für Entwicklungspsychologie und Pädagogische Psychologie, 29, 133–150.

Seiffge-Krenke, I. (1998a). Chronic disease and perceived developmental progression in adolescence. Developmental Psychology, 34, 1073–1084.

Seiffge-Krenke, I. (1998b). Adolescents' health. A developmental perspective. Mahwah: Lawrence Erlbaum.

Seiffge-Krenke, I. (2002). Gesundheit als aktiver Gestaltungsprozess im menschlichen Lebenslauf. In R. Oerter und L. Montada (Hrsg.), Entwicklungspsychologie (S. 833–846). Weinheim: Beltz PVU.

Seiffge-Krenke, I. & Klessinger, N. (2000). Long-term effects of avoidant coping on adolescents' depressive symptoms. Journal of Youth and Adolescence, 29, 617–630.

Seiffge-Krenke, I., Schmidt, C., Kollmar, F., Floss, A. & Roth, M. (1996). Chronisch kranke Jugendliche und ihre Familien: Belastung, Bewältigung und psychosoziale Folgen. Stuttgart: Kohlhammer.

Seiffge-Krenke, I. & Shulman, S. (1993). Stress, coping, and relationships in adolescence. In S. Jackson & H. Redriguez-Tome (Eds.), Adolescence and its social worlds (pp. 169–196). Hove: Lawrence Erlbaum.

Sekretariat der Ständigen Konferenz der Kultusminister der Länder in der Bundesrepublik Deutschland (2001). Grundstruktur des Bildungswesens in der Bundesrepublik Deutschland – Diagramm. http://www.kmk.org/doku/de-2000.pdf (Zugriff am 07.10.2002).

Selvini-Palazzoli, M. (1982). Magersucht. Von der Behandlung einzelner zur Familientherapie. Stuttgart: Klett-Cotta.

Shaffer, D., Gould, M.S., Fisher, P., Trautman, P., Moreau, D., Kleinman, M. & Flory, M. (1996). Psychiatric diagnosis in child and adolescent suicide. Archives of General Psychiatry, 53, 339–348.

Shafii, M. & Shafii, S. L. (1992). Clinical manifestations and developmental psychopathology of depression. In M. Shafii & S.L. Shafii (Eds.), Clinical guide to depression in children and adolescents (pp. 3–42). Washington: American Psychiatric Association.

Shedler, J. & Block, J. (1990). Adolescent drug use and psychological health. A longitudinal inquiry. American Psychologist, 45, 612–630.

Silbereisen, R.K. (1986). Entwicklung als Handlung im Kontext: Entwicklungsprobleme und Problemverhalten im Jugendalter. Zeitschrift für Sozialisationsforschung und Erziehungssoziologie, 6, 29–46.

Silbereisen, R.K. (1998). Lessons we learned – problems still to be solved. In R. Jessor (Ed.), New perspectives on adolescent risk behavior (pp. 518–543). Cambridge: University Press.

Silbereisen, R.K., Kracke, B. & Nowak, M. (1992). Körperliches Entwicklungstempo und jugendtypische Übergänge. In Jugendwerk der Deutschen Shell (Hrsg.), Jugend ,92 (S. 171–196). Opladen: Leske + Budrich.

Silbereisen, R., Petersen, A., Albrecht, H. & Kracke, B. (1989). Maturational timing and the development of problem behavior: Longitudinal studies in adolescence. Journal of Early Adolescence, 9, 247–268.

Silbereisen, R.K. & Schmitt-Rodermund, E. (1998). Entwicklung im Jugendalter: Prozesse, Kontexte und Ergebnisse. In H. Keller, (Hrsg.), Lehrbuch Entwicklungspsychologie (S. 377–397). Bern: Huber.

Silbereisen, R.K. & Schwarz, B. (1992). Frühe Belastungen und Unterschiede im Zeitpunkt psychosozialer Übergänge. In Jugendwerk der Deutschen Shell (Hrsg.), Jugend, 92 (S. 197–220). Opladen: Leske + Budrich.

Silbereisen, R.K. & Wiesner, M. (1999). Erste romantische Beziehungen bei Jugendlichen aus Ost- und Westdeutschland: Ein Vergleich der Prädiktoren von 1991 und 1996. In R.K. Silbereisen & J. Zinnecker (Hrsg.), Entwicklung im sozialen Wandel (S. 101–118). Weinheim: Beltz PVU.

Silva, P.A. & Stanton, W. (1996). From child to adult: The Dunedin study. Oxford: Cambridge University Press.

Simmons, R.G., Burgeson, R., Carlton-Ford, S. & Blyth, D.A. (1987). The impact of cumulative change in early adolescence. Child Development, 58, 1220–1234.

Slavin, R.E. (1990). Achievement effects of ability grouping in secondary schools: A best-evidence synthesis. Review of Educational Research, 60, 471–499.

Slavin, R.E. (1997). Educational psychology. Theory and practice. Needham Heights: Viacom.

Small, S.A. & Luster, T. (1994). Adolescent sexual activity: An ecological, risk-factor approach. Journal of Marriage and the Family, 56, 181–192.

Smolak, L., Levine, M. & Gralen, S. (1993). The impact of puberty and dating on eating problems among middle school girls. Journal of Youth and Adolescence, 22, 355–368.

Soravia, L.M. (2002). Emotionsregulation und Wohlbefinden. Der Einfluss von Emotionsregulationsstrategien auf das subjektive Wohlbefinden bei unauffälligen, klinisch-auffälligen sowie verhaltensauffälligen Kindern und Jugendlichen im Umgang mit negativen Gefühlen. Bern: Unveröffentlichte Lizentiatsarbeit.

Sparling, J.J. & Lewis, I. (1981). Learningames for the first three years: A program for parent/center partnership. New York: Walker Educational.

Spoth, R., Redmond, C. & Shin, C. (2000). Modeling factors influencing enrollment in family-focused preventive intervention research. Prevention Science, 1, 213–225.

Statistisches Bundesamt Deutschland (1998). Statistisches Jahrbuch für die Bundesrepublik Deutschland. Stuttgart: Metzler-Poeschel.

Statistisches Bundesamt Deutschland (2001). Statistisches Jahrbuch für die Bundesrepublik Deutschland. Wiesbaden: Statistisches Bundesamt.

Stattin, H. & Magnusson, D. (1990). Pubertal maturation in female development. Hillsdale: Lawrence Erlbaum.

Steiger, H. & Stotland, S. (1995). Individual and family factors in adolescents with eatings symptoms and syndromes. In H.-C. Steinhausen (Ed.), Eating disorders in adolescence (pp. 49–68). Berlin: de Gruyter.

Steinberg, L. (1996). Adolescence. New York: McGraw-Hill.

Steinberg, L. (2001). We know some things: Parent-adolescent relationships in retrospect and prospect. Journal of Research on Adolescence, 11, 1–19.

Steinberg, L., Elmen, J. & Mounts, N. (1989). Authoritative parenting, psychosocial maturity, and academic success among adolescents. Child Development, 60, 1424–136.

Steinberg, L., Lamborn, S., Darling, N., Mounts, N. & Dornbusch, S. (1994). Over-time changes in adjustment and competence among adolescents from authoritative, authoritarian, indulgent, and neglectful families. Child Development, 65, 754–770.

Steinberg, L., Mounts, N., Lamborn, S. & Dornbusch, S. (1991). Authoritative parenting and adolescent adjustment across various ecological niches. Journal of Research on Adolescence, 1, 19–36.

Steiner, H., Sanders, M. & Ryst, E. (1995). Precursors and risk factors of juvenile eating disorders. In H.-C. Steinhausen (Ed.), Eating disorders in adolescence (pp. 95–125). Berlin: de Gruyter.

Steinhausen, H. C., Boyadjieva, S., Grigoroiu-Serbanescu, M., Seidel, R. & Winkler Metzke, C. (2000). A transcultural outcome study of adolescent eating disorders. Acta Psychiatrica Scandinavica, 101, 60–66.

Steinkamp, G. (1991). Sozialstruktur und Sozialisation. In K. Hurrelmann & D. Ulich (Hrsg.), Neues Handbuch der Sozialisationsforschung (S. 251–278). Weinheim: Beltz.

Stern, W. (1909). Erinnerung, Aussage und Lüge in der ersten Kindheit. Leipzig: Barth.

Stiehler, S. (1997). Allein mit Kind(ern) – Probleme und Chancen einer verbreiteten Familienform. In L. Böhnisch & K. Lenz (Hrsg.), Familien: Eine interdisziplinäre Einführung (S. 199–211). Weinheim: Juventa.

Stipek, D.J. (1996). Motivation and instruction. In D.C. Berliner & R.C. Calfee (Eds.), Handbook of educational psychology (pp. 85–113). New York: Simon & Schuster Macmillan.

Stock, M. & Mühlberg, P. (1990). Die Szene von Innen. Skinheads, Grufties, Heavy Metals, Punks. Berlin: Links Verlag.

Storch, M. (1994). Das Eltern-Kind-Verhältnis im Jugendalter. Eine empirische Längsschnittstudie. Weinheim: Juventa.

Stouthamer-Loeber, M., Loeber, R., Wei, E., Farrington, D.P. & Wikström, P.O.H. (2002). Risk and promotive effects in the explanation of persistent serious delinquency in boys. Journal of Consulting and Clinical Psychology, 70, 111–123.

Sturzbecher, D., Landua, D. & Shahla, H. (2001). Jugendgewalt unter ostdeutschen Jugendlichen. In D. Sturzbecher (Hrsg.), Jugend in Ostdeutschland: Lebenssituationen und Delinquenz (S. 249–300). Opladen: Leske + Budrich.

Sullivan, H.S. (1953). The interpersonal theory of psychiatry. New York: Norton.

Sullivan, M.L. (1996). Developmental transitions in poor youth: Delinquency and crime. In J.A. Graber, L.W. Brooks & A.C. Petersen (Eds.), Transitions through adolescence. Interpersonal domains and context (pp. 141–164). Mahwah: Lawrence Erlbaum.

Sun, S.W., Bell, N.J., Feng, D. & Avery, A.W. (2000). A longitudinal analysis of parental bonds and relational competencies during the college years. International Journal of Adolescence and Youth, 8, 149–181.

Surbey, M. (1990). Family composition, stress, and human menarche. In F.B. Bercovitch & T.E. Zeigler (Eds.), Socioendocrinology of primate reproduction (pp. 11–32). New York: Alan R. Liss.

Swartzberg, L., Shmunkler, D. & Chalmers, B. (1983). Emotional adjustment and self-concept of children from divorced and nondivorced unhappy homes. Journal of Social Psychology, 121, 305–312.

Tanner, J. (1972). Sequence, tempo, and individual variation in growth and development of boys and girls aged twelve to sixteen. In J. Kagan & R. Coles (Eds.), Twelve to sixteen: Early adolescence (pp. 1–24). New York: Norton.

Tarter, R., Vanyukov, M., Giancola, P., Dawes, M., Blackson, T., Mezzich, A. & Clark, D.B. (1999). Etiology of early age onset substance use disorder: A maturational perspective. Development and Psychopathology, 11, 657–683.

Task Force on DSM-IV (1994). Diagnostic and statistical manual of mental disorders (Fourth edition). DSM-IV. Washington: American Psychiatric Association.

Terman, L.M. & Oden, H.M. (1959). The gifted groups at midlife: A thirty-five years follow-up of the superior child. Stanford, CA: University Press.

Tesser, A. (1993). The importance of heritability in psychological research: The case of attitudes. Psychological Review, 100, 129–142.

Thomae, H. (1959). Entwicklungsbegriff und Entwicklungstheorie. In H. Thomae (Hrsg.), Handbuch der Psychologie, Band 3 (S. 3–20). Göttingen: Hogrefe.

Thomas, A. & Chess, S. (1977). Temperament and development. Oxford: Brunner/Mazel.

Tietjens, M. (2001). Sportliches Engagement und sozialer Rückhalt im Jugendalter. Eine repräsentative Surveystudie in Brandenburg und Nordrhein-Westfalen. Lengerich: Pabst.

Tinsley, H.E.A., Hinson, J.A., Tinsley, D.J. & Holt, M.S. (1993). Attributes of leisure and work experiences. Journal of Counseling Psychology, 40, 447–455.

Tinsley, H.E.A. & Tinsley, D.J. (1986). A theory of the attributes, benefits and causes of leisure experience. Leisure Sciences, 8, 1–45.

Tobler, N.S. & Stratton, H.H. (1997). Effectiveness of school-based drug prevention programs: A meta-analysis of the research. The Journal of Primary Prevention, 18, 71–128.

Toman, E. (1999). Vom Leben zwischen Kampf und Scham. Formen, Funktionen und Ursachen von Essstörungen. Psychoscope, 20, 6–9.

Tremblay, P.F., Gardner, R.C. & Heipel, G. (2000). A model of the relationships among measures of affect, aptitude, and performance in introductory statistics. Canadian Journal of Behavioural Science, 32, 40–48.

Tschanz, U. (1997). Was tun Kinder und Jugendliche in ihrer Freizeit? In A. Grob (Hrsg.), Kinder und Jugendliche heute: belastet – überlastet? (S. 69–90). Chur: Rüegger.

Udry, J.R. & Billy, J.O.G. (1987). Initiation of coitus in early adolescence. American Sociological Review, 52, 841–855.

Udry, J.R., Talbert, L.M. & Morris, N.M. (1986). Biosocial foundations for adolescent female sexuality. Demography, 23, 217–230.

Underwood, M.K., Schockner, A.E. & Hurley, J.C. (2001). Children's responses to same- and other-gender peers: An experimental investigation with 8-, 10-, and 12-year-olds. Developmental Psychology, 37, 362–372.

UNICEF, UNAIDA & WHO (2002). Young people and HIV/AIDS. Opportunity in crisis. http://www.unaids.org/barcelona/presskitt/youngpeople/YoungpeopleHIVAIDS_en.pdf. Zugriff am 10.10.2002.

Valery, J.H., O'Connor, P. & Jennings, S. (1997). The nature and amount of support college-age adolescents request and receive from parents. Adolescence, 32, 323–337.

Literatur

van Wel, F., Linssen, H. & Abma, R. (2000). The parental bond and the well-being of adolescents and young adults. Journal of Youth and Adolescence, 29, 307–335.

Vitaro, F., Brendgen, M., Ladouceur, R. & Tremblay, R.E. (2001). Gambling, delinquency, and drug use during adolescence: Mutual influences an common risk factors. Journal of Gambling Studies, 17, 171–190.

von Aster, M., Schulz, E., Braun-Scharm, H. & Woggon, B. (2000). Depressionen bei Kindern und Jugendlichen. Schweizerische Ärztezeitung, 81, 2912–2916.

Wagner, B.M., Cohen, P. & Brook, J.S. (1996). Parent/adolescent relationships: Moderators of the effects of stressful life events. Journal of Adolescent Research, 11, 347–374.

Wakschlag, L.S. & Hans, S.L. (1999). Relation of maternal responsiveness during infancy to the development of behavior problems in high-risk youths. Developmental Psychology, 35, 569–579.

Walper, S. & Schwarz, B. (2000). Effects of interparental conflict and supportive parenting on adolescents' self-esteem in nuclear, single mother, and stepfather families. Jena: Paper presented at the Meeting of the European Association of Research on Adolescence.

Wang, M.C., Haertel, G.D. & Walberg, H.J. (1993). Toward a knowledge base for school learning. Review of Educational Research, 63, 249–294.

Waterman, A. (1982). Identity development from adolescence to adulthood: An extension of theory and a review of research. Developmental Psychology, 18, 341–358.

Wechsler, D. (1974). Wechsler Intelligence Scale for Children – Revised Edition. New York: Psychological Corporation.

Weiner, I.B. & DelGaudio, A. (1976). Psychopathology in adolescence. Archives of General Psychiatry, 34, 98–111.

Weinstein, C.E. & Mayer, R.E. (1986). The teaching of learning strategies. In M.C. Wittrock (Ed.), Handbook of research in teaching (pp. 315–327). New York: Macmillan.

Weisheit, W. & Grob, A. (2003). Goal importance, perceived control about goals and satisfaction: Evidence from three cohorts and three countries. Manuskript.

Welskopf, R. & Maschke, A. (2001). Freizeitangebote aus der Sicht von Jugendlichen in Brandenburg. In D. Sturzbecher (Hrsg.), Jugend in Ostdeutschland: Lebenssituation und Delinquenz (S. 186–209). Opladen: Leske + Budrich.

Wentzel, K.R. (1998). Parents' aspirations for children's educational attainments: Relations to parental beliefs and social address variables. Merrill Palmer Quarterly, 44, 20–37.

Werner, E. (1992). The children of Kauai: Resiliency and recovery in adolescence and adulthood. Journal of Adolescent Health, 13, 262–268.

Werner, E.E. & Smith, R.S. (1998). Vulnerable but invincible: A longitudinal study of resilient children and youth (3. Aufl.). New York: Adams, Banister & Cox.

Westenberg, P.M., Siebeling, B.M. & Treffers, P.D.A. (2001). Psychosocial developmental theory in relation to anxiety and its disorders. In W.K. Silverman & S. Treffer (Eds.), Anxiety disorders in children and adolescents. Research, assessment, and intervention (pp. 72–89). Cambridge: Cambridge University Press.

Westenhoefer, J. (2001). Prevalence of eating disorders and weight control practices in Germany in 1990 and 1997. International Journal of Eating Disorders, 29, 477–481.

Whitley, B.E. (1983). Sex role orientation and self-esteem: A critical meta-analytic review. Journal of Personality and Social Psychology, 44, 765–778.

Wickrama, K.A.S., Lorenz, F.O. & Conger, R.D. (1997). Parental support and adolescent health. Journal of Health and Social Behavior, 38, 149–163.

Wiesner, M. & Silbereisen, R.K. (1996). Freizeitverhalten bei Jugendlichen in Ost und West als Funktion des Identitätsstatus. Unterrichtswissenschaft, 24, 128–141.

Wild, K.-P. (2001). Lernstrategien und Lernstile. In D.H. Rost (Hrsg.), Handwörterbuch pädagogische Psychologie (S. 424–429). Weinheim: Beltz PVU.

Williams, J.M. & Currie, C. (2000). Self-esteem and physical development in early adolescence: Pubertal timing and body image. Journal of Early Adolescence, 20, 129–149.

Witt, P.A. (2001). Re-examining the role of recreation and parks in after-school programs. Parks and Recreation, 19, 20–28.

World Health Organization (1994). International classification of diseases – ICD-10. Vol. 3: Alphabetical index. Genf: WHO.

Wrobel, G.M., Ayers-Lopez, S., Grotevant, H.D., McRoy, R.G. & Friedrick, M. (1996). Openness in adoption and the level of child participation. Child Development, 67, 2358–2374.

Yoder, A.E. (2000). Barriers to ego identity status formation: A contextual qualification of Marcia's identity status paradigm. Journal of Adolescence, 23, 95–106.

Yoshikawa, H. (1994). Prevention as cumulative protection: Effects of early family support and education on chronic delinquency and ist risks. Psychological Bulletin, 115, 28–54.

Sachregister

Sachregister

Personenregister

Sullivan   77, 141
Sun   65
Supple   64
Surbey   37
Swartzberg   57, 59

T

Tanner   36
Tarter   154, 155
Tent   4
Terman   5, 6
Tesser   196
Thomae   1
Thomas   201, 202
Tietjens   109
Tinsley   106, 109, 113
Tobler   157, 158, 159
Toman   160
Toth   175, 176, 177, 179, 180, 182
Tremblay   98
Tschanz   95, 109, 110, 111, 127

U

Udry   77
Underwood   7
UNICEF   86, 87

V

Valery   60
van Aken   199
van Wel   65
Vitaro   143, 144

W

Wagner   64
Wakschlag   203
Wallerstein   58
Walper   57
Wang   96
Warren   36, 37
Waterman   42, 47
Wechsler   4
Weiner   97, 98, 172
Weinert   96, 100
Weinstein   96
Weisheit   119, 120, 121
Welskopf   107, 109
Wentzel   99
Werner   9, 198, 199
Westenberg   184, 186
Westenhoefer   167
Wetzels   142
Whitley   50, 51
Wickrama   130
Wiesner   83, 109
Wild   96, 97, 98
Williams   38
Witt   114
World Health Organization   151
Wrobel   52

Y

Yoder   48
Yoshikawa   143, 144, 146

Bildnachweis

Kapitel 1, S. 1: © dpa – Fotoreport
Kapitel 2, S. 12: © dpa - Bildarchiv
Kapitel 3, S. 22: © Sascha Loss
Kapitel 4, S. 33: © Sascha Loss
Kapitel 5, S. 41: © dpa - Bildarchiv
Kapitel 6, S. 55: © Sascha Loss
Kapitel 7, S. 69: © dpa – Fotoreport
Kapitel 8, S. 76: © dpa – Fotoreport
Kapitel 9, S. 88: © dpa – Fotoreport
Kapitel 10, S. 106: © dpa – Fotoreport
Kapitel 11, S. 115: © dpa – Fotoreport
Kapitel 12, S. 128: © Sascha Loss
Kapitel 13, S. 136: © dpa – Bildarchiv
Kapitel 14, S. 150: © dpa – Bildarchiv
Kapitel 15, S. 160: © dpa – Bilderdienste
Kapitel 16, S. 172: © Sascha Loss
Kapitel 17, S. 189: © dpa – Bildarchiv

Vom Neugeborenen zum Teenie: Die faszinierende Entwicklung des Kindes in einer verständlichen und vielfältigen Darstellung.

In keinem anderen Lebensabschnitt verändert sich der Mensch so rasant wie in Kindheit und Jugend. Inhaltlich breit, verständlich und anschaulich geschrieben vermittelt dieses Buch einen guten Zugang zur psychologischen Entwicklung im Kindes- und Jugendalter.

Wann erkennt ein Baby seine Mutter an der Stimme? Sind Kleinkinder schon in der Lage, soziale Beziehungen zu Gleichaltrigen aufzubauen? Wovon hängt es ab, ob ein Jugendlicher früh oder spät sexuelle Erfahrungen macht? Diese und weitere spannende Fragen der Entwicklungspsychologie beantwortet dieses Buch verständlich, aber mit Tiefgang. Es beginnt mit der Zeugung menschlichen Lebens, behandelt dann die frühe Kindheit und das Schulalter und schließt mit dem jungen Erwachsenen ab. Schwerpunkte der Darstellung sind jeweils die intellektuelle, die soziale und emotionale und die körperliche Entwicklung in verschiedenen Lebensaltern. Mit vielen Beispielen und über die Psychologie hinausweisenden Themen spricht dieses Buch alle Leser an, die die Entwicklung von Kindern und Jugendlichen verstehen lernen wollen.

Gerd Mietzel
Wege in die Entwicklungspsychologie
Kindheit und Jugend
4., vollständig überarbeitete Auflage 2002. 454 Seiten. Gebunden.
ISBN 3-621-27477-4

Verlagsgruppe Beltz • Postfach 100154 • 69441 Weinheim • www.beltz.de

Das erste Programm zur Prävention psychischer Störungen bei Jugendlichen.

Jugendliche zwischen 14 und 18 sind psychischen Belastungen ausgesetzt, die sie oft überfordern. Gegen die Entstehung von Ängsten und Depressionen sollte man gerade in diesem Alter gezielt vorgehen.

Das Programm zeichnet sich aus durch:

- einen knappen und übersichtlichen Theorieteil zur Einführung;
- einen Praxisteil, dessen hohe Nutzerfreundlichkeit durch Übersichten über den Ablauf, die Dauer und das benötigte Material zu jeder Sitzung, umfangreiches durchnummeriertes Arbeitsmaterial und viele praktische Hinweise zur Kursdurchführung gegeben ist;
- verständliche Sprache und thematisch klar definierte Sitzungen, die auch einzel durchgeführt werden können.

Das Programm wendet sich im Besonderen an:

- Psychologen • Sozialpädagogen • Lehrer
- Kinder- und Jugendlichenpsychotherapeuten.

Es wird von der AOK und anderen Krankenkassen in Sachsen anerkannt und eingesetzt.

Juliane Junge • Simon-Peter Neumer • Rolf Manz • Jürgen Margraf
Gesundheit und Optimismus GO
Trainingsprogramm für Jugendliche. Gebunden. XIV, 356 S.
ISBN 3-621-27499-5

Verlagsgruppe Beltz • Postfach 100154 • 69441 Weinheim • www.beltz.de

Der Schlüssel zur kompetenten Gruppenentwicklung und Gruppenführung

Das Leben in Gruppen gehört zu unserer menschlichen Existenz selbstverständlich und unausweichlich dazu. Wir brauchen andere, um uns sicher zu fühlen, um produktiv arbeiten zu können und um zu wissen, wer wir selbst sind.

Unsere Fähigkeit und Bereitschaft, uns in immer neue Gruppenzusammenhänge einzufügen und sie ertragreich zu gestalten, wird heute stärker gefordert denn je. Wo es immer weniger einengende und verlässliche Schablonen für das Miteinander gibt, müssen Gruppen sich weitgehend selbst erfinden.

Vor dem Hintergrund dieser Entwicklungen hat die Frage nach dem Wesen und Funktionieren von Gruppen an Aktualität gewonnen - vor allem für jene von uns, die als Vorgesetzte, Lehrer oder in der Rolle des Supervisors und Coaches Leitungsfunktionen in Gruppen wahrnehmen.

Ihnen bietet das Buch eine schlüssige theoretische Grundlage und ein darauf abgestimmtes Repertoire an Interventionen zur Entstörung und Entwicklung von Gruppen. Eine verständliche, lebendige Sprache erleichtert den Zugang zu den Grundgedanken, die konkret und praxisnah, auch anhand vieler Praxisbeispiele dargestellt werden.

Eberhard Stahl
Dynamik in Gruppen
Handbuch der Gruppenleitung. Mit einem Geleitwort von Friedemann Schulz von Thun
1. Auflage 2002. Gebunden. 400 S.
ISBN 3-621-27515-0

Verlagsgruppe Beltz • Postfach 100154 • 69441 Weinheim • www.beltz.de